CB142423

ENERGÉTICA DA ESSÊNCIA
(CORE ENERGETICS)
Desenvolvendo a Capacidade de
Amar e de Curar

2002

John C. Pierrakos, M.D.

ENERGÉTICA DA ESSÊNCIA (CORE ENERGETICS)

Desenvolvendo a Capacidade de Amar e de Curar

Tradução
CARLOS A. L. SALUM
ANA LÚCIA FRANCO

EDITORA PENSAMENTO
São Paulo

Título do original:
Core Energetics
Developing the Capacity to Love and Heal

Ilustrações de Reina Rubel e Ciemen Drimer.

Edição		Ano
3-4-5-6-7-8-9-10-11-12	O primeiro número à esquerda indica a edição, ou reedição, desta obra. A primeira dezena à direita indica o ano em que esta edição, ou reedição, foi publicada.	00-01-02-03-04-05-06

Impresso em nossas oficinas gráficas.

Sumário

Índice de figuras

Desejo reconhecer minha dívida para com Wilhelm Reich, que foi meu professor e me inspirou a tomar a direção que levou à Energética da Essência. Devo o aprofundamento de meus conhecimentos às inspiradoras conferências do Guia, proferidas através de Eva Pierrakos e que constituem o fundamento para a unidade deste trabalho nos níveis do corpo, da mente e do espírito. A Dora Gomez, por seu apoio, quero expressar minha gratidão. Meus especiais agradecimentos aos redatores Sally Gran e Ian McNett. A Siegmar Gerken, meu aluno, colega e editor, meu reconhecimento pelo seu apoio constante enquanto escrevia este livro, e por sua inestimável e ininterrupta ajuda em sua edição, assim como pela supervisão da tradução alemã. Quero, também, agradecer as maravilhosas ilustrações da aura, feitas por Reina Rubel e Ciemen Drimer. E ainda expressar minha gratidão ao dr. Serge Silby, pela sua pesquisa sobre flores.

Nossa língua ainda está limitada ao uso do pronome masculino para ambos os sexos. Apesar de ter tentado evitar o uso excessivo desse pronome, espero que o leitor não presuma que eu esteja me referindo a homens, ao desenvolvimento do homem ou a princípios masculinos.

Prefácio

Este é um trabalho de muitos anos, durante os quais experimentei um grande número de mudanças em minha vida. Suas raízes começaram a crescer com meu conhecimento do trabalho de Wilhelm Reich, que trouxe o conceito de identidade psicossomática para o processo psicanalítico e desenvolveu, posteriormente, a dimensão energética. Isso levou à minha associação com o dr. Alexander Lowen, com quem criei a abordagem bioenergética.

Fundei, depois, o Instituto da Nova Era, incorporando a dimensão espiritual ao meu trabalho, a partir da influência das Conferências do Guia, dadas através de Eva Pierrakos. Com a ajuda de muitos de nossos colegas, Eva Pierrakos e eu formamos uma comunidade chamada *Pathwork.*

Atualmente, sou diretor do Instituto da Energética da Essência, devotado ao desenvolvimento da capacidade humana para o amor e a cura. Este trabalho está enraizado na preciosa herança transmitida, através das eras, por filósofos, cientistas e médicos, que falaram e escreveram sobre a existência, dentro de nós, de uma "essência criativa", como fonte de cura.

A Energética da Essência é uma nova abordagem integrada do crescimento e evolução da pessoa como um todo. O denominador comum é a maneira pela qual a energia e a consciência se manifestam na entidade humana e no universo. Uma investigação mais específica está relacionada com a corrente de energia vital que emana da Essência e flui em forma de saúde, mas é bloqueada, gerando doença e disfunção – processo em que a desarmonia age contra as reais necessidades do organismo.

Na antiga Medicina Hipocrática o paciente era chamado "asthenis", significando uma pessoa a quem falta força ou energia vital: o médico era o "iatros", que significa aquele que cura, restabelecendo a "sthenos" ou energia vital da pessoa. O campo da Medicina afastou-se desse modelo em direção à Patologia da vida, omitindo a fonte de saúde, que é a energia vital da Essência e que se manifesta como prazer, alegria e amor.

Este livro concentra-se na importância da Essência e, por isso, é de natureza intuitiva, apesar de basear-se em fatos colhidos através de pesquisas psicológicas e científicas. Não é um livro do tipo "como fazer". Nem o material é baseado em estatísticas. É baseado na minha percepção de como a vida se manifesta à medida que flui ou é bloqueada em seu fluxo – em suma, a batalha humana. Deve ser feito um trabalho de laboratório para substanciar a nossa percepção acerca da natureza do fenômeno da energia e da consciência na vida.

18 de julho de 1986

Parte I

A Unidade Essencial: A Base da Energética da Essência

Capítulo 1

Os fundamentos da energética da Essência

Três teses principais estão entrelaçadas na abordagem terapêutica que estou desenvolvendo e a que chamo "energética da Essência". A primeira é a de que a pessoa humana é uma unidade psicossomática. A segunda é a de que a fonte de cura reside no interior do *self* e não num agente externo, seja ele um médico, Deus ou as forças do cosmos. A terceira é a de que toda a existência forma uma Unidade que se move em direção a uma evolução criativa, tanto do todo como dos seus inúmeros componentes. Em certo sentido, estou apenas dizendo a mesma coisa de três maneiras diferentes, mas vou falar delas separadamente para chegar a uma convicção central na energia da Essência. Como vai ser discutido nos capítulos 23 e 24, acredito que a humanidade está no umbral de uma nova era, uma era em que poderemos nos lançar além dos trágicos desperdícios dos conflitos destrutivos, além até dos esforços construtivos para corrigir o dano, e poderemos centrar nossas vidas na criatividade.

Chegamos a esse umbral depois de milhões de anos, aprendendo quem e o que somos, qual é nosso lugar no domínio do ser e como poderemos preencher o nosso destino, em suma, a nossa compreensão da direção do nosso potencial. Em vários pontos dessa longa história, a observação e a experimentação nos ensinaram que poderíamos reduzir um pouco da fragmentação de nossa existência. Terapias surgiram e se sistematizaram. O cuidado com o corpo – o aspecto fisicamente visível da pessoa, transformou-se na disciplina médica. O que a Medicina não conseguia decifrar – as causas da doença e da morte – juntou-se a outros fenômenos mistificantes no domínio da religião: a terapia do espírito do homem. Cada um dos campos reconhecia os distúrbios mentais como uma categoria distinta da doença e cada um deles realizou esforços para tratá-los, mas nada além de sinais obscuros de como aliviá-los advieram dessas correntes de pensamento. Foi a partir da monumental descoberta do inconsciente, feita por Sigmund Freud, que a arte da cura pôde estender-se à intersecção mental-emocional da personalidade humana.

Mas, mesmo os primeiros colegas de Freud perceberam que o inconsciente, apesar da riqueza de informações que oferecia sobre a vida e o estado da personalidade, não era a única chave para a doença psíquica. A ênfase de Freud residia no conteúdo psíquico do substrato mental da pessoa. Carl Jung incluiu a alma no tratamento psiquiátrico. Reconheceu que a "imagem de Deus na psique humana" constitui um poderoso, em si mesmo saudável, componente do inconsciente coletivo. Wilhelm Reich fundiu a Fisiologia e a Psicologia ao perceber a unidade psicossomática da pessoa, e formulou uma impressionante síntese científica baseada na sua teoria da Orgonomia. A análise bioenergética, fundada por mim e por Alexander Lowen, introduziu o elemento volitivo nos distúrbios psiquiátricos e a necessidade de engajar no tratamento a vontade de quem está sofrendo, juntamente com seu corpo, as emoções e a mente analítica.

Essas expansões da teoria da cura foram se aproximando mais e mais da pessoa total, e não de uma ou várias áreas, como domínios próprios para a terapia. No mesmo período, todas as correntes de tratamento continuaram a girar em torno das feridas do paciente, excluindo, na verdade, o ser essencial daquele que sofre – a força vital afetada pelas feridas. Existem razões justas, e outras não tão justas, para a persistente convicção de que uma determinada arte de cura deve se restringir à sua própria especialidade. As razões justas relacionam-se com a percepção consciente, por parte do praticante, de que qualquer profissão definida abrange apenas uma parte do aprendizado humano. As não tão justas, que mantêm analogias com desequilíbrios sociais que vou mencionar mais adiante, expressam uma atitude de superioridade quanto ao conhecimento e talento do praticante.

Ao longo dos meus primeiros vinte anos de trabalho psiquiátrico, enveredando pela abordagem bioenergética, comecei a perceber que estava cada vez mais interessado na natureza e funcionamento intrínseco da própria força vital. Eu me perguntava: o que é essa energia? Será tanto substância quanto atributo, como conceberam os antigos gregos e a teoria iogue? Será espírito universal, individualizado de alguma forma na matéria, como concebeu Paracelso, o médico do século XVI, e Walt Whitman, o poeta do século XIX? Será essencialmente material, um sistema eletrodinâmico que se contém a si mesmo, como o biólogo de Yale, Harold Burr, e seus colegas definiram nos anos 30, ou ainda uma variação do que Reich chamou de princípio comum de funcionamento? Será essencialmente espiritual, como pensadores religiosos e mestres da cura, desde Buda, passando por Jesus até Pierre Teilhard de Chardin, a concebiam?

Essa questão me preocupava profissionalmente pela sua importância na prática da Psiquiatria. Dois aspectos da força vital humana pareciam especialmente importantes e ambos expressam sua criatividade.

Em primeiro lugar, o trabalho com pacientes demonstrava que todas as partes da pessoa humana, da estrutura do corpo à clareza da percepção, são moldadas pela energia interior. Herança genética, formação familiar, condições sociais e muitas outras influências nos afetam. Mas nós mesmos criamos a nossa vida através do que fazemos com a nossa energia: para onde decidimos ir com ela e como a dirigimos. Uma pessoa é vulnerável às circunstâncias apenas na medida em que a sobrevivência depende delas, como durante a infância. Ao amadurecer, podemos escolher entre fundir nossa energia internamente ou bloqueá-la, e entre agir no mundo exterior ou retirar-se dele.

Em segundo lugar, percebi que quase todos os pacientes sentiam uma falta cada vez maior de realização profunda à medida que se aproximavam de uma liberação de suas funções e de uma melhora nas suas situações de vida. Isso era demonstrado, invariavelmente, como um desejo por uma unificação maior com a realidade exterior. O filósofo francês Henri Bergson escreveu sobre isso como o salto ou impulso vital, *l'élan vital*, da energia criativa, a *énergie créatice* (título de um livro de 1906). As pessoas realizam esse salto de muitas maneiras: dedicam-se a atividades filantrópicas, a profissões ligadas à cura, à prática de uma ética religiosa ou à reforma econômica, política ou social. Dão vários nomes à origem do movimento: alma ou espírito, ego criativo, consciência social, eu superior.

Eu concordava com perspectivas abrangentes e unificadoras como essas, que germinavam espontaneamente, não apenas entre meus pacientes mas em contextos sociais mais amplos. Outros terapeutas, assim como as pessoas que buscavam ajuda, começavam a descobrir que remendar feridas não era suficiente para gerar realização. Mais extensivamente, além da comunidade da cura, muitas pessoas saudáveis questionavam a fragmentação de suas pessoas pelos vários campos de ação. Estavam sentindo o isolamento da vida humana em relação a seu *habitat* ecológico. Debatiam-se com a separação entre vida em casa e no trabalho. Reconheciam o impacto negativo das guerras frias e quentes, da "guerra entre os sexos", de empregos superespecializados, dos direitos desiguais de alguns grupos, dos confrontos de gerações, e de uma multidão de outras divisões que empobreciam a qualidade de vida. E mais importante: exploravam alternativas positivas e expansivas para padrões que restringiam sua capacidade criativa.

Através das décadas de 50 e 60, a busca por um sentido mais profundo na vida foi ganhando impulso, emergindo na última década e meia como uma tendência muito difundida, chamada de movimento pelo potencial humano. Muitas correntes contribuem para esse turbilhão, cujo ímpeto está nos carregando na direção da nova era, na qual, espero, a humanidade deverá entrar. Fundamentalmente, abrangem uma única proposição: a de que a pessoa é uma unidade, no interior do *self* e na interação com seu ambiente. Diria que unidade e interação relacionam todas as coisas que estão na totalidade da existência. Porque, enquanto a individualidade de cada ser é bastante real, o intercâmbio de energia entre todos os seres é contínuo e coextensivo com o universo. Quero ampliar essa afirmação, porque resume minha compreensão da natureza da pessoa humana e, portanto, o propósito da energética da Essência.

Energia e consciência

O movimento centrífugo (para fora) e centrípeto (para dentro) pode ser observado em todo o universo físico. A explicação mais popular da astronomia para a criação do universo, a teoria do *Big Bang*, coloca a hipótese de que uma vasta explosão de um núcleo ou matriz central dispersou substância material pelo espaço. Remoinhos de massa dessa substância se acumularam para formar os corpos celestes, que formam as galáxias, as quais se mantêm coesas graças à força gravitacional, que continuava a agir mesmo à medida que essas galáxias se afastavam do centro da explosão, a velocidades incríveis. O duplo movimento, de aproximação e afastamento do centro original, é repetido em todos os fenômenos que a humanidade já observou. Na anatomia humana, por exemplo, as células se expandem e se contraem, assim como os órgãos individuais, como o coração e os sistemas, como os intestinos e os pulmões. E assim acontece com todo o organismo humano. A substância básica da pessoa é a energia. O movimento da energia é a vida. Quanto mais livre o movimento da energia no interior de cada componente, para manter sua própria integridade e coesão, bem como de todo o organismo, mais intensa a vida.

Imagine-se a pessoa humana como um microcosmo. Aos nossos olhos, tecidos e órgãos são "sólidos" e formam sistemas "sólidos" que, por sua vez, compõem nosso corpo "sólido". Mas, como bilhões de entidades celestes no macrocosmo, os bilhões de células do organismo formam aglomerados de densidades variáveis no espaço. Sob uma ampliação de, digamos, quinhentas mil vezes, a pele humana pareceria um grupo de estrelas muito espalhadas; um osso, uma galáxia muito populosa; o coração, uma esfera celeste, e o corpo inteiro poderia sugerir o todo do macrocosmo. Novamente, como em todo o universo, a energia de cada parte do corpo move-se interna e externamente, contraindo-se e se expandindo, pulsando para dentro, na direção do núcleo da parte, e para fora, em direção às outras partes e ao todo. Retomarei mais adiante esse processo pulsatório.

Assim, a energia, tanto a do cosmos de toda a existência quanto a do cosmos do organismo humano, move-se como fios d'água brotando de uma nascente. Os fios d'água formam riachos, os riachos formam rios, e os rios correm para o mar. Cada gota de água reúne-se a outras gotas, em cursos d'água cada vez maiores, que se unificam finalmente no oceano. Da mesma forma, cada "gota" de energia humana mistura-se a outras "gotas", para se unificarem finalmente no organismo. Uso aspas porque, na verdade, a energia flui sem divisões.

Essa energia viva não é apenas quantidade ou massa. Seu aspecto qualitativo, sua capacidade de direção tem consciência ou, na verdade, é consciência. A inteligência e harmonia da criação aponta para uma consciência que é, ao mesmo tempo, totalmente abrangente e minuciosamente específica. A organização de toda a existência manifesta-se no funcionamento energético de cada entidade, incluindo a *homeostasis* do indivíduo humano assim como da sociedade humana, quando seu ego coletivo não está desequilibrando os seus movimentos. O caos aparente de certos fenômenos naturais não depõe contra uma consciência unificada e unificadora. Muitas e muitas vezes a humanidade descobriu padrões elegantes em operações da natureza que uma geração anterior via como algo aleatório e caprichoso.

A proposição de que energia é consciência afirma e contradiz a discriminação clássica entre substância e forma. Cada entidade tem forma. Mas, mais do que isso, cada entidade é a sua própria forma. O fato de tomar "forma", de ser um indivíduo identificável, vincula o ser ao que ele é, vincula o ser a seus atributos. Forma, massa, densidade, e todas as outras características, são definições derivadas, no fundo, do movimento da entidade no tempo e no espaço. A energia é esse movimento. Sua coesão em sua direção no espaço-tempo é a sua consciência.

Assim, tudo é consciência. Convencionalmente, se faz a distinção entre ordens orgânicas e inorgânicas de seres, sencientes ou não-sencientes e, depois, conscientes e não-conscientes. Essas classificações refletem a hierarquia de crescente complexidade encontrada no universo. Mas a consciência envolve toda unidade específica, da menor partícula subatômica, ainda a ser descoberta, até a totalidade do ser, o macrocosmo. Cada unidade tem uma função especial, um plano para preencher seu potencial, inerente ao seu ser.

Como cada partícula diminuta de vida sabe exatamente o que está fazendo, não é estranho afirmar que tenha uma mente – uma razão, que compreende seu plano interior – e uma vontade que dirige suas ações em direção a esse plano. Se você planta uma sementezinha de maçã, por exemplo, ela se desenvolve e, em poucos anos, se transforma numa bela árvore, que dá flores e frutos, de acordo com seu plano interior. Assim como a energia, essa consciência interior também flui sem se dividir. A diferença entre a macieira e a pessoa, em termos muito simplificados, é que o ser humano sabe que sabe. Sua mente exterior, a razão e a vontade, combinadas com os processos mentais inconscientes, podem dirigir tanto o organismo quanto seu meio, coisa que a macieira não pode. Foi a partir dessa hierarquia da consciência na natureza, que o fenomenologista francês Teilhard de Chardin concluiu: "... a energia universal deve ser uma energia pensante."

O corpo energético

A mente exterior do ser humano é, em certo sentido, uma cristalização da mente interior, que existe em todas as coisas vivas, assim como o corpo físico, que podemos ver e tocar, é uma cristalização de nossa entidade quantitativa energética. As funções materiais e não-materiais diferem em freqüência vibratória e não em substância. É por isso que o todo de uma vida, até mesmo o comprimento dos ossos e o grau de coordenação motora, é literalmente esculpido por sua energia interior. O "escultor" é a consciência da energia: a consciência integral, do gene ao espírito. É por isso, também, que o estado de nossas vidas depende de como agimos para enfrentar acontecimentos externos, apesar da realidade externa moldar, em parte, nossa percepção e nossas ações.

A diferenciação qualitativa dos movimentos internos de energia vincula a consciência inteira, tanto a interior quanto a exterior. Pensamos em nós mesmos como possuidores de domínios independentes de forças. Nossas percepções são definidas como sensoriais, emocionais, racionais, ou intuitivas, e nossas ações como instintivas ou dirigidas, geradoras ou reatoras. São distinções muito úteis, diante da imensa diversidade de percepções e ações geradas por uma única experiência. Mas vejo as várias forças como operações da consciência, que vêm à tona conforme o alcance e o objetivo específico do movimento interior de energia. A emoção é uma pulsação do todo do organismo. A sensação de bem-estar, por exemplo, é o reconhecimento, por parte da mente exterior, de que a energia está fluindo livremente.

A mente exterior, na pessoa saudável, pode "acompanhar", se afinar ou se alinhar ao fluxo de energia, ou pode retirar-se. Sabemos que os iogues são capazes de dirigir algumas de suas funções nervosas autônomas, e mestres da cura (vi alguns deles trabalhando) podem, intencionalmente, canalizar sua força vital para o doente. Essas pessoas têm uma integração excepcional de sua consciência, mas a capacidade de autoconsciência e autodireção holística é inata a todos.

Falar de integração da consciência implica que uma entidade energética pode se desintegrar durante a vida. Isso pode acontecer, não no sentido da força vital se dividir em partes, mas no sentido do movimento entre as freqüências vibratórias ser prejudicado pela doença. As diferentes freqüências, também chamadas de planos vibratórios ou corpos energéticos, compõem formas particulares distintas, com poderes distintos. A forma material, nosso organismo físico, tem a energia mais lenta. As formas são classificadas, às vezes, de acordo com o tipo de operação – da física ou sensorial à espiritual ou intuitiva – e, às vezes, de acordo com a possibilidade de coincidir com a vida terrestre ou de continuar a existir além dela. Tais questões, há muito tempo estudadas por metafísicos e observadores de fenômenos ocultos, estão começando a reencontrar seu lugar na pesquisa científica, como veremos na Parte III. Por ora, desejo defini-las, basicamente, como aspectos funcionais de um corpo energético unitário.

Os planos de energia podem ser comparados a uma pedra de gelo flutuando numa panela cheia d'água. O gelo representa o organismo físico. A forma cristalizada é, naturalmente, feita de água, e o líquido e o sólido soltam vapores que geralmente não podemos ver ou sentir, mas que se misturam à atmosfera em volta. O corpo energético é semelhante a todas essas formas juntas, com a diferença de que as freqüências vibratórias mais altas permeiam totalmente as mais baixas.

Em circunstâncias comuns, podemos perceber apenas, com nossos sentidos, o plano energético do corpo físico. No entanto, alguns efeitos das freqüências mais altas podem ser registrados experimentalmente, através de dispositivos técnicos, por exemplo o *eletroencefalógrafo*, e o recém-inventado equipamento fotográfico *Kirlian*. Essas atividades energéticas são geralmente definidas como elétricas ou eletromagnéticas. Mas o corpo energético não consiste apenas desses tipos de carga conhecidos. Sua substância é uma energia viva que leva essas cargas como componentes, como será discutido nos capítulos 6 e 7.

A força vital se derrama na atmosfera, além do perímetro da pele, criando um campo de energia ou aura, que proporciona uma grande quantidade de informações sobre a natureza e funcionamento dos seres humanos. Por exemplo, o chamado duplo etérico, uma forma vibratória imediatamente mais alta que o corpo físico, aparece na aura como uma duplicata exata de nossa fisiologia. Tem um coração, uma glândula tireóide, amígdalas, pés, mãos e um torso. Além disso, se um órgão ou membro de uma pessoa é removido cirurgicamente, seu duplo permanece, ainda por algum tempo, no corpo energético. Assim, qualquer intervenção cirúrgica, por menor que possa parecer, deve ser feita apenas quando muito necessária. Provoca um trauma sistêmico porque invade não apenas a parte física tratada, mas também a entidade energética total. A penetração de freqüências vibratórias mais altas explica como acontecimentos não-materiais – experiências do espírito, da mente e das emoções – podem moldar nossa Fisiologia. A qualidade do movimento energético no acontecimento produz uma marca no corpo energético. Se a experiência for intensa e repetida, a marca se torna visível na carne, assim como na aura.

Existe mais que especulação e analogia por trás desses fenômenos da energia humana. Embora somente no nosso século tenha havido um grande progresso na investigação científica de fenômenos, a História registra que eles foram objeto de estudos intensivos no passado, como se verá nos capítulos 3, 4 e 5. Travei conhecimento com esses fenômenos no início de minha vida profissional, quando trabalhei com Wilhelm Reich. Serei sempre grato a ele por ter aberto a minha mente para esse assunto. Usei equipamentos que ele inventou, assim como adaptações que fiz das telas do Dr. Walter J. Kilner por alguns anos antes de descobrir que meus olhos podiam ver auras, sem auxílio. Os capítulos 6 e 7 descrevem, em detalhe, algumas de minhas observações. É preciso treino para desenvolver essa faculdade, assim como para desenvolver a habilidade de discernir quartos de tom na música, mas estou convencido de que muitas pessoas têm essa capacidade, como parte de seu sistema normal de percepção. Indo além das características do movimento energético na aura, cheguei à convicção, expressa no fim do tópico anterior, de que a unidade e a interação integram todas as coisas que existem, o todo da criação. O agente unificador é o processo pulsatório que, numa variedade infinita, é o padrão básico de movimento em todas as entidades energéticas.

O processo pulsatório no princípio vital do universo

O movimento vibratório, que permeia todas as formas energéticas conhecidas, expressa-se em um ritmo pulsatório, trocando emanações de sua substância com outras entidades e retendo, ao mesmo tempo, a própria integridade, durante seu tempo de vida. A rede de trocas demonstra não apenas contato periférico ou um efeito dominó – como revelam as pesquisas técnicas – mas uma verdadeira unidade de substância. A Física sustenta esse conceito: se a energia no cosmos nunca é destruída, mas apenas transformada em seu aspecto qualitativo; se a fonte de transformação é a consciência da entidade energética em si mesma e se a nova consciência independente participa, como realmente acontece, do movimento total que é o todo do universo, parece que deve haver uma identidade essencial do todo com suas inúmeras partes. Assim, enquanto a força vital se individualiza em bilhões de tipos, cada indivíduo dos bilhões de cada tipo não apenas participa, mas se constitui da totalidade da energia/consciência. Chamo essa totalidade de princípio vital do universo, ou força vital do universo.

O ritmo pulsatório no ser humano, assim como em todas as encarnações individuadas do princípio vital universal, tem três tempos: a fase assertiva, a fase receptiva e a fase de descanso. A pulsação ocorre em todos os componentes e no organismo como unidade. Já dei o exemplo do coração, que se contrai para mandar o sangue através do corpo e depois relaxa para deixar que o sangue entre em suas câmaras. A mão pode se estender para tomar ou ficar aberta para receber. O movimento sexual pode impelir para a frente e depois recuar, para que a pélvis se encha de energia. A totalidade das pulsações, numa pessoa relativamente saudável, teria perfeita harmonia, devido à consciência que unifica a entidade energética. A consciência, então, não é apenas a operação do poder integral de saber, desde a célula até a mente exterior. Inclui o movimento inato do organismo, que se dirige para fora, em direção à realidade exterior.

Tanto no movimento voluntário quanto no involuntário, afirmar significa que agimos: colocamos em movimento, movemos em direção a, determinamos e usamos deliberadamente as forças à nossa disposição. Receber significa que sofremos uma ação, a partir do interior ou do exterior: aceitamos o movimento, esperamos por ele, permitimos que nos determine e incorporamos as forças que pulsam dentro ou para dentro de nós.

Cada fase pode ser construtivamente intensificada, e cada uma delas pode ser patologicamente exagerada. Assim como a mão pode tanto bater quanto ficar inativa, o movimento sexual pode investir agressivamente ou recuar friamente. Vamos estudar alguns efeitos de distorções das fases rítmicas na Parte III. Agora, desejo repetir que, no organismo saudável, as fases assertiva e receptiva equilibram-se numa bela reciprocidade.

Considerado da perspectiva desse padrão básico de movimento, o princípio vital universal pode ser denominado o princípio da reciprocidade. O conceito tem alguma analogia com a tradicional definição chinesa de *yin* e *yang*, que incorpora a noção dos princípios feminino e masculino na criação. Mas há uma diferença fundamental. A distinção *yin-yang* e masculino-feminino pressupõe duas forças irredutíveis, contrastando embora se completando uma à outra. O princípio da reciprocidade pressupõe uma força vital idêntica operando com movimento balanceado, em cada uma das duas fases. Não há e não pode haver nenhuma dualidade intrínseca nesse movimento perpétuo. Não existe nenhum fundamento, então, para conflitos entre homem e mulher, entre indivíduo e grupo, entre grupo e sociedade, ou entre sociedade e seu lugar na Terra ou no cosmos.

Mas existe conflito no interior dessas entidades energéticas e entre elas. Existem doença e guerra, existem isolamento e ostracismo, para citar apenas algumas poucas categorias que dificultam a unificação humana criativa. É uma crença minha, e a base da energética da Essência, que nós mesmos provocamos esses pólos de aflição ao desequilibrar o fluxo de energia recíproca através do nosso centro particular de vida universal. Esse centro é a Essência humana.

Capítulo 2

A realidade mais profunda: a Essência

O conceito de Essência, como núcleo da vida universal individuada, é bastante literal. Como já disse, cada célula e cada entidade mais complexa, até o todo do organismo, consiste em energia pulsatória consciente. Cada um desses elementos tem um centro e uma periferia, e cada um deles emite e recebe força vital. A totalidade dos centros é a Essência do ser humano.

Para delinear a Essência humana, desejo usar uma forma gráfica, um cone, como ilustração (ver Figura 1). Seccionado ao meio, o cone mostra três áreas, esquematizando três níveis de movimento energético, que correspondem aos três níveis de realidade pessoal. Digo "níveis" e vou usar termos como "mais alto" e "mais baixo", não como localizações, mas como operações. Na verdade, cada camada permeia cada um dos planos vibratórios, desde o corpo físico até a alma. "Essência" implica profundidade e, portanto, descida, mas seria mais próximo à verdade ilustrá-la como o topo do ser, o nível ao qual deveríamos nos elevar. Mais exatamente, quando nos movemos com a energia vital, não subimos nem descemos através desses níveis, mas os transcendemos. O desenho ilustra, ainda, um aspecto do fluxo de energia, que será descrito em detalhe na Parte III. O movimento do nível 1 para o nível 3 e para fora, assume uma forma espiral, assim como o movimento de energia externa para o interior do organismo.

De uma maneira geral, a natureza da Essência pode ser descrita como "centro de energia correta".* "Correta" não implica um julgamento moral; significa energia direta, sem desvios, fluindo como um rio de vida desobstruído, do nível 1 à periferia. Duas camadas se interpõem entre o nível 1 e a realidade exterior, e ambas têm a

* Em inglês, no original, *Center of right energy*.

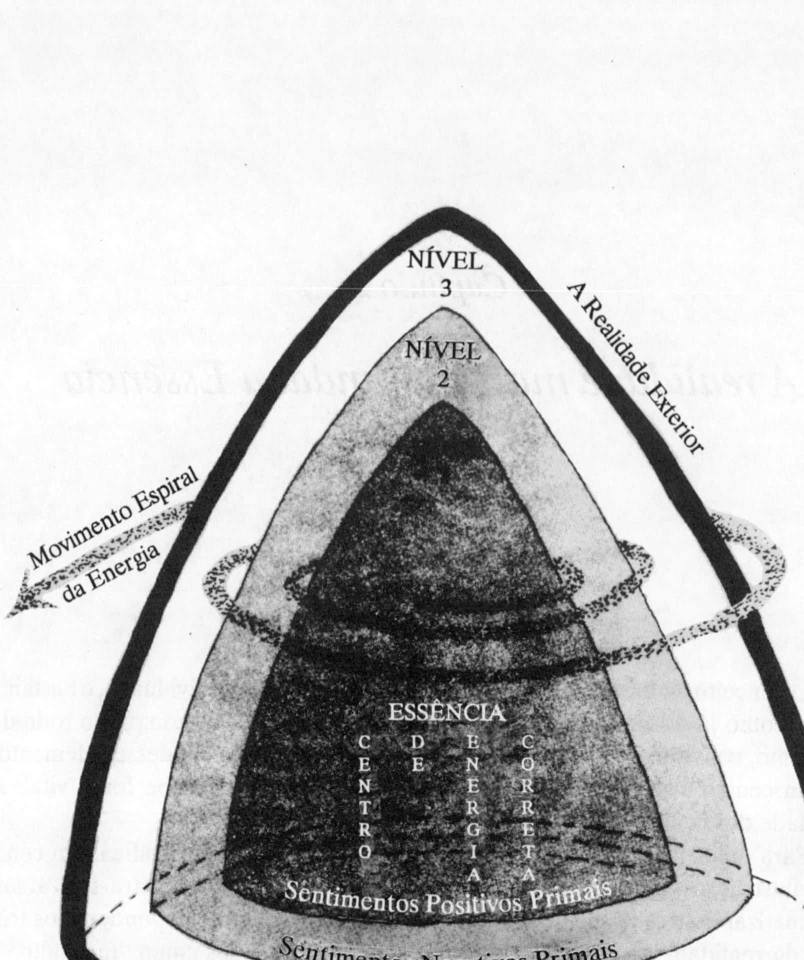

Figura 1
Níveis de realidade

função de equilibrar as emanações de energia que saem e entram na Essência. A camada próxima à Essência contém a capacidade do organismo para neutralizar forças externas, que se movem para dentro e para alterar a força da Essência, que se move para fora. A periferia, o nível 3, é a área de defesa e mediação entre forças que se movem em ambas as direções. Os níveis 1 e 2 constituem a verdadeira realidade interior da pessoa, ou o eu interior. O nível 3, a máscara externa do eu, é uma realidade distorcida e, portanto, apesar de ser um filtro necessário, é um território enganoso para se viver.

As camadas protetoras

Os níveis 1 e 2, no entanto, são diametralmente opostos quanto à expressão. O segundo nível contém as emoções primais negativas, os impulsos inconscientes negativos, descritos por Freud. Do ponto de vista freudiano, o ego e o superego tinham por função controlar, organizar e unificar os impulsos negativos. Essas emoções destrutivas são estimuladas quando os impulsos positivos do nível 1 são negados, aconteça isso de dentro para fora ou de fora para dentro. Essa negação é a base das reações de fuga ou antagonismo, em suas várias formas e graus: raiva e ódio, pânico e terror, crueldade, egoísmo, destrutividade. Esses movimentos separam o eu do universo exterior.

A Essência é totalmente afirmativa e receptiva. Não tem faculdades para lidar com apelos ou ataques excessivos na sua substância, ou para reagir a frustrações ou rejeições do seu fluxo pulsatório. As negatividades primais e suas distorções na camada 3 servem a esse propósito. As negatividades primais não negam a vida, mas a protegem e a afirmam. Expressam a vida e reagem às dualidades na existência. Não são instintos de morte, como Freud as via, e nem forças intrinsecamente patológicas, como Reich às vezes considerava. Nossa energia tem que combater intrusões perceptivas em sua integridade, da mesma forma que tem de combater intrusões físicas por parte de germes.

No que diz respeito ao movimento, no entanto, a segunda camada incorpora energia, que é alterada, condensada e desacelerada em suas vibrações. Mas há muito mais compressão e desaceleração na energia do perímetro defensivo. Do ponto de vista da dinâmica, o eu interior – a Essência e o nível negativo – é uma forma fluida, enquanto o eu exterior torna-se uma camada relativamente fixa.

Todas as ordens de seres, animados ou inanimados, têm um eu exterior, um mecanismo regulador que mantém o equilíbrio entre as várias forças que trabalham, para dentro e para fora, através da entidade. No ser humano, essa camada periférica abrange o elemento de autoconsciência, o ego, o agente do pensamento autoconsciente e da vontade exterior. Essa terceira camada também tem uma função protetora, como um reostato ou a casca de um tomate. Alojado no eu exterior há também o conjunto de material inconsciente que influencia as decisões e percepções conscientes do ego. Assim, o perímetro defensivo é, ao mesmo tempo, o armazém das forças autoconscientes do ego – pensamento volitivo em termos de energética da Essência – e a área daquilo a que chamo negação.

No organismo totalmente saudável, a energia que flui para dentro e para fora da pessoa pode se mover livremente, na medida em que permitem as circunstâncias, de forma semelhante à da rosa ao emanar perfume e absorver a luz do Sol, através das pétalas. Mas, no presente estado de evolução da humanidade, impomos restrições à nossa expressividade, tanto positiva como negativa, desde a infância e no correr da vida. A teoria psicanalítica estabelece que começamos muito cedo a absorver essas proibições, e a impô-las a nós mesmos, internamente. Freud e seus seguidores viam as negações internalizadas como psíquicas, mas Reich demonstrou seu impacto sobre todo o organismo, tanto na fisiologia como na psicologia.

A fragmentação da unidade

Nos capítulos 8, 9 e 10 estudaremos, cuidadosamente, como se desenvolvem e persistem os padrões de negação. Para resumir, o ego da criança aprende a controlar a expressividade, restringindo, de forma não-natural e consciente, o fluxo de energia que entra e sai do organismo. Os atos de controle rompem a força que corre livremente dos níveis 1 e 2, a Essência e a camada negativa, compactando-a, depois de algum tempo, em blocos de energia. Essa expressão, formulada por Reich, é bastante literal. Os blocos são poças estagnadas de substância vital que se acumulam no perímetro defensivo, encouraçando-o em padrões disfuncionais, chamados por Reich de estruturas do caráter. Em nossa prática bioenergética, Lowen e eu traçamos cinco constelações principais de couraças, e estou trabalhando na definição de outras relações. Percebi mais tarde que, em todos os casos, existe um elemento de escolha para manter a dor. A persistência aparece com mais força no perímetro defensivo, onde mantém a fachada de comportamento exigida pela sociedade. Mas a volição penetra através do organismo inteiro, devido à identidade psicossomática da pessoa humana.

A energética da Essência vem descobrindo fatores cruciais além da implicação da vontade, ou, em nossa esquematização, da vontade externa – o agente da escolha consciente. À medida que a energia interior vai ficando cada vez mais aprisionada no perímetro defensivo, esta camada se expande e se transforma em um instrumento de negação, que pode afogar a percepção da pessoa no eu exterior. Os efeitos são sistêmicos, como disse, porque as rupturas da energia distorcem a consciência do organismo através de seus diversos planos vibratórios: não apenas o físico e o emocional, como Reich percebeu, mas também o mental e o espiritual. Como resultado, o ego abandona suas funções reguladoras para manter a máscara. Quanto mais se intensificam os bloqueios, mais a mente exterior se concentra neles, o que, por sua vez, expande seu quociente energético. O círculo vicioso confina progressivamente a autoconsciência da pessoa à periferia, isolando-a tanto da realidade exterior quanto da interior, a das verdadeiras emoções. É por isso que me refiro ao nível 3 como a um estado de realidade distorcida.

Na pessoa gravemente neurótica ou psicótica, o eu fica virtualmente emparedado por um muro de negatividade. Mas todos nós temos, em certa medida, a couraça do caráter, e agimos de acordo com percepções distorcidas e decisões que se igualam à energia distorcida. Sempre que a livre expressão da emoção é bloqueada, esta se lança tortuosamente sobre o nível 3, em forma de sentimentos de negação. O medo desviado, por exemplo, pode fazer a máscara dizer "eu sou melhor e você pior" ou "você é inferior e eu sou superior", ou "preciso impressioná-lo".

Há uma imagem que ilustra muito bem a interação entre os níveis 3 e 2. Imagine um general sentado em meio a um grupo de autoridades, passando em revista um desfile militar organizado em sua honra. Enquanto a tropa desfila, passa um pensamento em sua cabeça: "Puxa! Mamãe teria orgulho de mim agora." É um homem que preza suas conquistas e pensa em si mesmo como um personagem poderoso. Mas é ainda uma criança, ganhando a atenção de sua mãe, através de feitos de comando. O nível 2 enviou a ele uma mensagem que entra em conflito direto com sua máscara.

A tragédia de nos identificarmos com a máscara do ego é que necessariamente nos diminuímos. Isso subverte nossa substância, nossa energia da Essência, e sustenta todas as aflições humanas, desde a patologia física até a esterilidade espiritual. Avaliar os outros apenas por seus traços de personalidade também os diminui, porque o que está em questão são suas aparências e não o seu ser. A singularidade de cada pessoa vem do fato e da forma de sua individuação, a partir do princípio vital universal. Assim, a identidade fundamental da pessoa é moldada pelo movimento intencional de energia da Essência.

O nível mais profundo

A Essência é a capacidade humana total, uma massa vital e luminosa, a fonte e a consciência da força vital. A Essência tem completa unidade. Não existe dualidade nesse primeiro nível de realidade, nenhum isso ou aquilo, nenhum bom ou mau. É uma operação vibratória indivisível, um processo no qual cada pessoa conhece instintivamente a verdade, sentindo o pulso da vida. As características qualitativas dos movimentos da Essência são as emoções positivas primais, ou movimentos para fazer contato e unificar a pessoa com o mundo exterior. Elas podem ser resumidas numa expressão sublime: amor.

O fluxo de energia da Essência, como disse no início do capítulo, assume uma forma espiral. Pode ser comparado à formação das fibras do coração, que se torcem quando ele é criado. A sabedoria humana através das eras tem, com razão, imaginado o coração como a fonte das emoções positivas. Dante intuiu o movimento helicoidal da energia da Essência na *Divina Comédia*, com a imagem do homem subindo em espiral uma montanha cônica. No topo está o amor. Dante também representou o homem descendo em espiral para o inferno. No fundo, ele encontra o Demônio, congelado num lago. Outros também estão presos no gelo, alguns até os joelhos, outros até a barriga, outros até o pescoço. Tradução: uma vida que sobe em espiral para o amor; uma vida gelada que desce em espiral para o inferno.

A metáfora de Dante ilumina um aspecto da Essência muito enfatizada na minha abordagem terapêutica: seu gênio perceptivo. O centro do ser humano tem a mais alta habilidade e a mais alta inteligência. Essa inteligência funciona além das capacidades estritamente intelectuais de assimilação, análise e síntese. Dá soluções intuitivas aos problemas extrínsecos e mistérios da vida, pois pode compreender objetivamente realidades existenciais e unificar opostos, revelando verdades básicas.

As grandes inovações na Terra foram feitas através da intuição. Freud percebeu isso. Passeando com ele um dia, o dramaturgo Thornton Wilder perguntou-lhe: "Se suas descobertas são tão importantes, como é que ninguém pensou nelas antes?" Freud sorriu e respondeu: "Eu não as descobri. Os poetas sempre souberam essas coisas." Outros gigantes da história do conhecimento humano tiveram a mesma percepção. Os brilhantes saltos de compreensão, para usar uma expressão registrada por gênios tão díspares quanto o místico cristão João da Cruz e o físico Albert Einstein, originam-se na Essência. Mas todos nós podemos dar esses saltos, porque todos nós podemos ter acesso a nossa Essência. Talvez não criemos os novos conhecimentos que o mundo tem ainda de receber de seus povos. Mas cada um de nós tem aquilo que alguns chamam de percepção intuitiva ou momentos de verdade, ou rasgos de percepção cuja origem não percebemos, mas cuja realidade profunda nos inunda de convicção. Tudo isso vem de nossa Essência. Aí reside a eterna singularidade da pessoa e a interpenetração com o universo incomensurável: o todo da existência exterior, o ser que muitos percebem como Deus. A força que opera no universo é a mesma força que opera na Essência.

Por causa desses atributos, a Essência pode curar. Aconteça o que acontecer na periferia da pessoa, o centro de energia correta luta sempre para restabelecer os processos da vida. A Essência tem capacidade de criar e recriar. É capaz de unificar opostos e assim resolver a dualidade da pessoa humana, a separação entre o ser interior e a realidade exterior. A Essência pode, também, dispersar conflitos emocionais. Mencionei, no Capítulo 1, que mestres da cura podem dirigir sua energia à doença física de outra pessoa para curá-la. Essa energia vem da Essência. Pessoas excepcionalmente integradas podem também dirigir a energia da Essência para enfrentar provações que destroem outras pessoas. Existe o exemplo do Tenente Hiroo Onoda, que retornou ao Japão, em excelentes condições físicas e mentais, depois de 30 anos nas selvas das Filipinas. Há os homens e as mulheres que sobreviveram aos campos nazistas, mesmo tendo atingido peso inferior ao de companheiros com estrutura física semelhante, que haviam morrido. Utilizaram a força da Essência.

Para canalizar essa força, seja para enfrentar a adversidade ou a oportunidade, o ser humano tem que transcender o eu exterior. Pessoas que relatam experiências psíquicas, ou com drogas, falam muitas vezes de um túnel escuro. Quando começam a experiência, têm uma sensação torturante, como se estivessem atravessando um túnel, transcendendo de um espaço a outro, de um espaço externo para um espaço interno. Da mesma forma, no trabalho com a energética da Essência, cheguei a um conceito de espaço interior.

O espaço interior relaciona-se ao movimento de energia vital no corpo. A energia pulsa não apenas da Essência para fora, mas também para o interior do organismo, num movimento que carrega o centro vital. Esse movimento penetra o nosso espaço interior. Eis um exemplo: quando uma pessoa tem um encontro de grande intensidade, espaço, tempo e movimento se fundem. Numa relação sexual, por exemplo, um minuto ou dois se estendem por séculos, pela eternidade. A Essência pode fundir essas dimensões objetivamente separadas. É assim que o cosmos, o lá fora, se funde com o centro individuado do princípio vital universal, o nosso aqui-dentro.

Esses aspectos da Essência humana representam uma visão destinada, acredito, a evoluir por todos os dias de minha vida na Terra. Digo isso por três razões. Uma delas é que as pessoas que buscam a minha ajuda revelam-me constantemente novas facetas do centro humano; outra, é que pessoas, trabalhando em outras áreas, alargam minha compreensão – e minha admiração – de quão infinitamente variado é o princípio vital universal. E a terceira é o testemunho de professores inspirados, que investigaram o fenômeno da energia humana através da história conhecida. Desejo retornar, mais adiante, a alguns desses pensadores do passado.

Parte II

Os Fundamentos da Energética

Capítulo 3

Teorias orientais sobre a energia humana

Nas profundezas do passado, mesmo antes do advento dos pré-homínidas, os ancestrais da nossa espécie estavam absorvidos na tarefa de tentar compreender seu lugar no universo. Como todas as coisas vivas em sua era – e como nós – usavam o instrumento da consciência, inerente à sua forma energética.

Como todas as nossas famílias de progenitores, nossa espécie – *Homo Sapiens* – concentrou-se, inicialmente, em descobrir quem somos através da experiência de nossos próprios movimentos pulsatórios interiores, e em tomar consciência do mundo dentro de nós. Então, começamos a juntar os fatos e o sentido do ambiente em torno de nós através da percepção. Nossos movimentos pulsatórios interiores, nossa sensação e nossa percepção deram aos nossos ancestrais, e ainda nos dão, a experiência de ser e a consciência de nossas pessoas, tanto dentro do eu quanto no contexto da realidade externa.

Como foi descrito no Capítulo 2, esses movimentos pulsatórios interiores são a soma total dos processos da vida humana, de todas as energias metabolizadas com o corpo, geradas interna e externamente. Essas energias também fluem para fora do corpo, da mesma forma que o calor irradia de um forno. Criam um campo de energia feito de linhas de força que se movem na periferia do organismo assim como em seu interior. O corpo vive dentro desse campo de energia, que se estende como uma aura por muitos centímetros além da pele e que, às vezes, pode se ampliar por vários metros.

Depois de ter travado conhecimento com essas operações básicas da energia humana, há 25 anos, descobri, gradualmente, que os fenômenos da força vital e dos campos de energia vêm sendo estudados por milhares de anos, ao longo da História. Os conceitos que estou desenvolvendo são baseados em minha observação direta e experimentação, como se verá nos capítulos 6 e 7. Mas, como disse Michelângelo, os horizontes que cada geração de pintores consegue enxergar, lhe são visíveis porque ela os vê de sobre os ombros de seus pais. Dessa perspectiva, a energia da Essência é apoiada por uma linhagem que se inicia há mais de três milênios.

A teoria chinesa da energia

As primeiras referências sistemáticas conhecidas são as da literatura chinesa de mais ou menos mil anos a.C.: o apêndice do *Livro das Mutações (I Ching)*, que introduz o princípio *yin-yang*, e um capítulo no *Livro das Escrituras (Shu Ching)*, que descreve a doutrina dos cinco elementos – água, fogo, madeira, metal e terra – nos quais toda a criação se baseia.

Yin e *Yang* são dois pólos de força nos quais se expressa a própria energia universal. *Yin* significava, originalmente, o norte, e *Yang* o lado sul de uma montanha. Assim, as qualidades do *yin* incluem o frio, a escuridão, a feminilidade e a negação; e o *yang* personifica calor, masculinidade, luz e positividade. Essas duas forças estão em conflito constante no organismo humano, assim como em seu meio ambiente, na natureza, na Terra e no universo. Mas, ao mesmo tempo, formam um todo, de forma a simbolizar a harmonia e o equilíbrio. *Yin* e *yang* representam a lei do céu e da terra, mestra de todas as coisas vivas, mãe da mudança, origem do nascimento e da morte.

Na natureza, o princípio *yin-yang* produz a mudança das estações, a seqüência de dia e noite, a vazante e enchente das marés. No corpo humano, o princípio se expressa nas atividades de inalação e exalação e nas condições de vigília e sono. É responsável, também, por paralelos entre o sistema nervoso simpático e parassimpático. A boa e a má saúde são determinadas pelas flutuações das duas forças opostas.

Quando estão equilibradas, o organismo está saudável. Mas se a energia básica, o *ch'i* (o sentido original era "respiração"), estiver desviada em uma das direções, isso significa doença. Um *yang* forte demais resulta em atividade orgânica excessiva; por outro lado, a predominância de *yin* provoca um funcionamento insuficiente. Além disso, a doença afeta o corpo todo, e não apenas uma parte dele, uma vez que a boa saúde representa uma condição de equilíbrio do organismo como um todo. *Tao*, ou a lei da natureza, codifica o equilíbrio correto de *yin* e *yang* em todas as coisas. Regula o desenvolvimento de todos os fenômenos da vida.

A harmonia entre o homem e seu meio, de acordo com o *Livro das Escrituras*, remete aos cinco elementos que compõem o macrocosmo, o universo, e o microcosmo, o homem. A seqüência dos elementos, na ordem da criação é: água, fogo, madeira, metal e terra. O número cinco refere-se a muitos outros grupos: as cinco estações (como os chineses as dividiam), os cinco sentidos, as cinco possibilidades da felicidade humana. Entre esses agrupamentos existem, também, cinco componentes da estrutura humana: os vasos sangüíneos relacionam-se ao fogo, os músculos à terra, e assim por diante. Cinco órgãos *yin*, que têm uma função passiva, de armazenagem (como os rins, ligados à água), e cinco órgãos *yang*, com funções ativas (como o intestino grosso, que corresponde ao metal), são definidos pela doutrina dos cinco elementos. Assim, a natureza e o corpo humano se inter-relacionam de numerosas maneiras.

Essa formulação teórica acompanhou o desenvolvimento prático da acupuntura. Talvez, ainda na Idade da Pedra, os chineses tenham descoberto pontos no corpo humano que, quando pressionados ou perfurados, ajudavam a aliviar a dor ou a produzir algum efeito benéfico. O hábito de pressionar e esfregar partes doloridas do corpo, assim como a tentativa de reviver recém-nascidos doentes, são, talvez, os predecessores da massagem sistemática. Observou-se que mudanças no ritmo da respiração tensionavam ou soltavam os músculos e, mais tarde, que essas mudanças produziam mudanças no organismo. Através dessas descobertas, percebeu-se, pouco a pouco, que perfurar ou pressionar pontos determinados podia influenciar também o funcionamento de certos órgãos internos.

Esses pontos foram classificados em ordem de grau de conexão com os órgãos vitais, e era 12 o número original de meridianos, ao longo dos quais se localizavam os pontos. Com o tempo, mais pontos foram descobertos, e todos os focos conhecidos foram classificados ao longo de oito meridianos. *Ch'i*, a energia básica do organismo, flui ao longo dos meridianos e interliga os órgãos. Assim, qualquer anormalidade no fluxo produz um excesso ou déficit patológico de energia e prejudica a harmonia do corpo inteiro. A acupuntura estimula ou reduz a circulação de *ch'i*, conforme o desequilíbrio, para restabelecer o equilíbrio sistêmico de acordo com o *Tao*. Na verdade, o praticante dessa arte não se limita à queixa presente, como fazem os médicos convencionais do Ocidente. O acupunturista busca a harmonia com a verdadeira natureza do próprio universo. Utiliza a energia vital do organismo do paciente para lhe dar um equilíbrio prolongado e satisfatório de funções.

Atualmente, a acupuntura recebe uma atenção cada vez maior fora do seu país de origem. Os chineses expandiram o número clássico de pontos de 365 para 900 e desenvolveram a eletroacupuntura, que envia correntes de cinco volts através das agulhas. Como os meridianos não correspondem inteiramente aos trajetos conhecidos dos nervos, pesquisadores não-chineses buscam outras explicações além do princípio *yin-yang*. Cientistas russos, por exemplo, colocam a hipótese de que o bioplasma, um "quarto estado da matéria" – uma forma nova de energia, diferente da energia elétrica, magnética ou mecânica – explica o funcionamento da acupuntura. Mas quase todos aceitam a existência de alguma forma de fluxo bioenergético como base da comprovada eficácia das técnicas.

Teorias indianas da energia

Voltando à Antigüidade, a história da Medicina na Índia tem, como na China, uma tradição venerável e fecunda. Desde os primeiros séculos do primeiro milênio a.C., observadores e praticantes desenvolveram conceitos que acabaram por se chamar *ayurveda*, ou ciência da longevidade. De acordo com esse sistema, os elementos formadores do universo compõem, também, o corpo humano. O organismo é a expressão material do espaço ou vazio, vento ou ar, fogo, água e terra, juntamente com o elemento do pensamento, que reside no corpo. Os elementos formam as sete substâncias da pessoa viva: linfa, sangue, carne, gordura, ossos, medula e esperma. Todos esses elementos tomam vida através de um líqüido radiante conhecido como *ojas* ou força. É o material da vitalidade, o "suco vital". Fica no coração e é a base do *prana* ou respiração. *Ojas* e *prana* são distribuídos no corpo através dos vasos sangüíneos.

O *prana* divide-se em várias categorias que se relacionam aos movimentos e às várias funções da respiração: respiração propriamente dita, ar para o "fogo que cozinha internamente", e assim por diante. O fogo também assume várias formas, atuando como cinco espécies de bílis. A água no corpo é muco, também com variadas formas e funções. A doença é resultado da hipo ou hiperatividade de um ou mais desses três elementos principais. Os tratamentos consistem em excitar ou acalmar a atividade, conforme a necessidade, através de drogas, dietas e mudanças de ares.

Derivando, em parte, dos antigos conceitos de *ayurveda*, desenvolveu-se um sistema predominante, a ioga, assim como outros que foram formalizados durante os séculos II e III a.C. Como eles, a ioga buscava libertar a alma individual dos limites da existência mortal, assim como das feridas da reencarnação.

Nessa época, o pensamento religioso-filosófico da Índia propusera um fundamento de idéias abstratas relativas à natureza da experiência, largamente aceito pelas diferentes escolas doutrinais. Nesse corpo conceitual, o universo está evoluindo perceptualmente. O processo de evolução acontece pela interação de três fatores: (1) inércia ou peso, massa, matéria; (2) inteligência, entendida como leveza, luminosidade e abrangência, em contraste com inércia; (3) mudança, uma força equilibradora. Esses três elementos, chamados de *gunas*, são ao mesmo tempo substâncias e atributos e se combinam em várias dinâmicas para formar o substrato do universo em evolução.

A mente humana é um fenômeno material, e apesar do *guna* da inteligência nela ser predominante, a mente contém também os elementos da inércia e da mudança. Não é a alma ou parte da alma, que é a consciência eterna e imutável da pessoa, o verdadeiro *self*. Os *gunas*, entrelaçados, por assim dizer, numa única corda, amarram a alma às malhas da experiência terrena.

Algumas escolas de ioga, que se desenvolveram com o tempo, continuaram a acreditar na alma cósmica, *Brahma*, proposta no Hinduísmo clássico. Outras viam a realidade fundamental como um número infinito de almas individuais. Assim, os iogues podem considerar como sua meta ideal ou a reabsorção da alma em *Brahma* ou a realização da própria liberdade da alma. Mas em ambas as orientações a abordagem é evolucionária, no tempo de vida de uma alma determinada e através de sua reencarnação. Desde os primeiros tempos, a ioga enfatizou um árduo treinamento físico e mental para direcionar o caminho do praticante para cima – do pesado (matéria) através do leve (mente), em direção à independência da alma, em relação às limitações da existência terrena.

A independência se torna permanente apenas quando a alma fica eternamente livre de futuras reencarnações, mas pode ser repetidamente atingida – mesmo que temporariamente – numa mesma vida, através da disciplina iogue. Começando no nível fisiológico com o controle sistemático de reflexos, posturas e funções respiratórias, o treino iogue avança para processos mentais mais elevados buscando, principalmente, o desenvolvimento de estados mentais de concentração. A combinação da aplicação física prática com um objetivo místico fez com que a atenção do mundo se voltasse para a ioga. A coordenação de uma escola de pensamento com um programa de exercícios diários é de grande interesse para a psicologia fisiológica, assim como para a filosofia religiosa.

Desejo me deter um momento no Tantrismo, uma ioga monística que atraiu, nos últimos anos, mais praticantes ocidentais que qualquer outra forma de ioga. O Tantrismo introduz um outro conjunto de conceitos: os três invólucros, ou corpos, do ser humano (outras escolas enumeram sete). São planos vibratórios, coexistentes, mas distintos. O mais alto é o corpo causal, que contém a expressão da energia universal divina, *Brahma*. Aqui habita a alma humana, o princípio criativo, masculino, do ser individual. O segundo invólucro é, na verdade, composto de três corpos, que contêm as chamadas manifestações da existência individual. Coletivamente, estão em contato com o invólucro mais baixo, o corpo físico. Assim, compreendem a essência psíquica dos cinco sentidos e a mente. São formados de *prana*, o sopro vital que também faz o corpo carnal viver. O corpo sutil e o corpo físico expressam o princípio do ser feminino, plástico e universal: o universo em evolução diferenciou-se em inúmeras formas, através da interação dos *gunas*.

Todas as escolas de ioga consideram o *prana* uma energia universal ainda mais básica que a energia atômica. Tudo o que se move, trabalha ou tem vida é uma expressão do *prana*. Está em todo lugar: suas correntes estão no norte, no sul, no leste e no oeste. Há também correntes de *prana* no invólucro sutil e no físico. No plano físico, inalamos e exalamos *prana*, que circula em nosso corpo através da respiração. O *Prana* está presente em todas as células e moléculas dos organismos vivos. Tem uma ligação especial com as glândulas endócrinas, e seu fluxo reage ao estado psicológico do indivíduo. A disciplina iogue do *pranayama* (pausa na respiração) tem o objetivo de ensinar como reter *prana* e fazê-lo circular através do corpo, principalmente nos centros de energia chamados *chakras*, para que possam ser vivificados e expandidos. Há muitos métodos diferentes para controlar a respiração, e todos têm o objetivo de regular a inalação, a retenção do ar e a exalação, de acordo com uma seqüência rítmica. O *Pranayama* é a base das disciplinas que treinam a pessoa para que se identifique com o princípio criativo, a alma.

O invólucro sutil tem sete *chakras* através dos quais a energia é continuamente trocada entre a pessoa e a esfera cósmica. Dentro do corpo, o *prana* é espalhado por milhares de *nadis*, tubos ou artérias sutis, que se articulam numa rede. Os canais principais, de acordo com o Tantrismo, são três. A tradição iogue, em geral, situa os sete *chakras* no cóccix, na base do órgão sexual, no plexo solar, no coração, na garganta, no espaço entre as sobrancelhas e no topo da cabeça. Seis deles correspondem a seis dos plexos nervosos simpáticos do corpo.

Acredita-se que um tipo especial de energia chamada *kundalini* flui através do corpo em forma de espiral, quando ativada. Por isso, é chamada de fogo serpentino. Não deriva da energia solar, que é fonte de *prana*, mas relaciona-se, de alguma maneira, com o centro magnético do planeta. De acordo com essa teoria, a *kundalini* localiza-se no primeiro *chakra*, na base da espinha, que é normalmente inativo. Quando ativado, move-se através do *nadi* espinhal, que é o canal central. A energia *kundalini* liga-se às energias sexual e criativa. Se não é liberada em expressões sexuais ou criativas normais, produz um estado de doença no organismo.

Várias técnicas são recomendadas para ativar a *kundalini*. Um dos métodos é enviar *prana* pela espinha abaixo, para que bata violentamente na porta imaginária do local onde habita a *kundalini*. Isso pressupõe, naturalmente, que o praticante já tenha dominado a respiração e as posições preparatórias que permitem tal domínio do *prana*. A respiração da ioga é muito profunda e envia uma carga potente de *prana* ao local de *kundalini*, enquanto a respiração normal é muito rasa e não consegue alcançá-la. Quando a *kundalini* é ativada, essa energia pode subir pela espinha e, por sua vez, animar os outros *chakras*, fazendo com que cresçam e abrindo esses reservatórios de força. Hereward Carrington, um importante pesquisador americano da ioga *kundalini*, esboça a seqüência de estágios dessa técnica: (1) inalar, reter o ar e forçá-lo para baixo; (2) concentrar-se no *chakra* do coração; (3) projetar mentalmente uma chama para o *chakra* do cóccix; (4) movimentá-la para cima a fim de que atravesse a porta do segundo *chakra*, e então do próximo, e assim por diante, através dos outros centros.

É preciso muita concentração mental para ativar a *kundalini*, pois a energia despertada parece querer voltar para seu lugar de repouso na base da espinha. Quando a energia chega ao *chakra* coronal, no topo da cabeça, deve ser retida por uns três dias para se ter a possibilidade de obter dons psíquicos maiores. Sua presença nesse ponto é entendida como um sinal de que a pessoa obteve uma fusão com a consciência universal.

Como a ioga *kundalini* é baseada no movimento de energia no corpo, há uma aparente contradição no fato de a *kundalini* se opor, em certo sentido, ao sexo físico. Ou seja, a força sexual deve ser conduzida à sua forma sutil e dirigida para cima, ao invés de "descer", em forma de líqüidos físicos. No entanto, a ioga tântrica adota a idéia de interpenetração do *prana*, da *kundalini* e do todo do corpo físico, transformando o ato sexual em um sacramento. Todos os sistemas iogues sustentam que a energia está constantemente sendo trocada entre as pessoas, entre a pessoa e o planeta, entre o planeta e o cosmos. O Tantrismo ensina que a união sexual desperta e é intensificada por *kundalini*. As sensações da comunhão são deliberadamente prolongadas através de autocontrole físico e de vários atos rituais de intimidade, para que a união final invada todo o corpo. O objetivo disso é gerar um amor maior para o parceiro, assim como a participação numa experiência de ordem divina. O orgasmo é, supostamente, um agente restaurador e enriquecedor da vida.

Na verdade, a união sexual é considerada como um ato fundamentalmente religioso pelo Tantrismo, pois une os princípios energéticos feminino – estático e masculino – dinâmico. Muitas religiões, tanto no Oriente como no Ocidente, desenvolveram uma visão semelhante. Por exemplo, os devotos de Ísis, no Egito, de Afrodite, na Grécia, e de Diana, em Roma, reconheciam a importância da união das energias masculina e feminina. A filosofia tântrica pressupõe que a experiência na carne leva à experiência divina. Para citar uma frase da literatura tântrica: "O homem que percebe a verdade do corpo pode vir a conhecer a verdade do universo."

Capítulo 4

A teoria ocidental da energia humana

A convicção de unidade cósmica, que continua a inspirar as investigações orientais da realidade é, talvez, a principal razão para sua crescente aceitação fora dos limites da Ásia. A história dos maiores sistemas de pensamento do Ocidente é marcada pela dicotomia, apesar de teóricos da Religião e da Filosofia tentarem sempre abarcar toda a criação em seus sistemas. Durante dois milênios, a tendência tem sido enfatizar uma só disciplina ou um só método, ou até mesmo um só aspecto da vida, em detrimento de outros caminhos comprovadamente bons. A espiritualidade judeu-cristã articulou uma teologia brilhante, uma ética que sustenta a sociedade, e um profundo conjunto filosófico, mas despendeu muito esforço reprimindo impulsos humanos inatos e a pesquisa científica. A Idade da Razão, ou Iluminismo, aliou-se à mente, enquanto desprezava a emoção, a intuição e a espiritualidade religiosa. Durante esse período, e avançando paralelamente a ele, as duas revoluções industriais e a era da construção dos impérios enfatizaram o progresso material e a acumulação (prosperidade física), a ponto de sacrificar garantias e liberdades humanas fundamentais. Esses desequilíbrios foram seguidos pelo formalismo da era vitoriana, destruidora de valores emocionais e da expressão física, e pela estagnação e desintegração humanas que irromperam na Primeira Guerra Mundial.

Esta crítica não está pressupondo que o Oriente não sofreu deformações paralisantes em seu desenvolvimento. Sua abordagem tradicional enfatizava o animismo e o vitalismo, em detrimento da vida material e do pensamento político-social. Guerras cíclicas despedaçaram o Oriente; inundações contínuas, particularmente na China, agravaram a miséria a um ponto raramente sentido no Ocidente. E em nosso século, a reação a esses desequilíbrios levou parte do Oriente a uma ênfase igualmente desproporcionada nos planos material e sociopolítico.

Mas, o que importa aqui é que as tradições orientais tentaram reforçar a percepção da unidade subjacente a todas as coisas, enquanto que as escolas dominantes do Ocidente tenderam a reforçar a percepção do dualismo (desunião) de todas as coisas. No que diz respeito a sistemas de energia humana, essa tendência ocidental criou um abismo entre humanidade e natureza, entre intuição e razão e entre a pessoa humana e o eu interior.

O antigo pensamento grego

Nem sempre essa tendência cismática prevaleceu no mundo ocidental, e também não caracteriza todos os padrões de pensamento. Num estudo de D'Alvela sobre a migração dos símbolos, descobriu-se que, de 1300 a.C. a 1000 d.C., havia um símbolo universal para expressar o movimento e a energia do Sol. Originou-se com os arianos e os gregos. Esse símbolo é o *Gammadion* e tem sido usado, com algumas variações, por várias culturas. Originou-se, possivelmente, como uma expressão da percepção do Sol e de seus raios. Mas tem, na verdade, a forma da suástica, uma representação dos movimentos dos processos energéticos do campo de energia do ser humano, como determinaram as minhas observações acerca do campo de energia.

O antigo pensamento grego também teorizou sobre a unidade de todas as coisas. Na era que precedeu o século de Péricles, explorações sistemáticas da realidade presumiam a identidade entre forças universais e a força no interior de entidades individuais. Pitágoras, nascido por volta de 582 a.C., é mais conhecido por seu trabalho em Matemática e Astronomia, mas a articulação de suas teorias, durante seu próprio século e o seguinte, especulava também sobre aquilo que intérpretes pós-platônicos explicaram como o conceito da suprema unidade.

Os pitagóricos consideravam que todos os fenômenos são compostos de duas oposições, que classificavam em dez categorias: ímpar-par, masculino-feminino, descanso-movimento, e assim por diante. Percebiam que a união desses opostos é o universo (o "grande homem"). Há uma constante interação entre ele e o ser humano (o "pequeno universo"), e a compreensão de um implica o conhecimento do outro. Corpos celestes contêm almas, mentes e espíritos, da mesma maneira que a forma humana visível serve como veículo para um organismo individual espiritual, que é o indivíduo consciente. A famosa letra "Y" de Pitágoras significa a parte da escolha. A pessoa jovem, trilhando o caminho da vida simbolizado pela haste central do "Y", chega ao ponto em que o caminho se divide. A bifurcação esquerda representa sua natureza inferior, e seguir por ela levará a um período de insensatez e dissipação. A bifurcação direita é a estrada do trabalho, da integridade, da sinceridade, levando, no final, à união com as esferas superiores.

O antigo pitagorismo não mostrava, numa explanação coerente, como funciona o processo unificador. As sistematizações foram feitas mais tarde, principalmente por Platão e Aristóteles, que conceituaram a distinção fundamental entre forma e substância e formularam teorias abrangentes (apesar de divergentes) para sua interação. Mas os pitagóricos registraram uma descoberta que foi sendo progressivamente esquecida pelo pensamento filosófico, até ser retomada por Paracelso: a percepção de uma energia vital em um corpo luminoso. Sustentavam que sua luz pode produzir vários efeitos nas pessoas, incluindo curas. A Cabala, a teosofia mística judaica surgida no sétimo século d.C., refere-se a energias semelhantes sob a denominação de luz astral.

Hipócrates, que viveu 120 anos depois de Pitágoras, herdou a suposição ainda dominante da unidade fundamental e, sobre essa herança, estabeleceu um corpo teórico que tem algumas analogias com os ensinamentos do *ayurveda*. Quatro fluidos, acreditava ele, formam o organismo humano – sangue, bílis, atrabílis e fleuma. Correspondem às propriedades de calor, secura, frio e umidade. Mas, paralelamente ao desenvolvimento do conceito de espiral, na filosofia grega, como energia específica da vida, Hipócrates colocou a idéia de uma força especial da natureza, que chamava de *enormon* (força que habita o interior) e de uma essência espiritual restauradora, *physis*.

A *materia medica* e os processos terapêuticos de Hipócrates derivavam de sua tese inabalável de que é a natureza, e não o médico, que cura o paciente. O aspecto de seu trabalho que lhe deu o título de "pai da medicina moderna" foi a observação precisa das doenças e seu esforço para substituir práticas supersticiosas por práticas empíricas, mas o elemento de ligação em seu sistema era a presença de uma natureza que tudo cura, dirigindo as energias no interior do paciente. O médico deve se aliar a essas energias internas para efetuar o tratamento. E deve também levar em conta a relação entre a doença e as circunstâncias cósmicas, como o estado das constelações, as estações e os fenômenos atmosféricos.

Talvez tenha sido o peculiar gênio de organização dos romanos que trouxe a crítica cisão do dualismo para o pensamento ocidental; a hipótese vai muito além do que nos interessa aqui. Mas certamente a cisão não foi formada pelo fundador da Cristandade, ainda que alguns dos seus primeiros divulgadores, como Paulo, tenham orientado a doutrina em direção à dicotomia. Existem, na Bíblia, várias referências à cura através da transmissão de energias. Não foi apenas Jesus que curou usando as mãos, os olhos e as palavras, mas seus seguidores duplicaram seu trabalho. Um episódio, entre os muitos que sugerem uma força que cura, envolve uma mulher que tinha uma hemorragia há 12 anos. Quando ela tocou a barra da veste de Cristo, no meio da multidão, Jesus disse: "Quem me tocou?... Alguém me tocou; eu senti que uma força saía de mim." (Lucas 8:45-46.) O Cristianismo ortodoxo acredita que esses atos de cura eram, estritamente, de origem sobrenatural. Mas muitos mestres contemporâneos da cura sustentam que o ato sagrado concentra a energia natural da cura no corpo e na natureza, como fez Cristo. Dizem que Cristo e os apóstolos exerciam uma arte aberta a todas as pessoas capazes de canalizar essa energia.

As recentes teorias européias sobre a energia

Durante a Reforma, o revolucionário Paracelso (1493-1541) rompeu com a tradição médica que vinha se desenvolvendo, inconteste, desde Claudius Galeno, no século segundo. Paracelso, assim como Hipócrates, tentou uma síntese vinculada à observação de fenômenos naturais. Combinando seu trabalho como médico e químico com noções filosóficas gregas, dogmas da teologia cristã e conceitos vindos do Oriente, situou Deus como essência e causa suprema, mas não como o todo da existência primordial, a que chamava *iliaster*. *Iliaster*, dizia ele, é força vital e matéria vital. A natureza é una, uma unidade eterna, na qual todos os seres se harmonizam e simpatizam uns com os outros. Assim, o macrocosmo do universo e o microcosmo do homem são fundamentalmente um. Há uma simpatia entre certas coisas individuais em cada um deles, por exemplo entre determinados órgãos humanos e determinadas plantas ou estrelas. A interação é uma função de correspondência ou "magnetismo" entre seus princípios vitais, seus espíritos da vida.

Toda forma corpórea – seja uma pedra, um metal, uma pessoa, um vegetal – tem um espírito específico. Cada uma delas é um ser desdobrado, com um aspecto material (visível) e um aspecto espiritual (invisível). Nas coisas vivas, esses aspectos estão ligados por uma alma, uma forma semimaterial equivalente à vontade ou determinação de ser da entidade. O aspecto material de um ser consiste em elementos invisíveis que se tornaram visíveis, e os elementos espirituais consistem em movimentos (nos humanos, sentimentos e pensamentos) que se originam no macrocosmo.

A alma humana compõe-se, na verdade, de três almas, ao longo do tempo de vida da pessoa. A mais baixa, semelhante à de um animal inferior ou de uma planta, regula as funções orgânicas. A mais alta é um fenômeno unicamente humano, ligada à razão e às emoções mais nobres. Essa faculdade sobrevive pela eternidade. Entre as duas há uma alma média que os animais superiores também possuem. É nesse nível que a pessoa interage com o universo. Em seu aspecto material, essa alma é chamada de corpo sideral ou astral; em seu aspecto espiritual, é chamada de alma astral. O homem sideral é a duplicata etérica do homem físico, iluminado pelo espírito.

O magnetismo entre o universo e a pessoa, em suas totalidades e entre algumas de suas partes funciona, por assim dizer, através de emanações sutis de força, chamada *archeus*. Este é o princípio vital que contém a essência de vida e o caráter de todas as coisas. É o *archeus*, por exemplo, que usa o alimento que alguém come para fazer cabelo, sangue e ossos. *Mumia*, um conceito semelhante, é a força vital inerente à carne. Paracelso gostava de dizer que a natureza cura, o médico só trata. *Mumia* é a cura da natureza no ser humano, e não está situada dentro da pele, mas se irradia dentro e em torno da pessoa como uma esfera luminosa. A *mumia* de um corpo sideral pode agir sobre outro a distância, para o bem ou para o mal, para restaurar a saúde ou causar doença. Isso acontece principalmente depois da morte terrena, quando a pessoa sideral separa-se do corpo e permanece intacta por algum tempo, até que seus aspectos materiais sejam absorvidos no ambiente.

As intuições de Paracelso estenderam-se, por muitos séculos, além dos limites do conhecimento demonstrável: seu conceito de *iliaster* profetiza a equação energia-matéria de Einstein; *archeus* é muito semelhante àquilo que chamamos metabolismo; *mumia* tem analogias com o DNA e as reações imunológicas. Sua ênfase na observação direta e na experimentação cuidadosa ofendeu médicos e químicos ortodoxos, e seus esforços para criar uma nova síntese de aprendizado não foram bem recebidos na época.

Mas suas curas inquestionáveis ajudaram a reviver a pesquisa científica. E, apesar de nunca ter pretendido ver fisicamente as forças curadoras e formadoras da vida que descrevia, deu a outros a inspiração para continuar a percorrer os caminhos da pesquisa que tinha inaugurado.

Um deles foi Jan Baptista van Helmont (1579-1644), um médico flamengo que descobriu os gases e estabeleceu alguns importantes princípios da bioquímica. Van Helmont definiu o magnetismo como as influências invisíveis que os corpos exercem a distância uns sobre os outros, e visualizou um fluido universal que permeia toda a natureza. Esse fluido não é corpóreo, nem é matéria condensável, mas é espírito puro e vital que penetra todos os corpos e age sobre a massa do universo. Nos humanos, dizia, situa-se no sangue e é dirigido pela vontade. Van Helmont ressaltava o fato de que aquele que cura deve ter mais poder que o paciente e que a abertura do paciente à terapia é muito importante. Durante sua vida, van Helmont usou seus poderes de cura através das mãos para salvar vítimas de uma praga do século XVII.

Entre outros médicos e cientistas proeminentes que seguiram as pesquisas de Paracelso está Athanasius Kircher (1601-1680), um jesuíta alemão, biólogo e físico, que foi talvez o primeiro a compreender que a doença e a putrefação são causadas por corpos vivos invisíveis. Valentine Greaterakes (*1628), um irlandês mestre da cura que praticava na Inglaterra, realizou curas surpreendentes, testemunhadas por homens da estatura de Robert Boyle. Greaterakes evocava a energia do corpo – a *mumia* de Paracelso – para combater a doença com as mãos. Cerca de um século depois, um padre austríaco chamado Johann Joseph Gassner (1727-1779) acrescentou à demonologia católica a noção de que a *mumia* pode ser usada para causar o mal. Deduziu daí que a maioria das doenças surgem da possessão por demônios. Dentro do contexto de sua fé, curava os doentes através do exorcismo, com notável sucesso.

Três homens brilhantes do século XVII criaram sistemas teóricos que relacionavam o particular ao universal: René Descartes (1596-1650), Baruch Spinoza (1632-1677) e Gottfried Wilhelm von Leibnitz (1646-1716). A contribuição de Descartes para a história dos conceitos de energia humana é mais negativa que positiva, porque seu racionalismo extremo levou-o a uma visão mecanicista da realidade, que serviu para reforçar a orientação dualista do Ocidente. Mas serviu de estímulo aos dois outros pensadores, cujas perspectivas eram mais equilibradas e mais integradas.

Descartes, o cientista, matemático e filósofo francês, trabalhou a partir da hipótese de que existem duas substâncias heterogêneas – pensamento e extensão. Apenas em Deus elas são verdadeiramente unificadas. Na criação, todos os seres materiais são homogêneos quanto à extensão, incluindo o corpo humano. Entidades animadas e inanimadas são postas em movimento por Deus que, por assim dizer, dá corda ao universo como a um incontável desfile de relógios, e deixa que sigam o seu curso natural. A substância do pensamento (intelecto e vontade) forma a alma que somente a humanidade possui. Essa alma tem uma unidade de composição com o corpo, mas não uma unidade de natureza. No entanto,

Descartes concebeu toda a matéria como sendo essencialmente uma substância homogênea com uma unidade de movimento, em toda a criação. Ele afirmava que o movimento se propaga em vórtices. Spinoza e Leibnitz ampliariam a primeira dessas idéias em teorias de substância unificada; e três séculos depois, um compatriota de Descartes, Teilhard de Chardin, incorporaria a idéia dos vórtices a uma vasta fenomenologia.

Spinoza, nascido em Amsterdã quando Descartes chegava ao apogeu, iniciou suas especulações sobre uma sólida base cartesiana. Mas, até mesmo seus primeiros escritos conhecidos contêm a premissa que usaria para tentar resolver o dualismo de Descartes. Spinoza dizia que, enquanto existem, os corpos e as mentes individuais são partes – "abstrações" – da totalidade da vida universal. Quando vistos *sub species aeternitas*, sob a forma de eternidade, "desaparecem" no infinito. Existe, então, apenas uma substância, uma substância universal e infinita, que Spinoza identificava como Deus e como natureza. As coisas criadas são expressões dessa substância em modos (aspectos) de pensamento ou extensão. Não são meramente colocadas e mantidas em movimento por um Deus relojoeiro, mas "incitadas por uma energia interior", como diria o poeta Goethe, um século mais tarde.

O impulso de Leibnitz para sintetizar e integrar emergiu de uma carreira multifacetada. Foi historiador, diplomata e inventor, assim como matemático, cientista e filósofo. Suas viagens puseram-no em contato com Spinoza e interessou-se pelos trabalhos deste, em óptica e filosofia natural. Assim como Spinoza, partiu de uma base cartesiana, e também tentou resolver o dualismo de Descartes, mas de outra maneira. Leibnitz sugeriu que a substância é força, e que os elementos essenciais do universo são centros de força, a que chamava mônadas. Essas unidades não são matéria inerte, ativadas por causas externas. São microcosmos metafísicos ou espirituais que contêm sua própria fonte de movimento, espelhando o número infinito de outras entidades no universo através de seu poder de percepção. Como são naturalmente ativas e perceptivas, movem-se em harmonia, apesar de serem substâncias diferentes por natureza e não interagirem. Ou seja, não trocam a força que as formam. Mas podem se fundir em agregados dinâmicos, conhecidos delas próprias, assim como de entidades externas. O grau de sua perfeição e realidade depende do grau de sua habilidade para superar a resistência da limitação corpórea por meio da percepção. Nessa hierarquia de seres, Deus é a mônada suprema.

Uma questão fundamental permanece nos sistemas de Leibnitz e Spinoza. É a questão de como, em termos pragmáticos, uma substância unitária como um ser humano se mantém coeso e atua, e como as partes ou aspectos se relacionam uns com os outros e com o universo. No Iluminismo, a observação e a experimentação não caminhavam juntas com a teorização racional, apesar dos notáveis avanços na ciência e na tecnologia que se iniciaram durante o século anterior. No fim do século XVIII, os pensadores se concentrariam novamente nos fenômenos físicos do universo.

Observação e experimentação

Na era moderna, a primeira tentativa conhecida para se compreender os sistemas vivos em seu ambiente natural foi feita por Sir Isaac Newton (1642-1727). Em seu segundo ensaio sobre luz e cores, fala de uma luz eletromagnética, um "meio sutil, vibrante, elétrico e elástico". Esse meio era excitável e apresentava fenômenos como a repulsão e a atração, sensação e movimento. Os conceitos de Newton anteciparam, de várias formas, o campo eletromagnético de Michael Faraday (1791-1867) e James Clerk Maxwell (1831-1879). Em 1704, Richard Mead (1673-1754) fez uma tentativa para situar os sistemas vivos de acordo com as leis dos princípios de Newton. Sua teoria sobre as marés atmosféricas (causadas por efeitos gravitacionais do Sol e da Lua, provocando mudanças periódicas na gravidade, elasticidade e pressão atmosféricas) é de que elas agem como um "auxílio externo" às "causas interiores", presentes em corpos animais. Mead falava de um "fluido nervoso com eletricidade". Nessa época, Nollet e Fretke publicaram teorias e experimentos sobre o fluido nervoso.

A teoria da influência extracorpórea foi retomada com repercussão internacional por Franz Anton Mesmer (1734-1815), um médico formado em Viena que mudou-se para Paris em 1778. Mesmer é conhecido por seu uso do hipnotismo, e descobriu que podia curar passando um magneto sobre partes doentes do corpo. Experimentos e especulações posteriores levaram-no a propor que todas as coisas na natureza possuem uma força particular que se manifesta por uma ação especial em seus corpos. Essa força, um fluido que ele chamou de magnetismo animal, impregna todas as entidades, sejam elas minerais, vegetais ou animais. Opera sem união química. O magnetismo animal pode ser transmitido a objetos animados e inanimados, em diferentes graus, operar a distância, ser acumulado e transportado. Pode ser ativado e revigorado no corpo humano, não apenas pela presença de um magneto mas também pelo som, e um espelho pode refleti-lo.

Houve uma reação contra Mesmer na França, e os críticos consideraram suas descobertas como resultado de uma imaginação exaltada. Em 1784, uma comissão real de inquérito (Benjamin Franklin era um de seus membros) declarou não-válidos todos os princípios do trabalho de Mesmer. Mas a pesquisa em si era reprodutível e continuou a interessar os pesquisadores. Um dos que tentaram integrar as teorias de Mesmer numa explicação sintetizada da realidade foi um mestre da cura mental do século XIX, o americano Phineas P. Quimby, que, por sua vez, foi consultado por Mary Baker Eddy, a fundadora da Igreja da Ciência Cristã.

O médico e físico italiano Luigi Galvani (1737-1798) iniciou experiências com a ação da eletricidade sobre músculos de cachorros, provavelmente depois de sua nomeação como conferencista de Anatomia, na Universidade de Bolonha, quando tinha 25 anos. No primeiro de seus trabalhos importantes, publicado em 1791, falava de uma energia específica do mundo orgânico, que então chamava de eletricidade animal, mas que depois conceituou como força vital. Observou que, ao colocar um metal em contato com um nervo da perna de um sapo e outro com um músculo, o músculo pulava. Concluiu que esse movimento não é provocado exclusivamente por materiais aplicados exteriormente, mas o resultado de um sistema de circulação de bioenergia, de força vital.

Alessandro Volta (1745-1827) e outros pesquisadores contemporâneos da eletricidade, contestaram a explicação de Galvani e atribuíram o movimento muscular apenas ao efeito da eletricidade que passa entre dois metais diferentes. Consideravam os nervos e os músculos como simples condutores. Mas Galvani rejeitou esse argumento e continuou com suas experiências. Passou a considerar que a bioenergia tem uma interconexão importante e complexa com a eletricidade atmosférica, esteja o corpo em estado normal ou patológico.

Karl von Reichenbach (1788-1869) estava igualmente convencido de que uma energia universal, que ele chamava de *od* ou *odyl*, permeia todos os corpos. Passou os últimos 30 anos de sua longa vida (morreu aos 81 anos, em 1869) investigando essa energia. Esse bioquímico alemão fez pesquisas com magnetismo, eletricidade, calor e luz, nas suas relações com forças vitais, e publicou um grande número de estudos sobre suas descobertas. Uma de suas observações básicas era a de que, quando um magneto forte é passado ao longo do corpo de uma pessoa, produz sensações incomuns. Essas sensações eram geralmente mais intensas num paciente emocionalmente perturbado que num paciente normal. Essa reação, concluiu ele, é devida à *od*. Uma propriedade de toda a matéria que também interpenetra e preenche a estrutura do universo, a força ódica flui, em forma concentrada, de fontes específicas como o calor, o som e a eletricidade. Possui polaridade, luminosidade, pode irradiar a distância e as substâncias podem irradiá-la. *Od*, no ser humano, faz a superfície do corpo brilhar – envolve-o numa aura – e segue uma flutuação diária, aumentando e diminuindo ao longo de 24 horas.

O trabalho de Reichenbach se difundiu. William Gregory (1803-1858), um professor de Química da Universidade de Edinburgh, testou suas experiências básicas e traduziu seus escritos mais importantes, usando a expressão "força vital". *Force vitale* foi também o termo escolhido pelo dr. Hippolyte Baraduc (1850-1909), que publicou sob esse título algumas descobertas originais num jornal de medicina francês, duas décadas depois da morte de Reichenbach. Nesse artigo e em outros estudos, Baraduc descrevia um campo de energia que envolve o corpo e o penetra. Ele considerava a energia como uma força cósmica que entra e sai do organismo através da respiração.

No início do século XX, Emile Boirac (1851-1917), psicólogo experimental e reitor da Academia de Dijon, relatou pesquisas que vinha fazendo com energias psíquicas. De seu trabalho com sensitivos – pessoas suscetíveis a passes de mão a distância e a mudanças atmosféricas – concluiu que o organismo humano possui uma energia que pode agir sobre os outros a distância. Chamou-a de radioatividade magnética ou nervosa, uma força polarizada tão demonstrável quanto a "radioatividade" da luz e do calor. Descobriu que essa energia parece se acumular nas partes do corpo para onde foi dirigida. Pode ter efeitos de cura, que Boirac chamou de magnetismo que cura.

Muitos outros cientistas franceses realizaram experiências com fenômenos vitais. Boirac citou um deles, cujas observações podem constituir uma surpresa: o destacado médico Ambrose-Auguste Liébeault (1823-1904), conhecido entre os estudiosos da Psiquiatria por seus estudos sobre hipnose, nos fins do século passado. Liébeault concluiu, de suas pesquisas com crianças, que uma pessoa pode provocar efeitos sobre o estado de saúde de outra simplesmente por sua presença, independentemente de qualquer sugestão.

Mas a sugestão, e não a transmissão de energia vinda de fora, foi a explicação que Liébeault ofereceu para o mecanismo da hipnose. Neste ponto, baseou-se não apenas em Reichenbach e seus seguidores, mas em uma figura igualmente renomada no campo da Psiquiatria, o neurologista Jean-Martin Charcot (1825-1893). Na visão de Charcot, a suscetibilidade à hipnose tem a mesma base da histeria: uma fraqueza orgânica do sistema nervoso, agravada por uma tendência à fuga. As monumentais descobertas de Sigmund Freud teriam suas bases nas duas teorias, mas principalmente na de Liébeault.

Capítulo 5

A teoria moderna da energia humana

A descoberta da mente inconsciente, sobre a qual se baseia a psicanálise de Freud, foi possível graças a técnicas hipnóticas. Freud foi aluno de Charcot e colega de Bernhim. Em seus primeiros trabalhos, Freud, juntamente com Josef Breuer, assinalou a importância do bloqueio ou descarga de energia na formação da histeria. Ampliou essa observação em seus estudos sobre a ansiedade neurótica e no desenvolvimento da teoria da libido. Freud e seus colegas abandonaram logo essa linha de pesquisa. Mas Wilhelm Reich chamou-a de "nervo vivo" da psicanálise. Assim, nem Freud nem outros pensadores ocidentais contribuíram significativamente para nosso conhecimento sobre outros sistemas de seres vivos. Esse campo de pesquisa progrediu independentemente da Psiquiatria, até a articulação da Orgonomia por Reich, a partir dos anos 20.

Quase que simultaneamente com Boirac, Walter J. Kilner (1847-1920), de Londres, revelou o resultado de experiências que tentavam tornar visíveis as emanações físicas do corpo. *The Human Atmosphere*, publicado em 1911 e revisado e republicado em 1920, descrevia a aura na forma em que aparecia através de telas ou filtros coloridos, que desenvolveu usando produto químico dicianina. Observando os pacientes através dessas telas e filtros, podia perceber uma "névoa" oval e levemente brilhante em torno do corpo inteiro. Segundo ele, o invólucro tem três zonas: uma orla escura, a parte mais densa e mais próxima da pele; uma camada mais fina com raias perpendiculares ao corpo; e, finalmente, uma delicada luminosidade exterior, com contornos indefinidos.

Kilner e seus associados descobriram que a aparência da aura difere consideravelmente de paciente a paciente, dependendo da idade, sexo, capacidade mental e saúde. A cor era geralmente azulada, e quando o pólo de um magneto era trazido para perto do paciente, um raio se formava na emanação entre o pólo e o ponto mais próximo da parte mais angulosa do corpo. Certas doenças apareciam como manchas ou irregularidades, o que levou Kilner a desenvolver um sistema de diagnóstico com base na cor, textura, volume e aparência geral do invólucro. Em meu próprio trabalho com auras, descrito no Capítulo 7, usei algumas das técnicas e telas químicas de Kilner, até ser capaz de observar o fenômeno a olho nu.

Pelos fins da Primeira Guerra, L. E. Eeman iniciou uma vida de investigações sobre a cura através de energias vitais, realizando uma cura notável em si mesmo. Pesquisador leigo e por muito tempo membro proeminente da British Society of Dowsers,* Eeman desenvolveu métodos de "cura cooperativa", que demonstravam o movimento de energia vital de pessoa a pessoa. O processo é ativado quando duas ou mais pessoas formam um circuito fechado, segurando condutores, como fios de cobre ou cordas de algodão, que passam entre elas, ou tocando umas às outras diretamente. Eeman descobriu também que, na cura pelas mãos, melhores resultados são obtidos quando aquele que cura junta levemente mãos opostas – a direita com a esquerda e vice-versa – com a pessoa doente, ou quando coloca as mãos de maneira a tocar lados opostos do paciente.

Um contemporâneo americano de Eeman, Edgar Cayce, descobriu, ainda muito jovem, que era capaz de "ler" a natureza da doença e de receitar corretamente sem ver a pessoa doente. Nessas leituras, assim como em consultas diretas, ele se guiava pela aparência da aura, que descreveu com muitos detalhes nas anotações que fez ao longo da vida. O campo energético, observou, emana do corpo inteiro e geralmente é mais pesado e visível em torno dos ombros e da cabeça. Diferentes cores e tons indicam diferentes características e estados. Vermelho, por exemplo, denota força e vigor, enquanto vermelho-escuro indica temperamento nervoso e tumulto emocional. As cores fundamentais mudam à medida que a pessoa "se desenvolve ou regride".

Tomaria páginas e páginas acompanhar em detalhe o trabalho realizado pelos muitos pesquisadores nesse campo. No entanto, muitas pessoas dos EUA e Inglaterra vêm trabalhando na orla do mundo científico e fazendo experiências com a energia vital, em diferentes campos, como a radiestesia, mediunidade e fenômenos investigados pela Parapsicologia. O trabalho de Edgar Cayce e os estudos dos *chakras* e movimentos da energia feitos pelos iogues e, mais tarde, os teosofistas, no trabalho de Leadbeater, todos descreveram com detalhes as energias vitais do homem, de um ponto de vista metafísico. Pode-se dizer que essas experiências e estudos baseiam-se em expressões específicas de processos vitais do organismo e em processos energéticos da vida. Recentemente, o trabalho com plantas de Bernard Grad, da McGill University, demonstrou o poderoso efeito que a mão de alguém que cura pode ter sobre o processo de crescimento da cevada cultivada experimentalmente. Nos Estados Unidos, um grupo de cientistas bastante conhecidos, do Instituto de Estudo de Energias Vitais (agora desativado), conduziu um trabalho muito sério e tentou definir o campo de energia dos seres humanos, sob a supervisão do falecido Robert Laidlaw, de Nova York.

* *Dowser* – praticante da arte de localizar água, metais, etc., com o uso de uma vara ou forquilha de madeira; radiestesia (N.T.).

Outro americano, George Starr White, passou grande parte de sua vida fazendo pesquisas experimentais e aplicações dos efeitos da aura. Como Kilner, White desenvolveu técnicas para ver a emanação de energia, que denominava radiação psicomagnética, atmosfera vital ou força vital.

Todas as coisas vivas, afirmava White, têm sua própria atmosfera magnética característica, que recebe a ação de componentes naturais e artificiais de seu meio. Assim, metais como o estanho e o ferro aumentam o crescimento das plantas quando colocados perto delas ou quando o adubo é guardado em recipientes de metal. As auras humana e animal também são influenciadas por metais, assim como por outros organismos vivos, cores, situação em relação aos meridianos da Terra, e por muitos outros agentes. White descobriu que a radiação psicomagnética do corpo é alterada, de formas definidas, por certas doenças e, como Kilner, usou essas observações para diagnósticos e tratamentos bastante eficazes.

Evidências da energia da aura continuaram a surgir, por parte de leigos naturalmente dotados ou de pesquisadores de várias disciplinas. Além de Cayce, muitos outros versados em fenômenos paranormais, tais como a médium Eileen Garrett e os mestres da cura Olga e Ambrose Worrall descreveram a aura em termos semelhantes aos de Kilner. Entre os especialistas treinados, o inglês George de La Warr, engenheiro civil e talentoso inventor, realizou, no início da Segunda Guerra, pesquisas técnicas sobre o campo de força humano e, mais tarde, desenvolveu, junto com seus colegas, o sistema da Radiônica.

De La Warr interessou-se profundamente pelos esforços do patologista californiano Albert Abrams no sentido de detectar radiações de tecidos vivos com a ajuda de instrumentos calibrados. De La Warr seguiu essa linha de pesquisa. A Radiônica compreende métodos de análise e tratamento de doenças através de máquinas com mostradores ligados a um sistema de ressonadores. As reações energéticas do operador da máquina à energia do *espécime* a ser testado, geralmente uma amostra de sangue do paciente, fornece indicações para o diagnóstico ou indica a terapia radiônica apropriada. Os Laboratórios Delawarr (escrito dessa forma) informam que seus instrumentos e técnicas têm sido usados para detectar fontes de poluição ambiental e para restaurar o equilíbrio do solo. Uma câmera, desenvolvida nos mesmos princípios dos instrumentos médicos, fotografa, a grande distância, um organismo humano ou animal. Apesar da Radiônica ser uma ciência controvertida, suas hipóteses têm sido apoiadas por pesquisas nos Estados Unidos desde os anos 60, através do uso de transdutores biológicos e mecanismos de *biofeedback*, e através do trabalho de William Teller, professor de Física da Stanford University.

Um grupo de pesquisadores americanos, orientados por Harold S. Burr, um professor de Biologia em Yale, e Leonard J. Ravitz, do Colégio William and Mary, iniciaram, no começo dos anos 30, pesquisas altamente técnicas sobre as propriedades físicas inerentes aos fenômenos energéticos. Trabalhando durante três décadas com suas próprias descobertas e com contribuições do filósofo F. S. C. Northrop, do físico Henry Margenau e outros, desenvolveram o que Ravitz chamou de teoria eletrodinâmica da vida.

Burr e Northrop conduziram uma pesquisa detalhada, no campo da Biologia, referente à energia vital dos organismos. Sentiam que deve haver alguma força por trás da capacidade dos organismos vivos de organizar, dirigir e manter unidos os complexos intercâmbios químicos que acompanham os processos biológicos. Publicaram um grande número de artigos sobre campos de energia em microorganismos e sobre instrumentos que medem mínimas diferenças de voltagem. Ravitz continuou esse trabalho com o estudo da doença emocional. Fez, também, experiências sobre estados de excitação do organismo humano em relação a estados neuróticos, hipnotismo, sono e drogas. Seu trabalho mostra que mudanças significativas ocorrem no campo eletromagnético de seres humanos.

Muitas experiências com instrumentos especialmente desenvolvidos têm medido os níveis de energia e as emanações de criaturas vivas, das plantas aos seres humanos, em condições normais e patológicas. Esses estudos registraram os efeitos sobre esses campos de força de, virtualmente, todas as influências concebíveis, de condições climáticas a mudanças emocionais. Por volta de 1955, os pesquisadores concluíram que todo o organismo é um sistema eletrodinâmico que reage a impulsos elétricos dentro de si mesmo e vindos de fora. Determinaram, posteriormente, que a emoção pode ser comparada à energia física. Essas descobertas somaram-se à compreensão da unidade psicossomática, desenvolvida desde os anos 30, pelo fisiologista W. R. Cannon, sua esposa Flanders Dunbar e os psiquiatras Franz Alexander e Wilhelm Reich.

Precursores da síntese

Reich, na verdade, semeou solos muito mais amplos que o campo da Medicina Psicossomática. Seu trabalho abrange muitas disciplinas e cada campo de interesse cresce como correlativo orgânico dos outros. Como resultado, seu conjunto de pensamentos apóia a esperança de todas as eras de que a humanidade vai, finalmente, conquistar uma unificação de todas as verdades humanas. Nesse ponto, Reich é, talvez, o precursor mais importante daquilo que antevejo como uma nova era – uma era em que poderemos esperar construir uma síntese universal do conhecimento. Falarei dessa esperança nos capítulos 23 e 24.

Acredito que a visão de Reich ultrapassa a síntese da maioria dos pensadores criativos do século XX, não apenas porque une o pensamento científico e o sociocultural, mas porque explora a natureza essencial do ser.

Um outro precursor da nova era legou-nos um corpo integrado de pensamento igualmente impressionante pela sua amplitude e profundidade. É o jesuíta francês Pierre Teilhard de Chardin. Teilhard partiu de dados muito diferentes dos de Reich, mas formou uma visão surpreendentemente semelhante sobre a energia humana. Sua ontologia coincide, em muitos pontos, com os conceitos a que cheguei, tomando como impulso algumas das pesquisas de Reich.

Teilhard era paleontologista por formação acadêmica (foi um dos membros da expedição que descobriu o homem de Pequim) e pesquisador em muitos outros campos que iam, alfabeticamente, da Antropologia à Zoologia. Em seus 40 anos de trabalho até sua morte, em 1955, desenvolveu uma fenomenologia baseada naquilo que chamava de lei da recorrência, ou lei da complexidade/consciência. Segundo esse princípio, a matéria se agrupa e reagrupa em disposições crescentemente evolucionárias e vitalizadas, desde as unidades atômicas até toda a hierarquia dos seres vivos.

A evolução, dizia ele, pode ser classificada em quatro estágios. Os três primeiros são cosmogênese, biogênese e antropogênese ou, respectivamente, o nascimento do universo, da vida e de seres humanos individuais. O quarto é a cristogênese, a formação de uma humanidade "ultra-sintetizada" numa convergência orgânica – um ápice a que Teilhard, o cientista, chamava de ponto ômega, e Teilhard, o teólogo, situava como corpo místico de Cristo. Cada um desses estágios cresce a partir do anterior e faz com que esse estágio anterior se amplie, correspondendo o último à extrapolação a partir do "impulso" espaço-temporal, ou direção estabelecida pelos outros três.

Teilhard sustenta que o movimento da matéria, em todos os estágios evolucionários, é em espiral. A massa cósmica, girando num redemoinho, produziu tudo o que existe.

Em agregações acima de uma certa complexidade, a torção involutiva resulta no surgimento da consciência. Ou seja, existe um duplo movimento: multiplicação e compressão da matéria, seguida da associação e, depois, da interiorização, que é a consciência. O impulso em turbilhão é responsável pela formação não apenas de entidades específicas, mas também de seu impulso social, da interação entre elas e o ambiente dos seus grupos, estejam em questão os seres humanos ou as células. Assim, na visão de Teilhard, a consciência é coextensiva com a vida. No Capítulo 1 citamos a sua descoberta de que a diferença entre as formas superiores e inferiores de vida é o fato de os seres superiores saberem que sabem – percebem a sua percepção – e poderem dirigir a si mesmos e ao seu meio. A conclusão lógica e empírica a que ele chega a partir disso já foi citada: "... a energia universal deve ser uma energia pensante."

Wilhelm Reich apoiou-se nos alicerces da Psiquiatria para chegar a seus conceitos de energia universal. Assim como os estudos de fósseis de Teilhard, suas observações de pacientes conduziram-no em duas direções: para dentro, em direção aos elementos discretos da natureza e, para fora, em direção à unidade de todo o cosmos. Sua perspectiva holística negou-se a se deter nas descrições mecanicistas da ciência contemporânea, indo na direção de uma explicação básica para o funcionamento do universo. A essa forma de focalizar tanto os fenômenos específicos quanto a totalidade de seus processos, ele chamou de funcionalismo.

Tendo recebido formação psicanalítica em Viena, logo depois da Primeira Guerra, Reich adotou o ponto de vista de Freud sobre a necessidade de descobrir o inconsciente e trabalhar elementos reprimidos. Mas, desde o início de sua carreira, preocupou-se em descobrir como os pacientes reprimem e porque resistem à resolução de seus conflitos emocionais. Explorando a dinâmica da repressão, concentrou-se na negatividade que ele e seus colegas descobriam nos pacientes. Essas atitudes não apenas impediam que as pessoas desenvolvessem um relacionamento com o médico no início do tratamento como também pareciam fortalecer a resistência à medida que a análise caminhava. Reich percebeu que isso se deve à tendência humana para evitar a percepção de experiências dolorosas e também ao medo de demonstrar e experimentar prazer. Ele postulou que a resistência é uma função de bloqueios – desenvolvidos na infância para amortizar o impacto de castigos e rejeições, por parte dos pais, a sentimentos expressos espontaneamente, sejam eles positivos ou negativos. Como vimos, os bloqueios não são apenas "psicológicos": muito cedo se transformam em rigidez muscular, que se manifesta, através de estruturas físicas, no escudo formado pelo caráter. Esse bloqueio sistêmico congela o fluxo de energia e, simultaneamente, a percepção do fluxo – as emoções. E, como Reich descobriria mais tarde, pode acionar doenças orgânicas.

Assim, a chave para restaurar a saúde reside não apenas na exposição de memórias e idéias enterradas, mas também na dissolução da couraça congelada. Com o tempo, Reich desenvolveu métodos terapêuticos eficazes para liberar a energia presa em blocos, o que demonstra que o ser humano tem uma total identidade psicossomática. (Isso é algo muito diferente do conceito de paralelismo psicossomático aceito por muitos médicos e psiquiatras atuais.) Essas técnicas foram ampliadas no neo-reichianismo, na Bioenergética e na energética da Essência, e vou retomar algumas delas na Parte III.

A teoria psiquiátrica de Reich partiu de suas observações da sexualidade humana. A observação sistemática de padrões da resistência lhe revelou que a inabilidade para suportar as emoções do sexo relaciona-se à inabilidade de chegar a uma total descarga física. A libido é, portanto, um verdadeiro fluxo de energia no organismo. Na pessoa saudável, é auto-regulada por leis de liberação e conservação de energia, mas, nos neuróticos, é bloqueada pela couraça do caráter. Isso acontece com todas as outras expressões de sentimento.

No início da década de 30, Reich começou a pesquisar componentes elétricos de sentimentos de prazer e não-prazer. Os resultados apoiaram sua tese de que um orgasmo é um movimento pulsatório em quatro tempos: tensão mecânica, carga bioelétrica, descarga bioelétrica e relaxamento. Por volta de 1939, as experiências tinham-no convencido de que esse ritmo pulsatório ocorre através do sistema nervoso autônomo, das células aos órgãos. Descobriu que a carga, na verdade, põe em movimento uma forma de energia antes desconhecida, diferente de forças elétricas, mecânicas e químicas. Chamou a essa energia de *orgone*.

O trabalho de laboratório subjacente a essas descobertas já tinha levado Reich ao estudo dos microorganismos no reino vegetal e animal. Esse estudo revelara a pulsação biológica em quatro tempos e a presença de *orgone* por toda parte. Nos anos seguintes, ampliou progressivamente sua pesquisa para a atividade energética, contribuindo para as descobertas de disciplinas estabelecidas, como a Meteorologia e a Geofísica, e ajudando a descobrir novos campos, como a Biofísica. No processo, foi obtendo uma síntese monumental.

Reich deduziu que o *orgone* está presente não apenas em todas as coisas vivas, mas em todos os lugares do cosmos, incluindo o vácuo. É uma energia universal pré-atômica, que forma toda a matéria e é o meio ou substrato para forças eletromagnéticas e gravitacionais.

Seu movimento é contínuo e, ao contrário da lei da entropia, o *orgone* não se dispersa, mas é atraído para concentrações de si mesmo. Quando correntes de energia se juntam, elas se sobrepõem em espiral, a forma fundamental da atividade criativa: observe a estrutura das galáxias e dos ciclones, das células e dos cristais. A forma espiral do movimento orgônico é visível nas auras humanas e no invólucro azul em torno da Terra, entre as radiações de muitos outros corpos "sólidos" que Reich viu e testou. Tudo que existe se interliga por causa da rede orgônica. Uma entidade singular é uma variação existencial, caracterizada por maior ou menor complexidade, daquilo que Reich chamou de *princípio de funcionamento comum*.

O princípio de funcionamento comum contribui para o livre intercâmbio de energia, sempre que entidades se encontram: no espaço galático ou no interior de um corpo vivo, entre parceiros sexuais ou entre membros da sociedade. Mas, como as pessoas individuais, as unidades sociais, em todos os níveis, mantêm escudos. Reich apoiava a teoria marxista (apesar de não apoiar a prática política marxista) pelo seu veemente protesto contra a repressão econômica e governamental aos direitos de autodeterminação dos povos, e fundou em 1929 clínicas de higiene sexual para ajudar as pessoas – incluindo adolescentes e não-casados – a protestar contra a repressão moralista a seus direitos de autodeterminação. A mesma visão incentivou-o, durante as décadas de 40 e 50, a pesquisar formas de ajudar a geosfera a descartar resíduos nucleares, sendo que essas experiências o levaram ao campo do controle climático. Até sua morte, em 1957, Reich baseou seus tratamentos psiquiátricos e suas investigações científicas na convicção de que a saúde de toda massa energética, seja uma entidade cósmica, uma pessoa ou uma minúscula partícula de vida, reside em sua libertação de bloqueios.

A dissolução de blocos continuou sendo uma meta básica para os vários praticantes que continuaram o trabalho terapêutico de Reich. Os psiquiatras que prosseguiram seu trabalho não são os seus únicos herdeiros. Muitas correntes do movimento do potencial humano devem sua orientação básica à Orgonomia. Porque, se as afirmações polêmicas e a luta contra as autoridades fizeram com que Reich perdesse muito prestígio profissional, principalmente durante os últimos anos de sua vida, seus pontos de vista continuaram a emergir cada vez mais (geralmente sem o devido crédito), em círculos médicos e científicos.

Sua metodologia e teoria psiquiátricas foram adotadas por várias escolas, que baseiam suas técnicas diretamente na dele. Todos nós continuamos a trabalhar com o sistema nervoso autônomo, orientando o paciente, através do movimento físico e de técnicas psicanalíticas, para liberar a energia e resolver atitudes de caráter congeladas em estruturas do corpo e da personalidade. Lowen e eu, que iniciamos nossas carreiras como alunos e colegas de Reich, descobrimos que, apesar desse duplo programa ser altamente eficaz em si mesmo, negligencia o aspecto volitivo vital do funcionamento humano integral e não consegue garantir um alívio permanente.

Capítulo 6

Observações do campo da energia

Freud observou a Thornton Wilder que a intuição criativa faz muitas descobertas produtivas, a que a pesquisa científica só chega muito tempo depois. Essas descobertas científicas vêm muito atrasadas, se Freud estava se referindo à longa viagem desde a lenda de Édipo até o complexo de Édipo. Freud abriu o gênio perceptivo da sua Essência para transformar a precisão objetiva do mito grego numa ferramenta terapêutica. Abriu também sua vontade interior para um princípio que sempre foi compreendido nas artes criativas, mas não pelas ciências técnicas: a suspensão da descrença.

Além de alguns equipamentos simples e disposições de luz, ver o campo da energia com os olhos físicos exige apenas a suspensão voluntária da descrença. O campo aparece como radiações luminosas que pulsam regular e espontaneamente em torno de todas as massas que observei, de cristais a seres humanos, até a atmosfera da Terra. O campo não é uma propriedade estranha ou esotérica, esperando pelo dia em que a tecnologia produza artefatos mais delicados, capazes de captar e analisar suas amostras. O Capítulo 3 menciona, entre outras, as pesquisas de Burr e seus associados, dos Laboratórios Delawarr e do Instituto de Energias Vitais. Não tenho dúvidas de que os progressos da Engenharia vão produzir instrumentos cada vez mais confiáveis.

No momento, desconheço qualquer tecnologia que faça leituras precisas e automáticas das mudanças sutis mas visualmente perceptíveis nos campos de objetos expostos, como árvores e cursos d'água. Uma quantidade excessiva de forças estranhas é registrada. E a maioria dos equipamentos para testar espécimes pequenos e isolados depende, em algum grau, da manipulação de seu operador, como acontece com meu próprio equipamento de registro. As experiências com tais equipamentos são, portanto, sujeitas ao erro humano.

Mas – nunca é demais enfatizar – penso que qualquer pessoa com visão normal, com algum treino e paciência, pode aprender a observar campos de energia. O único impedimento que observei, em mim mesmo e em pessoas com quem trabalhei, são bloqueios transitórios ou internos para perceber o fenômeno. Geralmente, as emanações energéticas não podem ser vistas quando os olhos estão projetados de forma tensa e olham duro, ou quando o corpo mantém uma atitude tensa.

Instrumentos e métodos

Meus próprios estudos sobre campos de energia, como já disse, começaram há pouco mais de 25 anos sob a orientação de Wilhelm Reich. Ele me ensinou a usar os acumuladores de energia orgônica e outros instrumentos que havia construído. Fiz, mais tarde, experiências com outros equipamentos, como as telas quimicamente tratadas de Kilner e com instrumentos que eu mesmo projetei. Pelos fins dos anos 60, minhas descobertas já eram amplas o suficiente para demonstrar quais fenômenos requerem e quais não requerem ajuda mecânica para se fazerem visíveis ao olho humano e em que condições.

Desenvolvi também filtros para serem usados em vários tipos de objetos de estudo: indivíduos e multidões, plantas em vasos e vegetação selvagem, formações rochosas e pequenas pedras, o horizonte sobre a terra e a água e a linha do céu sobre a montanha. Os filtros são necessários para perceber claramente os campos sob luz forte, natural ou artificial. A intensidade de freqüências do espectro entre violeta e vermelho, como acontece num amanhecer, num pôr-de-sol ou sob luz elétrica moderada, deve ser reduzida consideravelmente para que possam emergir as radiações além dessas faixas. Tentativas exaustivas, com várias espécies de materiais translúcidos, produziram cinco filtros coloridos básicos, que anulam diferentes segmentos do espectro. Um quadro, mostrando as diferenças nesses espectros e uma ilustração de seus efeitos, preparados por S. A. Silbey, do Departamento de Física da Universidade de Princeton, consta do Apêndice A.

Para minhas observações, monto os filtros de duas maneiras: sobre os olhos ou sobre a fonte de luz. Para os olhos, o filtro é montado em óculos desenhados para se adaptarem à face, de têmpora a têmpora. Esses óculos, naturalmente, são portáteis e podem ser usados para observar campos de energia em locais abertos e auditórios. Em uma sala, uma lâmpada, de preferência fluorescente, porque sua luz simula o brilho da aura e a torna mais visível, pode ser ajustada a um filtro. Todas as outras fontes de luz são desligadas ou encobertas, a fim de que apenas os raios filtrados iluminem o objeto.

Para observar campos de energia de massas muito brilhantes, como um campo de trigo num dia de sol, é bom bloquear a própria fonte de energia – neste caso, o trigo – completamente. Pode-se fazer isso usando um pano escuro e opaco, montado em papelão. Em interiores, observo o objeto contra um fundo bem claro ou bem escuro. Os fundos ideais para essas observações devem ser em branco, azul-celeste ou azul-escuro, e sempre uniformes na cor e na textura. Por exemplo, com um filtro azul-cobalto, que transmite luz púrpura, a aura inteira do corpo de uma pessoa fica visível contra um fundo claro.

Mas, normalmente, não são necessários filtros para ver o campo de energia quando a iluminação é controlada. Tente esta experiência: escolha uma sala em que a luz seja suave e difusa e as paredes brancas ou azul-claras. Se não houver mais cores, um lençol branco funciona bem como fundo. Sente-se, de frente para a parede e com a luz atrás de você. Erga as mãos com os dedos levemente separados e mantenha-as firmes, separadas alguns poucos centímetros e com as palmas ou as costas voltadas em sua direção. Relaxe o corpo e respire regular e profundamente. Se prender a respiração, morder os lábios ou experimentar alguma outra expressão de tensão ao se concentrar, espere um minuto ou dois e tente soltar o corpo.

Agora, dirija o olhar para os dedos, mas a atenção para o espaço em torno das pontas dos dedos. Use a visão periférica, como faz alguém que olha para alguma coisa no escuro. Você vai começar a ver uma névoa azul-clara formando uma camada de um meio centímetro. Esse invólucro vai se projetar lentamente de ambas as mãos, até as camadas se tocarem e penetrarem uma na outra. Agora, afaste lentamente as mãos. Elas vão deixar rastros iluminados do tamanho dos dedos. Depois de juntar e separar as mãos algumas vezes, toda a aura, até os pulsos, vai ficar visível. Se você conseguir voltar a atenção para as sensações táteis, vai sentir que a névoa fica elástica e maleável, como caramelo, quando as mãos se separam e como algodão-doce, quando se juntam. Em estado normal, a aura da maioria das pessoas pulsa de 15 a 25 vezes por minuto. Então experimente ouvir uma música agitada e veja o que acontece ao ritmo de seu campo de energia.

Para registrar o ritmo e o formato do comprimento de ondas da pulsação, geralmente uso um *kimógrafo*. Esse instrumento é um tambor giratório equipado com um mecanismo de relógio e uma fita de papel. Seguro a caneta do *kimógrafo* com a mão direita, firmando-a com a esquerda. Ao observar o campo de energia que estou pesquisando, faço uma curva no papel, correspondente a seu movimento pulsatório. Levo a caneta para cima quando o campo se expande, para baixo quando se contrai e para o lado quando faz uma pausa.

Tenho consciência das variações que um operador humano pode introduzir em descobertas experimentais. Mas, como já observei, ainda não foi inventado nenhum equipamento que registre sozinho campos de energia. A fotografia Kirlian, que será descrita brevemente no Capítulo 7, pode significar um grande avanço se o processo puder ser convertido em movimento, como num filme. Mas meus registros de mais de 20 anos têm sido relativamente consistentes. É possível analisar matematicamente, a partir deles. As seções que se seguem expõem alguns dos resultados a que cheguei.

Campos de energia na vegetação

A energia de qualquer entidade é algo muito bonito de se ver. Varia em ritmo de pulsação, disposição e profundidade das camadas, dinâmica das cores e outras características. As variações dependem da natureza do objeto, de suas condições, idade, ambiente físico e psicológico, localização geográfica, estação do ano, clima, para enumerar apenas alguns dos fatores mais importantes que efetuam seu ciclo recíproco. As emanações de energia formam uma sinfonia pirotécnica de ondas, raios e bolas luminosas.

O campo das plantas tem geralmente duas camadas que interagem em torno da superfície. A camada interna, mais próxima das folhas e dos galhos, tem de 1/8 a 1/6 de polegada e é recoberta por uma luz azul ou cinza. A camada é estruturada e bastante visível. A outra camada é bem mais clara, com uma extensão de 1/2 a 1 polegada. Faz movimentos multicoloridos e radiais e lança bolas luminosas no espaço.

As cores do campo variam muito, dependendo da espécie e da floração. Plantas em floração têm campos muito mais extensos, pulsação mais lenta e uma luminosidade muito mais forte em torno das flores. O crisântemo, por exemplo, tem uma linda camada interior azul-celeste sobre as flores, com uma largura de 1/2 polegada. A camada externa lança raios dourados e vaporosos de 3 a 4 polegadas. Os cactos mostram uma camada interna azul-escura, densa e concentrada, e uma camada externa radiante, que se espraia por vários pés em torno da planta. As orquídeas têm uma camada interna muito escura e estreita. A camada externa é feita de fachos e raios que lembram lanternas.

O campo de energia da maioria das plantas pulsa por dois a quatro segundos durante a fase I (expansão) do ciclo energético. O movimento é reverso na fase II (contração) e a energia, espraiada pelo ar, entra na planta. Incluindo o período de descanso, os ciclos pulsatórios das plantas vão de 10 a 30 por minuto. Acredito que essa troca de energia desempenha um importante papel no processo da fotossíntese.

A observação do campo de energia das folhas demonstra que a orientação da planta em direção aos pontos cardeais influencia o número de pulsações que cada folha emite. Na *Viburnum opulus*, conhecida como bola-de-neve, por causa de seus cachos de flores brancas em forma de bolas, as folhas que apontam para o norte pulsam umas 32 vezes por minuto, mas apenas 28 vezes quando apontam na direção dos outros três pontos cardeais. De La Warr descobriu que esse padrão é alterado quando se muda a posição da planta. Prosseguindo esse trabalho, coloquei as plantas em diferentes posições. Descobri que a planta se orienta novamente em direção aos pontos cardeais, mudando o ritmo pulsatório de suas folhas para refletir as novas direções e trocar energia com a atmosfera, de acordo com suas necessidades.

Consegui observar padrões nos campos das árvores com mais facilidade do que em outras plantas. A árvore, como um todo, produz um movimento pulsatório que sobe das raízes para as folhas. As variedades deciduifólias pulsam de 12 a 14 vezes por minuto, enquanto as sempre-verdes mostram um ritmo de 18 a 22. As sempre-verdes têm uma camada interna de azul-esfumaçado, com feixes radiais. As deciduifólias emitem radiações azul-claras na primeira camada e geram movimentos radiais na camada externa, que diferem de espécie a espécie.

Árvores em floração têm um ritmo mais lento. Cada batida é duas ou três vezes mais longa e mais sustentada que as das árvores que não estão florindo. E existe um brilho profundo em torno das partes florescentes da árvore. Contrastando, árvores mortas têm um campo cinzento e opaco e um ritmo de pulsação muito mais lento que as árvores vivas.

Em áreas com muitas árvores, o campo de cada árvore funde-se com os de suas companheiras e com o da floresta. As camadas internas, com três a quatro pés em torno de cada árvore adulta, derramam-se numa camada externa de radiação que se combina com as das outras árvores e se estende por centenas de pés, céu acima. O movimento reverso, que traz a energia da atmosfera para as plantas, é muito mais intenso numa floresta do que em plantas ou árvores isoladas. Essas observações me levaram a acreditar que a troca oxigênio-dióxido de carbono é apenas uma fração do processo de purificação que a força vital do reino vegetal produz para o reino animal.

Campos de energia dos cristais

Todos os cristais que testei, seja qual for a sua estrutura ou composição, lembram a matéria orgânica nas características básicas de seus campos de energia. A pulsação que sai do corpo do cristal flui para a periferia e para o ar em torno, e correntes de movimento, vindas da atmosfera, entram no corpo do cristal. O invólucro energético em torno do cristal tem também duas camadas, como nas plantas. A camada interna tem cerca de 1/8 de polegada de largura, e a externa mede cerca de 1/3 de polegada, e é marcada por estrias. As variações de cor são tão extensas quanto nos seres humanos, apesar do campo nos cristais não ser tão bem estruturado quanto os dos animais, árvores e outras plantas. Eis alguns exemplos de cores e movimentos:

Cristal	*Campo interno*	*Campo externo*
Quartzo	Azul-cinzento	Amarelo; movimento radial
Quartzo fluorescente	Verde	Amarelo; ondulante
Calcito	Amarelo	Amarelo, marrom, vermelho; ondulante, radial
Opala	Azul-esverdeado	Malva; circular

Numa série de experiências que realizei com alguns colegas, expusemos cristais de quartzo a um som modulado produzido por um oscilador. O estímulo revelou-se muito intenso. Em certas intensidades, o campo dos cristais dobrava seu ritmo de pulsação e aumentava significativamente seu brilho. Intensidades diferentes faziam o campo se contrair e a pulsação retardar.

A orientação de um cristal em relação aos pontos cardeais tem um efeito decisivo sobre o seu campo, como acontece com o de uma planta. Na verdade, as mudanças são ainda mais acentuadas. No entanto, os cristais reagem à orientação em relação aos pontos cardeais diferentemente das plantas, em que as pulsações mais fortes ocorrem para o norte, como já foi mencionado. Quando a extremidade principal de um pedaço de quartzo aponta para o sul, o ritmo de pulsação é de cerca de nove por minuto. Diminui para seis por minuto para o oeste e para o norte, mas salta para 14 quando a extremidade aponta para o leste. A maioria dos cristais mostra mudanças semelhantes à medida que a extremidade é voltada para diferentes direções. Além disso, as mudanças ocorrem também na formação e coloração das duas camadas do campo.

A localização geográfica também afeta o ritmo da pulsação dos cristais. Levei amostras de turmalina, de quartzo, de enxofre, de hematita e de obsidiana num cruzeiro de 16 dias de Nova York a Curaçao. Para realizar minhas observações, arrumei-as de forma a manterem, durante a viagem, a mesma posição de quando as estudamos. Navegamos de uma latitude de quase 41 graus (Nova York) a oito graus, um pouco ao sul de Curaçao. Observando os cinco cristais quatro vezes ao dia, descobri que sua pulsação por minuto aumentou constantemente até a latitude de 22 graus, manteve o nível de excitação até os 20 graus e então diminuiu o ritmo à medida que avançávamos para o sul. Descobertas como essa me convenceram de que a pesquisa científica poderá estabelecer, em termos concretos, a interpenetração de energia atmosférica e individuada. Um futuro Dobereiner será capaz de descobrir uma lei periódica da troca universal.

Campos de energia sobre massas topográficas

O jogo de grandes forças naturais pertence a uma escala majestosa que confirma e expande o que outras entidades energéticas revelam em relação aos fenômenos do campo. Percebi isso durante umas férias na praia, no tempo em que ainda estudava com Wilhelm Reich. Comecei a pesquisar pulsações energéticas na atmosfera, sobre a terra e na água. Nos anos posteriores fiz outras observações em lugares diferentes, como pradarias, encostas e picos de montanhas, desfiladeiros, rios e de dentro de aviões. Mas nenhuma delas combina as perspectivas nos três elementos – ar, terra e água – em tal amplitude como a costa marítima.

Meu mais longo estudo em profundidade de fenômenos de campo em larga escala ocorreu entre 1968 e 1970, consistindo em dois anos de observações contínuas, seguidas de uma análise das descobertas. O local foi o litoral de Nova Jersey, latitude norte de 40 graus e 20 minutos. O objeto do estudo eram os campos de energia acima da linha do horizonte, sobre o mar, sobre as praias e dentro da massa de água do oceano. Minhas ferramentas incluíam uma série de filtros coloridos que iam do azul-esverdeado ao violeta, para anular os vários segmentos de comprimento de onda da luz que obscurecem a visibilidade dos campos de energia em horas diferentes e sob diferentes condições climáticas. Sob a luz do Sol, especialmente ao observar pulsações sobre o horizonte ou vindas das praias, usava também faixas escuras de várias larguras e espessuras para bloquear, na visão, a fonte de energia.

Essas fontes incluíam a água, a linha do horizonte e a areia. Registrei minhas impressões nas fitas de papel de um *kimógrafo*. Eis um pouco do que vi:

Pulsações do campo do ar

A área onde o céu encontra o mar mostra um movimento pulsante contínuo. Uma iluminação enevoada, azul-acinzentada, emerge da água, cresce rapidamente e se estende na direção do céu. Três zonas se formam sucessivamente à medida que o invólucro ondeia para cima, como ilustram as Figuras 2 e 3. As zonas diferem em consistência, cor, velocidade de formação e direção de movimento.

A zona A se estende de cinco a dez graus a partir da linha do horizonte, mas é, na verdade, mais profunda porque incorpora o horizonte que eu encobri com uma faixa. Sua cor clara, azul-cinzento, varia de intensidade com a amplitude da pulsação, das condições atmosféricas e da hora do dia. Num dia claro, a intensidade é muito brilhante em torno do meio-dia, mas fica opaca depois do pôr-do-sol ou quando o céu se enche de nuvens cinzentas. A orla externa da zona é geralmente uniforme no início do movimento pulsante e se torna franjada ou irregular à medida que esse movimento se amplia. Quando atinge sua expansão total, parece uma cadeia de montanhas com picos agudos. A consistência do movimento parece suave como uma nuvem e mais ou menos homogênea. À primeira vista, parece fluir perpendicularmente à linha do horizonte e para longe dela. A observação mais próxima revela que o movimento é curvo, com uma concavidade que se volta para o oeste ou noroeste. Uma razão possível para isso aparece no Apêndice B. A zona A leva de meio segundo a um segundo para se formar.

A zona B se eleva imediatamente acima da zona A e ocupa um espaço de três a cinco graus. Sua margem interna, próxima à orla franjada da A, forma projeções semelhantes a línguas. Seu perímetro externo funde-se com a zona C. A orla externa da B também é franjada e sua cor varia. Em dias claros, tem uma coloração marrom, sem brilho e, em quaisquer condições, permanece mais opaca que a A. Sua textura parece áspera, lembrando um favo de mel irregular. Essa camada parece ser formada pela condensação, e tem a aparência de uma espécie de crosta energética. A velocidade de sua formação, como a da zona A, é de meio segundo a um segundo.

A zona C é composta de ondulações luminosas que se erguem para o céu, a partir da interface irregular com a zona B, até uma altura de 40 a 50 graus, onde se mistura e se torna indiscernível do movimento de energia da atmosfera acima dela. As ondulações são luminosas e de coloração azul-claro. Perto do pôr-do-sol, assumem a forma de fontes que emergem da superfície do oceano, como ilustra a Figura 3. O formato geral da zona C é levemente côncavo, com o centro da curva ao norte ou noroeste, no Hemisfério Norte, onde o campo de energia, como um todo, move-se no sentido dos ponteiros do relógio. Não investiguei esses fenômenos do campo abaixo do equador.

Como com outras entidades energéticas, a pulsação ergue-se para o céu, neste caso através das primeiras duas zonas para ampliar a zona C. Essa pulsação para fora em três níveis, na fase de expansão do ciclo recíproco de energia, é seguida do

Figura 2 *Representação esquemática da fase I do campo do ar sobre o oceano*

A zona A tem a orla externa lisa.
Nota: a forma de crosta da zona B.
Nota: curva leve da zona C.
As cores são aproximadamente exatas (no desenho original)
Nota: direção geral de movimento nas três zonas – sempre para longe da superfície do oceano.

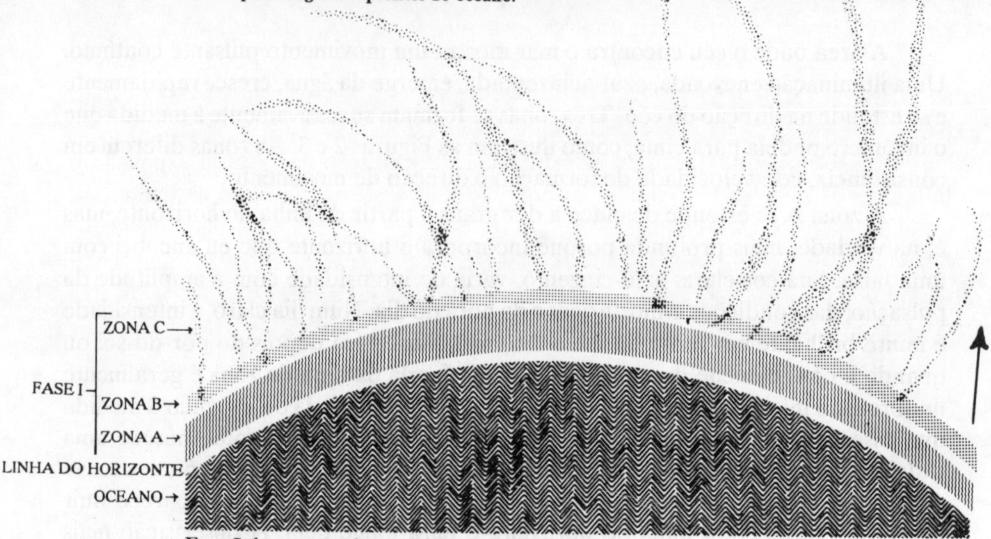

Figura 3 *Fase I do campo do ar sobre o oceano (formação em fonte)*

Nota: ondulações emergindo da base comum na margem externa da zona A. A maioria dessas ondulações são curvas e algumas fazem um trajeto em espiral.
Nota: zonas A e B totalmente formadas.
zona C tem cor violeta no pôr-do sol.
Nota: direções de movimento a partir da superfície do oceano.

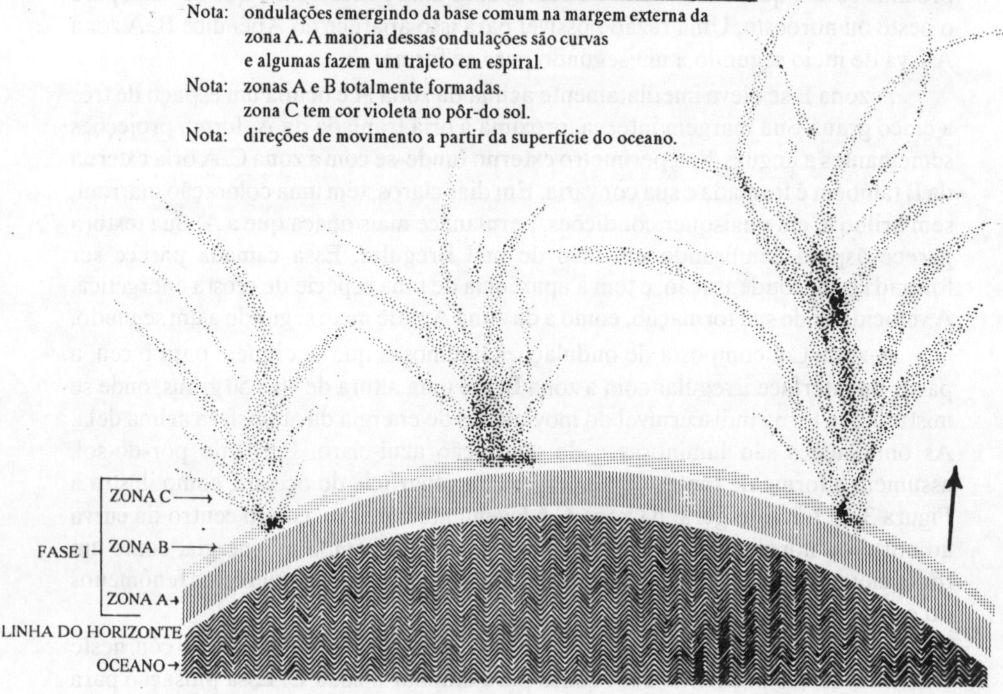

movimento reverso da fase de concentração. A energia corre agora em direção ao mar e as três zonas começam a desaparecer. Uma chuva de ondas verticais ou oblíquas desce da abóbada celeste, dando a impressão de movimento contínuo. Várias formas aparecem. Jorros, cruzando os caminhos uns dos outros, parecem se juntar como feixes de trigo, como é mostrado na Figura 4. Ou uma única corrente se separa em duas ou três ramificações. Quando isso acontece, a intersecção é geralmente visível numa altura de dez a quarenta graus acima da linha do horizonte.

Como em todas as entidades energéticas que observei, um período de repouso sucede ao período de contração do ciclo recíproco de energia, quando não existem pulsações perceptíveis, correntes que descem ou quaisquer outras descargas.

Em termos quantitativos, a freqüência de pulsação na fase de expansão é influenciada pela hora do dia, pelas condições atmosféricas e pelas mudanças de estação. Existem também evidências de outras forças dinâmicas que ainda não foram definidas. Em geral, o ritmo da pulsação num dia claro aumenta até por volta de meio-dia e depois cai gradualmente, como indica a Figura 5. Em dias de baixa energia, o nível de freqüência diminui, e ocorrem mudanças específicas. Mudanças específicas ocorrem também com a rotação das estações: por exemplo, é mais alta no verão e diminui durante o inverno.

Atividade do campo sobre a terra e a água

Como já disse, para observar o campo energético sobre a praia, cobri a fonte de energia com uma faixa escura para proteger os olhos da claridade em dias de sol muito brilhantes. Observava a distâncias curtas, de 25 a 50 pés. Minha linha de visão era um pouco acima do nível da praia. Dessa posição pode-se ver também os padrões visíveis no campo acima do oceano. O movimento de energia aparece novamente em três zonas e pulsa nas três fases descritas para o campo do ar. A freqüência das pulsações sobre a terra é virtualmente idêntica ao ritmo registrado para o ar e é mostrada na Figura 5.

A pulsação no interior do corpo do oceano é bastante diferente, como seria de se esperar. A massa de água capta a energia que se move livremente na atmosfera, torna-a mais vagarosa e a molda nos fluxos, correntes e turbilhões que dão forma às ondas. Observei as ondas sobre um trecho de areia para registrar sua freqüência (número por segundo), velocidade, periodicidade, amplitude e largura. Tracei também a direção do vento. No entanto, não pesquisei um fator que deveria ter sido levado em conta: a força comparativa de descarga de energia capturada dentro de cada onda sobre a praia, medida em unidades de som.

Num dia claro, a freqüência do movimento médio das ondas eleva-se do amanhecer até o meio-dia e declina durante a tarde e à noite, como é mostrado pela linha compacta da Figura 5. Esse quadro é muito constante, quando não existem alterações maiores. O ritmo sobe levemente por volta das dez da noite e depois desce até antes do amanhecer. Começa então a acelerar, com mais rapidez depois que o sol surge, até o pico do meio-dia.

Figura 4

Fase II (leste, oeste)

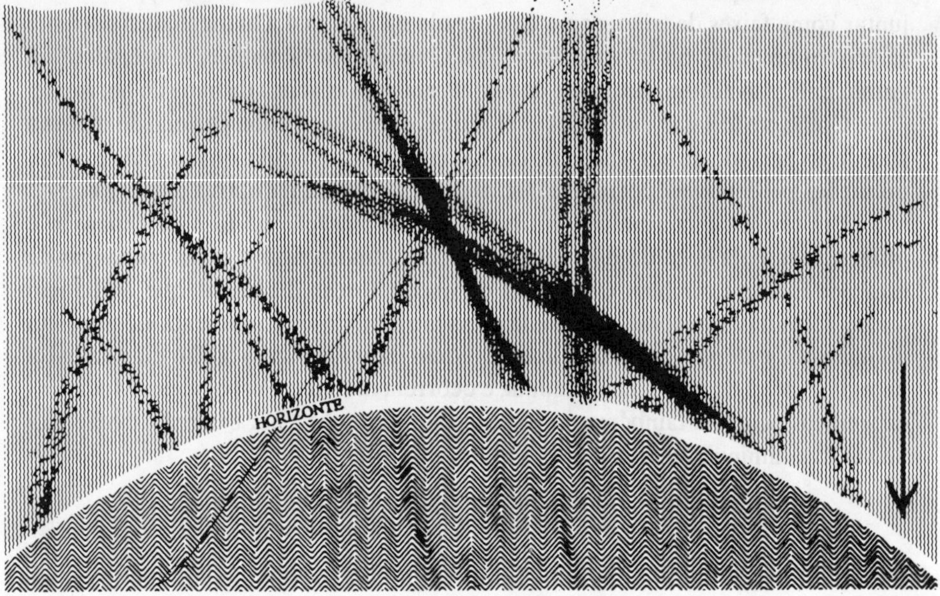

GRÁFICO

Figura 5

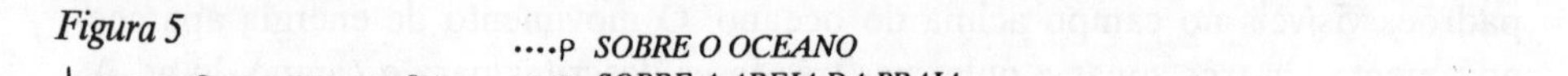

A integração dos três campos pulsatórios está mostrada claramente na Figura 5. Uma explicação mais completa da integração dos três campos será encontrada no Apêndice B.

Efeitos dos campos de energia em massa

Sabe-se que, em todo o mundo, as pessoas são sensíveis ao tempo. Ficam excitadas quando está claro e brilhante, sentem-se apáticas quando está escuro e sentem ansiedade ou irritação quando uma tempestade se aproxima. A primavera anima quase todo mundo. O que está por trás dessas reações é uma acentuada semelhança entre o comportamento do campo de energia da Terra e a aura do organismo humano. Quando o invólucro da Terra está intenso e pulsando rapidamente, o campo humano fica mais vivo e ativo. Quando a atmosfera está pesada, ambos os campos se desaceleram e escurecem. Na primavera, as auras das pessoas nas ruas são coletivamente mais brilhantes que em outras épocas do ano.

Os fenômenos do campo moldam também a relação entre as pessoas, como será detalhado em capítulos posteriores. Os organismos vivos são sistemas ressonantes que reagem às vibrações uns dos outros. Os padrões rítmicos de uma pessoa afetam outras pessoas em sua proximidade. Algumas pessoas podem perceber as ondas que os outros emitem, com definição bastante clara. Existe, naturalmente, uma difundida habilidade consciente de reconhecer quando alguém está "na mesma sintonia" que outra pessoa.

A interpenetração de campos explica também a influência – benéfica ou danosa – que as pessoas podem ter sobre outras formas de vida. Eis uma experiência que fiz com plantas:

Um dia, uma paciente entrou, deprimida e se queixando, com voz lamuriosa. Sentou-se perto de um crisântemo com flores brancas, que tinha o típico campo de energia de sua espécie descrito anteriormente: um interior azul-celeste de lindo brilho, com ondulações douradas na camada exterior. Pulsava de 14 a 16 vezes por minuto.

Quando a paciente sentou-se ali, as pulsações diminuíram, surpreendentemente, para duas a três por minuto. O brilho do campo desapareceu e uma leve emanação cinzenta penetrou a pulsação, radicalmente reduzida. Mencionei o fato à mulher, dizendo-lhe que até as plantas choravam quando ela se lamuriava.

Desde essa experiência, fiz questão de colocar vasos de plantas em vários pontos do consultório. Em sessões em que muita raiva e outras fortes emoções negativas são expressas, o campo da planta, colocada próxima à cabeça da pessoa, se encolhe. E fica contraído até a pessoa sair, quando se abre e começa a pulsar no seu ritmo normal. Mas se a planta ficar por três ou quatro horas junto a várias pessoas que trabalham suas dores, as folhas mais baixas começam a murchar e a amarelar. Em um dia ou dois a planta morre. Plantas usadas como controle, na sala de espera continuam saudáveis.

Para estabelecer os processos exatos pelos quais passam as plantas, quando expostas a emoções negativas, fiz uma experiência, em duas etapas, com crisântemos. A primeira etapa consistiu numa observação sistemática do campo de uma planta saudável. Registrei o movimento pulsatório de suas emanações energéticas na fita de papel de um *kimógrafo*. O dr. Silbey analisou minhas descobertas. Seu relatório está citado na íntegra no Apêndice C, para mostrar como um físico interpreta meus resultados e para ressaltar algumas das limitações da minha pesquisa.

Logo depois de receber o relatório do dr. Silbey, que ficou pronto em fevereiro de 1970, realizei a segunda etapa da experiência, usando um crisântemo vigoroso, cujo campo pulsava 25 vezes por minuto, nas cores vibrantes descritas acima. Coloquei a planta a uns dois pés da cabeceira da cama em que algumas pessoas se deitam durante as sessões. Um dia, um paciente começou a falar de algo que tinha acontecido e que lhe causara muito sofrimento. Enquanto ele falava, eu observava o campo de energia, particularmente sobre sua cabeça. Vi, então, alguns feixes radiais saírem de sua cabeça em direção ao crisântemo. Ao penetrarem na camada externa, pareciam espinhos de um ouriço invadindo o campo da planta. A planta diminuiu suas pulsações, a camada externa desapareceu e a interna escureceu. O espaço entre a cabeça do homem e a planta ficou azul-escuro. Quando o paciente começou a gritar, numa crise violenta, alguns dos feixes se separaram como raios numa tempestade. Embora parecessem ser impulsos destrutivos, explosivamente expressados, eram bonitos de se ver, porque nenhum campo da natureza, mesmo quando deprimido ou distorcido, perde seu esplendor essencial e profundamente emocionante.

As evidências das auras e sistemas energéticos em seres humanos não se limitam à observação visual. Além da fotografia de Kirlian, experiências feitas por mim e meus colegas, no período entre 1969 e 1970, registraram campos de energia em torno do corpo humano com o uso de fotomultiplicadores sensíveis e técnicas de vídeo. A intensidade dos sinais emitidos por seres humanos, registrados pelos fotomultiplicadores, pode estar relacionada a certos estados físicos e psicológicos. Além disso, fitas coloridas de vídeo mostram um tênue campo que pulsa em torno do corpo.

Um fotomultiplicador é um aparelho que reage a quantidades mínimas de luz, produzindo uma carga elétrica mensurável. Controlando inúmeros fatores, conseguimos registrar as emanações de luz de indivíduos passivos. Registramos uma energia maior em pessoas de corpo forte e cheio de energia. Várias pessoas conseguiam deliberadamente aumentar os sinais de seus campos. Quando pedíamos às pessoas que concentrassem sua energia no braço, como que para dar um golpe, registrávamos uma maior produção de energia. É interessante observar que os campos esmaeciam quando as pessoas estavam num estado mental agitado. Em alguns casos, no entanto, os sinais permaneciam por alguns instantes depois da pessoa sair da sala escura, onde fazíamos as experiências.

Esses campos de energia podem servir como ferramentas muito precisas de diagnóstico para distúrbios físicos e emocionais, como será descrito nos capítulos posteriores. A aura humana será examinada em detalhe no capítulo seguinte. A troca de energia entre entidades individuais de todas as espécies e seu meio demonstra claramente a universalidade do princípio recíproco da energia. A aplicação dessas descobertas pode ter implicações para o conhecimento e bem-estar humanos, indo muito além do uso no âmbito terapêutico.

Capítulo 7

O fenômeno da aura

Um dos desejos mais antigos da humanidade é libertar-se da matéria que a prende à terra, para voar livremente, tanto no espaço exterior do céu, quanto no espaço interior do eu "não-material". O anseio por viagens aéreas está presente nas tradições culturais desde a pré-história, em forma de personagens humanos ou divinos, capazes de voar. Dédalo, da tradição cretense, é menos conhecido por seus magníficos trabalhos de arquitetura e escultura do que por um único artefato que projetou: asas para si mesmo e para seu filho Ícaro. Rá, o deus do Sol, preeminente no panteão egípcio durante o quarto milênio a.C., é apenas um protótipo dos seres sobrenaturais alados que surgiram em todas as grandes civilizações do mundo.

A exploração do espaço interior absorveu os povos orientais por muito mais tempo e muito mais produtivamente que os ocidentais, como foi discutido na Parte II. No Ocidente, a evolução das ciências, com ênfase em provas demonstráveis, relegou progressivamente aos místicos e ocultistas a própria idéia de espaço interior, de nossos movimentos nele e de nosso potencial de penetrar o espaço exterior através dele. Foi apenas em nosso século que se começou a pesquisar seriamente esses fenômenos. Assim, enquanto as investigações se ampliam – como foi visto no Capítulo 5 – os relatos mais concretos que temos são os de observadores cujo trabalho não pode ser objetivamente reproduzido, como C. W. Leadbeater, que escreveu sobre a franco-maçonaria, e de praticantes leigos, como a médium Eileen Garrett e o mestre da cura Edgar Cayce.

Mas a correspondência entre espaço interior e exterior é uma realidade física, baseada no princípio da reciprocidade – a lei que governa o movimento da energia interna e externa de todas as entidades. Esse fenômeno pulsatório tem implicações tremendamente importantes para a direção de cada vida humana, como o Capítulo 9 vai analisar. As páginas que se seguem vão examinar brevemente sua expressão no campo de energia humano – a aura – onde seu funcionamento oferece informações essenciais para o diagnóstico e uma orientação de valor inestimável para os processos terapêuticos.

Recapitulando, a aura permeia o corpo sólido e traz a energia externa para todo o organismo. A força vital básica que compõe o corpo físico da pessoa, a aura e a energia absorvida, são a mesma substância. Diferem apenas em suas freqüências vibratórias e forças coesivas. Como o ritmo pulsatório da aura é imensamente mais rápido que o do corpo, ele telegrafa com precisão o que está acontecendo no interior da pessoa em todos os planos funcionais: o fisiológico, o emocional, o mental e o espiritual. A seção que se segue à próxima analisa como isso acontece. Aquilo que é telegrafado pode ser resumido da seguinte maneira: os movimentos energéticos da fase I – o período assertivo do ciclo – e da fase II – o receptivo – participam totalmente uns dos outros. Assim, o estado de funcionamento de uma das fases determina o estado de funcionamento da outra. Uma alteração localizada da troca recíproca de energia vai reverberar através e além do organismo.

Na minha opinião, os campos de energia proporcionam a mais clara demonstração conhecida do movimento recíproco da energia. No entanto, as conclusões acima podem ser tiradas com igual firmeza de observações de corpos físicos sólidos. Porque, se a Biofísica e outras disciplinas técnicas são novas demais para terem descoberto a natureza exata da força vital universal, uma grande quantidade de dados fornecidos pelas ciências estabelecidas aponta para a universalidade do princípio de reciprocidade. Então, antes de tratar da aura, desejo expor algumas dessas descobertas.

O princípio da reciprocidade em organismos biológicos

O objeto da atual pesquisa científica vai do subatômico ao supragalático. E cada segmento estudado confirma a generalização de que todas as entidades têm um ritmo pulsatório que emite energia interna em uma batida e absorve energia externa na outra. No nível microcósmico, a formulação de Einstein da equação energia-matéria estabeleceu um fundamento teórico para a física desse movimento. A tecnologia atômica demonstrou a veracidade dessa proposição com provas de que massa e energia são interconversíveis.

No reino animal, as forças que operam no interior de cada corpo vão também do microcósmico ao macrocósmico. Começando com pequenas unidades, podemos ver o princípio da reciprocidade funcionando no movimento browniano, a vibração de partículas microscópicas em soluções líqüidas ou gasosas. O protoplasma, convencionalmente considerado como o marco entre entidades vivas e não-vivas, contém vacúolos pulsatórios, cuja periodicidade rítmica foi estudada em detalhe por Alain Rheinberg e Jean Gata. Eles observaram que cada um desses pequenos corpos é envolto por uma membrana que se contrai e se expande "de acordo com um ritmo que depende das condições ambientais e do estado da célula".

Em agregados maiores, as pulsações das células se combinam para formar movimentos recíprocos nos tecidos que, por sua vez, são integrados aos órgãos e sistemas a fim de formar padrões rítmicos recíprocos. Todos esses padrões se harmonizam num todo funcional que vibra e pulsa como uma unidade. Essa harmonia natural é assegurada no momento da concepção do organismo. A vida, usando a palavra no seu sentido convencional, começa por uma única célula que se desenvolve através de inúmeras divisões e permutações até chegar à entidade madura. Mas o organismo retém a atividade essencial da única célula, seu padrão pulsatório geral. Esse movimento é diferenciado e modificado, juntamente com o desenvolvimento das células, para se manifestar nas diferentes atividades dos processos unicelulares, tecidos, órgãos e sistemas do corpo.

Entre os processos unicelulares, o dos cílios que recobrem o trato respiratório dos mamíferos ondeia para a frente e para trás, como um campo de trigo ao vento. O movimento combinado move partículas estranhas para cima e para fora, afastando-as dos pulmões. J. L. Cloudsley-Thompson observa: "Sua batida é contínua ao longo da vida do animal e o estímulo para isso surge de forma endógena no protoplasma da célula..." Essa ação pode estar sob controle neural, mas o movimento é considerado independente de impulsos nervosos.

O tecido nervoso mostra uma periodicidade inerente, em três fases, na condução de seus impulsos. A passagem de um impulso ao longo de um nervo despolariza a membrana e gera um período refratário, durante o qual nenhuma outra mensagem pode passar através dele. Depois de um curto repouso, a membrana é polarizada espontaneamente para permitir outra transmissão. A descarga rítmica de células nervosas cerebro-espinhais mantém o tônus muscular e, portanto, a postura do corpo. A incrível complementariedade das atividades simpáticas e parassimpáticas dirige os movimentos internos e coletivos dos órgãos vitais. Reich atribuía as funções de prazer e ansiedade, ou expansão e contração, a essas respectivas divisões do sistema nervoso autônomo.

O princípio da reciprocidade opera visivelmente nos organismos biológicos, do ponto de vista de sua receptividade aos fenômenos cósmicos, em seu meio ambiente. O Capítulo 6 tratou da reação da vegetação a determinados fatores, como a orientação em relação aos pontos cardeais. Mas esses intercâmbios têm sido documentados há muito tempo em pesquisas da Fisiologia. A influência de forças naturais sobre plantas e animais tem sido mais estudada através dos tempos do que qualquer outro aspecto da existência biológica. A transição dos grupos sociais primitivos, da caça e coleta para o pastoreio e a agricultura, dependeu de alguma compreensão dessas forças. As mudanças de clima, mencionadas no capítulo anterior por causa de seus efeitos sobre o humor, eram uma questão básica de sobrevivência, até os tempos modernos, e talvez ainda o sejam. A relação, não apenas das estações, mas também do clima com a fertilidade das plantas, foi sendo compreendida através dos séculos, na medida em que colonos pioneiros seguiam os conquistadores, nas guerras de conquista. No Ocidente do século dezoito, a compreensão do clima como fator determinante na vida biológica conduziu a teorias sobre seu papel em instituições sociais. O *Espírito das Leis*, de Montesquieu, por exemplo, analisa o papel que o clima desempenha na formação de diferentes sistemas legais e tipos de governo adotados por várias sociedades em épocas diversas.

A coincidência entre os ciclos lunar e menstrual foi descoberta por muitos povos, muito antes de compreenderem a conexão entre copulação e procriação. Mas a latitude também afeta o período menstrual. Geralmente, o período ocorre cerca de duas vezes por ano entre mulheres da Terra do Fogo e quatro vezes por ano entre mulheres esquimós. O início da puberdade ocorre muito mais cedo nas zonas tropicais que nas zonas temperadas.

Finalmente, um sem-número de funções vitais comprovam a influência do ciclo dos dias sobre o relógio humano. Culturas com controle sobre a distribuição de alimentos desenvolveram, em geral, um padrão de três refeições ao dia. Mas, mesmo nesses casos, a Geografia influencia os horários: o chá da tradição inglesa precede em quatro ou cinco horas a hora do jantar da tradição hispânica. Os seres humanos de todo o mundo dormem durante a noite de sua região específica. Durante o dia, sua atividade segue um padrão periódico de altos e baixos, semelhante ao do campo da terra, descrito no Capítulo 6. A exaustão física, causada por mudanças bruscas no fuso horário, determina os regulamentos que estabelecem cronogramas de trabalho para as tripulações de aviões: uma diferença de cinco horas ou mais no horário solar a que uma pessoa está acostumada, é um fator comprovadamente crítico. A excepcional capacidade de adaptação do organismo humano permite que aceite mudanças significativas no número e intervalo entre refeições, períodos de sono, na longitude e latitude, e em outras relações com padrões globais. Mas permanece o fato de que o equilíbrio de nosso bem-estar fisiológico depende intimamente não apenas de nossa condição inata, mas também de toda a realidade exterior que nos cerca, incluindo as forças do macrocosmo.

Todos esses fatores são surpreendentemente refletidos nas freqüências vibratórias mais altas dos humanos, a aura. O campo de energia da pessoa, como o de qualquer outra entidade, mostra as duas fases ativas de movimento, características do ciclo recíproco de energia em toda a natureza. Mas existem variações muito mais sutis, dentro dos padrões que podem ser encontrados em todas as outras espécies. As fases surgem, respectivamente, da operação assertiva da Essência da pessoa e da operação receptiva. O movimento receptivo passa principalmente através de funis de energia, que estão distribuídos em torno do perímetro da estrutura física. As duas direções do fluxo fazem com que seja mais cômodo discutir separadamente as funções de absorção e a pulsação da aura para fora, mas é importante não esquecer que a energia – que integra os dois tipos de formação – é o estofo de todas as coisas, a força vital do universo.

Fase I: A expressão da energia interior

A história integral da vida da pessoa, assim como a presente condição do organismo, pode ser observada na aura. Ela pode indicar, por exemplo, um sofrimento sistêmico e duradouro, como um trauma de rejeição na infância, ou uma dor localizada e transitória, como a da extração de um dente. Um dano de qualquer espécie, seja ele uma doença física ou uma expectativa frustrada, rompe a aura em padrões que serão descritos em páginas posteriores. Uma configuração de bloqueio na pélvis, por exemplo, caracteriza um alto risco de moléstia cardiovascular, uma categoria de patologia a ser explorada no Capítulo 18. Por isso, observo cuidadosamente a aura das pessoas com quem trabalho. Uso a informação que a aura fornece para diagnosticar a doença, localizar os bloqueios osteomusculares e caracterológicos que precisam ser dissolvidos, e para guiar a pessoa em direção à integração interior.

Mais que isso: a aura comunica, às vezes com detalhes, a natureza dos dons únicos da pessoa, o impulso da criatividade da Essência nesta vida individual, fazendo com que o trabalho terapêutico se oriente no sentido de ajudar o paciente a se integrar no mundo exterior. Isso é possível porque, como foi dito no Capítulo 2, a Essência é o núcleo de todos os elementos energéticos no organismo, dos componentes subcelulares aos tecidos, órgãos e sistemas. Assim, a Essência forma também a aura. Na verdade, assim como as disfunções humanas são definidas pelas distorções da energia da Essência que aparecem em vários locais do campo de energia, assim também o horizonte dos talentos da pessoa é definido pelas características excepcionais da aura, quando o funcionamento é restabelecido. A aura revela o padrão de luminosidade e cores intensificadas, de disposição aprofundada de camadas, de freqüência pulsatória aumentada, de reação ampliada às forças externas, assim como outros indicadores.

A aura de uma pessoa saudável é como um invólucro nebuloso, em três camadas, que envolve o corpo e se espalha para fora dele. Sua condição geral está relacionada ao metabolismo de energia no organismo, de forma que suas características variam com a produção de calor, nível de atividade, excitação emocional, ritmo e qualidade da respiração. O próprio nome vem da palavra grega *aúra*, que significa brisa. A pessoa parece nadar nela, como que em um mar fluido tingido ritmicamente de cores brilhantes que mudam constantemente de tom, brilham e vibram. Pois estar vivo é ser vibrante e cheio de cor.

Visto como um todo, o invólucro aural vai do azul-cinzento ao azul-celeste, e ilumina a periferia do corpo como os raios do sol nascente iluminam o perfil de montanhas escuras. Na fase I de sua pulsação, expande-se numa extensão de dois a quatro pés, onde, sob circunstâncias normais, perde sua nitidez e se funde com o ar. Quando totalmente expandida e vista de frente, a aura tem uma forma quase que perfeitamente oval, com a orla franjada, uma forma que retém por cerca de 1/4 de segundo. Então, na fase II, diminui rapidamente – em 1/8 a 1/5 de segundo – e desaparece por completo. O período de descanso, a fase III do ciclo, dura de um a três segundos. O processo de expansão-contração começa novamente e, na pessoa média, quando acordada, ocorre de 15 a 25 vezes por minuto.

Essa freqüência não depende de qualquer outro ritmo conhecido do corpo, como respiração e batidas cardíacas, mas se relaciona diretamente com o grau de excitação do organismo. Durante o sono, o ritmo da pulsação diminui, o tamanho da aura se restringe e a cor fica mais fraca. O ritmo geralmente alcança seu pico por volta do meio-dia, provavelmente porque, nessa hora, a atividade do organismo também está no seu pico. É mais fraco de manhã, logo depois do despertar, e diminui novamente à noite, quando o organismo está exausto.

A excitação acentua a aura em todos os aspectos: torna as cores mais ricas, aumenta a extensão, acelera as pulsações. Por exemplo, quando uma pessoa em tratamento golpeia uma almofada repetidas vezes, com um sentimento de raiva, o ritmo pode aumentar até 40 por minuto. Chutar ritmicamente uma almofada aumenta a freqüência, se isso é feito como expressão de um sentimento. Chutar como exercício, sem sentimentos, não tem nenhum efeito na freqüência. Quando o corpo entra em vibração, como resultado de respiração profunda ou de uma emoção forte, o ritmo cresce acentuadamente, até 45 ou 50 pulsações. Ao mesmo tempo, a largura do campo aumenta e a cor fica mais brilhante. As mesmas mudanças ocorrem num grupo quando existe forte comunicação: as auras das pessoas chegam a mais de 50 pulsações por minuto e se ampliam para fora, na direção das paredes e do teto. Ocorre, então, uma coisa fantástica, como o Capítulo 21 vai explicar com detalhes. Para resumir: o movimento aumentado entre as pessoas forma uma magnífica massa de energia nova, com a forma de um guarda-chuva situado sobre e em torno delas. Desenvolve-se uma nova consciência que é mais que a soma das consciências individuais e se move em espiral para dentro e através dos indivíduos, porque a energia flui, sem nunca se dividir. Essa nova formação pode se tornar palpável às mãos de alguém que fica no meio dela.

Na fase I, a aura atinge sua luminosidade máxima, sendo mais fácil ver as camadas e seu movimento complexo. A atividade luminescente da energia, assim como sua troca recíproca, é também uma lei da natureza, perceptível em corpos físicos sólidos. Vários grupos de criaturas emitem luz como resultado de seus movimentos interiores e de seus processos biológicos. Estão aí incluídas estruturas unicelulares, como bactérias e fungos, assim como animais multicelulares, como flagelados, esponjas, peixes e vaga-lumes. Em organismos superiores, sabe-se que funções vitais, como a mitose das células, oxidação e outras atividades metabólicas, são acompanhadas de luminescência. O brilho da aura é, portanto, uma expressão normal de processos vitais do organismo.

É interessante observar que as camadas do campo de energia traçam um curso de desenvolvimento no ser humano, assim como os seus próprios processos vitais. A aura de um bebê é azul-clara, uniforme e não-estruturada. As camadas começam a se definir entre os dois e os três anos, e já estão bem diferenciadas na puberdade.

No organismo maduro, o campo de energia, como um todo, exibe as características gerais descritas acima. As três camadas estão esquematizadas, apesar de fora da proporção, nas Figuras 6 e 7. A camada interior é mais difícil de discernir porque é transparente, e tem a aparência de um espaço vazio azul-escuro, quando vista a uma distância superior a dois ou três pés. Vista de perto e contra um fundo negro ou azul-marinho opaco, tem a aparência de uma faixa de, no máximo, 1/5 de polegada, com a borda de uma coloração que vai do violeta ao ultravioleta.

A segunda camada, ou camada intermediária, é complexa e difícil de descrever porque é composta de um sem-número de formas. Começa claramente definida no limite externo da camada interna e se estende por três ou quatro polegadas. É de um azul-cinzento brilhante, exceto a cabeça, onde uma viva coroa amarela ou branca permeia a camada. Presumo que foi isso que alguns contemporâneos viram como um halo ou coroa sobre a cabeça de pessoas intensamente vivas, como Buda ou Jesus. Mas todos nós temos essa coroa, cuja intensidade, tamanho e outras qualidades variam de acordo com as condições do organismo.

A camada intermediária tem três padrões primários de movimentos: primeiro, uma forma semelhante a uma onda enche a camada inteira até seus limites, como água num mata-borrão; segundo, uma atividade corpuscular, semelhante ao movimento browniano de partículas de fumaça sob um microscópio; terceiro, raios brancos ou amarelos partem do limite interno da camada intermediária, atravessam-na e se estendem por vários pés além do corpo, quase tocando as paredes de uma sala. Apesar dessas projeções radiais, a camada intermediária é dominada, no tronco e extremidades, pelo movimento em forma de onda, que flui distintamente ao longo da superfície do corpo. Sua aparência geral é a de um líqüido azul, extremamente rarefeito, mas muito brilhante. Dá a impressão de um rio de vaga-lumes que apagam sua luz a intervalos rápidos e que se movem, simultaneamente, na mesma direção. As formas radiais dominam em torno da cabeça, onde criam um efeito de franja. Seu padrão e contorno mudam a cada nova pulsação do organismo, como os raios da aurora boreal se projetando contra o céu. Geralmente, os raios se movem perpendicularmente à superfície do corpo.

A camada externa tem, geralmente, de seis a oito polegadas de largura quando dentro de uma sala, mas, ao ar livre, expande-se a dezenas de pés. Na verdade, na praia já vi essa camada se expandir por mais de cem pés. Tem um corpo interno indefinido, que começa no limite externo da camada intermediária. Sua consistência é muito fina, quase transparente. Tem uma delicada coloração azul-celeste, atravessada pelos raios brancos ou amarelos da camada intermediária. O movimento principal da terceira camada é em espiral ou em vórtice. É como se os corpúsculos que reluzem na segunda camada encontrassem um espaço maior e se expandissem em todas as direções, como o gás comprimido se expande quando aumenta o tamanho de seu recipiente. Como já mencionei, os limites externos ficam difusos, de forma a se confundirem com o ar em volta.

Tanto quanto pude observar, as três camadas se movem simultaneamente, e as várias direções do fluxo combinam-se em dois padrões básicos, complexos, mas integrados. Ao olhar de frente para uma pessoa, tem-se uma clara visão do primeiro, que parece com o número 8. Visto de frente, o campo se move de baixo para cima, pelas pernas e coxas, bifurca-se no plexo solar, para fluir pelos lados do corpo e pela superfície externa das mãos e dos braços. Os dois cursos se juntam na base do pescoço e cruzam-se para prosseguir pelos lados da cabeça. Esse é o primeiro segmento do fluxo longitudinal, visto de frente. O segundo segmento consiste em um movimento que desce pelo peito e pela barriga, dividindo-se novamente no plexo solar e descendo pelos quadris e pelo lado externo das pernas, em direção ao chão.

Os fluxos de energia que sobem e descem alternam-se dentro de cada metade do campo, acima e abaixo do plexo solar. As duas direções de movimento ocorrem, simultaneamente, nas duas metades, como as mudanças na parte superior e inferior do corpo, quando a pessoa anda. Então, a força vital do organismo corre em dois circuitos, que se fundem na linha média do torso, para criar uma forma de 8. Essa formação e os movimentos que a compõem também aparecem na aura quando é vista de costas e, nas duas perspectivas, as duas partes do 8 são iguais, em tamanho e vigor, na pessoa normal.

Ao olhar o campo de perfil, como na Figura 7, uma luz se derrama sobre a forma do 8. Vista de lado, a energia parece pulsar para fora, como uma fonte, a partir do plexo solar, o local de muitos órgãos vitais. Presumo, então, que o fluxo longitudinal surge no centro do cilindro do corpo – o torso – provavelmente a partir do coração, pulmões, fígado, intestinos, medula espinhal e outras estruturas essenciais e rodopia através deles saindo para o ar, fora do corpo. O padrão espiral ou vorticoso observado na terceira camada do campo, parece ter sua origem na forma helicoidal e nos movimentos espontaneamente giratórios dessas partes. De perfil, a forma geral da aura é ovóide ou semelhante a um feijão.

A segunda formação básica é visível de perfil, de frente e de costas: uma pulsação perpendicular que sai do cilindro do corpo e que, aparentemente, se inicia também em estruturas internas, mas que faz um movimento em espiral através do diâmetro do organismo, em vez de um movimento para cima e para baixo, no sentido do comprimento. A energia move-se para dentro e para fora, como um pêndulo, em duas fases do ciclo recíproco, que correspondem à capacidade do torso físico para se expandir e se contrair. Os raios que partem da margem interna da camada 2 e atravessam a camada 3 formam uma terceira forma de movimento visível no campo de energia. Aparecem também muitos padrões secundários, como circuitos em torno dos membros e emissões adjacentes às estruturas fisiológicas mais importantes, como o coração, a medula espinhal e os grandes plexos nervosos. Essas formações permitem presumir que as estruturas internas são seu local de origem.

Os movimentos físicos do corpo podem ser resumidos aos dois padrões que aparecem na aura: a forma de 8 longitudinal e o movimento perpendicular, em pêndulo. Aplicar força contra a base do cilindro resulta em andar ou correr. A ação de engolir requer ambas as formas de movimento. Respirar e digerir dependem, principalmente, dos padrões de contração e expansão. O livro de Lowen, *The Physical Dynamics of Character Structure*, discute com detalhes esse assunto.

As emoções, as atividades energéticas específicas que nos fazem rejeitar ou nos unir à realidade exterior, são obviamente expressões da pulsação "expansão-contração". Mas a formação em 8 também está relacionada com elas. A parte superior do torso contém os sentimentos do coração e a parte de baixo, os sexuais. Se o fluxo de energia na figura 8 é interrompido na parte de cima, então a fase assertiva dos movimentos do ato sexual pode se tornar dura, pornográfica, agressiva; se é interrompido na parte inferior, a expressão assertiva pode se tornar artificialmente romântica, sentimentalizada, afetada. Além disso, emoções específicas se fazem sentir com mais força em partes determinadas da anatomia e aparecem em áreas correspondentes da figura 8. A ternura, por exemplo, pulsa principalmente na garganta e no peito, e a raiva, nos ombros e abaixo deles. Em geral, os sentimentos suaves e gentis residem na frente, e os firmes ou agressivos na parte de trás do corpo.

As mudanças de cor na aura identificam também a emoção que a pessoa está sentindo. Um profundo sentimento de amor produz uma suave cor rosada em torno do peito e da cabeça. A tristeza faz com que o campo sobre o peito fique azul-escuro. A raiva introduz um vermelho-escuro sobre os ombros e a parte superior das costas. Um brilho dourado orla a cabeça quando a expressão do sentimento é direta e sincera. A cor do campo inteiro enfraquece, assim como suas outras características, quando o organismo está em um estado de dor, provavelmente porque a ação do sistema simpático-supra-renal faz com que o sangue fuja da superfície do corpo.

Assim, em sua fase expressiva, a aura traduz todas as condições e processos que formam uma vida humana: privação ou satisfação dos sentidos, doença ou saúde física, harmonia ou conflito emocional, pobreza ou plenitude espiritual. E como as pulsações assertiva e receptiva são geradas por um sistema energético unitário, a evidência nas funções expressivas da aura aparece também no seu complexo de operações de absorção. Essas operações se dão, como já disse, pelos condutores – ou funis – de energia do organismo.

Fase II: A ingestão de energia exterior

Os monumentos, os trabalhos de arte e a literatura de épocas antigas mostram que os povos de todo o mundo perceberam a existência de centros de energia através dos quais o ser humano entra em contato com a realidade exterior. As referências chegaram até nós em várias formas: a coroa do Buda, os *chakras* descritos em trabalhos tântricos e nos Upanishads menores, os pontos de entrada da acupuntura, o olho egípcio e a espiral grega. Não podemos saber se aqueles que representaram os funis de energia ou escreveram sobre eles os viram fisicamente. Sabemos que eles podem ser vistos, e que foram estudados e descritos por pesquisadores modernos. C. W. Leadbeater descreveu com detalhes suas descobertas, e vou falar sobre algumas delas nas páginas que se seguem.

O objetivo dos centros, como já foi dito, é trazer energia da atmosfera ao organismo, para carregá-lo. Esse movimento centrípeto contrabalança as emanações centrífugas da Essência, como a diástole e a inalação nos sistemas cardiovascular e respiratório. Devido ao curso em espiral da energia, os centros têm a forma de funis ou sinos, e sua ação é vorticosa. Suas extremidades abertas, ou bocas, projetam-se para fora no corpo energético, e suas pontas estreitas penetram a camada mais profunda da aura, até tocar a pele. É difícil ver as pontas, assim como é difícil ver a primeira camada aural, mas a parte em forma de copo pode ser vista com facilidade, assim como o campo energético por inteiro.

A aparência dos centros é, na verdade, semelhante aos *chakras* da tradição oriental, mas são órgãos energéticos, assim como os rins e o coração são órgãos físicos, e tão vitais quanto estes para a saúde humana em todos os planos vibratórios, materiais e não-materiais. A energia que absorvem é metabolizada pelo organismo e distribuída através do corpo, até o nível celular. Os centros também emitem energia interna – da qual são compostos – ao longo de seus lados. Essas emissões vibram mais rapidamente que o próprio invólucro aural.

Essa pulsação básica, vorticosa, integra trajetórias secundárias traçadas pela ação da energia que entra pelos funis. Esses fluxos formam forças secundárias em ângulos retos, como um ímã jogado dentro de uma bobina, produzindo uma corrente de eletricidade que faz a bobina girar perpendicularmente ao eixo do ímã. A energia que entra também se espraia radialmente em direção à periferia, lembrando os raios de uma roda ou as pétalas de uma flor. Os raios que se originam na segunda camada aural provavelmente emprestam sua forma desses segmentos em forma de pétalas.

No organismo sadio, as rodas parecem o arco-íris. Cada centro e cada um dos raios é brilhantemente colorido. Os funis medem duas ou mais polegadas da ponta à boca, e três a oito polegadas de diâmetro, quando a pessoa está em repouso. Mas, como as camadas aurais, a excitação faz com que aumentem de tamanho e intensifiquem seus movimentos e sua cor. Meus colegas e eu estamos localizando centros em todo o corpo. Eles se justapõem, por exemplo, a pontos de acupuntura e a pequenas estruturas. Os mais visíveis são encontrados perto dos órgãos vitais, dos plexos mais importantes do sistema nervoso autônomo e de algumas das glândulas endócrinas mais potentes.

Como é ilustrado na Figura 9, quatro dos funis principais são centros de sentimento. Estão localizados na frente do corpo: na garganta, no coração, no plexo solar e no púbis. Existem três centros da vontade, localizados na parte de trás do corpo. Um deles fica na base das costas e age com o centro anterior sexual. O segundo controla duas subdivisões. Está situado diretamente entre os omoplatas e tem funis secundários acima e abaixo de si próprio, na ligação posterior do diafragma e na nuca. Essa formação em três, ligada particularmente à vontade exterior, é pouco descrita em nossa literatura. Acima, no occipício, localiza-se um funil que é tanto mental quanto da vontade. Integra não apenas a capacidade de ação da pessoa, juntamente com os dois outros componentes da vontade na rede de funis, mas também as funções executivas mentais. Esse centro liga-se, imediatamente, com o mais baixo dos dois outros órgãos mentais: o que fica na testa, entre os olhos, semelhante ao terceiro olho da teoria oriental. No topo da cabeça há um vórtice que incorpora e excede as operações de todas as entradas, anteriores e posteriores.

A Figura 10 mostra a localização dos centros energéticos na frente do corpo. O funil que gira na garganta tem uns 16 raios, oito dos quais são azuis, e os outros vermelhos, amarelos e verdes. A boca tem de duas a três polegadas de largura. Esse funil recebe energia para todo o organismo; relaciona-se à capacidade da pessoa para absorver, digerir e assimilar. Está associado à glândula tireóide e à traquéia, tendo uma função importante na atividade respiratória.

O centro no coração mede de três a quatro polegadas e tem uma coloração predominantemente dourada. Seus 12 raios fazem movimentos ondulatórios que tingem o dourado de vermelho e amarelo. Ativa os sentimentos do coração – o ímpeto emocional primal que se abre às forças do universo, identificando-se com o sofrimento e o amor de outras pessoas, aceitando pacientemente as crises e surpresas da vida. Esse funil relaciona-se aos centros mentais, e é responsável pelo componente de calor nas decisões altruístas de uma pessoa. Sem esse elemento, até mesmo as ações humanas mais construtivas correriam o risco de se tornarem mecânicas e abstratas.

O plexo solar é o local do terceiro vórtice, uma bonita formação de três a quatro polegadas de largura, na qual Leadbeater vê dez pétalas. Metade delas é de vários tons de vermelho e a outra metade tem matizes de verde, formando uma configuração de flor, como um hibisco. As operações desse funil envolvem todos os movimentos de expansão e recepção do organismo e alimentam a consciência da pessoa, não apenas dos prazeres da vida, mas também da verdade no eu e no cosmos, sustentando a faculdade da intuição e a capacidade para a sabedoria.

O quarto centro está localizado um pouco mais de uma polegada acima da linha média do púbis. Suas cores predominantes são o amarelo e o vermelho, mas as pétalas brilham também em muitos tons de azul. Esse funil concentra a habilidade da pessoa para ampliar o eu ao fazer amor com outra pessoa, para deixar viver, para trocar prazer, fazendo, assim, uma forte conexão entre a pélvis e o coração. No ciclo energético recíproco, esse funil está relacionado à nossa capacidade de dar, enquanto o centro posterior sexual está relacionado, principalmente, com nossa capacidade de receber.

O centro púbico, como já disse, age em harmonia com o quinto funil, o mais baixo dos que são mostrados na Figura 11. Situado na base da espinha, esse vórtice envia energia para os ovários ou testículos e glândulas supra-renais. Gira em quatro quadrantes, parecendo um cone em torno de uma cruz, e suas cores são o laranja e o vermelho. Leadbeater vê um movimento alternado muito rápido, ao longo dos braços da cruz, em direção à borda, que tem de quatro a cinco polegadas de diâmetro. Descreve o conjunto como uma cesta trançada em torno dos quatro braços. As funções desse centro são mais que especificamente sexuais. Apóia a capacidade de dar e receber espontaneamente e de acompanhar os processos involuntários, incluindo os do inconsciente. Sua atividade garante o livre fluxo de energia nos funis localizados mais acima, ao longo da coluna.

Acima do cóccix está o conjunto de centros da vontade, dirigidos pelo vórtice entre os omoplatas. Essa roda que gira tem de três a quatro polegadas de diâmetro e um grande número de raios, que ainda não consegui contar. Outros estudiosos fazem estimativas que diferem entre si. A cor do principal centro da vontade é o amarelo-avermelhado, e fica mais acentuada quando as funções assertivas e de decisão desse centro estão sendo exercidas. A autonomia e outras articulações do ego relacionam-se a esse vórtice. As subdivisões canalizam energia para poderes determinados do ego. O centro da nuca canaliza auto-afirmação, senso de dignidade e auto-estima; o que se localiza na parte de trás do diafragma metaboliza energia para a vontade exterior.

O centro occipital, como já observei, serve à vontade e ao intelecto, participando das operações do órgão energético frontal, assim como do conjunto volitivo abaixo dele. A principal atividade do funil occipital é a de executar idéias. Alimenta a capacidade de decidir sobre as atitudes a tomar de acordo com a percepção da pessoa, e de trazer a expressão assertiva da parte de trás do corpo, para tomar essa atitude.

Sobre o osso frontal aparece o oitavo centro energético, identificado no Oriente como o terceiro olho. É também um funil grande, com quatro a cinco polegadas de diâmetro. Suas cores são, basicamente, o azul e o amarelo. Sua configuração é complexa; tem duas metades visíveis e cada uma delas contém vários segmentos. Leadbeaker acredita que esse funil tenha 96 raios. Aqui também, como no quinto centro, ele fala de ondulações rápidas que produzem um efeito de tecido trançado em torno das linhas entre os raios. O vórtice frontal liga-se ao corpo pituitário e dá à pessoa uma visão clara, habilidade de percepção e um senso do planejamento da vida. E, apesar de ser catalogado por mim como um centro mental, favorece os primeiros estágios do desenvolvimento espiritual, que é uma das funções principais da roda coronal, no topo da cabeça.

O vórtice mais alto de todos é também o mais resplandecente. Um indescritível conjunto de cores cintila através da sua tonalidade básica, uma cor púrpura brilhante, e do dourado que brilha no coração de um redemoinho secundário. Esse núcleo é idêntico ao do coração, em tom, construção e formato. Isso aponta para a união das qualidades do coração com as habilidades mentais e espirituais e indica que o cone da cabeça representa integração e ativação holística. Fisiologicamente, envia força vital à glândula pineal e aos lóbulos frontais. O diâmetro normal do centro, numa pessoa perfeitamente saudável, é de seis a oito polegadas. Suas pulsações são tão rápidas e complexas que é impossível ver seus segmentos, mas em alguns escritos indianos é chamado de lótus de mil pétalas. Acredito que é o órgão não apenas de nossa realização pessoal, mas também de nossa evolução coletiva. Como observo em pessoas em processo de terapia, ele se abre e floresce na mesma medida em que a Essência se abre e floresce. E estou convencido, como disse em capítulos anteriores e repito agora, de que a comunicação de Essência para Essência gera progressões imprevisíveis.

Parte III

A Dinâmica da Disfunção

Capítulo 8

Fontes da disfunção

A expansão e a alegria são parte dos direitos inatos da humanidade: são sentimentos naturais que surgem da saúde emocional. O que, então, rouba esse dom?

No Ocidente, a resposta a essa pergunta refletia, até recentemente, o dualismo das artes da cura a que me referi no Capítulo 1: a divisão entre psíquico e somático, e a importância dessa divisão no âmbito das terapias psicológicas. A separação, no interior da entidade humana, é refletida na separação entre o homem e seu meio. Incapaz de perceber que a fonte da doença e da cura reside dentro de si mesma, a consciência humana, através das eras, conta sempre com algum tipo de agente externo para lidar com o sofrimento e diminuir a dor.

No decorrer de, aproximadamente, duzentos anos após o advento da medicina científica, que foi uma decorrência do Iluminismo do século XVIII, a patologia humana foi considerada como de origem estritamente física. As teorias de Freud e de seus seguidores, sobre distúrbios emocionais e mentais, fizeram o pêndulo oscilar para uma explicação totalmente psicológica da doença. Mas, mesmo no início da carreira de Freud, ainda na primeira década do século, pesquisadores de ambas as correntes começaram a encarar o ser humano como uma unidade psicossomática. Atualmente, muitos praticantes de mente aberta, independentemente de suas especialidades, reconhecem em princípio que tratar um distúrbio psicológico independentemente de seus corolários fisiológicos é algo tão incompleto quanto ignorar o papel da nutrição na formação do Q.I. de uma criança.

O grande clínico canadense, Sir William Osler, desenvolveu um trabalho pioneiro, no campo da medicina física, formulando a abordagem psicossomática. Depois de observar numerosos casos de *angina pectoris*, Osler estabeleceu que esses pacientes estavam reagindo diretamente a fatores emocionais fora de suas situações imediatas de vida. Nos Estados Unidos, o fisiologista Walter Canon realizou, em 1910, um estudo que recentemente se tornou famoso. Provou que a pressão sangüínea de animais mudava em condições de medo ou raiva. Concluiu que o sistema nervoso simpático reage de duas maneiras opostas, sob o impacto de emoções intensas: expandindo ou contraindo o organismo inteiro. Essa atividade, por sua vez, produz uma entre duas reações: a síndrome da fuga ou a capitulação, expressa em fugir ou em segurar e reter, ou a síndrome da luta.

Em 1932, o psiquiatra Franz Alexander, do Instituto Psicanalítico de Chicago, fez outros progressos no campo da medicina psicossomática. Observando muitos pacientes com tipos determinados de queixas orgânicas, ele e seus colegas descobriram um horizonte psicológico específico, acompanhando cada um dos tipos. Certos pacientes cardíacos, por exemplo, mostravam hostilidade exagerada, um complexo neurótico que se expressava em agressão, desejo de dominar, e numa ambição arrogante de "conseguir". Simultaneamente, Flanders Dunbar fazia observações que demonstravam a relação entre emoções e patologias específicas. Suas descobertas levaram-na a descrever a "personalidade coronária", a "personalidade da úlcera", a "personalidade da artrite", e assim por diante. A partir desse período, os irmãos Menninger, Willliam e Karl conseguiram evidências surpreendentes que relacionaram doenças físicas a causas emocionais.

Nessa mesma época, essas inter-relações foram exploradas com muito maior profundidade por Wilhelm Reich. Como já vimos, ele entendia o ser humano como um sistema energético unificado e não como um composto de psique e soma, e percebeu que, quando uma pessoa nega suas emoções primais, o fluxo de energia converte-se em bloqueios físicos e emocionais. Esses bloqueios distorcem o todo do funcionamento da pessoa e aparecem não apenas na maneira do paciente sentir e ver as coisas, mas também na maneira de manter e movimentar o corpo. Como Reich descobriu, uma pessoa que não tem consciência de seus movimentos negativos primais, e rejeita seu potencial de destruição, prende uma grande quantidade de energia nessa negação. A energia do organismo se desacelera, em certo sentido engrossa, vai ficando estagnada e depois congela.

Mas isso não é tudo. As emoções são feitas de um só material, pois são correntes de energia em movimento. Assim, ao bloquear a negatividade, bloqueia-se, também, as emoções primais positivas: fé, compaixão, alegria pela existência dos outros – amor.

O conceito de unidade psicossomática está sendo cada vez mais usado entre as várias escolas de cura, mas a tendência ao pensamento dualista é ainda muito forte. Geneticistas e ambientalistas juntaram-se ao longo debate sobre natureza e o meio. Os primeiros atribuem mais importância a códigos genéticos e os segundos, ao ambiente, como fonte de neurose. As disciplinas psicanalíticas estão sendo desafiadas, tanto pelas escolas behavioristas, que vêm a herança como única fonte de doença emocional, quanto pelas terapias farmacológicas.

Cada uma dessas abordagens ampliou, significativamente, nossa compreensão de aspectos determinados da doença humana. Mas os métodos de tratamento que nelas se baseiam reduzem, necessariamente, a ênfase terapêutica em todo o organismo, para uma ênfase na parte mais visivelmente alterada, de acordo com a perspectiva do praticante: programação subcelular interior ou situações de vida exterior; experiências passadas ou estímulos presentes; o inconsciente da psique ou a bioquímica do corpo.

Mas a doença é um processo – ou a interrupção do processo da vida – que penetra a pessoa inteira, porque o fluxo de energia viva integra o próprio organismo. Isso significa que a queixa presente deve ser vista como sintoma e não como causa. Significa também que o diagnóstico e o tratamento devem buscar os efeitos da interrupção, não apenas no local da disfunção evidente, mas em todos os planos operacionais humanos – o físico, o emocional, o mental, e o espiritual – e tanto no domínio do consciente quanto do inconsciente.

O Capítulo 2 introduziu observações sobre como distorções de energia adensam a periferia defensiva e como a couraça resultante obscurece a percepção que a pessoa tem do mundo exterior e da realidade interior, da corrente de emoções primais positivas e negativas. Os Capítulos 9 e 10 vão discutir as estruturas e origens dessas distorções. Mas agora desejo retornar ao ciclo recíproco de energia e resumir sua relação geral com os quatro planos de movimento vibratório. Como veremos depois, a localização e a gravidade de arritmia na pulsação de energia determinam a disfunção em todo seu curso.

Aspectos energéticos da disfunção

A assertividade e a receptividade são, como já sabemos, expressões naturais de movimento em direção ao ambiente, por parte de qualquer ser vivo. Uma ameba, por exemplo, realiza muitos movimentos para fora, ao tentar cercar sua presa. Esse processo é totalmente involuntário, dependendo de atividades biológicas espontâneas e de reações químicas. Um peixe, usando tanto músculos voluntários quanto seu movimento pulsatório involuntário, impulsiona-se na água, na direção que quer. Como o peixe usa um processo voluntário, pode percorrer muitas milhas, enquanto uma ameba pode cobrir apenas a fração de uma distância equivalente, proporcional ao seu tamanho. Todos os animais, movendo-se na superfície da terra, agem contra a gravidade através de contrações musculares, o que lhes dá também orientação em seus movimentos, geralmente na direção da cabeça.

Os humanos também se movem sobre a terra com a ajuda de sistemas voluntários e involuntários. Os movimentos voluntários surgem de decisões que tomamos: agir ou não agir, voltar nossos pensamentos para um assunto ou para outro. Os movimentos involuntários pulsam através do organismo. Surgem como impulsos homeostáticos que fluem em direção ao ambiente e formam as emoções positivas primais. A soma total dos movimentos para a frente dos sistemas voluntário e involuntário constitui a expressão positiva de nossa existência e de nossa criatividade.

A parte voluntária da nossa percepção e da nossa faculdade de tomar decisões geralmente encontra seu correlato naquilo que é considerado como nossa mente consciente: nossa autoconsciência e autodireção. A parte involuntária compreende os processos inconscientes: nosso ímpeto inato e nossas formações energéticas inconscientes, mais a experiência enterrada de nosso passado esquecido. Integração e criatividade requerem liberdade de movimento, desde as profundezas do inconsciente até os limites exteriores da consciência. As terapias tradicionais tendem a desprezar tudo o que é consciente ou voluntário, numa reação à supervalorização desses aspectos, na era vitoriana. Em termos de energética da Essência, essas abordagens abrangem, no máximo, dois planos do movimento vibratório – o mental e o emocional, numa definição estreita – e apenas em sua fase assertiva, ou expressão na mente consciente. O movimento recíproco, da realidade exterior para a mente externa e depois interna, é omitido no tratamento: assim como é omitida a expressão do ciclo completo através dos planos físico e espiritual do organismo.

A vida espiritual não floresce até que as energias da pessoa possam fluir livremente para dentro e para fora da Essência. Por isso, vou adiar a discussão dessa atividade para o Capítulo 19.

Pessoas saudáveis mostram autodomínio em todo seu comportamento: economia de gestos, coordenação, graça, reações apropriadas. Os processos voluntários e involuntários fundem-se em expressões fluidas, que emanam do corpo, das emoções e da mente. A energia do organismo pulsa intensamente para dentro e para fora, cada parte extraindo alimento uma da outra e de seu ambiente maior, e também enviando vitalidade para fora. O princípio da reciprocidade equilibra as operações agregadas assim como as dos componentes energéticos, a fim de dar à pessoa autocontrole nos movimentos assertivos e receptivos de trocas a longo prazo.

O controle que gera uma restrição habitual no fluxo de energia não é autocontrole, mas auto-aprisionamento. Fisiologicamente, a constrição se traduz em padrões de retesamento dos músculos, o que não reduz apenas a sua flexibilidade, mas diminui a consciência da pessoa para movimentos mais sutis. A consciência sensorial fica mais baixa e os impulsos nervosos perdem a força. As funções perceptivo-volitivas perdem a vitalidade, porque são privadas da energia que deveriam receber na fase de carga do ciclo recíproco.

Em geral, a capacidade de agir vigorosamente e de reagir de forma apropriada diminui. O retraimento pode afetar o organismo todo, de forma que seu ritmo pulsatório fica reduzido. Ou pode aparecer, mais imediatamente, em crescentes sintomas espasmódicos que levam à rigidez e à dor. O clássico enrijecimento na mandíbula e no lábio superior é uma demonstração disso. Se uma parte da anatomia é reprimida e tensionada, uma outra parte se desenvolve em excesso, e a freqüência da pulsação aumenta na mesma medida. O esforço para manter um padrão de restrição numa região e um ritmo superestimulado em outra aparece em desarranjos patológicos e na diminuição do ritmo pulsatório da aura.

As constrições de energia não são, portanto, disfunções isoladas. São blocos de energia anulada que restringem o corpo físico em padrões de rigidez osteomuscular e rompem os planos mais altos de energia, afetando as atitudes mentais. Encouraçar qualquer parte afeta o organismo inteiro, mas as localizações específicas de movimento desacelerado indicam as direções que a terapia deve tomar. Pode-se ver o bloqueio em todas as expressões do comportamento da pessoa: postura, gestos, voz, assim como no conteúdo de comunicação verbal. A aura, no entanto, proporciona uma ajuda significativa na identificação dos distúrbios.

A freqüência desacelerada das pulsações do campo de energia é causada pelos desvios que o fluxo de energia precisa fazer quando encontra um bloqueio em alguma parte. A força vital não pode parar de se mover; assim, quando encontra uma barreira, precisa desviar ou recuar na direção oposta. O resultado, como já disse, é um aumento no ritmo pulsatório da área sobrecarregada, o que é visível na formação em 8 do invólucro energético. Isso causa, inevitavelmente, um desequilíbrio na reciprocidade normalmente rítmica das fases assertiva e receptiva, e um dos princípios passa a dominar a expressão do organismo.

Suponha, por exemplo, que as duas metades da figura 8 pulsem, numa pessoa, vinte vezes por minuto, mas que o movimento é interrompido na pélvis. O bloqueio vai diminuir a pulsação na parte inferior do 8 para, talvez, dez vezes por minuto. Assim, apesar da energia manter ainda a forma do 8, a parte inferior do movimento fica menor e o organismo envia energia para a parte superior, que acaba aumentando.

Suponha agora que o movimento de contração-expansão da aura mostre um bloqueio na parte superior das costas, onde emergem as operações volitivas e onde domina o princípio assertivo. A sobrecarga desloca-se, então, para a frente do corpo, exagerando os princípios receptivos. Por várias razões, algumas delas culturais, isso ocorre freqüentemente com mulheres com bloqueio na região pélvica. A freqüência menor de pulsações vai se expressar numa atitude de submissão extrema, o organismo vai perceber a humilhação desse estado, e uma reação hostil vai se instalar. Com essa formação de caráter, a disfunção pode afligir o útero, o órgão biologicamente receptivo. As doenças podem tomar a forma de profundas alterações nos tecidos, como lesões uterinas e possivelmente tumores, ou de distúrbios funcionais no ciclo menstrual.

Por outro lado, quando o princípio assertivo é superdesenvolvido em detrimento do receptivo, ele acaba por se transformar em agressão e brutalidade. Muitos homens identificam a agressão destrutiva com masculinidade, confundindo-a com independência em relação aos pais e com criatividade pessoal. Essa distorção aparece de várias maneiras, dependendo sempre de outros fatores. Pode tornar a expressão sexual do homem dura e pornográfica, como já mencionei. Pode transformá-lo num encrenqueiro de bar. Ou pode detonar doenças cardiovasculares, um distúrbio comum em homens que contêm sua agressividade.

Os distúrbios visíveis nas pulsações – de dentro para fora – da aura, afetam, na mesma medida, a rede de absorção. As forças poderosas que fluem do espaço externo para dentro da pessoa, precisam ser modificadas para não sobrecarregar o organismo. O perímetro de defesa, como já vimos, serve a esse propósito, trabalhando como um reostato para desacelerar a energia que entra. Quando a periferia fica encouraçada, a capacidade do organismo de metabolizar energia externa fica prejudicada, e o bloqueio inibe a fase de carregar do ciclo recíproco, interrompendo a força vital da qual são feitos os funis de absorção. O centro energético pode entrar em colapso total ou parcial e se tornar tênue ou invisível. Ou o funil pode se inverter, ficando a boca sobre a pele. Ou uma ou mais pétalas podem murchar, tornando assimétricos os lados do funil. A largura das rodas afetadas diminui para uma polegada ou menos, sua luminosidade se apaga, sua coloração fica suja e suas vibrações, apáticas. A diminuição da consciência, que distorce a realidade interior, junta-se a um declínio na compreensão da realidade exterior, de forma que os bloqueios de energia podem se transformar em síndromes autoperpetuadas – uma neurose ou psicose. Quero enfatizar, no entanto, que todos nós temos, em certa medida, esse desequilíbrio nas duas fases, porque todos somos coniventes, até certo ponto, com a perpetuação dos bloqueios. Assim, privamos a nossa Essência da força vital que precisa receber, através dos centros de energia, para viver e trabalhar; e privamos nossos funis de absorção dos movimentos que precisam receber da Essência para se manterem abertos.

As partes do organismo próximas a uma roda energética exaurida sofrem uma diminuição geral de atividade, correspondendo ao fato de cada centro agir imediatamente sobre uma operação orgânica específica. A localização dos principais centros, como aparecem na pessoa saudável, é ilustrada na Figura 12. Os padrões da disfunção serão descritos no próximo capítulo, em relação a perturbações específicas de caráter.

A grande maioria das pessoas demonstra uma considerável flutuação no centro coronal, no topo da cabeça, o órgão do funcionamento holístico e dos progressos evolucionários. A razão é que esse funil não funciona bem, a menos que os outros estejam relativamente abertos e ativos.

Um centro débil da garganta denota inflexibilidade e uma atitude de não-aceitação, uma recusa a se arriscar a "engolir" qualquer coisa e em parecer ingênuo. A atitude defensiva geralmente aparece num rosto enérgico e num peito fraco, assim como numa garganta rígida. A contração no peito vem atrelada a uma exaustão do segundo centro e indica um sufocamento dos sentimentos do coração. O fechamento do terceiro funil, no plexo solar, indica um bloqueio diafragmático que inibe a respiração. Em ambos os casos, não se realiza satisfatoriamente o potencial para dar e receber. Em linguagem comum, a pessoa "não tem coração" ou "não tem estômago" para o mundo exterior.

Um desequilíbrio na quarta e quinta rodas, os centros sexuais, caracteriza um rompimento no princípio da reciprocidade: quando um diminui, o outro aumenta, e vice-versa. A região subcarregada exibe uma musculatura subdesenvolvida e, às vezes, depósitos de gordura. A obstrução dos centros da vontade correspondem a ombros fracos, costas tensas e, às vezes, a uma espécie de corcunda no topo das vértebras torácicas. Os funis subsidiários funcionam de forma desconexa, dominando, em vez de dividir a energia do conjunto. Assim, o superior apóia um orgulho excessivo, e o inferior sustenta uma vontade exterior exagerada.

O centro occipital denota as habilidades executivas da pessoa para realizar idéias positivas ou negativas. Se o centro frontal é negativo, o centro occipital tende a recriar e executar idéias negativas, levando a pessoa a um estado negativo de vida. Quando esse centro é bem desenvolvido, como em uma pessoa de grande habilidade executiva, ele domina o movimento geral e expressa, de certa forma, os aspectos volitivos da personalidade. No entanto, o superdesenvolvimento do centro vem geralmente acompanhado de um desequilíbrio no conjunto da vontade. O subdesenvolvimento faz com que a pessoa tenda a perpetuar e agir segundo idéias negativas, o que, por sua vez, é visível no centro frontal danificado. Essa combinação impede que a pessoa perceba a vida profunda e totalmente, e caracteriza uma atitude crítica e queixosa, seja ela expressa abertamente ou não.

O centro sobre o osso frontal expressa a totalidade da pessoa em termos de sua espiritualidade, mente e corpo. O centro tem também relação com a visão espiritual. Assim como acontece com os outros centros, o funcionamento do funil frontal depende da abertura de outros centros. Se o centro frontal se fecha, como acontece quando ocorre um excesso de pensamentos negativos, a pessoa fica aprisionada a uma atitude negativa diante da vida, a uma avaliação crítica dos outros e a um comportamento geral cético e negativo, enfatizando a negatividade e as defesas do caráter. Quando o centro está aberto, a expressão da personalidade é positiva e animada, expressando alegria e fé na vida. Um distúrbio nesse centro priva o indivíduo da capacidade para visualizar e compreender. A pessoa fica sem a visão mais profunda sobre sua vida e sobre a relação que essa vida tem com suas ações e decisões.

O centro coronal serve à integração total da entidade humana. É o último centro a ser despertado e relaciona-se ao progresso espiritual na vida da pessoa. Esse centro só se desenvolve totalmente quando os outros centros estão, até certo ponto, abertos.

Importância da aura

O grande valor das evidências que vêm da aura e de seus centros de energia reside, portanto, em sua abrangência e precisão. Intencionalmente ou não, podemos adulterar, para nós mesmos ou para os outros, aquilo que sentimos ou pensamos, e podemos adequar nossa conduta às contingências e não à verdade subjetiva. A aura não pode fazer isso. Seus movimentos e formações duplicam exatamente as condições internas do organismo: no corpo sólido – a postura das estruturas ósseas, o estado dos músculos e tecidos moles; nas emoções – as correntes de força vital relativas a estímulos internos e externos; e na mente – as percepções das correntes em forma de sentimentos, os pensamentos que emergem das percepções, os conceitos que modelam os pensamentos, e as decisões que dirigem as ações e reações do todo. Assim, a aura delineia as implicações sistêmicas de uma doença, sejam quais forem seus sintomas principais: distúrbios físicos, desequilíbrios emocionais ou pensamentos deformados.

Dentro do conceito de Essência como fonte de energia correta, a doença constitui um estado de separação entre a periferia defensiva e as nascentes da vida individual. O cone mostrado na Figura 1 do Capítulo 2 abarca não apenas a Essência mas também a capacidade protetora interior. Isso nos abre perspectivas esclarecedoras, e desejo retomá-las aqui.

O perímetro, ou o eu exterior, não é o verdadeiro ser humano, mas a sua *interface* com a realidade exterior. A pessoa real vive na primeira e segunda camadas, feitas das emoções primais positivas e negativas. Chamo a essa pessoa de "eu interior", com os níveis respectivos representando nossas naturezas inferior e superior. Quero enfatizar novamente que esses adjetivos não se aplicam moralmente, mas dinamicamente. A força da Essência tem o mais alto nível de pulsação; essa mesma energia se modifica no nível 2, movendo as engrenagens, por assim dizer, numa freqüência mais baixa.

O ritmo da pulsação no perímetro é intrinsecamente mais baixo numa entidade energética, porque o nível 3 tem a função inata de interceder entre o eu interior e a enorme variação de freqüências da realidade exterior. O eu periférico abriga o ego, que é nossa faculdade de pensamento volitivo, ou a nossa escolha e pensamento autoconsciente. Os seres humanos tendem a identificar o eu com o ego, por razões existenciais e experimentais que serão analisadas no Capítulo 11. É importante ressaltar aqui que as atividades do ego incorporam nossas estruturas inconscientes, também estocadas no perímetro defensivo. São as túrgidas formações de energia que criamos a partir de trocas incontáveis com o mundo exterior. Ao penetrar em todos os planos da nossa composição energética, elas constituem grande parte da nossa couraça, nosso mecanismo para negar o livre fluxo de força vital para dentro e para fora do eu interior. Quanto mais densas, mais elas bloqueiam o ciclo recíproco de energia. E quanto mais o eu periférico permite que orientem seus movimentos, mais aumenta sua separação do eu interior. Do ponto de vista de nossa substância básica, a causa fundamental da disfunção humana é a negação do movimento natural de energia no interior do organismo. A disfunção é expressa em padrões de negação, que mostram características comuns mas são combinados de forma única em cada indivíduo.

Capítulo 9

Os padrões da negação

Durante a infância, cada ser humano agarra-se a estratégias para se defender da dor e do sofrimento e para exercer sua vontade. Mas todas essas estratégias são contraproducentes, porque fragmentam o fluxo unitário de energia, no interior do organismo humano. Quando qualquer parte do fluxo de energia é interrompida, toda a corrente fica distorcida. Assim, quando a criança bloqueia o movimento da energia primal negativa, o movimento da energia positiva é também distorcido: desacelera e se congela em blocos.

Essa negação do fluxo de energia é o denominador comum de toda a disfunção humana, mas as causas mais imediatas, que serão estudadas no Capítulo 10, moldam as características específicas da condição de cada pessoa. Essas características tendem a seguir padrões, porque os seres humanos têm formas semelhantes de construir defesas contra a dor, a ansiedade e o sofrimento. Freud e seus colegas catalogaram os padrões de acordo com seu ponto de origem na história psicológica da pessoa. Diferentes escolas de cura aceitam essas classificações, apesar de conceituarem a doença segundo outros fatores. Na Bioenergética, Lowen e eu partimos da brilhante análise que Reich fez das atitudes e estruturas do caráter, para traçar os contornos de cinco padrões gerais de defesa, e eu continuo a catalogar outros.

Desejo reiterar, no entanto, que o padrão defensivo não define a pessoa. É a Essência que define. Uma pessoa em tratamento não é um tipo ou estrutura de caráter, ou qualquer outro rótulo. Ele ou ela é um ser humano cujo funcionamento começou a falhar, e cuja alma tem um brilho e uma beleza inatas, que a terapia tem o objetivo de restaurar. Os padrões resumidos nas páginas que se seguem são, na verdade, generalizações, porque mostram variações significativas em cada pessoa, ligadas à qualidade única de cada Essência.

Mas existem fatores comuns. Todas as pessoas disfuncionais, seja qual for a tipologia dominante de sua disfunção, enraízam a configuração específica de seu caráter em três formas principais de negação: vontade própria – a autoconsciência e vontade exterior inconsciente; orgulho – não o sentimento alegre que vem de uma realização verdadeira, mas o sentimento mascarado de superioridade pessoal; e medo – uma desconfiança essencial e periférica em relação aos movimentos da força vital e do equilíbrio entre a pessoa e o ambiente. Essas formas se combinam, diferentemente em cada pessoa, num esforço para sabotar o fluxo energético que entra e sai da Essência porque o movimento é visto como uma ameaça para todo o ser.

O caráter oral

A pessoa oral, segundo os conceitos freudianos, ficou presa a um estágio infantil de desenvolvimento, e não tem afetividade suficiente no organismo. O ego é geralmente fraco, e há uma atitude de exigir vitalidade do mundo e de culpar fontes externas por não a obter. A mensagem fundamental que vem através da máscara, a crosta de simulação do eu periférico, é: "Dê isso a mim; você me deve isso." O desapontamento evoca a amargura, a resignação e a atitude peremptória; por outro lado, a pessoa se eleva além da realidade, quando as exigências são satisfeitas.

A distorção básica no padrão oral é o orgulho: "Sou melhor que você. Sou mais que outras pessoas e preciso sobrepujá-las." Todas as ações da pessoa são medidas e comparadas com as dos outros. Essa competitividade leva a pessoa a se distanciar das outras. Os limites entre autoconsciência e autodireção são tênues e se rompem ou inflam com facilidade. A modalidade predominante de orgulho falsifica o processo dos sentimentos de amor, que são misturados à necessidade extrema de justificar o exagero da expressão receptiva, a atitude: "Faça isso por mim." A vontade própria e o medo acompanham o orgulho. A primeira se impõe sobre a energia dos outros. O segundo deforma o instinto de autopreservação, transformando-o num estado de concentração e defesa contra a própria energia, assim como contra a força vital que vem da Essência.

A Figura 13 representa o campo de energia da pessoa oral, em contraste com o de uma pessoa normal, mostrado na Figura 12, Capítulo 8. Para simplificar as descrições: os centros de energia aparecem, nas ilustrações que se seguem, com as bocas invertidas, voltadas em direção à pele, para indicar disfunção. Como já disse, um funil exaurido pode manter sua forma simétrica de sino, mas esmaecer até ficar invisível, ou esmorecer de um lado e ficar com um lado só.

Como mostra a Figura 13, a energia da Essência de um caráter oral irradia fracamente, como resultado de subcarga sistemática. O campo de energia tem uma freqüência pulsatória baixa, comumente menos de 15 vezes por minuto. As emoções primais negativas de ódio e raiva são estruturadas no terceiro nível, juntamente com o medo, e deprimem a aura no corpo inteiro, exceto em torno da frente e do topo da cabeça. A pessoa fica aberta à força que vem da Essência, que tem uma integração limitada com a periferia, mas não consegue conduzir a energia ou manter um fluxo ritmado. A Essência pode ser alcançada mais rapidamente que em outras formações de caráter, de forma que o campo pode se acelerar relativamente depressa e trabalhar mais facilmente para dissolver os bloqueios da pessoa. Os bloqueios aparecem na área occipital, na garganta, na nuca e especialmente nos ombros, que geralmente ficam retesados para cima, numa expressão de profunda ansiedade. Os movimentos radiais na segunda e terceira camadas do campo são geralmente interrompidos na base das costas, na virilha, nos joelhos e tornozelos.

Essas obstruções impedem que a energia da aura suba e desça e ela se acumula na metade superior do 8. Como o campo está todo deprimido e a garganta e os ombros particularmente contraídos, a energia pulsa ativamente em torno da face e lóbulos frontais.

O centro de energia da testa é geralmente bem desenvolvido na pessoa oral, e os olhos são brilhantes e carregados. Essa atividade vitaliza as faculdades intelectuais e a compreensão, ajudando o centro coronal a funcionar livremente, apesar do estado exaurido da rede de absorção como um todo. O funil do cóccix fica invertido, diminuindo muito a capacidade de descarga sexual. O cone sobre o coração e o centro da garganta ficam particularmente arruinados. O órgão, no plexo solar, fica também bloqueado, mas, às vezes, dispara energia assimetricamente, num movimento radial que se projeta a dois pés.

Essa flutuação tipifica a volatilidade e a instabilidade de todo o sistema energético. O organismo é como um saco vazio. Absorve força externa pela boca, parte de baixo do torso, pelos membros – por toda a estrutura –, mas não pode metabolizá-la efetivamente. Na verdade, o corpo é muitas vezes longo e fino, e falta tônus à musculatura. O principal centro da vontade mostra-se arruinado, e a energia se derrama para as subdivisões superior e inferior; daí o ego subdesenvolvido e o orgulho exagerado da pessoa oral.

O caráter masoquista

O masoquista contrasta com o caráter oral. Essa pessoa foi claramente invadida quando criança. Por exemplo, a mãe empurrava comida boca adentro de seu garotinho, exigia beijos e abraços e, de maneira geral, se intrometia na sua autonomia. Sentindo sua Essência abusada e violentada, começou a construir um muro que, em seu corpo adulto, aparece como um acúmulo espesso de músculos e gordura. Implantado no eu periférico, o masoquista assume papel de vítima, vendo qualquer movimento que vem de fora como imposição ou humilhação. A máscara diz: "Só ficarei seguro se conseguir controlar você. Vou sufocá-lo, senão você me sufoca." Dentro do organismo, qualquer movimento forte de energia é compreendido como uma ameaça catastrófica, que amplia o "você" do mundo exterior, para incluir também o eu interior afastado: "Não quero contato com você. Isso é demais."

A característica mais perceptível do sistema energético do masoquista, ilustrado na Figura 14, é a sobrecarga da camada exterior da pessoa, que sufoca a Essência. Por causa dessa sobrecarga, o ego luta constantemente para conquistar espaço, para afastar a oclusão que sente em relação a suas próprias defesas. As expressões predominantes são a hesitação e o medo, relacionadas com a recusa da pessoa ao movimento. Aqui também o medo desloca o instinto de autopreservação. Gera um estado de preocupação e ansiedade não especificadas que é, por assim dizer, um truque para evitar que a pessoa permita o fluxo de energia. A vontade exterior acompanha o medo, tomando a forma de teimosia e resistência, desdém e desafio. A distorção do orgulho tem dois gumes – uma atitude superficial de humildade e afabilidade que esconde uma atitude de superioridade e uma tendência a caluniar os outros.

A couraça do masoquista mostra tremendos bloqueios na parte superior do torso e nas coxas. A energia se acumula nos ombros e nas costas, interferindo no movimento centrífugo que deveria ocorrer através da frente do corpo e danifica, principalmente, o funil receptivo da garganta. Enquanto a pessoa oral tem uma freqüência de energia geralmente baixa, o campo do masoquista pulsa 30 ou mais vezes por minuto. Esse ritmo excessivo distorce o movimento do campo e cria faixas de bloqueio que capturam o livre fluxo de energia através do tronco. As nádegas e virilha são, muitas vezes, tão presas quanto a região torácica, e blocos significativos aparecem também nos joelhos e na barriga das pernas.

O tecido espesso que se forma na parte superior das costas e nos ombros relaciona-se às distorções no conjunto da vontade, cuja subdivisão inferior, ligada à vontade externa, torna-se superativa. O funil da garganta, em vez de receber, empurra para fora, e isso transmite uma projeção à mandíbula que pode dar ao rosto uma aparência prognata. O centro do coração está ocluso, mas ativo. O centro de receptividade da garganta se fecha. Portanto, o centro do coração não pode se expandir. Os dois centros sexuais ficam, em geral, exauridos, mas o funil do cóccix se mantém mais aberto que o do púbis. No geral, esses órgãos refletem uma arritmia no ciclo recíproco. A energia que se move da Essência para a periferia fica continuamente voltando sobre si mesma. O campo sobre a cabeça é interrompido por um centro superior gravemente arruinado e tem uma coloração amarronzada. Mas a roda frontal pode se manter aberta, dando visão à pessoa, além de uma compreensão considerável. Essa atividade, no entanto, não é suficiente para superar a resistência do masoquista a uma avaliação equilibrada da realidade exterior. Mas essa capacidade precisa de um estímulo relativamente pequeno para despertar, porque o funil no plexo solar está geralmente aberto e razoavelmente desenvolvido.

O caráter esquizóide

A estrutura esquizóide surge, classicamente, de uma desorientação intensa, devido a uma variedade indecifrável de reações hostis contra as expressões espontâneas da criança. A personalidade adulta é, conseqüentemente, um composto instável, como um espelho totalmente trincado, que pode lançar um fragmento para o mundo exterior a qualquer momento. Os limites do ego agregado são frágeis e entram facilmente em colapso, sob as pressões da vida. A falta de integração funcional da personalidade torna-a incapaz de se firmar como entidade, o que resulta em discordância e descontinuidade, em todos os planos de operação.

As rachaduras se estendem à superfície da máscara e a pessoa vai se agarrando a cada uma das características em mutação dessa máscara – com enorme dispêndio de energia – num esforço para manter algum tipo de fachada equilibrada. O organismo pode se voltar para dentro para tirar energia do centro vivo, mas não pode levar a Essência unificada e unificante à superfície.

A Essência está cercada por negações primais não-integradas, e a principal emoção protetora transmitida à periferia é o medo. Isso produz extrema desconfiança, que chega à paranóia, nos vários eus da máscara. O orgulho, na estrutura esquizóide, é muitas vezes tão intenso quanto o medo e, dada a desorganização sistêmica da pessoa, expressa-se numa atitude de controle. A vontade própria flutua, mudando com os diferentes eus periféricos; não há uma coesão geral.

Quando as rachaduras na estrutura esquizóide são graves, já se aproximando da psicose, o campo de energia inteiro gira em 90 graus e se projeta em ângulos retos no comprimento do corpo, separando efetivamente o movimento da figura 8 em duas espirais que se movem lentamente. A pessoa menos seriamente afetada tem também um ritmo de pulsação reduzido, abaixo de 15 por minuto. A cor do campo vai do amarelo-limão ao marrom e é escura, diferente do campo azul-claro, transparente, que a pessoa oral, ou masoquista, mantém entre as áreas de proteção.

Os bloqueios de energia na pessoa esquizóide aparecem agrupados, como se fossem compartimentos separados de uma romã, cultivada a partir de experiências passadas. Muitas interrupções alteram o invólucro, especialmente nas juntas do tronco e extremidades. Os blocos maiores se acumulam na nuca, da qual a aura se projeta em forma de asa por dois a quatro pés. As formas radiais na terceira camada têm uma aparência amontoada e despenteada. A aura fica, às vezes, sufocada sob os lóbulos frontais e com mais freqüência sob a face: neste caso, a inação se estende para o pescoço e o occipício.

No entanto, quando o centro de energia frontal está aberto, como é mostrado na Figura 15, ele tem um desenvolvimento surpreendente, proporcionando revelações brilhantes e intuição. Como a pessoa oral, o esquizóide pode ter o funil coronal, no topo da cabeça, bem aberto. Se o órgão frontal estiver danificado, suas pétalas ficam assimétricas, mas ele não perde a vitalidade, pois o centro do plexo solar dos esquizóides funciona com razoável vigor. O funil da garganta, no entanto, é muitas vezes invertido, e o funil do coração e os centros sexuais diminuem bastante. Os cones posteriores de absorção também ficam exauridos, faltando à pessoa a expressão assertiva integrada.

O caráter agressivo

O padrão agressivo é detonado por experiências, na infância, de manipulação sedutora e de inconsistência no comportamento de adultos próximos, tal como o de um pai que, alternadamente, agrada e rejeita a filha. As relações conflitantes se abrigam em bloqueios que desaceleram o movimento na área genital e deslocam a energia para cima da cintura, em direção à cabeça, como é ilustrado na Figura 16. O ego e a faculdade de pensamento racional tornam-se proeminentes, em detrimento do funcionamento sexual em particular e dos sentimentos em geral, tanto os do eu interior quanto os de outras pessoas. O eu periférico fica inflado e supercontrolador, e a máscara necessita de força: "Vou provar que estou certo. Não acredito em nada, mas o que digo é real." A distorção nitidamente dominante é a vontade própria, expressa em mensagens semelhantes às do masoquista – teimosia, vingança, contradição – mas do ângulo do ataque, e não da defesa. Como no caso do masoquista, o ego do caráter agressivo não suporta a mudança, lutando, além disso, contra o movimento.

Então "Eu vou ficar onde estou" é seguido de "Eu o destruirei, se tentar me tirar daqui". No entanto, essa pessoa tem uma Essência muito forte, abençoada por uma abundância de energia, de habilidade executiva e um talento maravilhoso para a inovação e a criação.

O desequilíbrio na forma em 8 da energia relaciona-se à pulsação assincrônica no torso superior e inferior; a freqüência abaixo da linha média pode ser significativamente menor que 15, enquanto o torso superior pulsa de 15 a 25 vezes por minuto. A expressão agressiva da personalidade, impulsionada a partir da parte de trás do corpo, torna-se tremendamente exagerada, e a pélvis e os quadris são passivos e contraídos. A pessoa tem a atitude receptiva dificultada por todo o organismo. Os bloqueios mais graves aparecem na parte inferior do corpo, em torno da virilha e da barriga, das nádegas e da parte de baixo das costas, onde aparecem protuberâncias radiais na segunda e terceira camadas do invólucro energético. Os ombros também podem ficar encouraçados, com muita tensão retida na musculatura. Esse padrão tensionado pode também criar obstruções em torno dos cotovelos e das coxas.

A partir da arritmia do movimento da aura como um todo, é possível prognosticar a condição dos órgãos de absorção. Nenhum dos centros sexuais funciona bem. O caráter agressivo nega o movimento genital, de forma que a agressividade excessiva na parte superior do corpo e na cabeça contrasta nitidamente com a falta de assertividade (assim como de receptividade) na parte inferior do tronco. O centro do coração também fica fechado, assim como o funil na garganta. O centro adjacente ao plexo solar também tem pouca ou nenhuma força.

O conjunto da vontade, por sua vez, é ainda mais desenvolvido que o do masoquista. O cone principal pode chegar a ter quatro a seis polegadas de diâmetro, mas as pétalas superiores se projetam assimetricamente sobre as inferiores. O centro frontal também floresce. Mas tem uma protuberância de um só lado, que parece o chifre de um unicórnio, projetando-se por uns três pés a partir da testa. Na estrutura agressiva, o funil coronal mostra-se arruinado, retendo um pouco de vitalidade em algumas das partes e nunca no todo. A disfunção sistêmica das operações receptivas é, provavelmente, a razão para essa anomalia.

O caráter rígido

O mais coeso dos tipos de caráter é, talvez, o mais resistente ao movimento recíproco de energia interior. É o caráter rígido, cuja Essência não sofreu os danos aparentes nas outras estruturas e que geralmente pulsa com força, 30 vezes ou mais por minuto. Daí o movimento de energia geralmente harmonioso e balanceado, como é mostrado na Figura 17. Esse movimento dá as bases para um excepcional talento executivo e grande habilidade de ação. Mas a boa integração geral foi conquistada à custa dos sentimentos suaves que vêm da Essência. O coração não está aberto, e a pessoa rígida pode lidar destramente com trocas a distância – manipular e exercer autoridade, desempenhar tarefas – mas as relações holísticas são indiferentes e frustrantes.

O padrão de defesa nessa formação de caráter reside na negação da operação receptiva. O eu periférico coloca muita ênfase no sucesso. Assim, a vontade própria e o orgulho extremo moldam as expressões da máscara: "Sou melhor que outras pessoas, posso fazer qualquer coisa que me proponha a fazer." O ego floresce unilateralmente, refletindo o medo da vulnerabilidade: "Vou superar você, vou fazer com que você desista." A hostilidade aberta é menos uma característica dessa pessoa do que uma indiferença narcisista pelos outros, acompanhada por uma atitude de isolamento e pela crença em que o interesse próprio é sempre contrário ao interesse dos outros. A inspiração da atividade é alcançar e agarrar logo, mas não entregar ou gastar, e o potencial para dar permanece frustrado, porque o potencial para receber é negado. Assim, essa pessoa sente-se vazia de sentido, inadequada, seca. A máscara, negando a sensação de vazio, afirma: "Consegui tudo."

O campo de energia da pessoa rígida move-se vigorosamente, na figura 8 e nas formas de contração-expansão. Chega a ter vários pés em torno do corpo, muito mais do que a aura de uma pessoa saudável em repouso, dentro de uma sala, e a coroa sobre a cabeça irradia por uns três pés. A localização específica dos blocos depende dos processos envolvidos em sua formação. Algumas pessoas rígidas têm couraças sobre os ombros, de forma que o campo adquire uma forma de cunha apontando para trás. A aura pode também estar rompida na base das costas, e muitas vezes se condensa na virilha e nas coxas. Esses distúrbios não são tão nítidos quanto os das estruturas agressiva e masoquista, mas tem a coloração marrom-amarelada, indicativa da disfunção.

Por causa da resistência a receber, os funis de energia na garganta e no coração mostram-se muitas vezes danificados e invertidos. O órgão do plexo solar pode estar aberto mas, quando fica parcialmente fechado, é assimétrico. Os dois centros sexuais têm força considerável, ao contrário dos outros padrões de defesa, onde estão sempre exauridos. Mas o cone púbico funciona mais livremente que o do cóccix, por causa da limitada receptividade da pessoa. O conjunto da vontade tem uma aparência normal, assim como o funil frontal. O centro occipital mostra um desenvolvimento excepcional. O órgão coronal pode estar turvado ou distendido. Como em todos os padrões de negação, o grau de desenvolvimento desse centro-chave reflete a intensidade da doença, pois o funil coronal, no topo da cabeça, é o caminho direto do organismo para a Essência.

Como mostram essas descrições, os diferentes padrões de negação constituem-se em barreiras e desvios de energia essencial, fixados na periferia defensiva – a arena superficial da vida, que é coberta pela máscara. Quando esses bloqueios são graves, fazem com que a energia que se move volte sobre o organismo como um chicote, podendo levar a pessoa literalmente à morte física.

As evidências colhidas por praticantes da medicina psicossomática, relatadas no Capítulo 8, estabeleceram a relação entre tensão psíquica e muitas doenças fisiológicas fatais. Mas as distorções de energia não se detêm nos tecidos moles: elas afetam a própria formação do esqueleto. Por exemplo, se a doença emocional mantém os músculos muito presos por um longo período de tempo, eles vão se juntar com uma pressão que encurta os ossos. Um estudo feito por cirurgiões revela que 15 a 20 por cento das pessoas que caem de grandes alturas, trincam os ossos antes de bater no chão. Privações de energia, que estão além do controle da pessoa, podem ser igualmente devastadoras. Sabe-se de casos de bebês que morreram por ficarem totalmente privados de afeição e contato físico, desejos que vêm da Essência. Na França, um estudo pioneiro que definiu esse fenômeno chamou-o de "hospitalismo", mas tem sido observado também em orfanatos.

Mas, mesmo nesses casos trágicos, a realidade exterior não é a única causa, mas o estopim. As origens da disfunção humana devem ser rastreadas até as operações protetoras da pessoa, que constrói e depois escala as defesas por ela mesma levantadas.

O Campo de Energia do Homem

Ilustrações coloridas

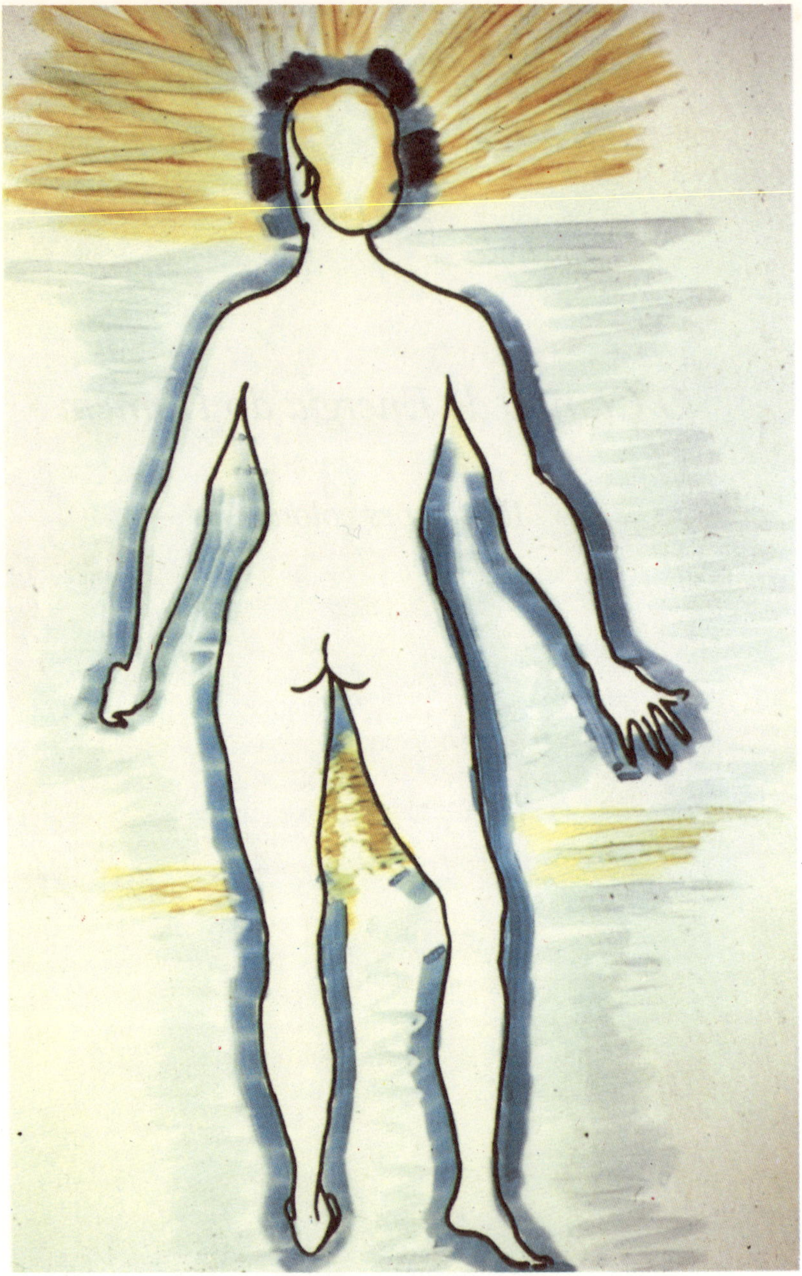

Figura 6. A aura humana (aparece em várias formas individuais)

Figura 7. A aura humana (vista de lado)

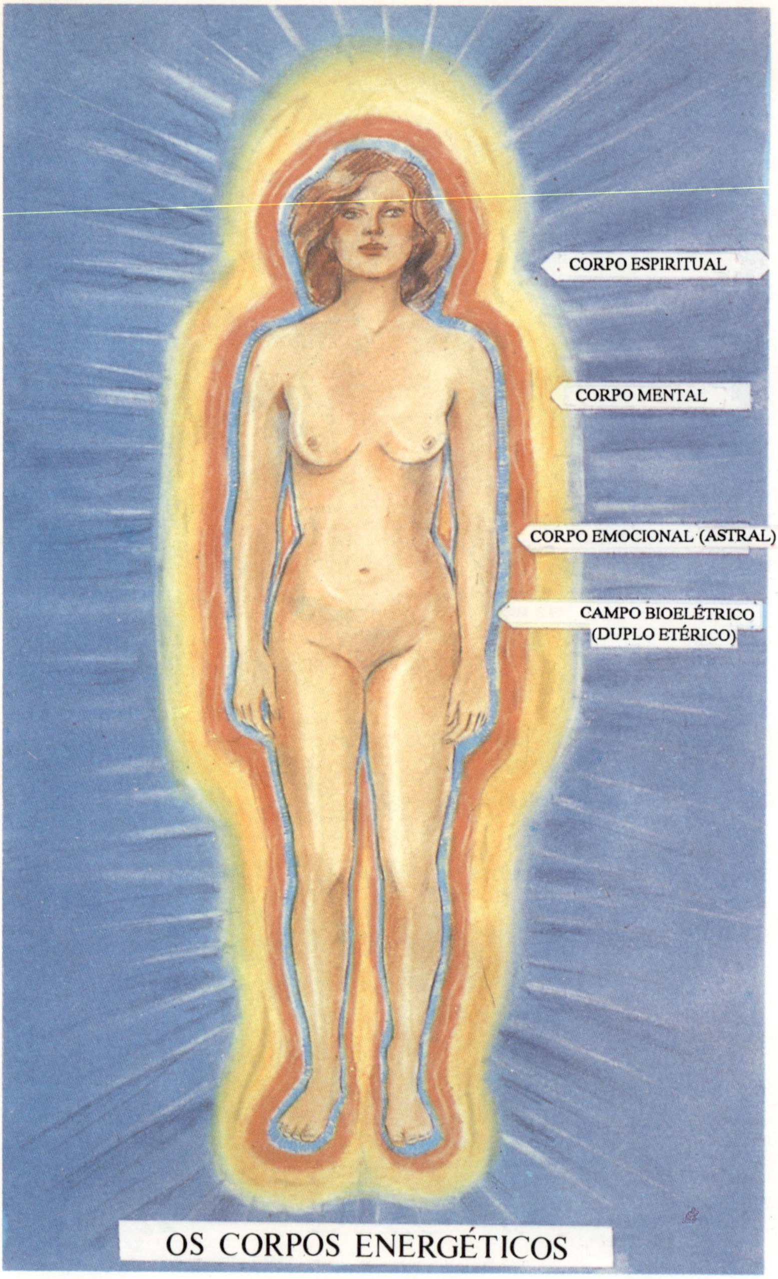
CORPO ESPIRITUAL
CORPO MENTAL
CORPO EMOCIONAL (ASTRAL)
CAMPO BIOELÉTRICO
(DUPLO ETÉRICO)
OS CORPOS ENERGÉTICOS

Figura 8

CENTROS MENTAIS
CENTROS DO SENTIMENTO
CENTROS DA VONTADE
OS CAMPOS E CENTROS (*CHAKRAS*) DE ENERGIA

Figura 9

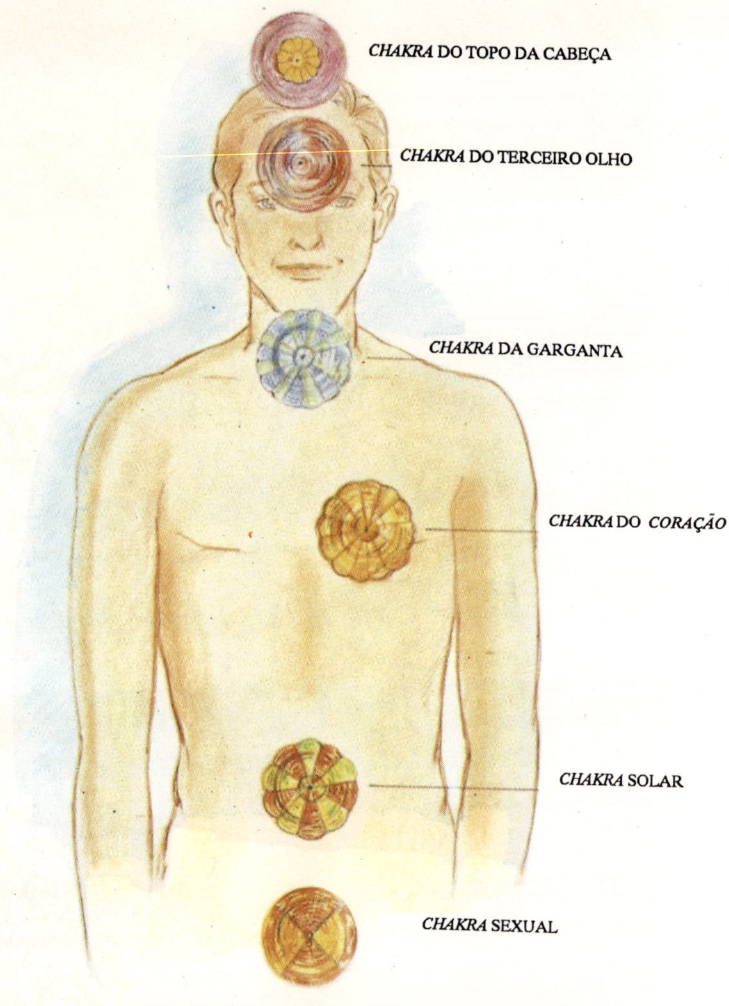

OS *CHAKRAS* (FRENTE)

Figura 10. Os chakras *(frente)*
(desenho adaptado de Leadbeater)

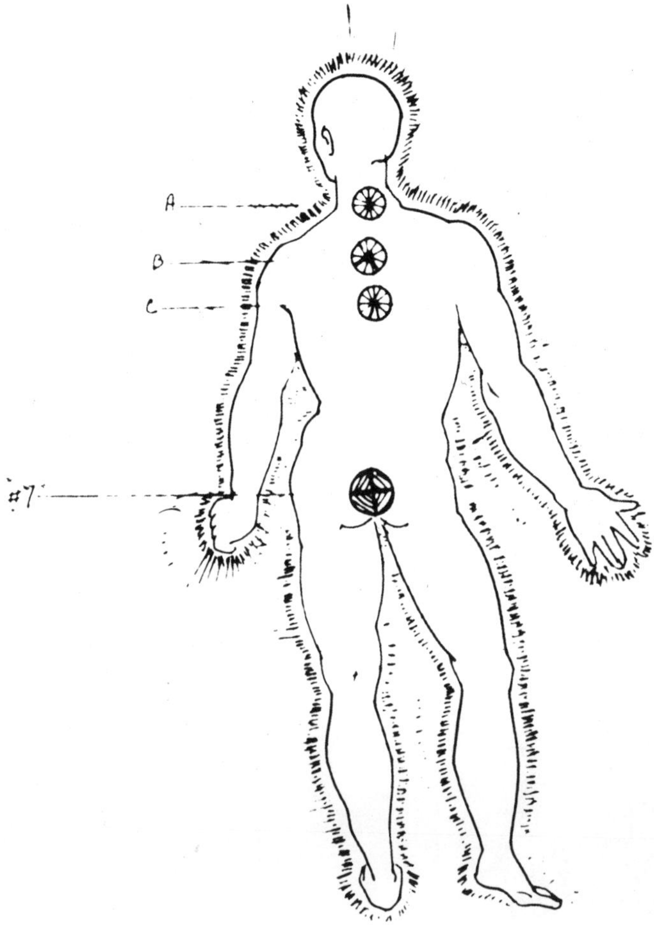

Figura 11. Centros do sexo e da vontade (costas)
e suas subdivisões (A, B, C)

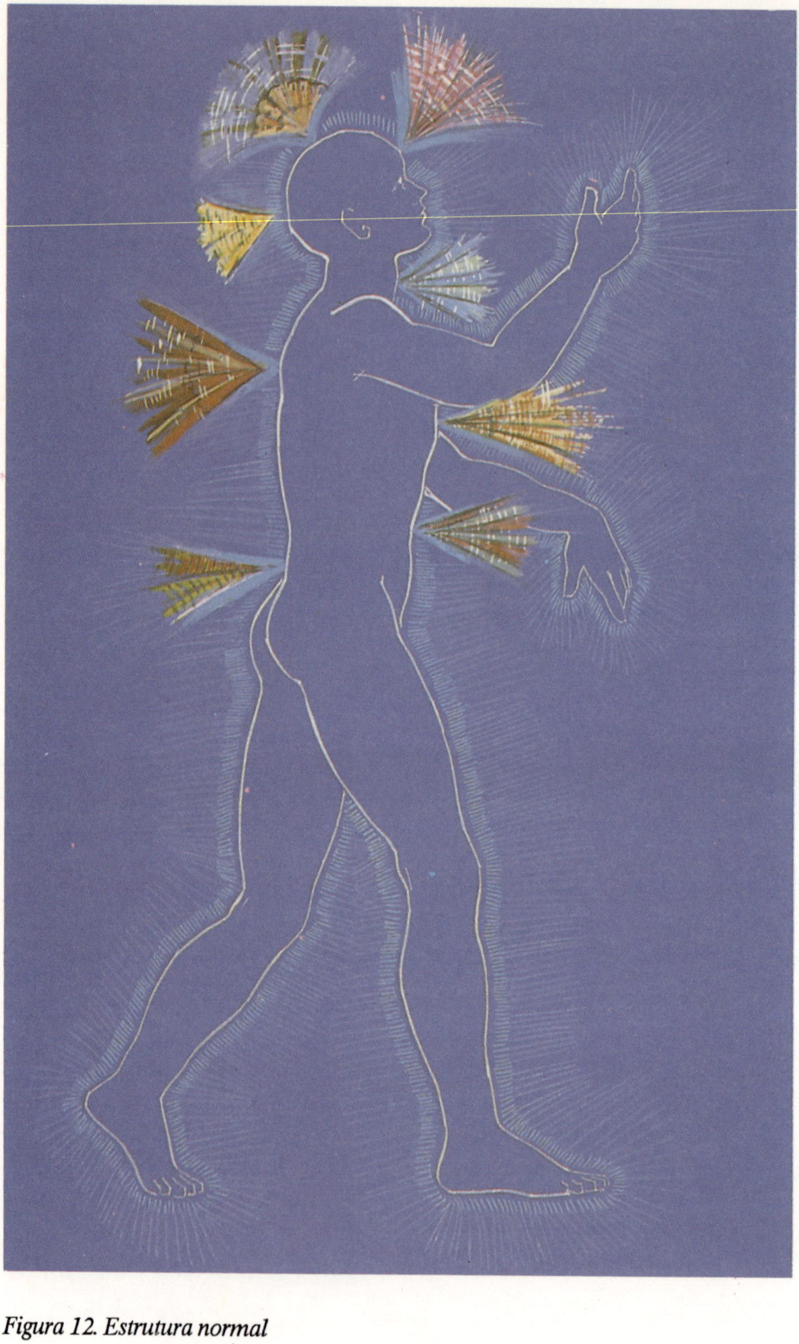

Figura 12. Estrutura normal

Figura 12. Estrutura normal

Figura 13. Estrutura oral

Figura 14. Estrutura masoquista

Figura 15. Estrutura esquizóide

Figura 16. Estrutura psicopática/agressiva

Figura 17. Estrutura rígida

Figura 18. Aura de um típico caso coronário

Figura 19. Aura de uma pessoa que teve um recente ataque nas coronárias

Nota: blocos pesados na base das costas, coxas e pernas.
Nota: cones escuros, semelhantes a um cacho, sobre o peito.

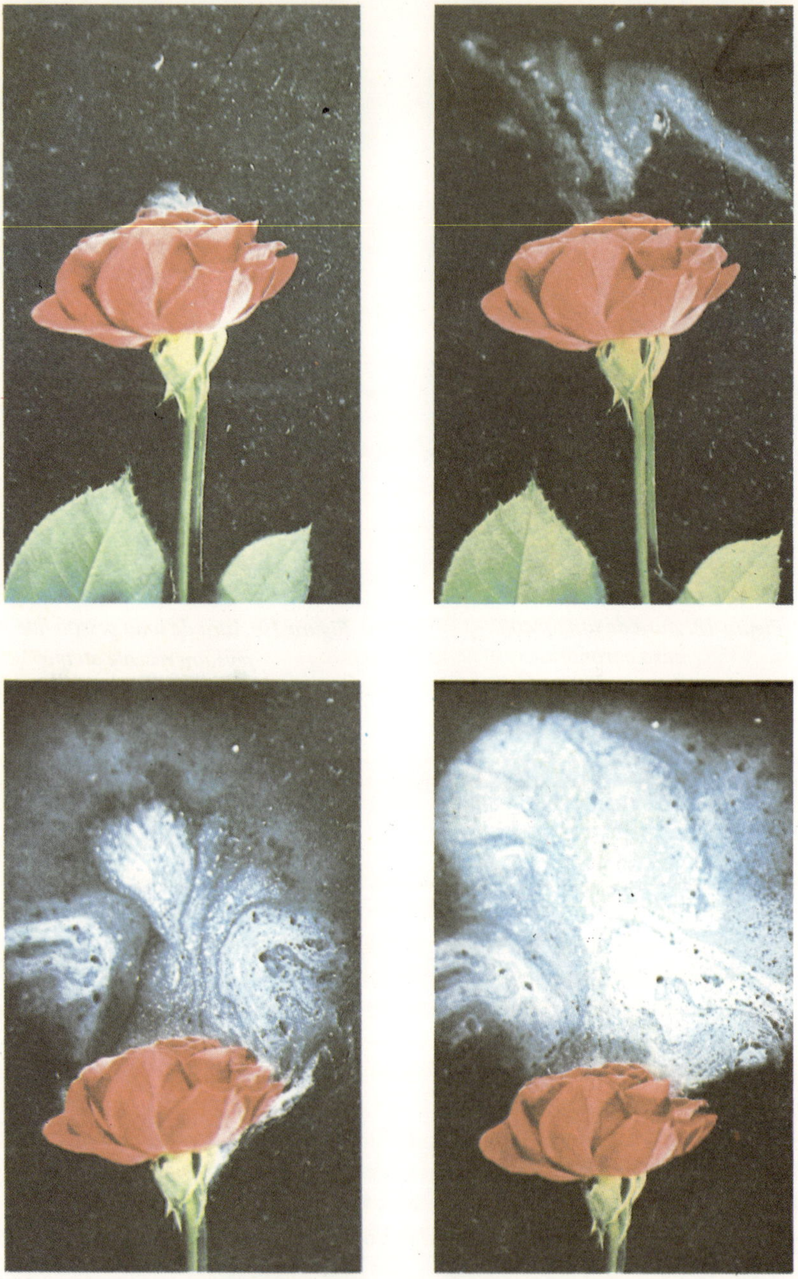

Figura 20. A respiração de uma rosa

Quatro estágios sucessivos do campo de energia da rosa

(Fotos: Joseph Breitenbach)

Capítulo 10

As origens da disfunção

Cada ser vivo surge num ambiente que não foi feito por ele, mas pertence a uma órbita infinitamente complexa de sistemas concêntricos, que compreendem campos cada vez maiores de realidade exterior. A natureza provê cada espécie com a habilidade de criar seus rebentos até o estágio da auto-suficiência em seu ambiente particular. Etnologistas estão confirmando uma teoria que os pesquisadores de nossa espécie têm ponderado há muito tempo. Os animais treinam seus filhotes para integrar seus movimentos inatos com os do ambiente mas, fora isso, permitem a eles liberdade de ação. Quase todo o ensinamento humano nos treina ao contrário, isto é, a subordinar a liberdade de expressão e nossos movimentos inatos ao ambiente. Aprendemos desde a infância que mostrar nossas emoções e funções naturais é proibido ou arriscado. A proibição persistente alimenta a crença de que, se meramente as experimentarmos, estaremos trazendo dor e até mesmo destruição para o eu ou para os outros.

Assim, a responsabilidade por essa compreensão maldirigida reside originalmente em pressões externas que trabalham desarrazoadamente para inibir o ser livremente expressivo. A tremenda força viva dentro de nós é sufocada por regras restritivas, códigos religiosos e padrões de comportamento da sociedade. Isso não quer dizer que essas e outras estruturas de valor não tenham qualquer mérito. Quer dizer que, quando seus defensores não respeitam o movimento espontâneo da vida na criança, separam o eu exterior da realidade interior, fragmentam a integridade do sistema energético e aprisionam a pessoa a sua máscara.

A fé organizada, que projeta os processos cósmicos para algum lugar "lá fora", na abstração dos céus, cria uma alienação entre a Essência individual e o princípio universal de energia consciente que encarna. As normas de boa conduta social sufocam o movimento quando reprimem a exuberância de uma criança ou rejeitam um gesto de amor. E como Lowen e eu constatamos repetidas vezes, alguns dos bloqueios mais difíceis de penetrar são os de homens de negócio, que iniciam o tratamento convencidos de que a fortuna pessoal e a prosperidade de sua corporação são os mandamentos supremos de sua vida.

A repressão dos sentimentos

As instituições humanas tendem a atacar a emoção positiva que vem da Essência porque percebem esse movimento como contrário a seus interesses. Pela mesma razão, e com maior veemência, resistem contra as emoções expressas nos chamados sentimentos negativos – raiva, ódio, impulso de destruição. Digo "chamados" porque "negativo" implicaria o fato de esses sentimentos serem vazios de vida ou antagônicos a ela. Isso não é verdade, pois são o segundo nível de nossa realidade interior, e realidade não pode ser antivida.

Essa família de sentimentos constitui expressões de vida, como parte de sua dualidade, e não escapes repreensíveis. Canalizam uma enorme quantidade de movimento. Se os fechamos, brecamos nossos processos criativos, brecamos nosso crescimento. Nossa energia se acumula e nossa pessoa se estagna, como um carro parado na estrada faz com que todos os outros também parem. As emoções negativas não bloqueiam energia: elas apenas a alteram. Não estão "erradas" em si mesmas; são funções preciosas da pessoa, quando são aceitas. A raiva, por exemplo, é a reação que ocorre quando a Essência é comprimida, pela humilhação ou pela escravidão. É uma coisa bonita ver a raiva irromper livremente em defesa do indivíduo, contra a opressão.

Por outro lado, a legítima raiva bloqueada é uma coisa feia de se ver porque, como já disse, as emoções negativas surgem em sentimentos desviados e distorcidos, quando lhes é negado o reconhecimento. Para visualizar a interrupção do processo entre a pura emoção do nível 2 e o desvio que ocorre no nível 3, o eu periférico, considere o caso de um escravo, um africano de séculos atrás. Aterrorizado no início de seu cativeiro, ele se congela, não pensando em mais nada, a não ser em como sobreviver. A emoção clara, o medo, não pode ser expressa como inação, pois ele seria espancado; submete-se, então, às ordens que recebe, e seu terror no nível 2 transforma-se numa atitude de submissão no nível 3. Mais tarde, à medida que fica mais familiarizado com sua escravidão e se sente mais seguro, pode se permitir sentir raiva contra seu cativeiro e buscar formas de escapar ou, pelo menos, de destruir seu senhor. Mas, à medida que toma consciência desses sentimentos, que vão de uma sensação de atrito até a raiva assassina, seu medo vem à tona novamente, pois teme que seu senhor descubra sua raiva e o puna por isso. Assim, numa seqüência, o medo pela sobrevivência provoca raiva pelo cativeiro, que, por sua vez, provoca medo da descoberta (na verdade, um medo pela sobrevivência) e raiva contra a dependência (uma forma de cativeiro). Assim, a raiva é distorcida na camada periférica, transformando-se em ressentimento e hostilidade, o máximo que o escravo julga que pode admitir, com segurança, da emoção assertiva negativa. A menos que ele seja uma pessoa altamente integrada – ou seja, a menos que consiga manter a consciência do eu interior apesar da repressão cruel impingida pela realidade exterior – seu eu exterior, adensado pela energia não-liberada, vai magnetizar sua percepção, e ele vai ficar preso em sua máscara de submissão hostil.

O escravo é, naturalmente, um exemplo extremo. Os elementos dessa reação em cadeia são muito mais sutis, sob circunstâncias comuns, derivando de uma configuração que implanta o mesmo ciclo. Todo ser humano inicia a vida com o impulso para ser aceito e correspondido, um impulso que vem da Essência, e com impulsos que vêm do nível 2, para lutar contra as restrições e proteger a Essência. As sementes da disfunção não são plantadas apenas pelas restrições externas em si, mas por graus e tipos de tratamento que a criança percebe como caprichosos, cruéis ou abusivos da dignidade inata da Essência.

O agente que opera a formação das distorções é, portanto, a própria percepção da pessoa, e não a realidade sobre a qual o eu age. Segue-se que as relações com o mundo exterior – principalmente com a figura dos pais – precipitam, na criança, experiências interiores negativas que podem se acumular numa estrutura encouraçada de caráter, mas que não criam essa estrutura ou os complexos neuróticos que acarretam. Os pais participam da "fixação" da neurose, no mesmo sentido (mas não da mesma maneira) que um reagente químico fixa um preparado na lâmina de um microscópio. Mas a chave para a vida avançar em relativa liberdade ou em relativa escravidão está sempre no próprio organismo.

A couraça defensiva começa a existir muito cedo, solidificando-se entre o nascimento e a idade de três a quatro anos. A criança pequena é um sistema vivo e vibrante, que exige realização imediata, independentemente do ambiente. O ego da criança ainda não se desenvolveu e não pode distinguir entre o realisticamente possível e impossível. Assim, suas necessidades e exigências, expressas em termos absolutos, entram em conflito com a realidade dos pais, com sua capacidade de dar, com suas limitações. Na relação entre pai (ou mãe) e filho, ambos os sistemas biológicos reagem de acordo com a lei da reciprocidade. As ondas de energia irradiam de um para o outro, disparando reações energéticas nucleares somatizadas em ambas as pessoas e sentidas pelas duas. Em outras palavras, quando há um choque, ambas o sentem, e quando há prazer, ambos o experimentam.

A rejeição aos movimentos expansivos do eu superior do bebê e os movimentos protetores do inferior negam a verdade interior do pequeno e introduzem uma separação entre a realidade externa e a pessoal. Esses encontros negativos são, por natureza, causadores de confusão. Se são freqüentes ou intensos, predispõem a criança a formular um autoconceito idealizado, que ajusta o comportamento àquilo que percebe como aceitável. Na descrição de Freud, a mente internaliza as lições negativas e desenvolve o superego. Dentro dos conceitos da Energética da Essência, o eu periférico interrompe o fluxo de força vital e cria bloqueios. O medo de um castigo exterior transforma-se em medo da autopunição, e a ameaça interior pode se tornar tão severa que obriga a pessoa a negar a própria existência dos sentimentos rejeitados.

A periferia defensiva forma gradualmente a couraça, expandindo-se com a capacidade do organismo para se dirigir. Do nascimento à primeira infância, o bebê aprende a desacelerar movimentos interiores, a afastar a atenção deles para evitar a dor da carência emocional. Eis a origem das atitudes negativas. A criança mais velha, que é impedida de expressar amor, raiva ou outras pulsações, luta ativamente para eliminar essas realidades internas, pois, na verdade, os pais estão dizendo: "Não é permitido que você tenha os seus sentimentos vivos." Isso aumenta mais ainda a tremenda frustração. A criança, forçada a adulterar as experiências interiores, pouco a pouco encontra maneiras tortuosas de lidar com o fluxo de energia. Eis a origem da representação que amadurece, através da idade adulta, no hábito da projeção.

À medida que a mente exterior se concentra na solidificação da periferia defensiva, a substância energética vai se acumulando cada vez mais na couraça. As defesas da personalidade enfraquecem a pessoa reduzindo a participação na consciência do eu criativo. A Essência fica enterrada sob cascalho no eu inferior e sob sua crosta, a máscara. Uma pessoa encouraçada diz: "Sou sempre despedido porque trabalho melhor que meus patrões e eles não suportam ser desmascarados." Ou: "Ainda não encontrei uma mulher que não fosse frígida." Em vez de reconhecer seu próprio objetivo negativo, a mente exterior racionaliza e projeta suas negatividades nos outros. O mecanismo de distorcer energia limpa em blocos está agora completo, capturando o impulso centrífugo e o centrípeto do ciclo recíproco. Quando acontecimentos exigem um livre movimento de energia, o eu periférico recebe mensagens de protesto das negatividades primais, o segundo nível de ser, mas culpa, equivocadamente, a realidade exterior, por seu desconforto. Não percebe que essa reação é provocada pelo sufocamento que impôs à Essência agindo para perpetuar a couraça interna e a máscara.

O impacto da máscara

A máscara age como uma mortalha defensiva, que torna o eu interior invisível para o mundo exterior e para a autoconsciência. Existe num estado constante de dissimulação de emoções verdadeiras, sejam elas positivas ou negativas, amortecendo a vibração e a alegria do centro vital e sabotando a integridade dos níveis protetores internos. Os impulsos genuínos de agradar ou rejeitar os outros são alterados pela máscara, assim como o são os significados de mensagens verdadeiras que vêm dos outros. A máscara pode fingir ter os mesmos sentimentos que o eu real está experimentando. Pode expressar amor de maneira controlada e presa para encobrir o verdadeiro movimento de amor da alma, que acha ameaçador. Ou pode camuflar a verdadeira emoção com uma expressão oposta, como faz uma pessoa que encobre a necessidade de amor na afirmação: "Eu não preciso de pessoas."

Apesar de a máscara ser capaz de se distorcer em qualquer direção, na direção de sentidos positivos ou negativos, ela incorpora a negatividade em suas posturas com mais freqüência que a positividade. Há várias razões para isso. Uma delas é que os movimentos da Essência são muitos mais intensos; a energia da Essência tem a freqüência pulsatória mais alta do organismo. Assim, a pessoa percebe as emoções do eu superior como mais ameaçadoras do que as do eu inferior. Outra razão é o empuxo gravitacional, por assim dizer, dos blocos. A máscara é um instrumento afinado negativamente, assim como é um instrumento para negar as verdadeiras emoções negativas, de forma que a energia mais lenta do segundo nível é, em certo sentido, mais facilmente incorporada a ela. Assim, uma pessoa muitas vezes se sente mais "ela mesma" ou "ele mesmo" quando é hostil, superior ou agressiva, do que quando é calorosa, respeitosa ou compreensiva.

Seja qual for a fachada de caráter que a pessoa adote, ela implica a abdicação da responsabilidade pessoal. A máscara diz: "Não é *minha* culpa." Age para alienar o eu, e então recrimina outras pessoas, o destino ou a sociedade, por um sentimento de dor ou de vazio. Ou compromete artificialmente o eu, e depois se queixa que as pressões externas causam uma sensação de fadiga. No primeiro caso, imagine qualquer de nós que considere os outros inferiores e persista em julgamentos críticos e pequenos. Podemos considerar esses hábitos sem importância. Mas não o são. À medida que vão ganhando força, alimentam um estado de hostilidade, que leva a uma ansiedade crônica. Assim, intencionalmente nos aprisionamos no ciclo de negação – e construtor da máscara – com o qual tinha de se contentar o escravo africano. No segundo caso, observe como todos trabalhamos, de uma maneira ou de outra, para manter as aparências. Sob uma casca de sofisticação, agimos como pragmáticos cuidadosos, regulando nossos pensamentos e escolhas de acordo com o que os outros gostam, ou melhor, de acordo com o que acreditamos que gostem. A busca de conformismo também parece inconseqüente, como quando uma pessoa segue uma dieta estranha ou usa sapatos desconfortáveis por causa de algum modismo. Mas essas ações indicam a mesma contradição do eu interior, que fez com que homens de negócio pulassem das janelas, na crise de 1929. Triviais ou terríveis, as marcas sobre a máscara criam impedimentos, no perímetro defensivo, que barram o processo de vida real – o fluxo de energia entre a realidade do eu interior e a realidade da criação externa.

Por que continuamos a existir nesse estado de privação, presos à infelicidade e buscando a desintegração? A Essência existe em todo ser humano. Move-se por sua própria natureza, buscando a libertação; luta continuamente para restabelecer os processos da vida. Numa sociedade comparativamente livre, o adulto não precisa e normalmente não permanece sujeito às coerções internas da infância. Ao amadurecer, ganhamos experiência para reconhecer, em nós mesmos, os blocos que nos fazem tropeçar. Então, por que ignoramos a força vital da Essência que nos faz completos e escolhemos, ao contrário, confirmar o eu à periferia do nosso ser?

Várias motivações estão por trás da escolha que leva a viver no eu periférico. Em primeiro lugar, as tensões da atitude de negação do caráter geram excitação. Forças pressionam a pessoa, forças conflitantes que prendem o organismo: o movimento da energia lutando contra as estruturas de bloqueio. Olho para a aura de pessoas quando estão empenhadas na negação e posso assegurar que, quanto mais se deslocam da neutralidade para a negação, mais seu campo de energia brilha e mais rápido pulsa. Assim, existe excitação energética na negação. Essa excitação é muitas vezes confundida com um fluxo livre de energia, e é escolhido pela pessoa como alternativa para a ausência de sentimento (estado de morte) ou para a dor.

Outro estímulo prontamente visível é a determinação heróica mas maldirigida, a determinação cega para continuar, não importando quão grave seja a adversidade. A pessoa que está lutando duramente contra o conflito interno, é como um barco furado, tão ameaçada de naufrágio, que não tem força para mais nada, além de deitar água para fora, com uma caneca. O eu, furiosamente preocupado com o simples fato de ficar à tona, pode ir a pique antes de perceber que o navio deve ser reconstruído para navegar livremente.

Medo, orgulho e vontade própria

Por trás dessas razões, no entanto, está o trio de distorções – descrito na seção anterior – que opera nos principais padrões da doença. Estas são nossas bases fundamentais de defesa: medo, orgulho e vontade própria.

Cronologicamente, o medo se aloja primeiro na periferia. A criança, como já foi dito, aprende a temer o fluxo da Essência porque este, e não as negatividades primais, é a fonte do movimento interior. Assim, mesmo que os adultos na vida da criança rejeitem abertamente apenas as expressões negativas, estão rejeitando, veladamente, o centro do ser da criança, cuja frustração fez surgir a reação negativa. As emoções primais positivas tornam-se amedrontadoras, e a segurança é a negação delas.

O medo original, o medo da rejeição externa, diminui à medida que a pessoa fica independente. Mas a superestrutura de negação continua forte, mantida pelas negatividades primais. A máscara não quer dar atenção ao amor e à verdade da Essência e mantém o eu superior encarcerado numa masmorra, como um ditador que tem medo que seu regime seja derrubado, se essa força unificadora for libertada. O ditador talvez escute seu prisioneiro implorando liberdade ou, talvez, as paredes da masmorra sejam tão grossas que a voz da Essência não o alcance e, assim, ele pode fingir, para si mesmo e para o mundo, que não há ninguém ali.

Segurança é, geralmente, o eufemismo confortável que usamos para negar nosso sentimento de medo. Aquele que busca segurança descobriu uma espécie de *modus operandi* dentro de uma atitude de negação. A postura de defesa permite que a pessoa se sinta protegida como uma nação bem armada contra ataques. O eu exterior pode não querer renunciar ao conhecido, a atitude de negação, em favor do desconhecido, a experiência de emoção aberta, porque a capacidade para o risco é refreada – certamente uma muito difundida característica humana. Ou a pessoa pode, simplesmente, ser incapaz de conceber qualquer outra maneira de funcionar, um ponto que vou retomar no próximo capítulo. Poucos de nós têm o gênio para a revelação de um Freud, de um Jung ou de um Reich.

Orgulho, o segundo membro do triunvirato que apóia a máscara, transforma a emoção da Essência – a auto-estima – numa presunção sobre os poderes de comando da pessoa. Dom Quixote, lutando contra moinhos de vento, nos dá um quadro tocante dos contratempos aos quais tal orgulho pode levar, mas essa distorção é mais perigosa que engraçada. Na visão alterada da máscara orgulhosa, tudo que não se enquadra em sua percepção do certo, é errado. Todos nós conhecemos o sentimento – "quem não está comigo está contra mim", "o que não posso ser ou fazer não tem valor". O eu dissipa sua energia em combate após combate com o que ele define como "a competição" ou "o inimigo", sendo que estes últimos não representam mais do que uma outra qualidade de ser que a Essência aceitaria com prazer se lhe fosse permitido fazer contato com eles.

A face de Janus do orgulho exterior é a vergonha interior. A menos que uma pessoa esteja profundamente perturbada, algum movimento positivo penetra a máscara em cada direção. Mas, à medida que o fluxo é sentido, a mente exterior aprende não a qualidade real da energia, mas o autojulgamento de que o movimento é "impróprio". A lição, como vimos, é aprendida na infância e preservada nos blocos de energia. A vergonha, no domínio emocional, equipara-se à convicção mental de falta de valor, o que faz a pessoa acreditar na necessidade de uma justificativa fabricada, para abrir a Essência. Essa é a dinâmica básica, por exemplo, da pessoa que não consegue aceitar o sentimento de prazer sexual, a não ser que tenha uma briga terrível com o parceiro. A briga torna permissível fazer amor, porque um pedido de desculpa – uma expressão de arrependimento e ternura autêntica – é uma continuação "própria" para a raiva.

O medo e o orgulho associam-se, então, para perpetuar o endurecimento da máscara, que nega a liberdade da Essência. Mas há outro conspirador, a vontade exterior. Como disse, ela não é apenas a vontade do estado de vigília, apesar de esta também estar envolvida. É a capacidade que consiste em agir voluntariamente, boa parte da qual, como as razões inconscientes descobertas por Freud, é subjacente ao limiar da autoconsciência imediata. É verdade que as couraças surgem, originalmente, como reação a acontecimentos externos, mas estes não moldam mais a vida do adulto. Somos nós que a moldamos. Aceitamos nossas próprias percepções distorcidas. Escolhemos nossas próprias ações maldirigidas. Não somos vítimas de ninguém, apesar de investirmos uma tremenda energia para manter essa convicção. Nós nos vitimamos, mantemos a nossa própria Essência aprisionada e guardamos a chave.

Como a semente de maçã, todo ser humano tem um plano de vida, um projeto para a realização das potencialidades únicas latentes na Essência. Se a pele absorve as energias do germe da semente e as concentra na produção de casca, o cerne da árvore, os botões e as frutas vão sofrer. Digamos que nossa árvore consiga viver. Vai projetar alguns galhos, que vão sustentar algumas belas maçãs. Mas a árvore não alcança sua estatura total e começa a culpar a terra, o clima e a geografia.

Mas, todo o tempo, o cerne luta contra a casca. E, um dia, a árvore percebe que está doente. Tem uma sensação de dormência por dentro, misturada a crises de angústia, e não sente alegria em viver. Está em crise, e sabe que se alguma coisa não mudar logo, vai morrer.

Vou dizer agora uma coisa estranha: a crise é um renascimento, e motivo de muita esperança. Acredito que, sem a ameaça de uma catástrofe iminente, nós que restringimos a nossa Essência, poderemos passar o resto de nossos dias na Terra presos a um meio-termo – crescendo um pouco, mas não tanto quanto poderíamos: produzindo alguns frutos, mas não tão generosamente quanto poderíamos. A crise confronta o eu exterior, a energia alterada da máscara, com o eu interior, a energia correta do centro humano. E o próprio auto-encontro é o primeiro passo em direção à reintegração, não apenas da pessoa consigo mesma, mas com a realidade exterior. A resolução dessa crise será analisada na Parte VI.

Parte IV

Os Resultados da Disfunção

Capítulo 11

Aspectos criativos do ego

De um ponto de vista cósmico, o ego é a principal faculdade com que o ser humano fragmenta sua unidade consigo mesmo e com o resto da existência. O abuso do ego é também a principal maneira pela qual as pessoas rompem com a sua Essência, criam e perpetuam a doença. Aliado à estrutura do caráter, o ego luta para sufocar a troca mútua de energia entre a Essência e a realidade exterior.

Obviamente, esse conceito do ego difere substancialmente dos pontos de vista sustentados pelas psicoterapias tradicionais. A psicanálise, por exemplo, vê o fortalecimento do ego como um fator da maior importância para que os seres humanos se ajustem ao meio em que vivem. A energética da Essência também ressalta a importância de um ego saudável. Mas o objetivo da energética da Essência é aliar o ego à Essência e não a adaptação ao meio. Dessa forma, é possível devolver ao ego suas funções de escolha e discriminação, e não de comando da personalidade.

Desse ponto de vista, o ego monta guarda na intersecção da consciência humana, entre a realidade interior e a exterior. Muitas vezes, funciona como se fosse a única realidade da pessoa, negando os aspectos positivos e negativos do eu interior. No entanto, o ego funciona tanto positiva quanto negativamente.

Resumindo, as funções positivas do ego são avaliar e interpretar a realidade exterior, fazer escolhas e ajustar o intercâmbio de energia entre o ser interior da pessoa e aquilo que o ego percebe como o "lá fora" – o resto do cosmos. No entanto, as faculdades do ego, geralmente associadas às do cérebro – mente, intelecto e vontade – tentam ser senhoras da vida humana e não suas servas, o que seria sua função apropriada. Como os humanos temem, acima de tudo, a unidade interior e exterior, o ego é empregado para manter a fragmentação em ambas as esferas e entre elas, como é mostrado nos exemplos que se seguem.

Um homem pode desejar ardentemente servir ao próximo. Mas esse desejo é distorcido por experiências da infância, como no caso de pais materialistas ou que insistem para que a criança seja generosa apenas no plano material. Rejeitam a energia indivisa que vem da Essência – sentimentos de amor, talvez, ou anseio por contato físico. A rejeição faz com que a criança desconfie de sua própria unidade interior e das conexões com seu meio, do qual os pais são elementos básicos. A partir dessa experiência, o homem passa a acreditar que suas dádivas são indesejadas. Na verdade, seu ego se tornou incapaz de perceber a realidade da unidade, preferindo acreditar na realidade limitada que é apresentada pelos pais e por suas ações.

As crenças que resultam daí se alojam no ego e nas estruturas do caráter. Durante toda sua vida, o homem será guiado por seu desejo mais profundo, mas o seu ego vai distorcê-lo de acordo com suas crenças e ele buscará o ganho material. O ego vai negar os genuínos impulsos interiores que impelem o homem em direção ao conceito de servir, tornando-o, provavelmente, cético em relação às pessoas que dão e servem generosamente.

O Capítulo 2 descreveu a relação do ego com o eu interior, a camada da emoção negativa e a Essência. A dinâmica positiva do ego será discutida mais adiante. Em primeiro lugar, no entanto, desejo explorar brevemente o desenvolvimento do ego.

Desenvolvimento do ego

O desenvolvimento do ego é paralelo ao da humanidade. Em termos darwinianos, a ontogenia recapitula a filogenia. Isso significa que a evolução do organismo individual copia a evolução de sua espécie. Na verdade, o desenvolvimento embriônico humano também copia a evolução humana a partir das chamadas ordens inferiores. Por exemplo, o embrião humano desenvolve guelras vestigiais e uma cauda durante seu desenvolvimento. A formulação de Darwin vale para o desenvolvimento natural e cultural dos seres humanos individuais.

Como um vegetal ou uma ameba, o embrião humano inicia seu funcionamento de vida com os mecanismos auto-reguladores necessários ao crescimento – circulação, digestão e a operação do sistema nervoso. Até o nascimento, o cérebro opera instintivamente, como o cérebro de nossos ancestrais homínidas. O poder de pensar, sentir e agir se expande devagar, juntamente com o desenvolvimento físico da criança. Essas faculdades crescem à medida que a experiência da criança, voltada para a realidade exterior, desenvolve a consciência do eu e a capacidade de fazer frente à realidade externa. Ao nascer, a criança não possui um ego, que se desenvolve apenas à medida que a realidade externa invade a Essência indefesa.

Um bebê não precisa de ego, porque os movimentos da sua Essência o impelem a buscar alimento e calor na mãe. Se esses movimentos encontrassem aceitação incondicional na Essência materna, não haveria necessidade para as funções de interpretação do ego; a realidade permaneceria indivisa. No entanto, uma tal aceitação incondicional não é provável. A mãe pode estar zangada, cansada, doente ou deprimida. Não consegue satisfazer a necessidade que o bebê tem, de doação incondicional. Então, uma parte dela, pelo menos, rejeita os movimentos da Essência do bebê, de fome ou necessidade de contato. O bebê precisa interpretar essa realidade de rejeição e, para isso, o ego começa a se desenvolver. Gradualmente, torna-se consciente de si mesmo e de seu meio, que é representado pela mãe. Ajusta seus movimentos interiores, de acordo com essa realidade.

Suponha que a mãe esteja doente e não possa dar de mamar ao bebê, nem possa oferecer-lhe um contato físico suficiente. Se se trata de um simples afastamento, pode entender que suas necessidades físicas nunca serão satisfeitas, e começa a se desenvolver o ego de uma pessoa oral. Se a rejeição é entendida como hostil, pode se desenvolver um ego esquizóide.

Em termos gerais, a consciência e a direção intencional do eu formam o ego humano. Existem dois outros domínios da compreensão que são distintos do ego, mas essenciais à consciência humana. Um é o emocional, o foco de muitas disciplinas psiquiátricas e psicossociais. O outro é a faculdade espiritual, a qualidade da Essência, que inclui a faculdade da intuição. Muito do que é emocional e muito do que é espiritual reside no inconsciente humano.

O inconsciente desenvolveu-se, provavelmente, entre nossos ancestrais e agora surge no bebê, juntamente com o ego. As emoções desenvolveram-se para proporcionar uma textura contra a qual a experiência pudesse ser interpretada. O medo e o prazer, por exemplo, eram necessários à sobrevivência. Sem a emoção do medo, um organismo não teria meios de perceber situações verdadeiramente perigosas. O prazer era necessário para impelir o organismo aos atos positivos necessários à sobrevivência – alimentação, abrigo e reprodução. A espiritualidade surgiu para ajudar a explicar o desconhecido. Transformou-se numa busca pela unidade com a existência cósmica, o que levou a humanidade e leva o indivíduo em direção a uma consciência maior. Cada ser humano tem consciência do meio e das forças que se impõem sobre o organismo. A evolução da espécie humana ou do indivíduo leva a uma compreensão cada vez mais profunda da natureza da realidade.

A partir desse desenvolvimento, temos quatro domínios distintos de operações humanas: o físico, o mental, o emocional e o espiritual. Entre esses domínios, o ego foi moldado pelas experiências do indivíduo e pelas experiências da humanidade. A história humana demonstra que os povos progrediram em um ou vários desses domínios em cada época. Esses movimentos continuam até alcançarem um extremo que faz o pêndulo do desenvolvimento individual ou coletivo voltar para um ponto médio ou tomar outro curso.

O agente da direção é o ego coletivo e individuado. Funciona positiva e criativamente quando trabalha em síntese com os quatro planos humanos e em harmonia com o resto da humanidade e do ambiente. O ego funciona negativamente quando exagera um ou mais domínios, em detrimento dos outros ou do meio. O Capítulo 23 descreve o desenvolvimento espiritual da humanidade, que inclui o desenvolvimento do ego. Damos aqui alguns breves exemplos desse movimento coletivo, para ilustrar o desenvolvimento coletivo do ego.

Por exemplo, povos primitivos, com egos essencialmente subdesenvolvidos, transformaram-se gradualmente nas civilizações do mundo antigo, onde a vontade e o espírito eram dominantes. A Grécia clássica surgiu a partir desse período, desenvolvendo a mente para ajudar a equilibrar os aspectos físico e emocional, mas com menos ênfase no espírito. Roma exagerou a vontade a serviço da conquista, mas também fez progressos na filosofia política. Nos tempos modernos, a vontade humana tornou-se aliada da mente em detrimento das emoções e do espírito. Esse desenvolvimento levou à Revolução Industrial e à conquista do mundo não-cristão pela Europa.

Em todos os grandes ciclos da História, o ego coletivo e individual agarrou-se ao modo predominante para estabelecer e perpetuar o *statu quo*, e para se defender da mudança. A Idade Média, por exemplo, exaltou o espírito, em detrimento da mente, e a Inquisição foi criada para preservar o *statu quo* da religião estabelecida e para defender-se da pesquisa científica, que ameaçava minar o poder eclesiástico.

Os quatro aspectos da existência humana contêm uma tremenda força positiva quando trabalham em harmonia. Mas quando o ego se atém a um ou mais desses aspectos à custa dos demais, a estagnação aparece. Isso vale para as sociedades e para os indivíduos. Roma, por exemplo, exaltou a vontade e, em grau menor, a mente, em detrimento da emoção e do espírito. O monolítico Império Romano não conseguiu suportar os desafios espirituais e religiosos com que se defrontou. Sem as faculdades intuitivas que vêm do domínio espiritual, faltou-lhe criatividade e flexibilidade para fazer frente aos novos perigos. Ocorre o mesmo com o executivo que depende da vontade para obter sucesso e ganho material. Não pode fazer frente à mudança porque negou os poderes de seu espírito e de suas emoções. Assim, ele pode se deteriorar fisicamente, talvez tenha um ataque do coração ou um derrame, ou pode ir à falência, se tiver de enfrentar o desafio de competidores mais criativos.

Para explorar a abordagem holística, que a energética da Essência quer resgatar para o desenvolvimento e crescimento humanos, vou discutir o ego no contexto existencial e as funções do ego na saúde e na doença.

Alguns conceitos de ego

Como já foi dito, o ego abrange o pensamento volitivo da pessoa – pensamento autoconsciente e vontade exterior consciente. Tem capacidade para discriminar e selecionar, mas não cria. O ego pode apenas juntar conhecimento, memorizar, repetir, copiar, classificar, induzir, deduzir e fazer escolhas. O ego é apenas uma partícula da consciência, muito mais vasta, que a pessoa tem do universo. A menos que esteja integrado com a consciência maior, tornando-se o servo e não o senhor, o ego perde sua eficácia e se torna negativo. O homem do exemplo acima pode, em seu anseio por sucesso material, ignorar as necessidades e direitos dos outros. Pode, também, ignorar suas próprias necessidades, de forma a gerar doença em seu organismo.

A palavra *ego* vem de duas raízes gregas: *e* significa "eu" e *go* é uma contração do termo para "terra". Numerosas tradições metafísicas consideram o "eu" como um elemento análogo ao olho físico e buscam o desenvolvimento através da faculdade da visão. Em certo sentido, o ego representa o olho sobre a terra, que percebe e interpreta a realidade. O ego em estado saudável torna-se o olho da Essência e percebe, sintetiza e dirige o fluxo de energia que entra e sai da Essência. Como servo da Essência, o ego fica de lado e permite que surja a força total da Essência. Se ignorar a Essência e se tornar senhor, o ego funciona negativamente, distorcendo o fluxo de energia.

No seu papel de mediador entre a Essência e o ambiente exterior, o ego representa um aspecto do princípio de funcionamento comum, do qual falava Reich. O princípio de funcionamento comum explica o processo pelo qual percebemos a unidade subjacente a fenômenos naturais aparentemente diferentes. Assim, o ego, que reside na periferia da consciência humana, tem a função de integrar as realidades interior e exterior dos seres humanos.

As funções do ego são sugeridas na literatura criativa e mística, começando na História Antiga. Os fragmentos gregos, anteriores até mesmo à época de Homero, referem-se à autoconsciência e autodireção humanas como a parte das pessoas que as põe em relação e, até certo ponto, em pé de igualdade com os deuses. A idéia de uma alma imortal que tem vontade livre, ou seja, a capacidade do ego de escolher positiva ou negativamente, chegou ao Cristianismo. Como foi sugerido na analogia do ego com o olho físico, o ego da criança se desenvolve juntamente com sua capacidade de ver. A energia da luz é a primeira coisa que a criança percebe quando sai do útero. O ego se desenvolve à medida que o olhar do bebê vai se tornando focalizado e dirigido, o que permite à criança apreender o ambiente com mais precisão. Assim, essa visão tem tanto uma função interior quanto uma exterior. Através dela, aquele que vê pode visualizar internamente o mundo exterior, o que dá as bases para o senso de individualidade da pessoa.

A Psicologia e a Biologia modernas comprovam esses conceitos intuitivos e experimentais. Jean Piaget, fundador da pesquisa cognitiva sistemática, demonstrou a teoria de Freud, segundo a qual o recém-nascido não distingue entre si mesmo e o seu ambiente: a consciência do recém-nascido é "protoplásmica" ou "simbiótica". Isso significa que o bebê compreende lentamente que é uma entidade separada, com uma identidade independente. Quando o senso de separação começa a se formar, a criança começa a desenvolver uma conexão muito forte com as figuras dos pais, vistas como as principais fontes que reagem às necessidades e desejos da criança.

O bebê recém-nascido contém tudo aquilo em que a personalidade adulta vai se tornar – o melhor e o pior. A criança encarna tudo aquilo que se materializa ou que nunca irá se materializar durante seu tempo de vida. Essas capacidades e potencialidades permanecem latentes na criança e vão despertando gradualmente. Mais precisamente, elas "redespertam". Pode ser acadêmico discutir aqui se a pessoa existiu previamente nesta vida ou em outra, mas estou convencido de que ninguém começa a vida como uma folha em branco. Se a consciência fosse vista como um processo contínuo e não como fenômeno descontínuo, muitos hiatos seriam preenchidos, muitos mistérios esclarecidos e aqueles que defendem a primazia da hereditariedade ou do meio poderiam se unir.

Os impulsos do bebê para o exterior surgem, espontaneamente, do reservatório pessoal da própria vida, a Essência. Vimos no Capítulo 6 que esse eu essencial é distinto do eu exterior, o ego ou personalidade. A Essência tem uma vontade interior, a consciência positiva que se afirma e espera reações à altura. Por exemplo, quando o bebê está com fome, espera ser alimentado, não importando que os pais estejam cansados ou mal-humorados.

Num mundo perfeito, a Essência permaneceria aberta ao ego, que poderia buscar livremente o conhecimento que a espécie humana cultivou. Isso proporcionaria à Essência a possibilidade de fazer suas contribuições criativas, na medida em que as circunstâncias externas e seu próprio potencial o permitissem. Mas as distorções, descritas no Capítulo 10, intervêm dividindo o ego e fragmentando a realidade interna e externa. Essas distorções – como a crença de que o mundo é hostil – fazem com que o ego assuma um aspecto negativo, sendo que, sob condições perfeitas, funcionaria positivamente para elevar a consciência geral de vida da pessoa. No indivíduo, assim como na humanidade, os aspectos negativos do ego obstruem o crescimento, diminuindo a comunicação entre a Essência e o universo, entre a força vital individual e a totalidade da força vital, da qual ela brota.

Acredito que muitos campos de estudo consideram o fenômeno do ego de uma perspectiva desequilibrada e incompleta. Algumas escolas estabelecidas, tal como o Budismo tradicional, têm minimizado sua importância. Outras, como a Psicanálise conservadora, apresentam o ego como o suporte principal da vida, identificando-o com o eu real. Até mesmo o movimento do potencial humano, que enfatiza uma abordagem holística, tende a uma visão de mundo centrada no homem e a conceitos egocêntricos da pessoa. Os pesquisadores clínicos se restringem a uma investigação fracionária do ego. Muitas dessas escolas vêem o ego como algo distinto do meio exterior e como essência da pessoa.

Mas nenhum fenômeno pode ser estudado separadamente de seu contexto. "Contexto" significa as órbitas cada vez maiores de tempo, espaço e movimento em torno de uma entidade, e não apenas a vizinhança imediata com a qual interage. A Ciência e a Filosofia, na sua melhor forma, fundem suas fronteiras. A Astronomia, por exemplo, realiza inferências filosóficas sobre a natureza do universo – que vão além do que é conhecido sobre a natureza material do cosmos. E a Cosmologia aprendeu a não se basear apenas nas descobertas da Astronomia, mas a respeitar antigas heranças religiosas.

Estudar o ego humano sem considerar seu contexto é como fatiar uma banana e achar que as fibras cortadas representam a natureza total da fruta.

A ciência pesquisou profundamente a evolução física e biológica. Se a matéria física e viva evolui em estruturas mais complexas, então parece ser lógico que a consciência também se desenvolva. A energia e a matéria têm uma contraparte de consciência, como alguns cientistas – Einstein entre eles – teorizaram. Assim, o ego, como aspecto da consciência, deve também evoluir. Apesar de assumirmos que nós, os humanos, somos a ordem mais avançada da Terra, seria tolice supor que representamos o ponto ômega da evolução.

A humanidade evoluiu nos domínios não-materiais do intelecto, emoções e espírito, assim como o mundo natural evoluiu nos domínios físico e biológico. Acredito que a evolução espiritual deriva de uma liberação gradual de energia e consciência da Essência. Quando a Essência não é negada pelo ego, sua atividade produz todo o espectro de bons sentimentos, do humor à inspiração, do menor dos prazeres ao êxtase mais avassalador.

Quando o ego abraça o eu inferior, a camada protetora negativa em torno da Essência, alia-se às emoções primais negativas, o que reforça as defesas e interrompe o fluxo da força total da Essência. A couraça resultante atrai mais energia primal para si, assim como a gravidade atrai a matéria. Dependendo da extensão da invasão do ego, a pessoa fica cada vez mais presa à máscara, a face falsa e idealizada que todos nós apresentamos ao mundo. O ego teme a integração da vida universal e individualizada, assim como o corpo teme cair. Como nos identificamos com o ego, os movimentos da Essência nos parecem ameaçadores. A percepção da lei da gravidade no plano físico é paralela à noção de que a personalidade vai despencar no chão e ser esmagada, se o ego não for o foco básico da existência.

O ser humano, então, anseia pelo movimento vital – o movimento da Essência – mas luta para imobilizar o movimento. A função integradora do ego é subvertida e nosso processo de desenvolvimento descarrilha quando entronizamos o eu exterior como senhor da vida.

A verdade holística que inspira o ser humano vem da Essência e não do ego. Perpetuamos o isolamento, a desconfiança e o conflito quando agimos a partir do medo equivocado de que a identificação com a força vital vai dissolver nossa individualidade. Abrir o ego à Essência nos dá alegria, que é apenas a sensação percebida da livre atividade interior.

Não podemos penetrar deliberadamente na nossa Essência. A força de vontade, usada como instrumento separado, é equivalente a uma agressão contra o eu interior, que vai reagir com uma negatividade protetora do eu inferior. Começamos a restabelecer contato com a Essência, concentrando-nos nas mensagens que envia. Isso exige um trabalho árduo e persistente, tanto no plano físico quanto no psicológico, como será descrito nos capítulos seguintes.

A humanidade chegou a uma compreensão considerável das atividades organizadoras do ego. Sabemos que ele é a entidade energética em nosso ser que mantém a integração dos planos de operação físico, emocional e mental. Sabemos que é o instrumento com o qual desempenhamos as tarefas intelectuais e mecânicas da vida. Mas o ego não deve se limitar a equilibrar o fluxo de energia no *statu quo*. O desenvolvimento individual humano move-se em direção a uma capacidade de compreensão cada vez maior. Nossa espiritualidade é o agente que nos impele em direção à unificação com a existência cósmica. É encarnada nas qualidades positivas primais da Essência e se expressa através do ego em atos de amor.

A função do ego na saúde e na doença

Cada pessoa começa a existir com um potencial único de realização. Esse potencial reside e é expresso pela Essência, e é determinado pela quantidade de energia do organismo. Imediatamente, uma terceira influência começa a agir: o ambiente, primeiro no útero e então, no nascimento, o mundo exterior. O ego age através dos três conjuntos de influências, que atuam constantemente sobre ele. A pessoa tem oportunidades contínuas, através da vida, para trabalhar com essas forças no sentido de integrá-las. O movimento em direção ao crescimento é um exercício criativo do ego. Por outro lado, uma crise acontece quando o ego bloqueia essas forças. Por exemplo, um homem financeiramente bem-sucedido que toma continuamente estimulantes, está aplicando o aspecto negativo do ego; um homem de posses modestas que tem prazer em seu trabalho, sem ser levado pela compulsão dos ganhos materiais, está aplicando o aspecto criativo do ego.

Um ego saudável é um instrumento forte e flexível, permeável à energia que flui para dentro e para fora, conforme permitem as circunstâncias objetivas. O ego pode deixar cair a máscara e render-se à espontaneidade do eu superior. Tal ego consegue se ver em perspectiva nas três dimensões da Terra: tempo, espaço e movimento. Dá proporção à expressão da realidade interior e busca caminhos para essas expressões na realidade exterior. O ego se orienta pelas expressões da realidade exterior e busca seu significado para a vida interior. Treina-se para expressar positivamente suas intenções, ressaltando as possibilidades construtivas dos acontecimentos, até mesmo dos dolorosos. Explora a verdade sobre a personalidade e não se esconde das falhas que descobre, mas usa seu olho que olha para dentro, sua conexão com a Essência para resolvê-las. O ego saudável assume a responsabilidade por suas ações, admitindo erros e aceitando com prazer os sentimentos expansivos das realizações. Nem exagera e nem nega a si mesmo. Compreende que ambos os excessos distorcem o funcionamento excelente.

Por exemplo, o homem que se encontra em dificuldades financeiras pode culpar o destino ou a sociedade e se contrair ainda mais para amortecer os golpes que julga injustos. Ou, se permitir que seu ego funcione construtivamente, pode olhar para sua vida para ver como contribuiu para suas dificuldades. Neste caso, usa seu ego para olhar para fora e perceber as evidências de seu problema – e para olhar para dentro, explorando suas causas e chegar à fonte de energia que reside na sua Essência. Dessa maneira, o ego vai mediar o fluxo de energia que se dirige para dentro e para fora, de maneira a abrir novas possibilidades.

Esse quadro é otimista. Na verdade, todos nós temos aspectos negativos em nosso ego. O conflito existencial com que se defronta o ego é composto de experiências que negam a vida e vêm do ambiente – pais e outras autoridades, circunstâncias materiais, saúde e segurança físicas, regras da sociedade. Se essas experiências não são resolvidas de imediato, porque o ego não é capaz (como em uma criança pequena) ou não tem vontade (como em um adulto negativamente intencionado) de administrá-las, a pessoa cria imagens que distorcem a realidade e se transformam em complexos neuróticos. A máscara se desenvolve quando os movimentos da Essência são frustrados ou rejeitados.

O homem do exemplo acima talvez se defronte com dificuldades exteriores, como uma depressão econômica. Mas sua percepção da situação pode ser crucial. Essa percepção, provavelmente, foi moldada por circunstâncias da infância. Se seus pais lhe pareciam injustos, quando bebê e criança, pode atacar a injustiça que percebe na situação externa, sem examinar seu ser interior para descobrir as maneiras pelas quais perpetua suas próprias dificuldades. Identificando-se com o ego, aprisionou-se a uma situação que parece não ter saída.

Seus bloqueios internos – a crença na injustiça da vida – fazem com que seu ego se volte na direção negativa, quando percebe alguma situação perigosa, como, por exemplo, uma economia em mutação, que talvez exija um novo treino para uma nova carreira. Mas sua vida tem que fluir e se adaptar à situação externa: ela não pode parar. Na medida em que o fluxo vital é negado, o organismo também morre.

Seu ego, para manter alguma forma de realidade aceitável, fabrica idéias tortuosas e distorcidas a partir das mensagens reais da Essência. E então, numa apropriação errada de energia, o ego cria a máscara e confunde a pessoa real. Em seu eu-máscara, o homem diz: "Eu tento, mas a situação é difícil demais para mim." O ego reforça a máscara com bloqueios adicionais de energia, através da couraça do caráter. O homem pode gastar ainda mais energia em atitudes defensivas e hostilidade, agressão maldirigida ou passividade imóvel.

Na medida em que funciona negativamente, o ego é imperfeito e pouco desenvolvido. Seu desequilíbrio pode ser causado por uma falta de vitalidade, que o torna fraco ou subdesenvolvido, ou por uma excessiva mobilização de energia, que o torna exagerado e superdesenvolvido.

O ego fraco é incapaz de dirigir ou fazer frente à vida. O ego exagerado é supercontrolador e agressivo, mas não é forte. Força requer flexibilidade e receptividade, e o ego superdesenvolvido é duro e incapaz de dar, como no caso de uma personalidade belicosa, que luta contra as condições da vida mesmo quando a submissão é mais construtiva.

Só o ego bem desenvolvido tem a energia e a flexibilidade para se identificar com o eu interior, o que permite que a alma o transcenda e que o princípio vital universal o informe. Na teoria da energética da Essência, a importância atribuída ao ego deriva dessa necessidade de força flexível. Uma pessoa em dificuldades não consegue nem mesmo perceber sua própria máscara, se o ego não agir criativamente.

Ressalto que o ego não pode penetrar a Essência através da força de vontade, ou através do pensamento racional. Ninguém pode se forçar a experimentar a emoção do amor, que é o movimento expansivo da alma. O amor emerge espontaneamente, quando a pessoa remove os obstáculos de energia mal aplicada, que se interpõem no seu caminho. Isso inclui distorções osteomusculares fixadas no corpo, concepções distorcidas congeladas na mente, cursos desviados fixados na vontade – a estrutura de defesa neurótica que sufoca os movimentos de energia positiva da Essência.

Quando lutamos por alegria, liberdade ou espiritualidade, "concentrando nossa atenção e nossa mente nessa luta", agimos em autocontradição. Isso vale tanto para o ego subdesenvolvido quanto para o ego superdesenvolvido. Pessoas que se anulam, às vezes acreditam que seu ego diminuído ou suprimido é uma vantagem. Pensam que isso dá harmonia às suas relações sociais ou que as liberta de interferências terrenas em seu desenvolvimento espiritual. Mas, ao contrário, falta ao ego subdesenvolvido o vigor para integrar o eu interior e para administrar o crescimento equilibrado da comunicação entre realidade externa e interna. Por outro lado, pessoas superassertivas esgotam sua energia interior e se apropriam de energia exterior, para alimentar a estrutura do ego e seu controle sobre a vida. Em ambos os casos, essas pessoas padecem de um desenvolvimento deformado e truncado no abundante potencial de suas Essências. Alimentam um egoísmo e uma destrutividade fundamentais, resultando daí uma sensação – exata, neste caso – de que suas vidas são vazias.

O ego e as estruturas de caráter

Desejo analisar, brevemente, como o superdesenvolvimento ou subdesenvolvimento do ego desequilibram o movimento de energia nas cinco estruturas básicas de caráter. Em geral, a força do ego varia de acordo com o grau em que o movimento de energia é refreado ou liberado, em qualquer área específica de funcionamento. Assim, a operação do ego de um determinado tipo pode ser mais dinâmica em algumas regiões e mais amortecida em outras.

Vimos as características gerais desses tipos de caráter no Capítulo 9, quando ressaltamos que nenhuma pessoa é um tipo, mas tem tanto os atributos saudáveis e unificados quanto os doentes e fragmentados.

O caráter oral. Os limites do ego de uma pessoa oral são tênues, e facilmente se desfazem ou inflam através do organismo. A Essência de uma pessoa oral é pouco carregada, por causa da privação durante a infância. O ego de tal pessoa oscila entre a grandiosidade e o colapso. Sem capacidade para mobilizar a Essência, essa pessoa assume facilmente uma postura de raiva queixosa ou de otimismo desenfreado. O ego não é suficientemente desenvolvido para lidar com a carga de energia e experiências que encontra em seu ambiente.

O caráter masoquista. Como já vimos (Figura 14, Capítulo 9), a característica mais marcante do sistema masoquista de energia é a sobrecarga da camada externa da personalidade, que sufoca a Essência. Assim, o ego tende a se deteriorar numa postura indefesa ou em ataques provocadores para criar condições que justifiquem a liberação de energia interior, numa explosão de raiva. O ego do masoquista sente qualquer movimento de energia, vindo de dentro ou de fora, como uma ameaça, buscando sempre sufocar tais movimentos.

O caráter agressivo. O ego do caráter agressivo é duro, irritadiço e ameaçador. Como a estrutura é inflada no topo e subdesenvolvida na parte inferior, os movimentos de energia são vistos como ameaças que podem fazer ruir a estrutura maciça de defesa que o ego criou. Diante de tais ameaças imaginárias, a pessoa agressiva assume a postura de ataque.

O caráter esquizóide. Devido à fragmentação dessa estrutura e do terror profundo em que existe, o ego procura escapar tanto da realidade externa quanto da interna. Além da vagueza, a principal defesa da estrutura esquizóide é a superioridade fria. O ego não consegue integrar os fragmentos que foram espalhados na infância pela hostilidade que a pessoa experimentou.

A estrutura rígida. O ego da estrutura rígida parece forte, mas é desvinculado dos sentimentos do coração, que vêm da Essência. Enquanto o nível exterior do ego parece forte, o coração não está aberto e as relações com o sexo oposto transmitem egotismo e nunca calor verdadeiro. Sob a máscara de competência e auto-satisfação, existe uma sensação real de inadequação, secura e vazio. Essa inadequação é encoberta pelo disfarce – e pela realidade – de altas habilidades executivas e pela destreza ao exercer autoridade e ao lidar com ela.

Esses fatores caracterológicos são apenas amostras dos sintomas encontrados com mais freqüência nas cinco principais estruturas de caráter. Um bloqueio em um dos níveis afeta todos os outros níveis e o organismo inteiro. Ou seja, um bloqueio físico afeta também a mente e as emoções, assim como o funcionamento geral.

No entanto, a disfunção de cada pessoa é única, porque cada Essência é uma criação única. Mas a miríade de formas de disfunções deriva da separação entre autoconsciência e consciência do todo, uma separação que o aspecto negativo do ego luta para manter. Esse estado refreado, a antítese do propósito da natureza, produziu o estado confuso da humanidade e muitas de suas doenças.

Os progenitores dessa confusão, como vimos no Capítulo 10, são a vontade própria, o orgulho e o medo. Os dois primeiros são predominantemente conscientes. Existem na máscara, e a pessoa faz todos os esforços para justificá-los. O medo é predominantemente inconsciente. Tememos a morte terrena porque acreditamos que ela extingue o ego e porque superenfatizamos o ego. Tememos o prazer, a sensação de energia livre e fluida, porque vemos o movimento como uma ameaça ao controle que exercemos com o nosso ego. Temos medo de viver, porque a vida nos inunda de convites para nos unirmos a ela, para avançarmos com ela e para nos expandirmos com ela. Nosso ego limitado fica confuso com a multidão de escolhas. Assim, nos aprisionamos no medo quando nos identificamos com o ego, que é apenas o nosso instrumento de autoconsciência.

Mas o eu real não é o ego; é a Essência. O centro humano é o princípio vital universal individuado em cada um de nós, e não pode morrer. Ele dá e recebe generosamente. Aceita com prazer os convites da vida, porque é através da vida que seu potencial é preenchido. Assim, o objetivo da energética da Essência é guiar o ego medroso e isolado até sua fonte vital, a Essência.

Capítulo 12

A dinâmica da dor I: Sua natureza e origem

A dor sinaliza a fragmentação da integridade do ser humano. Acontece quando o fluxo de energia é bloqueado dentro do organismo, e muitas vezes ocorre quando a pessoa corta a conexão entre o eu e a realidade externa. A energia vital flui em uma grande corrente. Quando a corrente flui sem impedimentos, produz a sensação e a experiência do prazer. A dor é produzida por uma rigidez, bloqueio ou contração que interrompe ou inibe o fluxo de energia. Quanto maior a contração, mais intensa a dor. Os seres humanos podem produzir dor em todas as dimensões de seu ser – a física, a emocional e a mental. Em cada uma das dimensões, o conflito entre o fluxo da corrente vital e seu bloqueio gera a percepção da dor.

A percepção é tanto objetiva quanto subjetiva. A intensidade e velocidade da dor no corpo físico podem ser medidas – a dor é um "fato" objetivo. Mas é a consciência que determina a intensidade com que o organismo sente a dor, se ela será suportada ou não ou se a sensação de dor vai continuar ou parar. Assim, a percepção da dor é também subjetiva. É uma sensação individual que se alterna com outros sentimentos.

O que cria a rigidez e o bloqueio que produzem a dor? Em grego, a palavra para dor é semelhante às palavras para *patos* e paixão. A dor é relacionada ao desejo. E o desejo excessivo gera, de fato, a dor, através de mecanismos específicos do corpo e da mente, porque a entidade humana deseja e teme o prazer. O desejo pelo prazer aceita e encoraja o fluxo da corrente vital; mas o medo do prazer cria a rigidez contra o fluxo da corrente, que produz a dor. A dor ocorre quando a entidade se coloca em estado de tensão.

Essa tensão ocorre nos domínios físico e psíquico do sistema humano. Assim, toda a dor tem dois elementos – o físico e o psicológico. O elemento físico ocorre no corpo e pode ser percebido clinicamente. É o produto de forças naturais, ou energia. O elemento psicológico contém os elementos emocionais e mentais da dor. Em suma, o elemento físico da dor é expresso através da dimensão da energia, enquanto o elemento psicológico é expresso através da dimensão da consciência. Vamos analisar mais adiante como a dor opera em cada uma dessas dimensões e o que é necessário para dissolver a dor em cada uma delas.

É mais fácil experimentar o elemento físico da dor. Sentado na cadeira, tensione os ombros, o rosto, as mãos, o corpo inteiro. Tensione bastante e fique assim por alguns minutos. Tensionando e apertando todos os sistemas do organismo, você criou um estado generalizado de dor. A tensão bloqueia o fluxo da energia e, assim, cria a dor. Geralmente, a criação de dor não é tão óbvia, mas muito mais sutil. A personalidade escolhe, inconscientemente, áreas do corpo, como o pescoço, os ombros ou a pélvis para bloquear o fluxo de energia. Experimentamos essa sensação depois de um dia difícil, quando sentimos dor no pescoço, nos ombros ou nas costas. Enrijecemos inconscientemente essas áreas, somatizando as tensões emocionais que sentimos.

Apesar de, em seu estado natural, o ser humano buscar o prazer e evitar a dor, devemos lembrar que a dor tem uma função muito importante. Sinaliza que algo está errado no organismo, porque o estado natural do organismo é permitir que a energia flua sem obstruções. A dor sinaliza que a energia não está fluindo livremente. Indica doença – que alguma parte ou partes do organismo estão fora de harmonia com a ordem natural. Essa desarmonia é quase sempre reconhecida por aqueles que experimentam a dor. Buscam alívio ou cura através de drogas, de um médico, de um psiquiatra, da prece, de um curandeiro ou de qualquer outra forma de cura em que confiem. A pessoa pode tentar aliviar a dor lidando com seus sintomas ou com suas causas, mas sempre se faz um esforço para acabar com ela.

Todos sentem alguma dor em alguma época, e muitas pessoas sentem dor quase o tempo todo. É um tremendo fator de nossa civilização. Quase metade da população dos Estados Unidos tem algum tipo de doença associada à dor. Quase 20 milhões de pessoas com artrite sofrem de dores agudas. Esses pacientes tomam de 15 a 20 aspirinas ou outros analgésicos por dia. Cinco a oito milhões de pessoas com doenças cardíacas tomam medicamentos contra a dor. Milhões de outras pessoas sofrem de câncer ou outras doenças degenerativas. E outros tantos milhões têm resfriados, dores de dente, dores de cabeça, gripe, males intestinais, tensão física e dor por ferimentos físicos.

A dor emocional está associada mas não limitada a esse cortejo de queixas físicas. Muitos milhões de pessoas sofrem de dor emocional, desde a depressão leve até males mais graves, que podem levar a crises e a internações. Quantias enormes são gastas no tratamento dessas disfunções emocionais, dos serviços de ambulatório a tratamentos em clínicas, dos simples antidepressivos a medicamentos poderosos.

Os custos físico, emocional e econômico da dor são estonteantes. Além dos bilhões gastos para aliviar a dor, há um prejuízo estimado em 30 bilhões de dólares ao ano, por decréscimo de produtividade, atribuído a casos de artrite, com dor na base das costas. Se os custos médico e econômico de todas as doenças e danos fossem somados, o valor seria verdadeiramente titânico. Um número tremendo de pessoas usa drogas para combater tanto dores físicas quanto emocionais.

É provavelmente impossível chegar a um indicador econômico preciso da dor. No entanto, se supusermos um grau de dor e um grau de bem-estar em toda a população, os milhões de habitantes do país criam uma curva dor/bem-estar. (Veja Figura 18.) Poucas pessoas estão na ponta extrema da curva da dor. Mas milhões sentem dor intensa, dor localizada e dor generalizada, na forma de mal-estar. Elas formam uma grande barriga na curva. E as poucas pessoas que podem manter sentimentos de prazer e bem-estar, a maior parte do tempo, estão no movimento ascendente da curva.

Aspectos físicos da dor

A dor física também tem um componente emocional. Os aspectos físico e emocional da dor são coordenados no cérebro, que registra as sensações físicas e aciona a reação emocional. O mecanismo físico que registra a dor é um sistema fantasticamente complexo, uma vasta rede de comunicação condensada no corpo

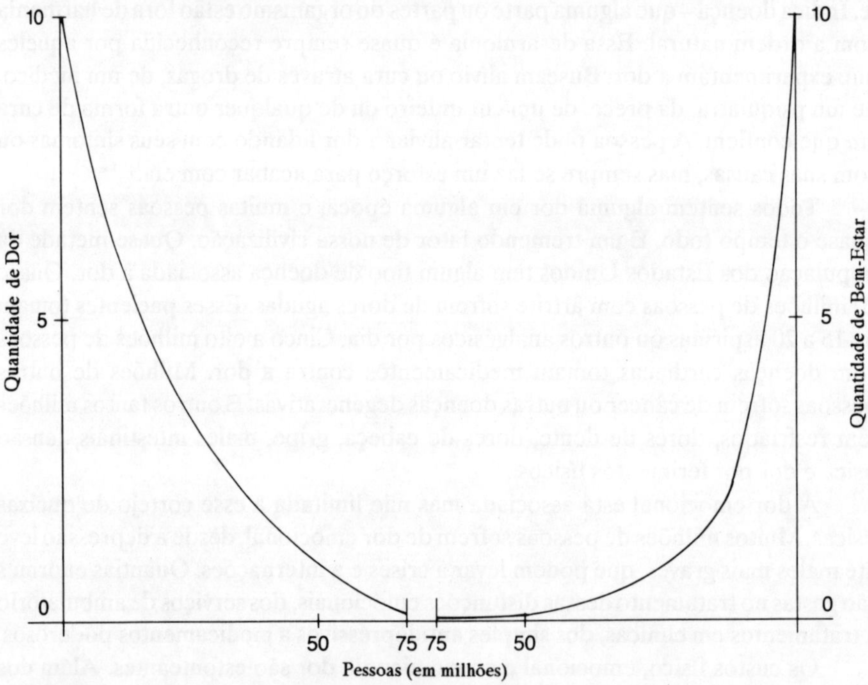

Figura 18. Diagrama funcional de dor e bem-estar.

humano. Esse sistema é formado por transmissores e receptores, conectores, gravadores, linhas de transmissão, estações retransmissoras e assim por diante. As mensagens vão e vêm por esse sistema, em velocidades variadas, dependendo de sua intensidade e urgência. É um sistema de comunicação semelhante ao que une nossa nação ao mundo.

A dor física ocorre quando um estímulo em algum lugar do corpo provoca uma sensação dolorosa. O estímulo, que pode ser um golpe, uma facada ou um espasmo, produz impacto sobre um ou vários receptores. Existem milhões de receptores nas áreas superficiais do corpo humano. A pele contém duas espécies de receptores – receptores especializados, com a forma de taças, e gavinhas, com terminais nervosos de diferentes fibras. Os receptores recebem o estímulo, que pode ser doloroso ou agradável. Então transferem a percepção do estímulo através de trajetos específicos, que se ligam ao cérebro.

Esses trajetos começam em forma de duas espécies de neurônios (células nervosas) que ligam os receptores na pele ao trato espinotalâmico – a medula espinhal e a porção talâmica do cérebro. Esse trato contém milhões de fibras nervosas e está localizado na medula espinhal. O trato conduz a mensagem de dor (ou outras sensações) à porção talâmica do cérebro. A transmissão de dor usa um complexo mecanismo de nervos e conexões e não um simples cabo ou linha que leva a dor do ponto de origem diretamente ao cérebro. Os inúmeros neurônios e conexões sinápticas criam uma combinação que se liga a outros neurônios. A combinação amplia ou diminui as sensações e gera um efeito poderoso que constitui a dor.

A dinâmica da dor tanto é física quanto psicológica, porque o órgão que recebe a mensagem de dor é o tálamo. O tálamo está localizado na parte média do cérebro, logo acima do céu da boca. É um centro de transmissão para todas as espécies de impulsos sensoriais que vão dos receptores ao córtex cerebral. Integra, também, esses impulsos sensoriais. O reconhecimento de estímulos como dor, temperatura e toque resulta da integração talâmica.

Muitas emoções e sensações primitivas residem no tálamo. Como a mensagem de dor que vem da pele é transmitida às outras áreas do cérebro pelo tálamo, a dor é percebida em termos de memórias e condições passadas, do sentido que têm para a pessoa, e de conexões diretas com os pontos de memória específica, que primeiro registraram a dor. A maneira pela qual a dor é percebida é tanto voluntária quanto involuntária, espontânea e mecânica. Assim, a dor não é apenas uma sensação física, mas também emocional e mental. Quando o som entra, ele tem que ser sintetizado e criado. O mesmo vale para a dor. A forma pela qual a dor é experimentada depende da síntese gerada pela interação do estímulo no cérebro com outras porções de memória, crença e informação.

Tipos de receptores

Para complicar ainda mais as coisas, quatro tipos diferentes de receptores registram a dor. São receptores para dor, temperatura (calor e frio), toque leve e toque profundo. A dor pode não resultar de estímulos sobre receptores da dor, mas sobre receptores de toque ou temperatura. Dores específicas podem ser o resultado de uma combinação de fatores, que incluem choque, desconforto, dor real ou uma dor de cabeça. A intensidade da dor pode variar de um sofrimento terrível a um desconforto ou mal-estar.

A distribuição dos receptores não é uniforme. O estômago e intestinos, por exemplo, não têm receptores de dor. A dor nesses órgãos é gerada por pressão ou distensão. A córnea do olho, por outro lado, tem o maior número de terminais nervosos do corpo. Um milímetro quadrado de córnea contém milhões de terminais nervosos, o que a torna muito sensível ao toque. A córnea contém também muitos receptores de dor. Mas algumas áreas superficiais do corpo, como o lóbulo da orelha, têm poucos receptores. Pode-se atravessar o lóbulo com uma agulha sem que a pessoa sinta dor. A mão tem uma pele grossa na palma e é bastante insensível à dor. No geral, o corpo tem uma distribuição equilibrada de receptores. Essa distribuição está ligada, sem dúvida, à importância de cada órgão. Uma pequena picada na córnea é muito mais debilitante para o organismo humano que uma picada idêntica na mão. Assim, em vez de ser uniformemente sensível, o corpo tem todos os tipos de variações e reações ao ambiente e às funções dos órgãos.

Devido a essas diferenças na distribuição e concentração de receptores, ocorrem diferentes tipos de dor física, caracterizados de diferentes formas. A dor neurogênica ocorre quando um corte atinge um nervo. A dor aguda desse ferimento advém do estímulo no terminal do receptor. A dor é associada a dano, cuja percepção é transmitida ao cérebro.

Dores agudas são sentidas imediatamente. As fibras transmitem a dor a uma velocidade máxima de cem metros por segundo. Um metro tem 39,37 polegadas, logo, a dor aguda move-se a 3.937 polegadas (ou 328 pés) por segundo. A dor amortecida move-se muito mais devagar, a um pouco mais de meio metro por segundo, ou 1/200 vezes a velocidade da dor aguda. Essa dor mortiça não é sentida tão agudamente quanto a dor de um ferimento no olho ou no osso da canela, que têm muitos terminais nervosos. Então, a velocidade e a agudeza da dor variam, dependendo da densidade das fibras nervosas que produzem a dor.

Além da dor neurogênica, existem dores associadas a danos nos nervos, membros amputados, males do coração e fadiga muscular. Se um nervo danificado ficar fora do corpo, a dor será sentida como cauterização, e não como dor de toque ou pressão. Essa dor é chamada de *sinestesia*. A ação dos neurônios faz com que diferentes percepções sejam registradas – dor em vez de temperatura, calor em vez de dor.

A dor de membros fantasmas é mais misteriosa. Depois de uma amputação, a pessoa sente como se o membro ausente estivesse sendo perfurado por agulhas. Percebe sensações específicas nos dedos dos pés ou na barriga da perna – que já não tem mais. A dor pode ser insuportável – calor cauterizante ou dor lancinante.

Os neurocirurgiões pouco podem fazer para aliviar a dor de membros fantasmas. Podem cortar os terminais no nervo do coto, ou colocar um pedaço de pele sobre eles para protegê-los. Ou podem injetar novocaína ou até mesmo remover os gânglios simpáticos. Acredito que a dor do membro fantasma ocorre porque o corpo energético permanece depois que o membro físico é amputado. Como foi descrito no Capítulo 4, o corpo energético ocupa o mesmo espaço que o corpo físico, mas tem uma vibração mais alta. Corresponde exatamente aos mesmos órgãos e partes do corpo. No caso de uma amputação, o corpo energético do membro é reabsorvido muito devagar. Se a pessoa não se enfurece com a amputação e aceita o processo, a reabsorção será relativamente mais fácil. Mas a pessoa que se sente enraivecida, sacrificada ou fica paranóica, mantém uma ligação emocional com o membro fantasma. Subconscientemente, a pessoa não quer abandonar o membro perdido e não permite que seu corpo energético seja reabsorvido pelo eu restante. Assim, a dor do membro fantasma, como todas as outras dores, está muito ligada às intenções da pessoa.

No caso de um membro fantasma, a pessoa enrijece. A raiva ou rejeição diante da situação faz com que a pessoa fique tensa e bloqueie o fluxo de energia que volta para o corpo. A tensão ou retesamento é a causa de quase todas as dores, incluindo a de um ataque do coração. Num ataque do coração, um enfarte (tecido morto) tampa uma das principais artérias coronárias. Isso bloqueia completamente a circulação, interrompendo o suprimento de oxigênio para o músculo do coração. É um processo semelhante ao que ocorre quando um músculo da perna é usado de forma exagerada. A circulação, especialmente a de oxigênio, é interrompida ou prejudicada e o músculo fica hipertônico. Quando falta oxigênio a um músculo da perna, ele fica contraído até a energia ser restaurada em forma de oxigênio e glicose.

Além disso, os vasos sangüíneos têm terminais do sistema nervoso simpático. Assim, a dor do coração é transmitida diretamente aos plexos, que são redes nervosas. Essas redes ampliam a dor, que se torna maciça. Do sistema nervoso simpático, a dor se espalha pelos nervos vago e frênico, para o diafragma e o estômago. É por isso que a percepção de um ataque do coração quase sempre parece começar com dores no estômago. A dor é tremenda porque o músculo cardíaco se contrai.

A origem da dor

Sabemos hoje que a dor é tanto física quanto emocional. É percebida como ameaça de dano à integridade do corpo, sua unidade psicossomática. A pessoa avalia o grau e espécie de ameaça. Por exemplo, uma criança pequena vê uma agulha e acredita que vai morrer; a dor é intensa. Outra pessoa que toma uma injeção pode sentir relativamente pouca dor. Freud relata que um de seus pacientes sofreu uma operação num osso do quadril e que a cirurgia foi assistida por um irmão do paciente. Quando o médico quebrou a junta, o irmão disse que sentiu uma dor tremendamente aguda no quadril. Freud disse que se tratava de uma dor psicogênica (emocional). A intensidade da dor depende muito de como a pessoa avalia a ameaça à própria integridade e segurança. Isso não significa que não existe dor física ou que toda dor é emocional. Significa que toda dor contém ambos os elementos.

Qual a origem da dor? É resultado do conflito entre forças vitais e forças antivida. Como vimos, as forças vitais se originam na Essência, que procura fluir sem empecilhos. Esse fluxo é prejudicado, retardado, interrompido, pelas camadas que cercam a Essência. A camada de emoções negativas primais (veja Figura 1, Capítulo 2) retarda a pulsação da energia da Essência, mas ela continua a fluir, apesar de agora estar carregada de negatividade e não de positividade. A pulsação da energia, tanto positiva quanto negativa, é detida no nível das defesas. Essa detenção de força gera a dor.

A força vital tem três dimensões: mobilidade, consciência ou saber e experiência. Livres, a mobilidade e a consciência geram uma grande quantidade de prazer. Presas, criam atrofia no corpo, estagnação na mente e repressão ou supressão das emoções. Atrofia, estagnação e repressão são bloqueios. Os bloqueios criam resistência que, por sua vez, gera dor. Num fio elétrico, a resistência é provocada por um tipo de metal que não transmite a corrente. Essa resistência ao livre fluxo de elétrons gera calor. É o princípio que está por trás de um aquecedor ou de uma torradeira. No ser humano, a resistência gera dor, que é equivalente ao calor. Na verdade, como já vimos, a dor é muitas vezes experimentada como calor.

Se a resistência cria a dor, o que cria a resistência? A capacidade e a predisposição para permitir que a força da vida e do amor fluam são prejudicadas, desde o início da vida, pelos tabus da sociedade. Esses tabus são refletidos nas atitudes dos pais, que buscam restringir a sexualidade e os sentimentos da criança. A criança sente a desaprovação que vem dos pais e esmaga os sentimentos proscritos. Assim, a força vital, a energia vital e as forças eróticas do indivíduo ficam como que entaladas. A criança se vê obrigada a sacrificar uma parte essencial de seu ser em troca do amor e aprovação dos pais.

No entanto, essa escolha da criança é acompanhada de rancor e competitividade, pelo que ela se sente muito culpada. A raiva e o ódio da criança em relação aos pais vêm do fato de se sentir rejeitada. Se esses sentimentos negativos pudessem fluir livremente, seriam descarregados e não haveria dor, porque o fluxo de energia não seria bloqueado. Mas os sentimentos negativos também não são aceitáveis. Espera-se que as crianças amem e não odeiem seus pais. Assim, a criança encobre suas emoções negativas com uma máscara de simulação de amor e complacência.

Ao mesmo tempo que a criança cria a máscara de simulação, ela generaliza sobre a vida a partir das experiências de infância. Geralmente essa generalização ocorre muito cedo na vida. É feita no nível inconsciente, ou rapidamente enterrada na mente inconsciente. Mesmo que consciente, a generalização é vaga, pois falta à criança a linguagem e o poder conceitual para formular idéias com precisão. Em certo sentido, a criança gera marcas, representações mentais ou imagens de situações de vida, em que certos sentimentos não são permitidos. Portanto, essas marcas e imagens enterradas continuam a ser recriadas ao longo da vida adulta. Existe uma compulsão inconsciente de recriar o trauma original da infância.

Um menino, por exemplo, pode concluir que não é seguro ter sentimentos eróticos pelo sexo oposto. Esses sentimentos foram severamente condenados pelos pais. Quando esse menino se torna adulto, pode ocultar esse sentimento de sua companheira, sem saber conscientemente por que, ou sem nem mesmo perceber o que está fazendo. Mas, inconscientemente, o homem adulto acredita que sentimentos sexuais são maus ou perigosos. Ou, suponha que a mãe do menino o manipule, às vezes aceitando e às vezes rejeitando seus sentimentos. O menino cria a imagem de que as mulheres não são confiáveis e pode, provavelmente, desenvolver ódio e desprezo intensos pelas mulheres. Mais tarde, quando se casa, continua com a mesma atitude. Não importa se sua mulher é manipuladora ou não; ela é vista como tal por causa das imagens dele. E como acredita que as mulheres sejam manipuladoras, pode se casar com uma mulher que age como sua mãe. Afinal, de acordo com sua imagem, uma mulher que não o manipula não é uma mulher.

Em outra situação, o pai (ou a mãe) diz: "Quero que você seja perfeito. Você vai ser um doutor. Vou ficar desapontado se você se casar com uma pessoa pobre." A criança internaliza esse ideal e tenta fazer jus a ele durante a vida adulta. O ideal internalizado é chamado de auto-imagem idealizada. Não pode nunca ser atingido e, provavelmente, difere substancialmente das verdadeiras potencialidades da criança. Ao lutar para se tornar a imagem idealizada, a criança (e o adulto) abre mão do seu verdadeiro eu. Na verdade, a criança bloqueia o livre fluxo de energia e de movimento em direção à vida, através desses reflexos condicionados. Esse bloqueio gera a dor.

A criança, naturalmente, não é uma vítima. Cada um de nós traz a própria energia e individualidade para o mundo, e é isso que gera o conflito com os desejos de nossos pais. Esses conflitos geram condições e atitudes específicas, com que teremos que trabalhar pelo resto de nossas vidas. Enquanto as atitudes permanecem enterradas, ficamos fora da realidade, em estado de tensão e, portanto, em dor.

Assim, em vez de sentir totalmente a dor inicial da rejeição paterna, a criança cria imagens, uma auto-imagem idealizada e um conjunto de defesas para repelir a dor. Essas defesas adotam pseudo-soluções com as quais a criança busca, ao mesmo tempo, evitar a dor e conseguir o que quer. Uma criança pode adotar uma pseudo-solução de submissão e dependência, acreditando que isso compra amor e aprovação. Outra pode encobrir a dor com uma máscara de serenidade e retraimento. Uma terceira pode buscar o poder para se defender da dor.

A pessoa adulta usa essas pseudo-soluções em todas as situações e relações, no grau em que a energia vital foi reprimida na infância. Essas pseudo-soluções não funcionam – pois são baseadas em conclusões erradas e imaturas – e ajudam a produzir a própria dor que tinham o objetivo de evitar. Em vez de permitir que a energia e a experiência fluam, as pseudo-soluções tendem a segurar e a canalizar a energia em direção a resultados desejados. Opondo-se ao fluxo natural de força vital, as pseudo-soluções geram dor. Geram também dor nos outros, tentando forçá-los a ser algo que não são e ferindo-os e rejeitando-os quando não concordam.

Se permitirmos que a dor flua, ao invés de lutarmos com ela, ela nos invade e gradualmente cessa. Se a dor fluir livremente, a corrente de vida, dividida, move-se em uma direção. Assim, ao invés de ficar presa em alguma área específica, a corrente continua a fluir até se reunificar. O fluxo pode, até mesmo, ir numa direção negativa; mesmo assim, a dor diminui, porque a energia não fica bloqueada. Muitos de nós já passamos pela experiência de conter sentimentos negativos, até ficarmos quase imobilizados. Uma explosão de raiva pode, muitas vezes, liberar o livre fluxo de energia positiva – ao menos por algum tempo. Existem, naturalmente, formas e lugares construtivos e destrutivos para liberar energia negativa. É melhor, por exemplo, bater e gritar com uma cama, que representa o alvo da nossa raiva, do que com a pessoa em questão.

A experiência da primeira infância ajuda a explicar a dor emocional. Sua ligação com a dor física é menos óbvia. Mas, a dor da maioria das doenças remonta às decisões tomadas pela criança para bloquear o fluxo de energia positiva e negativa. A energia e a dor não são contidas emocional ou mentalmente, mas são inibidas em áreas específicas do corpo, como Reich descreveu. Por exemplo, uma criança cujo choro é reprimido pelos pais, vai tensionar o peito, a garganta e o maxilar para conter os soluços. O fluxo de energia em forma de calor é bloqueado e, além disso, a circulação diminui. O adulto pode ter problemas respiratórios devido à energia bloqueada no peito e na garganta. Freqüentemente esses problemas irão ressurgir em situações que relembram o adulto – inconscientemente – da situação que os originou na infância. Mas, provavelmente, o adulto não vai relacionar os problemas à situação da infância, sem um trabalho profundo.

A artrite é outro mal relacionado com a privação na infância. Na artrite, as juntas ficam inflamadas, a cartilagem se modifica e o cálcio se deposita nas articulações. As juntas ficam sob tremenda tensão. Elas são ligadas pelos músculos, que são como cordas. Um varal com muitas roupas penduradas experimentará a pressão do peso nos pontos de amarração, nas extremidades. As juntas, os pontos de amarração no corpo, são pontos de enorme tensão em pessoas com artrite. Os artríticos sentem que nunca conseguem o que querem. Essa exigência parece insaciável. O estado de contração cresce muito rapidamente. Os músculos tensionam e puxam as juntas, o que gera alterações tremendas nos tecidos. Ao trabalhar com artríticos, observamos muita dependência e exigências insaciáveis em relação à vida. A tensão entre a exigência e sua inibição coloca o sistema físico do corpo sob grande pressão.

Consideramos, então, que as dores físicas e emocionais estão profundamente ligadas na mente inconsciente. Explorar as fontes da dor, para chegar à compreensão necessária para liberá-la, requer um trabalho extensivo em todos os níveis – físico, emocional e mental. Devemos nos lembrar do espiritual como fonte de cura e como uma abertura através da qual a pessoa pode ver, além da condição presente. O próximo capítulo analisa por que o desenterrar das origens e da dinâmica da dor tem que ser tão meticuloso.

Capítulo 13

A dinâmica da dor II: O apego à dor

Se a ordem natural pede que a corrente vital flua livremente e gere prazer, por que os seres humanos se prendem tão fortemente à negatividade e à dor? Por que é tão difícil abandonar a dor? Por que tantas pessoas sofrem? A maioria das pessoas ficaria chocada com a idéia de que prefere a dor ao prazer. Mas existem várias razões para os seres humanos se agarrarem a suas dores. As pessoas criam a dor brecando o fluxo dos sentimentos positivos e também dos negativos. Sentimentos de amor e expansividade podem ser bloqueados, assim como sentimentos de rancor, medo ou desejo de vingança. Uma parte da pessoa quer movimento e prazer, mas outra parte não quer saber desses bons sentimentos. A parte que inibe os sentimentos de prazer é inconsciente. Mas a pessoa exprime de várias maneiras essa convicção: "Não quero ajuda. Não quero sentir prazer. Quero ficar com a minha dor." A pessoa prefere a dor, porque é segura e conhecida. Há segurança nela. E a dor dá à pessoa um senso de limite.

A pessoa pode se rebelar contra a dor, mas continua sentindo que a merece. É o preço pago por alguma outra coisa, por "benefícios" que vêm da dor. As pessoas se agarram à dor para fazer com que os outros cuidem delas, para atrair simpatia e atenção. Observe, por exemplo, o hipocondríaco que se queixa constantemente de um mal-estar ou outro. Ou a dor pode ser usada para punir os outros. As pessoas sentem um prazer secreto em se vingar dos outros por aquilo que lhes falta. A dor pode proporcionar benefícios e segurança, mas de maneira distorcida. O preço é dor intensa e muita doença. O que se deixou de lado, aqui, é que as pessoas podem ter um desejo negativo de dor. Muitas vezes, a pessoa não percebe esse desejo. O desejo negativo gera uma tensão, que produz a dor. Mas, devido à falta de autoconsciência, existe um hiato na compreensão da pessoa, entre o desejo negativo e a criação da dor.

O hiato gera confusão, porque, conscientemente, a pessoa diz: "Não quero a dor; está brincando comigo?" A confusão surge porque a pessoa não sabe que a outra parte existe. A conexão entre causa e efeito – desejo e dor – se perde no hiato da compreensão. Essa falta de conexão ocorre em todos nós e gera dor nos níveis físico, emocional e mental.

Origens do apego

O apego à dor é incrustado na entidade humana durante as primeiras experiências da infância, quando os sentimentos e a sexualidade são inibidos pelos pais e pela sociedade. Em certo sentido, esse apego é fixado pelos mesmos processos que detonam inicialmente a dor. Já vimos, no Capítulo 10, como essas atitudes dos pais afetam as crianças, fazendo com que se enrijeçam e criem generalizações sobre a vida e as pessoas. Ao contribuir para o bloqueio da sexualidade, os pais afetam a pessoa inteira, porque a sexualidade incorpora amor, Eros e as forças biológicas, como é descrito no Capítulo 21. Os três elementos integram a força vital.

Já que bloquear totalmente a corrente vital e o livre fluxo do princípio do prazer significaria morte, a criança adota outras estratégias. Em parte, o princípio do prazer está ligado a atitudes e emoções negativas. Muitas vezes, a negatividade é acompanhada de excitação e prazer. Isso pode ser observado mais claramente em pessoas com tendências sádicas. Pessoas casadas, por exemplo, podem viver durante semanas ou meses num relacionamento mortiço e insosso. O fluxo de energia é muito baixo. Mas uma delas não consegue suportar a falta de energia e excitação e provoca uma briga. A briga pode ser destrutiva, mas contém vida e energia. A negatividade flui entre os parceiros por algum tempo. Então, conseguem fazer as pazes e se amar até que o prazer se torne novamente insuportável.

Na infância, a corrente bloqueada de energia produz dor e uma fixação inconsciente de prazer nas atitudes negativas. Ao mesmo tempo, a imagem, ou concepção errônea, é produzida e também se torna inconsciente. Quando vem à superfície, a fixação inconsciente produz, como compensação, uma atitude de luta e resistência para manter a integridade da criança. As defesas são construídas em torno da fixação, o que também engendra inveja, ódio e competitividade. O núcleo dessas atitudes é, naturalmente, a culpa. Para tal pessoa, experimentar prazer total é amedrontador. Por quê? Porque a personalidade está ajustada à experiência negativa e à excitação negativa. Enquanto existem motivos impuros, trapaças, defesas, culpa e malícia, o princípio de prazer deve ser rejeitado. A pessoa não se sente merecedora do prazer. Além disso, desde a infância é implantada a idéia de que o princípio do prazer, em si, é inaceitável. Com essas atitudes, a pessoa considera o prazer insuportável. O problema peculiar da nossa cultura não é a falta de vontade para experimentar privações e sofrimentos terríveis enquanto tais. O problema é a forma de resistir à dor das privações e sofrimentos e sentir que não merecemos prazer. Um casal, por exemplo, pode estar disposto a atravessar o processo doloroso de uma separação e de um divórcio. Pode haver muito rancor na divisão de bens e na designação da tutela dos filhos. Mas as duas partes podem se recusar a sentir a dor e a tristeza do rompimento de seu casamento, assim como não se predispuseram a sentir prazer durante sua vida em comum. Na medida em que é possível sentir prazer, não importa que as pessoas trabalhem demais ou que sejam intensas demais. Se as pessoas se dão o direito de sentir prazer, isso equaliza suas vidas.

O remédio para a dor, então, é sentir prazer. Mas isso é difícil. Mesmo que o prazer esteja ali, as pessoas não se beneficiam dele porque não acreditam que o mereçam. Todos nós temos inúmeras oportunidades de sucesso e de dar passos importantes na vida. Mas até que o não-merecimento seja resolvido não pode haver movimento. Podemos, depois, arrumar muitas justificativas e racionalizações para o fracasso, mas o problema está na falta de predisposição para sentir prazer, na fixação na dor.

Um exemplo de como funciona a fixação negativa é a pessoa que tem aspectos positivos e negativos, categoria que inclui todos nós. Ambos os aspectos estão ligados ao princípio do prazer. Se a pessoa está envolvida numa relação com outra, o conflito interno entre os aspectos positivo e negativo integra a relação.

Nessa relação, Arthur é muito criativo e aberto. Mas Betsy não consegue administrar isso e se torna negativa e contraída. Ela se retrai. Arthur tenta se abrir para Betsy algumas vezes. Ela continua contraída e fechada. Finalmente, Arthur desiste da relação. Ele se sente justificado e sente prazer na desistência. Diz: "Eu tentei; eu realmente tentei. Você não se abre, então é culpa sua." Então, Arthur começa a se vangloriar, usando os defeitos de Betsy. Investe mais energia em suas atitudes negativas, que estão ligadas a seu princípio de prazer, que em seu esforço positivo. Ele se perdeu dentro de si mesmo, identificando-se com sua parte negativa. Não está predisposto a sentir a dor do desapontamento. Se então Betsy se abrir, provavelmente Arthur vai se fechar e se afastar. Então, Betsy vai começar a se vangloriar e a chafurdar no prazer do afastamento dele.

Essa dinâmica ocorre em muitas relações. Demonstra que existem muitas armadilhas no caminho que leva à capacidade de manter sentimentos positivos. Quando alguém age errado conosco, muitas vezes nos vangloriamos e exultamos com os erros dessa pessoa. Sentimos então que precisamos investir muita energia para encobrir o fato de que também somos negativos. Perdemos a perspectiva na vida e nos rendemos à dor.

É importante, ao tentarmos reconquistar a capacidade para o prazer, podermos colocar de lado o que outras pessoas fazem para nos machucar. Ao trabalharmos para eliminar aspectos negativos, o princípio básico é assumir cem por cento da responsabilidade pelo que aconteceu. Precisamos perguntar – "como participei disso?" – mesmo que a outra pessoa contribua com 70, 80 ou 99 por cento para a situação. Isso fica complicado quando as pessoas usam sua percepção e compreensão para torcer e racionalizar situações. Justificam suas próprias ações e sentimentos e acreditam que são justificadamente negativas, justificadamente resistentes ou que estão justificadamente zangadas com sócios, patrões, parceiros, companheiros. O importante é que as negatividades estão ligadas tanto ao princípio da dor, quanto ao princípio do prazer.

No princípio da dor, a negatividade está ligada à dor para criar excitação. Quando a negatividade está ligada ao prazer, existe uma percepção distorcida do que é o prazer. Por causa desses conflitos intensos enterrados no indivíduo, a personalidade dirige sua criatividade para duas direções simultâneas. Uma delas é o fluxo da corrente da vida, que contém luz, crescimento, revelação, união e amor. Outra corrente contradiz e se coloca contra o fluxo positivo. Essa segunda corrente contém escuridão, estagnação, afastamento, separação e ódio. O choque das duas correntes produz a tensão.

É uma luta interior semelhante à força de dois carros, presos pelos pára-choques dianteiros e que aceleram seus motores. Essa força tremenda pode movê-los lentamente, primeiro em uma direção, depois na outra. A força é, ao mesmo tempo, totalmente mobilizada e completamente travada. Se os carros continuam assim por muito tempo, vão começar a quebrar por causa da tremenda tensão. Ocorre o mesmo com os seres humanos. O choque da energia positiva e negativa, e a repressão da luta gera tensão e pressão. É por isso que a dor, muitas vezes, é sentida como pressão. No sistema humano, forças tremendas são captadas e imobilizadas de forma a se moverem lentamente e com grande esforço.

Todos os seres humanos experimentam até certo ponto essa luta entre forças positivas e negativas, mas o conflito é mais evidente na estrutura masoquista. O masoquista tem tremendas reservas de energia que buscam constantemente expressão externa. No entanto, como a mãe a obrigou a aceitar energia demais quando criança, a pessoa masoquista sente os movimentos de energia como algo perigoso e sufocante. Então, a estrutura defensiva reage aos movimentos interiores, capturando-os e fazendo-os voltar sobre si mesmos. A pessoa está constantemente trancada numa intensa luta interior, que muitas vezes produz uma estrutura física maciça. Se a pessoa predominantemente masoquista não encontrar alguém para provocar uma explosão que libere a energia, entra em colapso, num pântano de depressão e desespero. Essa dinâmica interior gera a dor e o apego da pessoa a ela.

As pessoas que sofrem podem pensar que a dor vem de algum outro lugar – da doença, de um acidente, de algum dano. Ou acreditam que sua dor emocional é provocada pelos outros. Mas, se examinarmos profundamente a situação dolorosa e a nós mesmos, vamos descobrir a causa dentro de nós. Pode ser difícil acreditar nisso. Um homem sofre um acidente. A outra parte parece claramente culpada. A vítima diz: "Eu não queria isso. E as contas do hospital? Por que isso tinha de acontecer comigo?" Para compreender como as pessoas atraem e se agarram à dor é preciso conhecer um pouco as tremendas forças que estão em jogo.

O campo negativo de força

A corrente vital, formada de energia e consciência, contém uma força tremenda. É como um campo de força ou um campo energético. Contém muitas sementes de criação. Em certo sentido, cria os eventos, padrões, formas e muitas outras variações da experiência. O campo cria a forma, a natureza e a atividade do corpo físico de cada pessoa. Se o campo é formado de energia positiva, o corpo é equilibrado e harmonioso. Quando o campo é negativamente carregado, o corpo fica fora de equilíbrio e bloqueado. O formato do corpo é o retrato da entidade total do ser humano – as emoções, os processos mentais e o espírito. O conceito de estrutura física e formação de caráter foi descrito no Capítulo 9. A aparência e a forma física do corpo é a contrapartida dos conceitos psicológicos da pessoa.

A maneira pela qual a energia é expressa em termos de seus aspectos físicos, idéias, sentimentos e processos mentais, dá o formato do corpo. O corpo pode ser longo, curto, grosso, inchado ou muito rígido. Pode ter os movimentos livres ou ser inflexível e preso. Por exemplo, uma criança que teve seus sentimentos sexuais inibidos pelos pais pode sobrecarregar a parte superior do corpo, criando um torso e ombros tremendos, equilibrados sobre uma metade inferior relativamente pequena. Outra pessoa pode desenvolver camadas de gordura em torno da pélvis para sufocar sentimentos sexuais. Algumas pessoas bloqueiam e sufocam a raiva com um superdesenvolvimento nas costas e ombros. Essas e muitas outras características físicas distorcidas são expressas em seres humanos por causa da distorção, em cada pessoa, de energia e consciência. Nesse sentido, cada um cria seu próprio corpo.

O campo de força humano é como um fantástico vórtice energético. Pode quase ser comparado a um campo eletromagnético. Mas o campo eletromagnético tem qualidades diferentes das geradas pela energia e pela consciência. É preciso ainda muito estudo para se compreender totalmente o campo humano de força. Esse campo de força cria um molde específico que se relaciona diretamente ao grau de distorção de energia e consciência que compõem a corrente vital. Depois de fixado, esse molde é muito difícil de quebrar. O campo de força se perpetua até que a energia e a consciência se modifiquem. Criando o campo, as pessoas se aprisionam a padrões repetidos, que lhes trazem dor emocional e física.

O campo de energia atrai e repele, como um ímã. A pessoa que se sente positiva em relação à vida atrai muitas reações e sentimentos bons. Os outros sentem suas boas vibrações, mesmo que a pessoa não faça ou não diga nada. Num humor negativo, a mesma pessoa vai atrair reações e pensamentos negativos. As pessoas sentem imediatamente quando alguém está se sentindo negativo ou crítico. As vibrações negativas do campo de força da pessoa enviam a mensagem: "Fiquem longe de mim; estou zangado e negativo." Quando um acontecimento doloroso ocorre como conseqüência da atitude ou comportamento da pessoa, ela não sabe que atitude ou crença específica criou o acontecimento. Muitas vezes, essas atitudes são inconscientes. A pessoa diz: "Está louco? É claro que não me cortei de propósito."

É muito importante compreender o papel das crenças e atitudes inconscientes, das imagens que foram discutidas antes. Se as atitudes e crenças são conscientes, podem ser encaradas diretamente e modificadas, modificando assim o campo de energia. Mas se são inconscientes, as atitudes não podem ser mudadas. O campo de energia continua a criar situações negativas. Para a pessoa, o fluxo de acontecimentos desagradáveis parece totalmente fora da área de sua responsabilidade pessoal. Todas as atitudes e idéias podem ser classificadas. São as idéias falsas que criam acontecimentos negativos na vida da pessoa. Precisam ser trazidas à consciência, enfrentadas e descartadas para deixar espaço para idéias novas e verdadeiras.

Se sondarmos profundamente nosso inconsciente, descobriremos como criamos situações que aparentemente não desejamos. Imagine novamente um acidente.

Alguém sai de uma travessa e bate no carro de um homem. Ele diz: "Olha só o meu carro. Paguei caro por ele. É realmente uma injustiça. Como posso ser responsável? Esse cara aparece e amassa meu carro. É claro que é um acidente, e não minha culpa."

Mas se ele explorasse mais profundamente suas atitudes inconscientes, descobriria um lugar onde sente muita culpa por ter um carro novo. Acredita que não o merece. Seus comportamentos inconscientes e negativos criam culpa nele. Talvez tenha comprado o carro para impressionar os outros ou para mostrar que é melhor que seus amigos ou colegas. Suas crenças e desejos inconscientes criam uma energia que complementa a energia de outra pessoa ou situação. Neste caso, a outra pessoa envolvida no acidente pode ter crenças e culpas semelhantes. Suas energias se juntam, se amplificam e geram uma crise. Acidentes não existem. Criamos todos os aspectos de nossas vidas, a dor e o prazer. Geralmente, não queremos assumir a responsabilidade por nenhum dos dois.

A energia negativa distorce o campo de força. A distorção é paralela às imagens construídas lá no fundo da mente. Por exemplo, se um menino tem uma mãe cheia de ódio, forma uma atitude relativa ao ódio em toda as mulheres. Cria, em sua mente, uma imagem muito profunda de que todas as mulheres são cheias de ódio. A imagem é, na verdade, o campo de força que vai criar mais tarde, em muitas circunstâncias relacionadas com mulheres. A imagem vai fazer com que aja, em relação às mulheres, de maneiras repetitivas. Pode submeter-se e tentar aplacar as mulheres para se defender do ódio esperado. Ou pode se tornar hostil e agressivo.

Não importa se uma mulher determinada é odienta ou não. Ele as vê dessa forma, por causa de sua imagem. Suas atitudes defensivas vão atrair o ódio das mulheres para ele. Se é submisso, vai receber desprezo; se é agressivo, vai receber hostilidade. Sua atitude vai se transformar em fonte de dor, pois também deseja um relacionamento caloroso e cheio de amor com uma mulher. Não vai associar à imagem feminina que criou e que permanece inconsciente, sua solidão e seu relacionamento difícil com mulheres.

Os seres humanos resistem a qualquer mudança em seu campo negativo de força. Abandoná-lo significa abandonar as atitudes defensivas dentro do campo – um empreendimento muito difícil e bastante ameaçador para a personalidade. As pessoas não querem mudar a imagem e as percepções originais. Elas são os tijolos e a argamassa da auto-imagem idealizada. As imagens que as pessoas adotam são feitas de percepção, sensação, experiência e conhecimento. Esses elementos da imagem tecem um campo de força semelhante a uma trepadeira. As pontas da "trepadeira" giram em direções opostas, apertando a pessoa no meio. Retiram energia do corpo físico, aprisionando-a no corpo energético. As imagens transformam-se em nós na corrente de energia. Esses nós amarram a energia da pessoa, da mesma forma que uma pessoa muito resistente pode amarrar a energia de muitas outras pessoas. Com uma ou duas pessoas assim num grupo, a energia de todos fica amarrada sem que se perceba por quê. O grupo está sendo puxado para baixo pelo peso da negatividade e da maldade que agem na mente e energia daqueles que resistem.

A energia física pára no corpo físico. A energia mental e espiritual flui ou é bloqueada num dos vários corpos energéticos. Esses corpos correspondem e preenchem, essencialmente, o mesmo espaço que o corpo físico. Como foi descrito no Capítulo 7, existem muitos corpos energéticos. Mas precisamos lidar apenas com três em relação à dinâmica da dor. Os corpos de energia ocupam essencialmente o mesmo espaço, mas vibram em freqüências diferentes. O primeiro corpo energético ajusta-se aos órgãos e partes do corpo físico e os representa. Sua freqüência vibratória é mais alta que a do corpo físico. É esse corpo que dói quando um órgão ou membro é removido. O corpo energético, com a vibração imediatamente superior, é o corpo emocional, onde são formadas todas as emoções. O corpo que é a sede das idéias vibra numa freqüência ainda mais alta.

Esses corpos se interpenetram e existem no mesmo espaço do corpo físico. Quando uma pessoa é ferida, a dor ocorre nos corpos energéticos, antes de afetar o corpo físico. Se a dor sofre resistência e é intensificada nos corpos energéticos, fica somatizada. Se o amor é rejeitado, a pessoa pode sentir uma dor no coração e dizer que está com o coração partido, ou que seu coração dói.

As variedades de dor

O campo de força negativa aprisiona energia nos corpos energéticos e provoca muita dor. Basicamente, a dor física é criada porque a pessoa enrijece e breca a corrente de vida e energia no organismo físico. Existem muitas variedades de dor emocional e mental. São geradas pelas diferentes imagens e crenças que a pessoa mantém. Por exemplo, a pessoa que acredita que o amor é inseguro ou é uma armadilha, pode criar a dor emocional do ódio. Quando essa pessoa expressa sentimentos de ódio, os que recebem esse ódio contraem seus corpos e absorvem energia. Mas quem odeia também sente dor. Ela resiste ao fluxo energético e bloqueia a sua própria energia. O amor é parte do fluxo energético positivo. Esse fluxo é distorcido e transformado em ódio, que nos faz distorcer nossos corpos físico e energético. Existe alguma confusão entre ódio e raiva. A raiva não machuca. Ela pode servir como defesa contra uma dor real, causada por outra pessoa. Uma pessoa não raro tem razão de ficar com raiva. Mas o ódio é como um punhal. Investe e fere a outra pessoa. O ódio é expresso com a intenção de ferir, mas a raiva irrompe espontaneamente.

A confusão é outro tipo de dor que ocorre quando o indivíduo não compreende o que está acontecendo. Por exemplo, quando um terapeuta tenta entender um cliente, nada parece funcionar. Não há abertura. A pessoa argumenta e o terapeuta acaba se sentindo frustrado. O cliente está confuso, o terapeuta está confuso e ambos sentem dor. A dor da confusão não é aguda, mas é crônica e real. É mais como um desgosto ou um mal-estar, um sofrimento que pode gerar muita raiva. Muitas vezes, aquele que recebe mensagens confusas deseja esmagar aquele que as envia. A confusão é também intencional. A pessoa não quer assumir a responsabilidade pelo que está acontecendo e resiste ao fluxo negativo de energia, às verdades negativas que não quer encarar, gerando assim uma dor ainda maior. Num sentido bastante real, a confusão é contra a fusão (con/fusão), fragmentando a fusão de energia e consciência.

A dor da resistência à verdade dos sentimentos interiores está relacionada à confusão. As pessoas que resistem ao melhor de si mesmas experimentam um terrível sofrimento. Podem negar, por muito tempo, que estão resistindo à verdade. Podem até mesmo negar o sofrimento. Na verdade, podem nem mesmo ter consciência da dor por muito tempo. Mas quanto mais é negada, maior a dor se torna. Muitas pessoas negam essa dor por décadas. Por exemplo, uma jovem deseja ser guarda florestal, mas se casa porque os pais insistem. Finge que quer realmente se casar, luta por isso e obtém um sucesso relativo. Nega totalmente o desejo de ser guarda florestal. Mas, ano após ano, a dor da negação cresce. Além disso, vai provavelmente negar a raiva, o ódio e os sentimentos de vingança que tem em relação aos pais, a quem culpa pela escolha da carreira. Vai se desprezar por ter abandonado seu desejo. Essa dor pode irromper em doenças físicas ou emocionais, talvez numa crise que ponha em risco seu casamento. Quanto mais tempo a dor é negada, maior o colapso quando ela ocorre.

Além de todas as outras dores, a maioria das pessoas sofre da dor da culpa. A dor resulta do não reconhecimento da verdade. A verdade é que as pessoas que sofrem a dor da culpa fizeram alguma coisa que não é certa para elas. Essa culpa é real. Mas, geralmente, a culpa é exagerada e somada a muitas outras culpas, que vêm de experiências anteriores. É importante para o adulto lidar com as culpas presentes.

Muitas vezes, as culpas antigas são usadas como defesa contra culpas atuais. A pessoa diz: "Sinto-me tão culpada... Meu pai me rejeitou. Minha mãe era horrível. Olhe como estou sofrendo." Enquanto isso, estão sendo tomadas decisões que agridem a verdade interior da pessoa. O indivíduo evita encarar as atitudes destrutivas e fazer restituições. A culpa não pode ser simplesmente lavada. A pessoa deve examiná-la para descobrir a intenção negativa que está por trás das ações que induziram à culpa. Por que a pessoa se agarra à culpa antiga? O que está encobrindo? Admitir e liberar a intenção negativa fornece uma compensação à culpa e limpa a energia.

Uma das dores mais profundas é a da injustiça. Essa dor surge quando falta à pessoa fé no sentido da vida. Acredita que a vida e o universo – Deus – são caóticos e hostis. Essa crença gera uma dor crônica e avassaladora. Causa desespero. A pessoa diz: "Por que isso aconteceu comigo? Por que estou sendo punido? Deus é cruel. A vida não tem sentido. Perdi minha mulher. Perdi meu emprego. Sinto muita dor."

Apesar da dor da injustiça ser provocada pela própria pessoa, ela sente que a injustiça vem de forças cósmicas, universais e sociais, que estão fora dela. Acredita que não tem nada a ver com isso. No entanto, como já vimos, quando qualquer dor é examinada profundamente, alguma conexão será encontrada. Neste exemplo, pode faltar fé à pessoa por causa de repetidos desapontamentos na infância. Esses desapontamentos geram uma imagem interior de que a vida não é confiável, de que a injustiça é a natureza do universo. A imagem cria um campo de força negativa, que atrai situações aparentemente injustas.

Todas essas dores emocionais e mentais são criadas quando a corrente vital é bloqueada. O movimento e a consciência são bloqueados de maneira a criar um enrijecimento, uma tensão na pessoa. Na dor da injustiça, por exemplo, a pessoa não acredita que o fluxo livre de vida vai trazer prazer. Quando tenta desviar ou barrar o fluxo de experiência e energia vital, busca afastar as injustiças que – acredita – virão. Quer que a corrente vital flua em canais seguros e conhecidos. Mas ao tentar resistir ao fluxo, a pessoa sutilmente se enrijece e exerce uma pressão que entra em conflito com a energia que está fluindo no seu interior. A dor é causada, basicamente, pela crença num universo injusto.

Capítulo 14

A anatomia do mal

"Mal" é uma palavra que tem sido usada e abusada, despejada sobre nós através dos milênios por filosofias e religiões organizadas. Hoje em dia somos alérgicos a ela; ela faz com que fiquemos ansiosos e até mesmo surdos. Mas acho que deveríamos prestar atenção nessa palavra e examinar o que representa, porque o conceito de mal é tão antigo quanto o homem, e existe uma continuidade na percepção humana.

Nossa era é uma era de alienação, dizem muitos; perdemos o contato com o universo e o contato entre nós mesmos. Estamos tão "ocupados", tão preocupados com contas, temos tantos medos, que nossas mentes estão fechadas. Mas as pessoas também estão lutando para alcançar o seu eu interior e o eu interior dos outros, e existe uma nova consciência de que precisamos desembaralhar o fenômeno do mal para abrir uma fonte vital de verdade em nós. Todas as contribuições do passado têm relação com essa tarefa. Nossa tarefa, portanto, é também de unificação e integração.

Desde os primórdios da civilização, filósofos, religiosos e pensadores têm se debatido com o conceito de mal. Os homens têm, em geral, acreditado num Deus – ou deuses – concebido como uma força benéfica, da qual flui toda a criação e todo o bem. Mas existe uma contradição nessa crença, porque como pode Deus, que é bom, criar o mal? O paradoxo levou muitos filósofos a buscarem uma posição intermediária. Alguns adotaram uma visão monista do mal e outros uma visão dualista. Os monistas sustentam que o mal não tem existência própria; os dualistas afirmam que o princípio do mal é tão eterno quanto o princípio do bem, o princípio de Deus, e que é igualmente poderoso, ou um pouco mais fraco.

A mais antiga visão dualista, proposta por Zoroastro, floresceu na Pérsia, no século VI a.C. Seus seguidores representavam o bem pela entidade de Ormuzd e o mal pela entidade de Ahriman. O dualismo é encontrado no maniqueísmo dos séculos III e IV da era cristã: a crença num conflito básico entre luz e escuridão, entre Deus e o Diabo, como forças equivalentes. A abordagem monista foi expressa na filosofia de Platão: segundo ele, Sócrates dizia que o mal é resultado da ignorância, não tem existência real e, portanto, os homens sábios devem ignorá-lo.

A tradição judeu-cristã assimilou ambas as abordagens, mas com ênfase no monismo, pois o platonismo foi retrabalhado com idéias cristãs. O Antigo Testamento ensina que o mal é conseqüência da rebelião contra Deus. O Livro do Gênese apresenta a queda de Adão como a revolta do homem contra seu criador, um ato que fez toda a humanidade – originalmente destinada a viver para sempre – mortal. Os Livros dos Juízes, de Samuel e dos Reis dizem que, se Israel obedecer a Deus, isso curará suas feridas. Existe o conceito, na antiga tradição judaica, de que o bem é recompensado e o mal é punido. No Segundo Livro dos Macabeus está escrito que Deus castiga e recompensa, não necessariamente nesta vida, mas na próxima.

Um tema do Antigo Testamento, atribuído ao profeta Isaías, aparece como ensinamento central do Novo Testamento. O misterioso servo do Senhor, de que fala Isaías, sofreu pelo seu povo, antecipando a redenção dos pecadores pelo sofrimento e morte de Jesus. Assim, quando o sofrimento é unido ao amor, vai reparar o mal e levar à redenção. Na tradição cristã, a presença do mal é relacionada com o livre-arbítrio do homem. O mal físico é visto como retribuição pelo pecado; e, com a exceção de algumas igrejas protestantes, o castigo por pecados maiores persiste pela eternidade.

Entre os primeiros padres da Igreja, Orígenes, um teólogo do século III, concebeu o mal como privação ou negação do bem, e afirmava que todos os homens e todos os seres espirituais acabam por se converter a Cristo; assim, rejeitava a idéia de que o mal é eterno. São Basílio, um padre grego do século IV, dizia que o mal não tem substância própria e surge da mutilação da alma. Na mesma época, São João Crisóstomo – "Crisóstomo" significa "boca dourada", e ele era um tremendo orador – ensinava que o mal é apenas um afastamento do bem. Seu contemporâneo, Santo Agostinho, concordava: o mal não é substância porque não tem Deus como autor. E Santo Tomás de Aquino, o filósofo do século XIII, dizia que mal significa ausência de bem.

Filósofos e homens de letras acrescentaram outras perspectivas. Emmanuel Kant escreveu, no século XVIII, que o bem é um imperativo categórico, e que qualquer coisa que se oponha a ele, é mal. Hegel via o bem e o mal como tese e antítese das forças da natureza e do universo. E, no *Fausto* de Wolfgang von Goethe, Mefistófeles diz: "Sou o espírito que nega, e com todo o direito." Cinco séculos antes, Dante, na *Divina Comédia*, descrevera o homem descendo da espiral invertida do progresso para a profundeza do inferno, onde há um lago gelado. O diabo, congelado até a cintura, bate suas asas, agarra outras entidades que estão em volta e as mastiga. As pessoas estão congeladas nesse lago em diferentes graus – até o tornozelo, até os joelhos, até o pescoço. O mal é comparado ao estado gelado do homem.

Os pensadores psicológicos da virada do século buscaram, naturalmente, o sentido do mal em termos de sua função na doença mental. Freud escreveu em *Totem e Tabu*: "Com relação ao demônio, sabemos que é considerado como antítese de Deus e que é muito próximo a ele em sua natureza. Sua história não foi tão bem estudada quanto a de Deus. Nem todas as religiões adotaram o espírito do mal, o oponente de Deus." Não é necessária muita perspicácia, disse Freud, para adivinhar que Deus e o Diabo eram originalmente idênticos, e que uma única figura dividiu-se em duas, com atributos opostos. Freud desenvolveu também o conceito de ambivalência, o conflito entre o positivo e o negativo na pessoa.

Jung, em sua explanação sobre arquétipos, identificou o primeiro deles com a sombra. Acredita-se que a sombra é a fonte do mal. Na verdade, não consiste apenas em qualidades repreensíveis, mas também em instintos normais, impulsos criativos e intuições realistas. Erich Neumann, em *Origin of the History of Consciousness*, nega o conceito dualista de Deus e Diabo, sugerindo que o Diabo é parte do abismo criativo de toda personalidade viva. É o antagonista, a sombra, e aparece persistentemente nos mitos como um gêmeo, cujo duplo é chamado de companheiro.

Wilhelm Reich chegou a uma visão do homem em que combina as perspectivas do cientista, do psiquiatra e do filósofo. Em seu livro *Ether, God and Devil*, Reich diz que o diabo tem uma função essencial e é expresso no animal neurótico e encouraçado, como foi discutido no Capítulo 5.

Todos esses pensadores que vieram antes de nós contribuíram com uma profusão de explicações para o mal. Presenciamos esse mesmo conflito. Os que consideram o mal como uma ilusão, por exemplo, se opõem aos que afirmam que é um fato observável para qualquer um que encare a realidade. Quem está certo? Vou dizer uma coisa paradoxal: cada um desses conceitos de mal é verdadeiro, se não excluir a abordagem oposta. Cada um desses postulados é incorreto, quando considerado como verdade única. Para compreender como os opostos se juntaram num todo unitário, precisamos trazer os conceitos para nossas próprias vidas. Porque, a menos que permeiem a personalidade inteira – o físico, o emocional, o mental e o espiritual, que juntos formam a identidade do homem – são abstrações.

O mal como separação

Vamos começar com uma visão geral do universo. Tente, junto comigo, abranger a criação. Se olhar para cima, numa noite escura e sem nuvens, você verá bilhões de corpos de matéria, organizados em nebulosas e aglomerados de estrelas pulsantes, algumas gigantes e vermelhas, outras pequenas e amarelas, dependendo de seu estado evolutivo. Os físicos sustentam duas teorias sobre a criação do universo. Uma delas é a teoria do *Big Bang*, que argumenta que toda a existência foi criada de uma só vez; a outra é a Teoria da Criação Contínua, segundo a qual o ser continua vindo à existência. As duas escolas divergem, mas concordam num ponto central: toda essa tremenda criação se move, vibra e é feita de energia pulsante.

A energia pulsante é a característica quantitativa da criação. Quando a energia forma grandes massas, elas começam a se organizar, a se multiplicar e a recriar sua própria espécie. Existe criatividade por detrás do movimento de energia, e por detrás da criatividade existe algo que sabe. Esse algo é a consciência. Uma vez, Wilhelm Reich, segurando um amor-perfeito em suas mãos, disse a um amigo: "Olha só. Ele tem rosto; sabe alguma coisa; ele se expressa." A expressão é a característica qualitativa da energia.

Em uma criação unificada, consciência e energia são um. Por exemplo, no corpo humano os órgãos sabem o que fazer, sabem como criar o equilíbrio de forças químicas, físicas e elétricas, que os formam e se movem entre eles. O homem, uma entidade formada por bilhões de células, é capaz de ser mais que essa emissão de matéria organizada. Mas, numa criação desunificada, consciência e energia não são necessariamente um. Por exemplo, a energia pode ser uma força impessoal ou mecânica, como a eletricidade ou a energia atômica, que não parecem ser ou conter a expressão da consciência. A energia, por si mesma, é totalmente alheia à consciência, à determinação, ao autoconhecimento, a tudo que distingue a consciência.

A consciência é então o atributo da criatividade. Não é apenas o poder de saber, de perceber, de sentir; é também a capacidade de criar e, no homem, de querer. O homem é a primeira entidade da escala evolutiva que cria deliberadamente com a sua consciência. Mas a consciência pode tomar duas direções, assim como a vida humana: para cima ou para baixo. O conceito freudiano de inconsciente alterou profundamente as categorias clássicas de razão e vontade, porque revelou um poder natural no ser humano que pode fazê-lo vítima de si mesmo. Digo que a consciência do homem tem um movimento positivo ou negativo, contém um elemento inconsciente e a pessoa quer ou não esse movimento. Isso não significa que as forças dinâmicas do inconsciente não estejam operando. O organismo inteiro funciona como uma unidade.

Como já mencionei, o homem de hoje tende a existir num estado separatista ou dualista. Criou a ilusão de que sua vida, na forma em que se move, na forma em que ele se move, é diferente de sua consciência – que são coisas separadas. Vamos a um exemplo. Muito raramente, quando saímos de férias, quando vamos para o campo ou para a praia, abraçamos a criação em nosso corpo e em nossa mente. Caminhamos pela mata e admiramos a natureza; nadamos e passeamos de barco; ou observamos as ondas do mar – percebemos a sua beleza. Mas, mesmo nessas horas, não temos idéia, não compreendemos que a natureza que opera ali, "fora de nós", como costumamos dizer, é a mesma que opera dentro de nós – que a vida fora e a vida dentro são uma só. Então, nós a magoamos, nós a bloqueamos, nós a matamos. O homem faz a mesma coisa com Deus. Colocamos Deus "lá fora". Suplicamos, rezamos, como se fosse para uma entidade separada; ou negamos que existe um Deus. Em ambos os casos, o homem não percebe que o que está "lá fora" está aqui dentro, que Deus – o que quer que se queira dizer com esse conceito – está dentro de nós o tempo inteiro, e que o homem é, na verdade, Deus.

Algumas pessoas dizem que sentem o universo, o cosmos ou a criação como consciência suprema; outras dizem que se trata, puramente, de um fenômeno energético. Todas estão certas; mas estão erradas quando acham que seu ponto de vista é a única explicação correta para a criação. Porque pensamento é movimento e energia – pensamento mental, emocional e até mesmo pensamento morto, apesar deste último ser um curto-circuito. Pensamento emocional é energia sentida, é energia percebida pela nossa consciência. Algo se move dentro de nós; e é impossível separar pensamento de energia, consciência de energia, apesar de parecerem separados em suas manifestações.

Agora, desejo explorar o conceito de mal, enfocando-o a partir de seu oposto – o bem. Na saúde – que é o bem ou a verdade da vida – a realidade do ser humano, a energia e a consciência estão unificadas. O homem sente essa unidade. Recentemente, um músico que veio se consultar comigo disse-me que quando toca a partir de seu ser interior, os movimentos de seu organismo fluem espontaneamente para fora; são eles que tocam o instrumento. Eles vêm livres, eles se coordenam, eles criam belos sons. Quando o homem está sadio, sua vida é um constante processo criativo. Ele fica repleto de sentimentos de amor, de unidade com os outros seres humanos. A unidade é a consciência de não ser diferente dos demais. Ele quer ajudá-los; identifica-se com eles; sente que qualquer coisa que aconteça a eles está acontecendo a si mesmo. Uma pessoa saudável tem uma direção positiva na vida. Ela quer sua vida numa direção positiva, e é bem-sucedida – nos negócios, em seus pensamentos, em seu sentimento de satisfação consigo mesma. Nesse estado, há pouca ou nenhuma doença, e nenhum mal.

A primeira característica do estado de doença é a realidade distorcida – a realidade do corpo, a realidade das emoções, a realidade da verdadeira natureza de outras pessoas e de suas ações. O mal, então, é uma distorção de fatos que, em si mesmos, são naturais. Como a pessoa doente não percebe suas próprias distorções, sente que o que há de mal em sua vida e em seu funcionamento vem de fora. Quanto mais doente estiver, mais certeza tem de que seus problemas são provocados por forças externas. Uma pessoa em estado de psicose, por exemplo, vê o mundo como algo hostil. Senta-se numa cadeira, olha para as paredes e diz: "Eles estão fazendo isso comigo. Eles vão me matar, vão me envenenar." Abdica completamente da responsabilidade pessoal por sua vida e por suas ações. Sente que tudo o que lhe acontece vem de fora. Uma pessoa saudável é capaz de fazer quase o oposto.

O que acontece na pessoa doente? Sua consciência e suas energias se modificam de alguma forma. Sua consciência modificou sua mente. Transforma a vida numa visão distorcida de si mesma e suas energias alteram suas manifestações. Seu pensamento é limitado. Seus sentimentos são expressos através do ódio, brutalidade, crueldade, medo e terror.

Reich disse que a pessoa encouraçada isola-se da natureza, especificamente através da formação de barreiras contra os impulsos de vida dentro do seu corpo. O corpo encouraçado enrijece, é inacessível ao sentimento, e as sensações orgânicas são diminuídas ou abafadas. Então, a pessoa fica indiferente; odeia, mas nem mesmo sabe disso. É ambivalente.

Na pessoa encouraçada, existe uma linha Maginot entre a Essência e a periferia. Quando os impulsos vitais batem nas fortificações da couraça, a pessoa se aterroriza e acha que tem de suprimi-los; porque, se chegarem à superfície, está certa de que será aniquilada. Para essas pessoas, os sentimentos – especialmente os sentimentos sexuais – são terríveis, sujos, ruins. Quando os impulsos agressivos, presos dentro desse núcleo, atingem a couraça, fazem com que se abale. E na verdade, se atravessarem a linha Maginot, a pessoa fica brutalmente aterrorizada. Fica aterrorizada porque não pode tolerar seus sentimentos, o movimento e a possessão de vida dentro dela, o suave murmúrio das emoções, a pulsação do amor.

Age contra si mesma e contra as outras pessoas, tornando-se antivida. Não percebe que a couraça é um amortecimento que torna inacessível a Essência vital e que esse escudo é feio e odiento. Assim, no estado encouraçado, o homem fica dividido – a mente do corpo, o corpo das emoções, as emoções do espírito.

A couraça pode tornar a pessoa mística, porque ela não consegue compreender o fato de que Deus está dentro dela. Olha para Deus lá fora e diz: "Se eu me purificar, vou resolver todos os meus problemas." Mas isso nunca é possível, porque uma pessoa que busca a espiritualidade sem nunca ter trabalhado suas negatividades – as defesas do ego e suas resistências – voa alto como Ícaro, mas quando atinge o sol escaldante, cai no mar, o mar da vida, e se afoga. Apenas transcendendo e trabalhando os obstáculos que se interpõem no caminho da vida é que o ser humano pode se elevar aos domínios da criação e da espiritualidade.

Reich disse outra coisa básica: precisamos descartar o conceito da antítese de Deus e do Diabo. Precisamos expandir as fronteiras de nosso pensamento. A manifestação do mal não e intrinsecamente diferente da energia pura e da consciência; é apenas criação que modificou suas características. Na Essência não existe mal, mas no domínio da experiência humana existe.

Os efeitos do mal

O que significa o mal em relação à energia e à consciência? Em termos de energia, significa um desacelerar, uma diminuição de freqüência, uma condensação. A pessoa se sente pesada, presa, imobilizada. Sabemos que quando nos sentimos cheios de ódio, mortos ou negativos de alguma forma, sentimo-nos muito pesados. Com poder, sentimos o oposto: vibração. Damos um passeio na mata e dizemos que voamos. Então, a energia do corpo se desacelera e se condensa.

Em termos de consciência, quanto mais baixa a freqüência do movimento maior a distorção da consciência, e vice-versa. Quanto mais pesados e negativos, menos criativos somos, menos sentimentos temos, menor nossa compreensão. Podemos chegar a ponto de bloquear todo o movimento e ficarmos presos dentro da cabeça; nesse extremo, ficamos obstruídos, nada mais importa. A religião e todas as outras éticas organizadas apresentam as atitudes negativas, como ódio, logro, rancor e impostura, como mal, mal, mal. A religião vê esses estados e as ações que os expressam, como resultado de uma consciência distorcida do que é o bem e o mal, de acordo com sua codificação.

Na Bíblia, Jesus disse uma frase que, no meu entender, é muito importante. Falando a seus discípulos, disse: "Não resistais ao mal." (Mateus 5:39.) Vamos analisar esse ensinamento. A própria resistência é o mal. Quando não há resistência, a energia fica desobstruída e flui. Quando há resistência, o movimento pára, regride e estagna o organismo. A resistência sufoca as emoções, amortece a energia e mata os sentimentos. A resistência é feita de cautela, um mecanismo do pensamento – pensamento não no sentido de pensamento abstrato, mas de pensamento organizacional.

A consciência, de certo modo, é responsável pelo fluxo de energia no organismo, como a consciência, numa dimensão cósmica, é responsável pelo fluxo de energia no universo. Quando digo "responsável" não quero dizer "culpado"; em Psiquiatria, evitamos que a pessoa se culpe por suas emoções negativas ou conteúdo inconsciente. Tentamos compreender esses elementos como o resultado de um estado dinâmico criado de tal forma que a pessoa não tem consciência dele e, portanto, não pode ser culpada. Quando a consciência é negativa, a pessoa é resistente à verdade. Existem resistências conscientes, que a pessoa usa intencionalmente, com consciência do que escolhe fazer. Um homem cuja mulher o machucou pode escolher abrir seus sentimentos de amor, e perdoá-la, ou manter os sentimentos negativos e destrutivos, e vingar-se dela. Nem tudo isso é resultado de um comportamento inconsciente, mas uma parte é, e ele não é culpado pela propulsão inconsciente.

O mal, então, é algo muito mais profundo do que concebem os códigos morais. É antivida. A vida é força dinâmica e pulsante; é energia e consciência, manifestadas de várias maneiras; e não há mal, a menos que haja resistência à vida. A resistência é a manifestação daquilo a que chamamos mal. Energia e consciência, em distorção, criam o mal.

Quando olhamos as pessoas, muitas vezes podemos observar distorções na expressão do caráter, como dizemos na energética da Essência. Vemos que a expressão do caráter de uma pessoa é, por exemplo, ser agressiva, e a de outra é negar. Uma diz: "Você deve isso a mim!" A outra diz: "Vamos, pode me ferir." Uma outra diz: "Vou mostrar a você!" Essas mensagens não precisam ser dadas diretamente, no discurso, estão escritas na expressão física do corpo e nas expressões das emoções.

A resistência à mudança, a bateria de defesas, é baseada mais freqüentemente no medo da dor e no medo da aniquilação. Quando essas defesas predominam, há uma intencionalidade negativa no ser humano. A pessoa diz: "Não quero saber da verdade. Estou satisfeita assim. Não me aborreça." Desejo repetir que a pessoa não deve ser culpada. No entanto, precisamos compreender que a resistência, tenha a pessoa conhecimento dela ou não, tem um elemento volitivo.

Quando o medo da dor ou da aniquilação domina o ser total da pessoa, perpetua o estado de mal. Esse medo geralmente assume uma, entre três formas dominantes. Uma é orgulho, a resistência à unidade com os outros. A pessoa orgulhosa diz: "Nunca vou admitir que posso ser ferida." Outra forma é a vontade própria. A vontade própria diz: "Vou resistir a qualquer outra forma que não seja a minha. Não quero ser ferida, então vou atacar você antes que me ataque." A terceira forma é o medo direto da vida. A pessoa que tem medo diz: "Se eu for ferida, vou sucumbir."

Ao contrário, a pessoa que mantém suas defesas alimenta a miséria, arruína a própria vida, arruína a própria saúde, pois ninguém pode escapar às leis da criação. Se as violamos, com o tempo nós nos destruímos fisicamente, nós nos destruímos mentalmente, ou ficamos suspensos num estado de vacuidade, que é o estado do inferno, como o lago congelado de Dante.

O medo alimenta a resistência e a resistência alimenta o medo. A vida é percebida de forma assustadora. Não há abertura para a grandeza das forças criativas, para a natureza benigna do universo, para a amplitude da vida, até mesmo nas funções físicas do corpo. Usamos apenas um quarto ou um quinto da capacidade de nossos pulmões. Temos recursos tremendos, mas continuamente abusamos deles, muitas vezes porque não sabemos, porque somos ignorantes. O medo é uma parede, uma defesa erguida para não vermos a verdade de uma situação, a verdade da expressão no rosto de outras pessoas. O lado de dentro da parede é feito de medo, e o de fora é feito de sentimentos negativos. Enquanto mantemos essa parede, damos aos outros seres humanos nossa negatividade. Medo é desconfiança, de nós mesmos primeiro, e depois dos outros. É a desconfiança básica de deixar que as coisas sejam, de experimentar as coisas.

As três principais formas de resistência que descrevi estão ligadas ao sentimento: "Não quero ser ferido." Todas são distorções, exageros da realidade, porque é um fato da vida que a mágoa de ser ferido vem e deve passar. As pessoas experimentam a dor quando permitem que o movimento fluente de sua energia atravesse seus corpos para criar vida, movimento e alegria.

Muitas vezes, as pessoas que têm uma vida altamente organizada e, no entender geral, "boa", querem se esconder de verdades básicas. Mas vai chegar a hora do tumulto, e o edifício que levantaram pode ruir. A vida traz a destruição porque um edifício construído com tijolos podres é um edifício vacilante, com perigo de cair, se qualquer pressão incidir sobre ele. Um colapso não é sinal de que a natureza é perniciosa; o plano basicamente benigno da criação é demonstrado muitas e muitas vezes. Um demônio, como Hitler, com todas suas conspirações e manipulações, acaba por ser destruído. A destruição da destrutividade é um ato criativo. A destruição de nossas negatividades, mesmo que nos leve ao colapso, é um ato criativo.

Se o edifício ruir, a energia que flui é liberada, e pode se reorganizar sobre a verdade que resta para que a pessoa construa uma vida verdadeiramente boa. Pessoas internadas por causa de um surto psicótico, podem funcionar melhor depois do episódio, se receberem ajuda adequada e boa orientação. Uma pessoa negativamente orientada pode reconhecer a debilidade de seu edifício, prestes a ruir. Essas pessoas se desenvolvem rapidamente quando começam a fazer terapia. Começam o tratamento muito agressivas ou resistentes, mas no momento em que sua atitude inicial esmorece, são apanhadas no movimento de sua energia e há um progresso imediato na personalidade. Deveríamos aceitar e compreender a crise. O homem sábio aceita a crise e a resolve. Como disse Jesus: "Não resistais ao mal."

Eu disse que uma pessoa dominada pelo medo projeta-se para fora, acreditando que todas as suas dificuldades vêm de fora. Quanto mais um ser humano se desenvolve, mais ele percebe a sua própria resistência. Se for capaz de admiti-la, estará em um maior estado de verdade e menos inclinado a representar indiretamente sua negatividade. Quando não admitimos a nossa resistência, vamos representá-la indiretamente, mais cedo ou mais tarde. Há muitas formas de fazer isso. Podemos escolher um belo sorriso e então derrubar os outros, chamando uma pessoa de estúpida, a outra de baixinha, a outra de tratante. Seja como for expressa, a representação indireta é sempre destrutiva. Quanto mais admitirmos nossa resistência – e mal é resistência racionalizada – melhor a dissolveremos. Quanto mais sentirmos a dor, mais a aceitarmos, menos a sentiremos.

Na energética da Essência, colocamos o paciente em posições físicas incômodas e fazemos com que ele chute e grite, estimulando-o a continuar quando quer parar por causa do cansaço. Fazemos isso para ajudá-lo a aceitar o estado de tensão em si mesmo, conviver com ele e não ter medo de morrer, porque sente dor ou mal-estar. Da mesma forma, quanto mais aceitamos nosso ódio, menos odiamos; quanto mais aceitamos nossa feiúra, mais bonitos nos tornamos.

Quando aceitamos a dor que sentimos profundamente, isso nos dá um senso de dignidade, independentemente do que os outros disserem. Essas são leis inexoráveis da vida. Porque, quando nos livramos da distorção em nossa energia e consciência, estamos nos livrando apenas da antivida.

Parte V

Disfunção na Vida Cotidiana

Capítulo 15

A agressão no homem e na mulher

Nossa vida, atualmente, é caracterizada por um estado de movimento e intensidade excessivos, que nos mantêm em constante agitação. É difícil parar e entrar profundamente dentro de nós mesmos para descobrir nossas verdadeiras necessidades. Essa intensidade exige uma atitude mecânica em nossas ações e afasta de nós as experiências profundas de que somos capazes. Mas por que nos dedicamos a essa superatividade, a essa luta? Do que estão tentando escapar o homem e a mulher modernos? Através do movimento e da experiência, estão tentando preencher o vazio em suas vidas, a relação com o cosmos e o significado profundo da vida. Homens e mulheres desempenham suas funções em nossa civilização, evitando, assim, a busca mais profunda.

A sociedade moderna proporciona a homens e mulheres uma oportunidade única de transcender suas funções tradicionais de domínio masculino e subserviência feminina. Mas, em nossa era apressada, muitas pessoas oscilam entre o domínio e a submissão. As mulheres lutam para conquistar um novo *status* de igualdade com os homens. Os homens procuram redefinir seu lugar e seus processos em relação às mulheres e em relação aos outros homens. Surgem conflitos entre as pessoas, quando lutam para integrar a nova dinâmica social a maneiras de ser, socializadas e herdadas. Os conflitos expressam um exagero de uma das fases – afirmação ou receptividade – do ciclo recíproco de energia: ou o princípio assertivo se transforma em agressividade, ou a fase receptiva declina e se transforma em passividade. A pessoa excessivamente agressiva pode ser um homem ou uma mulher, mas o resultado é sempre uma distorção do modo básico – a identidade de gênero com a qual a natureza dota cada pessoa.

Afirmação é agir ativamente; receptividade é permitir que as forças interiores sigam seu curso. A afirmação envolve o uso deliberado das forças da pessoa, enquanto que a receptividade é relativamente mais voluntária. A atividade move-se em direção a uma condição modificada; a receptividade move-se dentro da condição existente e recebe a mudança. Classicamente, a afirmação é chamada de princípio masculino e a receptividade, de princípio feminino.

Esses conceitos são válidos porque ambos os princípios existem em todo empreendimento humano, em todo movimento fisiológico, em todo ato criativo, em toda interação. Ambos os gêneros encarnam ambos os princípios, em proporções e com ênfase diferentes. O cientista é afirmativo ao criar hipóteses e fazer experiências, mas é receptivo ao permitir que a intuição faça novas conexões ou que as novas idéias surjam. Numa relação, um busca ativamente expressar desejos, necessidades e o comportamento que deseja no outro. No entanto, permite que o outro reaja de acordo com sua maneira de ser, de fazer e de se expressar.

O homem saudável e integrado não representa exclusivamente o princípio ativo; e nem a mulher saudável e integrada expressa apenas o princípio receptivo. *Ambos devem expressar os dois*. No entanto, a ênfase difere entre homens e mulheres em relação às áreas nas quais os princípios criativos de ambos se expressam ou se aplicam.

Existe, naturalmente, uma confusão considerável sobre a posição da mulher. É ela, por exemplo, vítima do chauvinismo masculino? As pessoas e a mídia exploram a confusão, apresentando o problema da mulher moderna como mera exploração pela sociedade patriarcal. O problema surge a partir da separação dos princípios ativo e receptivo, tanto nos homens quanto nas mulheres. Essa divisão gera um estado de desunião e exploração das mulheres pelos homens, que superdesenvolveram seu princípio ativo em detrimento da própria receptividade.

Marion – uma mulher de 55 anos que emigrou da Europa para os Estados Unidos – exemplifica a passividade distorcida que produz tal exploração. Queixava-se de ser uma escrava dos desejos do marido e das necessidades dos filhos. Apesar de bem-educada e capaz, resignou-se à posição subserviente diante da autoridade do marido e tornou-se totalmente dependente dele. Submeteu-se, apesar de várias oportunidades de se tornar ativa e exercer seus talentos. Reconheceu esse estado de coisas já quase com 50 anos, quando desenvolveu uma série de males físicos e iniciou uma terapia.

Nossa cultura contém exemplos de homens e mulheres com padrões idênticos de falsa atividade (agressão, hostilidade, violência) e falsa receptividade (passividade, subserviência, submissão). Um detém poder e responsabilidade excessivos, o outro nega a auto-responsabilidade. Tanto os homens quanto as mulheres se defrontam com os mesmos problemas, mas interagem de maneira complementar e não idêntica. Nenhuma auto-realização é possível, a menos que cada pessoa se torne um homem total ou uma mulher total no sentido mais profundo possível. É por isso que os problemas humanos estão sempre vinculados primariamente ao relacionamento entre os sexos. É nessa área que as distorções dos princípios têm mais possibilidades de se expressar. Independentemente de outros problemas que possam existir, estão profundamente ligados à masculinidade e feminilidade de cada pessoa.

Esses princípios são expressos na vida sexual da mulher, que pode amar e harmonizar seus próprios princípios ativos e receptivos com os do homem e vice-versa. Em essência, essa harmonização permite a renúncia mútua, na qual a mulher é capaz de receber ativamente e, o homem, de receber através de sua afirmação. A mulher encoraja a identidade total do homem, mas não através da competição ou da rejeição de sua masculinidade, porque esta a ameaça. E nem o homem ameaça a mulher, por causa de uma falsa necessidade de dominar. A receptividade da mulher não deve ser confundida com passividade paralisante, que é uma distorção da verdadeira receptividade. O homem evita a superagressão, que é igualmente uma distorção da verdadeira assertividade. Para a mulher, a atividade pulsante de se abandonar no estado de auto-entrega torna-se uma força vibrante que contribui para a força e masculinidade do homem e, naturalmente, leva a uma vida harmoniosa e cheia de prazer. A auto-entrega do homem reside em dar verdadeiramente à mulher sua atividade e masculinidade, o que a libera para sentir e expressar sua qualidade de mulher e sua própria força, sem se subjugar ao homem.

A meta básica em situações individuais, assim como em assuntos sociais, é combinar esses dois aspectos – os princípios masculino e feminino – em membros dos dois sexos.

O padrão do homem dominador e da mulher submissa tem sido aceito, através dos séculos, como um fato natural, para a maioria de homens e mulheres. A dinâmica interior da relação permanece escondida no inconsciente. No entanto, a era freudiana desafiou radicalmente as atitudes de uma sociedade vitoriana rígida e preconceituosa. A psicanálise investigou as fontes mais profundas da psique e descobriu a mente inconsciente, revelando os fatores subjacentes às características de escravidão, entranhadas no relacionamento entre homens e mulheres.

Os alunos famosos de Freud, Carl Jung e Wilhelm Reich seguiram direções divergentes. Jung perseguiu os valores e o desenvolvimento espiritual humano. Reich explorou os aspectos físicos do corpo, relacionados com a doença e a saúde, através do conceito de identidade psicossomática. Nossa era, com a desintegração que acompanha a mudança social, demonstrou que nenhum desses desenvolvimentos pioneiros – nem a descoberta de Freud do ego e do inconsciente; nem a filosofia espiritual de Jung; nem o trabalho psicossomático de Reich – pode resolver sozinho o dilema dos seres humanos em nossa sociedade, cada vez mais complexa. Todas essas abordagens devem se fundir, para criar uma expressão harmoniosa e unitária da vida. Atualmente, muitas mulheres buscam, consciente ou inconscientemente, a liberação, encarnando as características agressivas que vêem nos homens.

A estrutura agressiva masculina corresponde à mulher agressiva. Na estrutura agressiva masculina, a parte superior do corpo é superdesenvolvida e, a parte inferior, contraída. O homem agressivo acredita que é superior aos outros e precisa de uma constante validação do esforço que faz para provar que está sempre certo. Considera a falta de validação como uma catástrofe que ameaça não apenas sua posição inflada, mas sua própria vida.

Ele se move constantemente no sentido de criar a sua própria realidade, manipulando os outros para dominar todas as situações. A mulher se transforma num peão em seu jogo de dominação, o que leva o homem agressivo a manipular de modo exagerado e específico a mulher. Ele a usa como um instrumento para seus próprios fins, para esconder o seu grande medo e terror relacionados com a insegurança sobre sua autoridade como homem. O caráter agressivo mantém uma atitude abusiva em relação à mulher, o que inclui desprezo pela sua suavidade e sentimentos. Escolhe uma mulher que pode dominar, que se transforma num mero objeto para satisfazer suas vontades e desejos.

Apesar da autoridade ser o problema real do homem agressivo, as mulheres agressivas transformam-se, em certas ocasiões, em autoridades em relação ao homem agressivo.

A mulher agressiva

Assim como o homem agressivo, que tende a supercontrolar, a mulher agressiva tem necessidade de dominar seu ambiente e o sexo oposto. Seu desprezo pelos homens é igual ao desprezo que o homem psicopata tem pelas mulheres. Sua necessidade de dominar se reflete na experiência de vida e também no corpo, como descreveremos abaixo.

Características físicas

Quais são as características físicas da mulher agressiva? São exemplificadas por Betty, uma mulher com pouco mais de 40 anos, cujo corpo era preso e contraído na metade inferior, mas bem desenvolvido e musculoso. Toda a sua parte inferior parecia feita para prender. Ela enrijecia as pernas, interrompia as sensações e não conseguia sentir o chão. A parte superior, bem-formada, mostrava seios bem desenvolvidos e ombros retos. Seu rosto era vivo e vibrante. Seus amigos a achavam atraente.

A estrutura física de Betty ilustra a mulher agressiva, como é descrita por Reich e outras autoridades, cujas observações são relatadas por Alexander Lowen em *Physical Dynamics of Character Structure*. O corpo da mulher agressiva, assim como o do homem agressivo, é dividido em dois segmentos. A metade inferior tende a ser volumosa nas mulheres, com gordura excessiva nos lados das coxas. Muitas vezes, a pele na parte de trás dos joelhos não é bem formada e parece pele de bebê.

Quando vista de costas, uma mulher desse tipo tem sempre a aparência de um bebê, quando se observa a área acima dos joelhos. O volume das coxas e nádegas transmite a sensação de algo travado. A energia presa nessa região a imobiliza num estado de tensão crônica. Muitas vezes, um anel em torno da virilha age como um torniquete sobre as articulações pélvicas. O anel impede que a energia flua livremente para as pernas. Freqüentemente, a pessoa é mais baixa que o normal e não consegue se abaixar ou tocar os pés. As variações desse tipo de corpo vão de uma condição extrema de nádegas superdesenvolvidas (esteatopigia) até formações sutis, difíceis de serem detectadas por olhos inexperientes. Geralmente, a parte inferior do corpo dá uma impressão de masoquista. Segundo Reich, ela prende a energia do corpo num sistema bloqueado. Assim, deve-se exercer pressão externa para liberar a tensão acumulada.

A metade inferior do corpo é, em geral, peluda. Uma pele grossa cobre a parte da frente das coxas, contrastando com a pele de bebê da parte de trás dos joelhos e dos lados das coxas. A parte de cima das coxas é foco de tremenda tensão, que se estende aos joelhos. A barriga da perna é superdesenvolvida. Tais mulheres são "conscientes da barriga da perna", quando ficam em pé. Usam os músculos da barriga da perna como se quisessem manter-se inteiras. Os pés em geral são pequenos, contraídos e quadrados, refletindo a incapacidade da pessoa de se sentir apoiada sobre as pernas e os pés. O modo de caminhar é pesado, anguloso e bastante desajeitado.

A parte superior do corpo, pelo contrário, é bastante bem desenvolvida. A mulher agressiva demonstra, freqüentemente, energia e movimentação consideráveis. É viva e ativa e parece fazer muitas coisas. Tem, geralmente, um rosto bonito, olhos afiados e expressão vivaz. Sua voz é comumente áspera e bastante profunda. Pode gritar sem dificuldade.

A parte superior do corpo é retesada. Os ombros estão sempre puxados para a frente e contraídos ou se mantêm numa posição que inclina para baixo. Isso dá a impressão de que a mulher está dependurada pelos ombros. Os braços são moles, quando flexionados, e rígidos, quando estendidos. O músculo tríceps mostra um estado de tensão constante. Como nos joelhos, os braços têm gordura na parte de trás. Geralmente essas mulheres têm seios bem desenvolvidos e podem amamentar bem. Contrastando, a parte superior do corpo da estrutura oral pode não se encher adequadamente, enquanto a estrutura histérica tem uma expressão tipicamente feminina, com seios voluptuosos e peito roliço.

As duas metades do corpo da mulher agressiva criam uma estrutura geral em conflito. A parte inferior representa passividade, enquanto a metade superior expressa movimento, atividade exagerada e, portanto, desenvolvimento acentuado do ego. Quando a pessoa favorece a expressão do ego, ela tem que enrijecer a parte inferior do corpo. Essa dinâmica traz energia para as funções do ego, evitando que este se submeta aos sentimentos sexuais, quando ela tenta sentir a parte inferior do corpo.

O desenvolvimento da mulher agressiva

Numerosos estudos de caso demonstram que a constelação familiar da mulher agressiva está centrada numa mãe preocupada basicamente com as necessidades físicas da criança. Faltam sentimentos a essa mãe que tem, geralmente, muitos problemas com o marido por causa da falta de satisfação emocional e sexual. Sua atitude em relação à filha é muitas vezes dura e compulsiva. Numa reação a tudo isso, a menina volta-se para o pai e desenvolve com ele um relacionamento muito próximo, que pode durar um ano ou dois, e talvez mais. Nessa relação, ela gosta dos sentimentos e contatos trocados entre eles. Mas o pai não consegue manter o relacionamento aberto. Ele pode ter medo de seus sentimentos, ou pode chegar um irmãozinho. Seja qual for a causa, o pai se afasta da menina e a rejeita, quando ela tem quatro ou cinco anos. Ela, naturalmente, fica terrivelmente ferida pela rejeição e se sente traída pelo macho. Também tem medo da mãe, cuja posição tentou usurpar através do relacionamento com o pai. A menina desenvolve a idéia de que seu pai está genuinamente interessado nela, mas se afastou porque também tem medo.

Jane, uma artista de 28 anos, foi muito próxima de seu pai até os quatro anos, quando ele se afastou dela. Ela dizia: "Estava desesperada. Não conseguia entender porque ele ficou tão distante de mim. Fiquei só – quase como uma órfã, porque minha mãe era fria e me aborrecia constantemente."

Alice, outra mulher agressiva, agia defensivamente durante a terapia, culpando constantemente o marido por seus problemas sexuais e expressando o sentimento de que tinha que manter o controle, porque estava sempre certa em qualquer situação. Ela racionalizava sua incapacidade de se entregar ao marido, alegando que ele ejaculava precocemente. O marido, paciente de um colega meu, explicou mais tarde que, quando tinham relações sexuais, a vagina de sua mulher estava sempre tão carregada que ele se tornava agressivo, o que lhe dava a sensação de estuprá-la. Assim, ele chegava ao clímax muito depressa, mas não sentia que ejaculava precocemente.

Alice era uma escritora criativa, mas não conseguia manter um nível constante de produtividade. Num extremo, conseguia produzir uma tremenda quantidade de material; em outro, tornava-se totalmente improdutiva, por longos períodos. Expressava amargura e despeito em relação a pessoas com autoridade, incluindo colegas e membros de sua família.

A incapacidade de Alice para se situar e aceitar seu papel nos problemas de seu casamento e de seu trabalho era a tônica da sua terapia. Ela não conseguia aceitar suas limitações. A partir da descrição que fazia do seu comportamento, ficou claro que se sentia esmagada por sentimentos ocultos de vergonha e inutilidade. Dizia muitas vezes: "Eu me sinto uma nulidade e gostaria de derrubar todos comigo." Ou então: "Preciso de poder, tenho que ser poderosa. Tenho que ser mais poderosa que os homens. Tenho que estar certa."

A menininha tem consciência da realidade de seu relacionamento com o pai. No entanto, sente que está certa ao manter seus sentimentos por ele e que o pai a decepcionou. Torna-se extremamente impiedosa em relação a ele e recusa-se a se ajustar à nova situação. Na escola, é competitiva com os meninos. Abandona sua identidade feminina, confundindo-a com a parte fraca de uma relação. Ela descarrega nos irmãos todo o ódio e violência que sente pelo pai.

Mais tarde, a mulher agressiva é geralmente bem-sucedida no trabalho e na carreira, e particularmente criativa nas artes, letras e ciências. No entanto, escolhe um homem que pode facilmente dominar. Esse desejo de dominação, semelhante ao do homem agressivo, é exemplificado por Ísis, uma mulher com pouco mais de 30 anos. Ela dizia: "Tenho que controlar a situação. Não posso me entregar a um homem. Tenho que deter o poder. Sinto-me viva quando tenho uma explosão de raiva. Meus namorados perdem a força e ficam insensíveis."

O relacionamento da mulher com o homem é baseado na necessidade que ela tem da força dele, o que entra em conflito com o desejo de subjugá-lo. A senhora Hindley–Smith, do Therafields Institute, no Canadá, inventou o termo "relacionamento paranóide-*paranee*",* para descrever como uma pessoa – no caso a mulher – se alimenta das energias de outra pessoa, sustentando assim seu funcionamento. O oposto também se aplica. O homem pode subjugar a mulher num relacionamento. Os casos que se seguem, tirados de minha prática clínica, ilustram vivamente a síndrome agressiva nas mulheres.

Exemplos de estrutura feminina agressiva

ALICE

Alice, uma mulher de quase 40 anos, foi criada num ambiente italiano altamente repressor. Começou a fazer terapia comigo porque não conseguia liberar seus sentimentos sexuais, o que lhe causava ansiedade e depressão. Dizia que seu marido era passivo e ela fazia o que queria. Superficialmente, Alice se comportava de maneira diferente. Trabalhava duro como dona de casa e se via como vítima desse trabalho.

O exame físico revelou uma mulher baixa, com a pélvis e parte inferior do corpo volumosas. As coxas eram gordas, a barriga da perna dura e os pés pequenos. A parte superior do corpo era tubular e um tanto contraída. Alice tinha seios bem formados e olhos vivos, mas um rosto um pouco masculino. Seu maxilar era travado, com os dentes inferiores bem atrás dos superiores. As características essenciais eram as da estrutura física da mulher agressiva.

Depois de um ano de terapia, Alice começou a aceitar a verdade de sua incapacidade de se entregar e de se permitir participar de funções sexuais. Ainda expressava desprezo pelos homens, apesar de ser maternal em sua atitude em relação a homossexuais. Continuava a dominar o marido e os filhos. Tinha amamentado seus filhos, mas os considerava como extensões de si mesma, como se os possuísse completamente.

BETTY

Betty, cujas características físicas já foram descritas, perguntou, na primeira sessão, se eu era forte o bastante para controlá-la ou se ela teria que tomar as rédeas da terapia, como já havia feito anteriormente. Já fazia terapia, com intervalos longos, há alguns anos. Viúva, com dois filhos crescidos, encontrara outro homem suave e submisso. Queria dominá-lo completamente, possuir seu corpo e sua alma. O homem suportou a situação por algum tempo e depois foi aos poucos se afastando. Temia ser totalmente aniquilado por ela. Nos dois anos anteriores à terapia, Betty não tinha conseguido se envolver em qualquer relação com homem algum, o que justificava de várias formas. Tentou explicar sua solidão, evocando a

* Ou seja, paranóide *versus* objeto de suas projeções (N.T.).

situação familiar de sua infância. Como muitas mulheres agressivas, Betty teve um relacionamento caloroso com o pai até os oito anos, quando ele se afastou. A mãe, uma ovelha-negra na própria família, atormentava a menina, até que Betty se revoltou. A mãe geralmente se vestia com roupas de homem, e Betty foi criada como um menino nos seus primeiros anos.

Através da terapia, Betty demonstrava sua necessidade de poder e controle: "Preciso controlar os homens. Preciso ter poder sobre eles. Se não, eles vão me aniquilar. Preciso estar certa, porque se não estiver eu não valho nada." Continuava: "Quando controlo um homem, sinto que ele perde o poder e eu ganho força. Então eu o desprezo, ou rejeito, ou exijo mais." Seu impulso para captar a energia do homem exemplifica o "relacionamento paranóide-*paranee*" entre os sexos.

Como quase todas as mulheres agressivas, Betty era extremamente bem-sucedida em seu trabalho, e sentia que essa era a única área de sua vida que valia a pena. Tinha acessos de raiva durante os quais atirava coisas nos homens, mas era suave em outros aspectos de seus relacionamentos. As pessoas a viam como uma garota doce, agradável e bem comportada.

ÍSIS

Ísis, cujo impulso para dominar analisamos no desenvolvimento da mulher agressiva, tinha um rosto extremamente bonito. Durante a primeira entrevista pude observar, sob a roupa justa, as características típicas da mulher agressiva – barriga proeminente, gordura excessiva na pélvis e nas coxas, desproporcionais em relação à parte superior do corpo. Não conseguia se firmar nas pernas. Mantinha os joelhos duros e erguia os ombros. Tentava desviar a atenção de seu corpo através de uma conversa excessiva, tentando chamar minha atenção e meu interesse para sua vida e seus problemas.

A parte superior do corpo de Ísis era presa e retesada. Tinha peito de pomba e um defeito de desenvolvimento no lado esquerdo. Seus ombros eram retos e o pescoço relativamente curto. Tinha cabelo bem cuidado e olhos escuros e expressivos, que refletiam tristeza profunda e insatisfação com a vida. A incapacidade de Ísis de se envolver com qualquer homem refletia-se nos numerosos casos amorosos e nos vários abortos. Sempre culpava os namorados por seus problemas sexuais. Caracteristicamente, tomava as rédeas da relação e forçava o homem a servi-la, até ele se entregar a ela. Então, perdia o interesse e partia para outro romance. Já tinha, provavelmente, passado por depressão, e, por uma vez, tinha levado o suicídio em consideração.

Na atitude em relação a mim, exigia atenção especial, o que mostrava que se sentia pouco à vontade e fora de lugar. Transmitia o sentimento de que estava me fazendo um favor por me envolver em seus problemas. Ísis dava todos os tipos de desculpas para não pagar as consultas, alegando dificuldades financeiras. Nas primeiras sessões, não conseguiu aceitar o trabalho físico, que é parte da Energética da Essência. Examinando melhor esse bloqueio, consegui que revelasse a vergonha de mostrar o corpo. Sentia que sua pélvis continha germes e sujeira que não podia expor aos outros. Queria que as pessoas olhassem apenas para a parte superior de seu corpo, particularmente o rosto, que era vivo e, às vezes, radiante.

Depois de um ano de terapia, incluindo trabalho físico, Ísis ganhou um pouco de segurança. Decidiu casar com um homem muito suave, que podia controlar e, assim, sentir-se segura. Tinha uma atitude totalmente não-realista em relação ao casamento, e a lógica do seu raciocínio não se sustentava. Achava que o homem estava ali para servi-la. Mantinha a mesma atitude que tinha em relação ao pai, a quem acusava, sem razão, de rejeição e abandono. Quando discutia com o marido, quebrava coisas e o atacava. Ele revidava, recusando-se a ter relações sexuais com ela. Ela reclamava que queria sexo, mas ele, não. Atacava-o às vezes, quando ele estava dormindo, exigindo relações. Mas quando o marido expressava desejo de algum contato mais íntimo, ela recusava, alegando um pretexto ou outro. Seu comportamento agressivo estava próximo da psicopatia. Ísis exigia seus direitos, afirmando seu poder em todas as situações.

O sentido da estrutura

Duas questões surgem a partir do exame desses e de outros casos que demonstram o funcionamento da estrutura feminina agressiva: Qual é o sentido da estrutura? Como pode a passividade, na metade inferior do corpo, se reconciliar com a agressividade, na metade superior?

Em alguns poucos casos, a estrutura pode refletir uma tentativa de unificar elementos genéticos masculinos na configuração física. No entanto, com mais freqüência, as características andróginas da metade inferior do corpo – a pele grossa e os pêlos – são impostas pela masculinização da personalidade. Essa anomalia física tem muitas variações, mas geralmente a mulher agressiva rejeita a metade inferior do corpo e aceita a superior. Ela se identifica com as funções do ego.

A tentativa de unificar os elementos ativos e passivos da mulher agressiva cria conflitos e uma turbulência tremenda na estrutura da personalidade. Esse tumulto vem constantemente à superfície. A mulher assume uma posição defensiva em detrimento de seus sentimentos como mulher, sentimentos que ela rejeita. Prefere se identificar com a função agressiva do homem para conseguir o que deseja na vida. A desunião entre a parte passiva do corpo e a ativa reverbera em seus relacionamentos com os homens. Psicologicamente, usa os acessos de raiva para subjugar o homem e, ao mesmo tempo, criar sentimentos de vítima, de ser usada, de forma a poder entregar-se à autopiedade. Os casos que citei demonstram como a mulher agressiva culpa o homem por seu problema e sente pena de si mesma.

O inconsciente irracional é expresso, em terapia profunda, em afirmações como: "Quero me vingar dos homens. Se não os destruir, eles vão me destruir." Ou: "Vou ser anulada na posição fraca em que ele me coloca ao me rejeitar." Ou: "O homem precisa se submeter a mim. Mas quando ele se submete, eu o desprezo. Se não se submete, sinto que está abusando de mim e me transformo em vítima."

Essas mulheres têm terror de se entregar, o que significa que correm o risco de ser profundamente feridas: uma representação de experiência com o pai. Curiosamente, repetem esse padrão na vida adulta, como se nada tivesse acontecido entre o processo anterior e o presente. Essas pacientes não conseguem perceber que a realidade presente não pode ser totalmente vivida se se agarrarem à frustração da infância. Não compreendem também a força e o controle que exercem sobre os homens, em seus relacionamentos adultos. Essa concepção errônea reflete-se no julgamento falho de que, se não estiverem certas, são inúteis. O poder é igualado à segurança, aceitação e valor. O problema é combinado, naturalmente, ao fato dessas atitudes e crenças permanecerem, em sua maioria, enterradas no inconsciente.

Relacionamento das mulheres agressivas

Vamos examinar agora a posição que a mulher agressiva assume em seus relacionamentos na vida real. Como Alice, Betty e Ísis, ela escolhe um homem cuja postura básica é a passividade, um homem que não assume a responsabilidade por sua agressão e a esconde, liberando-a de formas indiretas, como o sarcasmo.

Esta mulher expressa a sua agressividade nas funções do ego e na parte superior do corpo. O homem passivo capitula, comportando-se como um "bom menino", mas revela tortuosamente sua agressão, retraindo seus sentimentos ou através da crueldade de um comportamento sexual opressivo. O homem geralmente nega à mulher o seu amor, o seu prazer, seus sentimentos de ternura. Dessa forma, ele a subjuga e a força a submeter-se a ele no ato sexual. Ele teme, às vezes, o comportamento ameaçador da mulher e abdica de seu papel positivo – da sua masculinidade. Desce, então, a um estado de passividade em todos os planos. O relacionamento, então, está condenado a ruir ou a reduzir o homem a um satélite que gira em torno da mulher.

As duas partes alternam os papéis. Externamente, a mulher é agressiva, com traços paranóides. O homem adota o papel de *paranee** e se torna brando e conciliador. Mas invertem os papéis num nível mais profundo. A mulher submete-se como *paranee* abusada e o homem se torna o agressor paranóide. Um casal assim parece estar acorrentado a uma gangorra, um subindo em paranóia e o outro descendo em passividade. Invertem, então, as posições. No processo, transformam-se em paródias da verdadeira masculinidade e feminilidade, exibindo apenas os aspectos distorcidos dos dois princípios.

A única abordagem terapêutica efetivamente capaz de interromper o padrão destrutivo deve tratar os problemas do paciente na dimensão da estrutura física e na dimensão emocional. Em primeiro lugar, a mulher deve se apoiar sobre os pés. Para isso, seu movimento energético tem que abrir na metade inferior do corpo a partir da região superior. Se não conseguir abrir o fluxo de energia para as pernas, isso vai perpetuar o desequilíbrio da mulher e suas manifestações em relações sexuais insatisfatórias, sentimentos de depressão, uma convicção de inutilidade, autovitimação e confusão. É impossível também trabalhar com eficácia os aspectos psicológicos da estrutura se a paciente não acreditar que pode manter suas percepções intuitivas através de uma sólida ligação com o chão.

* Ou seja, de pessoa "que é objeto das projeções de um paranóide" (N.T.).

É importante descrever a estrutura de caráter da mulher agressiva porque a maioria de mulheres com profissões ligadas às artes, à literatura, e à ciência, de quem tratei, mostravam essa separação no desenvolvimento físico e emocional. O número de mulheres que seguem essas carreiras está crescendo rapidamente. Essas mulheres têm muito valor para nossa sociedade, por causa de sua criatividade e por sua capacidade de modificar a posição desigual das mulheres no mundo. Mas, conquistar mais poder, força e direitos não dá felicidade e satisfação à pessoa dividida. Ela não pode sentir totalmente os prazeres da vida, a menos que as funções do ego e os sentimentos do corpo estejam harmoniosamente equilibrados.

O homem agressivo

Bill é um artista de 35 anos. É um homem alto e corpulento com ombros largos, cintura fina e nádegas contraídas. Seus olhos são muito vivos e o rosto é enérgico. Examina constantemente os outros, e precisa "tirar vantagem". Assume sempre o controle da conversa, calculando contatos importantes e manipulando os outros. Sente-se infeliz se não tiver uma comitiva que o obedeça e que respeite suas crenças.

O relacionamento de Bill com as mulheres é muito pobre. Usa-as para conseguir o que precisa. Recentemente, no entanto, iniciou um relacionamento com uma mulher que "o conhece", o critica e faz estourar o balão de suas idéias grandiosas. Sente-se acuado e amedrontado diante dela. É a única pessoa que o faz lembrar de sua mãe. Assim, sente-se incapacitado mas mantém o relacionamento, não sabendo o que fazer. Continua agressivo e continua a manipular outras pessoas, mas fica passivo diante da mulher.

A origem e o desenvolvimento da superagressividade nos homens e nas mulheres têm raízes semelhantes. Quando os outros, como os pais, professores ou outras autoridades proíbem ou obstruem a expressão positiva da vida, desenvolve-se uma profunda negatividade inconsciente, resultante do bloqueio de movimento. A violência acontece quando os movimentos negativos, agressivos, são brecados ou negados, ao serem bloqueados através do medo, da rejeição ou da imposição de metas e ideais perfeccionistas. Acontece quando não se consegue deixar que a negatividade, os sentimentos agressivos, a raiva justificada e a afirmação saudável penetrem a consciência. A pessoa perde contato com seus próprios movimentos, voluntários e involuntários. A energia se acumula nos blocos musculares. Um pouco de provocação faz com que esses blocos arrebentem nas junções, e toda negatividade e ódio reprimidos explodem violentamente. A perda de controle pode levar a ações destrutivas. Essa dinâmica produz o caráter agressivo no homem.

A pessoa agressiva coincide com a estrutura psicopática descrita por Reich e Lowen. A palavra psicopatia tem duas raízes gregas – *psique* e *pathos*. Psicopatia, ou superagressividade, é um sofrimento da psique. Infelizmente, psicopatia conota também comportamento criminoso e, na verdade, muitos criminosos exibem as características da superagressividade. É por isso que resolvi chamar essa estrutura de agressiva – um termo culturalmente menos comprometido. Sociopatia é um termo melhor para comportamento criminoso.

Como todas as estruturas, a da pessoa agressiva é defensiva e expressa o principal problema do indivíduo. As outras estruturas de caráter têm seus modos típicos de defesa, como vimos no Capítulo 9.

Mas todos os seres humanos tendem a defender, a proteger e a esconder certos aspectos da personalidade, como guardiães da "própria segurança". Naturalmente, cada pessoa desenvolve essa função de guardião baseada em experiências passadas, para proteger-se da dor, do medo e do colapso. Uma parte da mente de cada um acredita que apenas essas defesas podem proteger a pessoa e impedir que se desintegre no caos dessas experiências passadas. Essas crenças são baseadas nas primeiras imagens gravadas na mente humana. Essas crenças e imagens da infância são baseadas em sensações, experiências, conhecimento e no agregado de tudo o que se inclui na formação de crenças. No homem agressivo, por exemplo, essas crenças podem se formar a partir da sedução e subseqüente rejeição por parte da mãe. Ele acha que tem de agredir ou ser subjugado e humilhado, comportamento que a criança sente como aniquilação.

A natureza dessas crenças difere de acordo com o tipo de personalidade. Como a pessoa as preserva com todas as forças porque são igualadas à segurança, integridade e identidade, transformam-se na principal resistência ao trabalho integrativo de tornar o inconsciente consciente. As crenças servem para bloquear a liberação de complexos neuróticos e sua transformação, para que possam ser usados criativamente. Na verdade, esse apego à função do guardião, às imagens e crenças, é o problema da pessoa agressiva.

As características físicas

A estrutura agressiva masculina resulta, basicamente, do deslocamento. Como na mulher agressiva, a estrutura física é dividida. O deslocamento de energia, o centro das atividades e o centro do pensamento reúnem-se na parte superior do corpo, a serviço da auto-importância da pessoa. Isso se reflete na forma em "V" do corpo. Os ombros, o peito e toda a parte superior do corpo são superdesenvolvidos. A metade inferior exibe uma pélvis algo contraída e uma contração masoquista. A pessoa favorece, constantemente, o movimento de energia para a parte superior, alcançando os olhos, que se tornam intensos e muito agudos. Os olhos observam, registram e classificam as reações das outras pessoas. Não permitem que o elemento receptivo das emoções do outro penetre a defesa agressiva e toque a Essência.

A metade superior do corpo, principalmente os braços, é extremamente ativa. Os braços e as mãos movem-se superativamente – e criativamente, às vezes – em direção à vida, arranjando, controlando, ordenando pessoas, acontecimentos e circunstâncias. A personalidade agressiva, na verdade, "segura a vida" com as mãos e subjuga os outros com sua vontade. Busca escravizar os outros, em cuja mente, vontade e atitudes sente dúvida, ambivalência e incerteza.

A dinâmica psicológica do homem agressivo

A atividade e a estrutura física da personalidade agressiva refletem-se na postura e funcionamento psicológicos diante do mundo. O homem agressivo parece ser motivado por uma tremenda força interior que se torna aparente em cada expressão. Ele nunca relaxa, se entrega ou se submete ao princípio receptivo da vida. As raras tentativas nessa direção são rapidamente sufocadas por sua enorme vontade e por seu impulso para controlar. O homem parece ser ferido por dentro, com uma tremenda força que o aciona, dirige e move de acordo com a sua vontade. Para fazer uma caricatura, o homem agressivo age como um robô ligado a um computador programado para mantê-lo regulado numa só direção, produzindo controle, dominação dos outros e determinação.

Assim, o principal problema do homem agressivo se expressa em tremenda intensidade. Nessa intensidade reside uma percepção ilusória da realidade, amplamente distorcida. Na verdade, o homem agressivo tem esse problema porque só consegue se valorizar quando está certo e no topo do mundo. Sua postura é de superioridade. Sua segurança e seu auto-respeito baseiam-se na exigência de que o mundo se ajuste a ele. Precisa sempre ganhar e fazer o que quer. Quando isso não acontece, sente um terror enorme de ser destruído, humilhado, inutilizado. Sua dupla ilusão – de que segurança é estar no topo do mundo, ou que será destruído se não estiver no topo – é totalmente auto-anuladora.

A realidade contradiz essas crenças distorcidas. O homem agressivo confronta-se diariamente com situações que contradizem seu sentimento de que o mundo deve sempre se acomodar a ele. Sua atitude diante do mundo gera um fantasma monstruoso, alimentado, por um lado, pela ilusão de superioridade e, por outro, pelo terror de colapso e anulação. Cria-se um círculo vicioso que leva a um desenvolvimento constante de formas destrutivas para conquistar sua ilusão. O comportamento destrutivo produz mais terror de colapso e medo de culpa, o que coloca uma carga tremenda na vida do homem agressivo. Se as condições estressantes de vida exageram essa dinâmica, a pessoa pode se perder em dúvidas, desconfiança e, finalmente, na insanidade, seu maior fantasma. Assim, o círculo vicioso é perpetuado, e parece não haver saída.

Em outras estruturas de caráter, com diferentes sistemas de crenças e defesas, a reação agressiva é modificada em quantidade e qualidade de expressão. A principal reação defensiva do caráter oral é: "Você precisa me dar isso; você me deve isso." A personalidade oral exige dos outros, em vez de aceitar a responsabilidade pela sua própria vida. A exigência de poder é modificada para preencher suas necessidades. Na estrutura masoquista, a principal defesa é: "Desconfio de você, deixe-me sozinho. Você vai me causar dor." Aqui, o componente agressivo se expressa como desconfiança em relação ao mundo exterior, isolamento interior, reserva e rancor, que permeiam a personalidade inteira. Para o masoquista, o poder vem do retraimento. O caráter rígido obtém poder real porque sua estrutura é suficientemente organizada para ser bem-sucedida. No entanto, a pessoa rígida experimenta um conflito constante entre a mente e as emoções, entre o intelecto e o coração. Apesar de ter poder, teme constantemente sucumbir às emoções e se entregar à mulher. A defesa do esquizóide é, constantemente, manter-se intacto. Por causa da fragmentação da personalidade, não consegue tolerar a energia que vem de fora. Cada aspecto fragmentado luta, e tem medo de ser dominado pelos outros. A dinâmica agressiva, na pessoa esquizóide, manifesta-se em desconfiança em relação a cada um dos aspectos da realidade interior e exterior.

Trabalhando com o homem agressivo

Ao lidar com o elemento agressivo, seja ele dominante ou subjugado a outras posturas, é importante descobrir maneiras apropriadas de ajudar a pessoa que se agarra firmemente a seu padrão de comportamento. Em primeiro lugar, deve-se mostrar que ela está mantendo, em suas profundezas, a imagem de superioridade sobre os outros, e que investe uma tremenda emoção nessa posição.

Ao trabalhar com essas pessoas, notei que, quando lhes dava um globo para segurar enquanto tentavam resolver seus problemas, sentiam-se bem em ter o planeta nas mãos. Diziam que se sentiam à vontade controlando, dominando e tentando impor sua vontade sobre milhões de outras pessoas. É essencial ao tratamento articular claramente os sentimentos concretos de superioridade sobre o mundo e os sentimentos secretos, vagos, que transformam o poder numa prova de que são bons e a falta dele numa prova de que são ruins. Dessa forma, a pessoa pode perceber o absurdo de sua atitude de onipotência, baseada em sentimentos semelhantes da infância.

Para trabalhar a realidade presente, o paciente agressivo precisa discutir e avaliar o mundo como ele é e avaliar realisticamente seu relacionamento com outras pessoas: colegas de trabalho e família. Precisa compreender, aos poucos, a realidade de sua situação presente. Muitas de suas atitudes estão enterradas profundamente no inconsciente. Esse material deve ser trazido à superfície, através de um trabalho sistemático.

Quando a energia e a consciência são libertadas, o homem agressivo deve começar a conviver com suas novas reações, com a aceitação de sua realidade de vida e, o que é mais importante, deve compreender que a realidade não o enfraquece, nem devasta seu valor ou integridade. Ao contrário, a realidade o torna mais forte e mais sábio. Devem-se usar novas experiências para testar as capacidades em desenvolvimento da pessoa, juntamente com a solução necessária para fazer frente às suas dificuldades. É da maior importância mostrar ao homem agressivo que suas velhas maneiras de ser são inviáveis e que o transformam numa criancinha, desperdiçando tempo e valiosa energia vital. Precisa de ajuda para compreender que deixá-lo vencer é derrotá-lo a longo prazo. Satisfazer seus sentimentos de onipotência e vontade própria pode gerar desconfiança geral, paranóia e, em casos extremos, um colapso real.

O homem agressivo precisa compreender, especificamente, que suas atitudes negativas, conscientes e inconscientes, forçam-no a aceitar a ilusão como realidade, o que destrói sua integridade e gera culpa real e justificada. Insistir em "à minha maneira" gera culpa real e a incapacidade de reconhecer os verdadeiros objetivos. Se a pessoa reconhece sua culpa, vai poder fazer restituições.

O homem agressivo pode obter saúde mental e segurança apenas quando se reeduca e forma novas reações à realidade presente. Resumindo, a pessoa pára de tentar ser uma criancinha onipotente e busca a restituição pela sua culpa real em relação às pessoas com as quais está envolvida. O reconhecimento e a restituição da culpa eliminam os componentes nocivos de autodepreciação e humilhação e criam auto-respeito, dignidade e independência. O problema da superagressividade é muito difícil de ser administrado porque os que têm psiques que sofrem opõem-se, com todas as forças, a revelar o problema e porque muitas de suas atitudes estão escondidas no inconsciente.

A personalidade agressiva aflige a todas as pessoas, em maior ou menor grau. De acordo com a tese de André Leitis, *"Transference and Countertransference"*, ela tem um sentido específico para cada tipo de estrutura e atitude de caráter. No entanto, a principal expressão da atitude é o sentimento de superioridade em relação aos outros. Num sentido mais profundo, a superioridade agressiva é um dos elementos do mal: a confusão que agrava a personalidade. Quando Fausto perguntou a Mefistófeles "Quem é você?", ele respondeu: "Sou, justificadamente, o espírito da provocação." A racionalização da máscara de superioridade e sua justificativa tornam muito difícil administrar o problema. Assim, o trabalho com a personalidade agressiva deve se dirigir, basicamente, ao funcionamento da máscara, convocando os recursos do eu superior da pessoa para ajudar a reorganizar, reintegrar e reconstruir novas abordagens saudáveis em relação à vida.

Capítulo 16

A agressividade na parte superior do corpo

A parte superior do corpo é um instrumento para alcançar, afirmar e fazer contato com os outros. A criança busca alcançar a mãe com toda a parte superior do seu corpo. Quando essa agressividade natural é bloqueada na infância, os movimentos naturais de alcançar transformam-se em estruturas de defesa. A agressividade é obstruída e o rosto, a voz e as extremidades superiores ficam bloqueadas e congeladas. Cada pessoa congela a assertividade natural de formas características. É preciso muito trabalho para reenergizar e mobilizar a parte superior do corpo e restaurar o movimento e a agressão naturais.

Um bebê tenta fazer contato com a mãe através de movimentos naturais de boca, braços e olhos. O bebê faz também o movimento muito específico de jogar a cabeça para a frente e estender os lábios para encontrar o seio. Esse movimento, apesar de ser suave e rítmico, é um movimento agressivo em direção à fonte de alimento. Pode ser observado em todos os mamíferos e ajuda o bebê a alcançar o seio, obter satisfação física e fazer contato, energética e emocionalmente. A criança fica confusa quando o movimento é bloqueado, quando a mãe se afasta, fica ansiosa ou se comporta inconsistentemente (permite contato num momento e se afasta no outro). A criança se aproxima com uma onda de sentimento, de vibração pulsatória, e encontra uma reação negativa. O seio está frio ou não há leite. A criança experimenta uma frustração profunda.

Os movimentos pulsatórios frustrados da boca são constringidos em impulsos para morder e gritar. O sentimento e sua energia, não descarregados através da sucção, que dá prazer, tendem a se descarregar através de ações violentas. Essa mudança de agressividade suave para agressividade violenta ocorre espontaneamente sempre que a primeira se defronta com a frustração. Infelizmente, a raiva do bebê também se defronta com a frustração. Poucos pais compreendem, ou toleram, as reações intensas do bebê que expressa raiva depois de se defrontar com a frustração. Reagem com raiva, desaprovação e negação de amor e contato.

Com todos os movimentos para a frente reprimidos e rejeitados, os movimentos naturais do maxilar, língua, garganta e braços da criança ficam congelados. A boca pode se congelar numa expressão de amargura; o maxilar pode se colocar de forma a fazer frente à frustração esperada; a língua se contrai e a garganta se aperta; os braços e os ombros se deslocam para cima numa postura defensiva. Os movimentos naturais de sugar e procurar tornam-se distorcidos e fracos. Todas as funções que dependem de uma reação livre e profunda são adversamente afetadas.

A reação emocional é congelada, simultaneamente à física. A situação é trágica, porque as funções e estruturas bloqueadas continuam pela vida adulta. Os traumas da infância permanecem trancados na musculatura do adulto, inibindo a agressão saudável e positiva de que todas as pessoas precisam para levar uma vida eficaz e produtiva.

Michael, um cientista de 38 anos, exemplifica na vida adulta a dinâmica de agressões frustradas na infância. Tem dificuldades em seu casamento atual. A mulher se queixa de que ele não a beija e exige sexo, sempre que quer. Sua expressão facial rígida aparece na boca apertada e no lábio superior inflexível. Tem uma voz seca e monótona e evita expressões faciais de emoção. É incapaz de chorar.

Ele descreve assim sua infância: "Minha mãe me mantinha a distância. Era fria e nada afetuosa. Queria que eu me comportasse bem o tempo inteiro. A primeira vez que saí com uma moça, aos dezessete anos, não soube o que fazer. Eu não tinha calor para dar e fiquei profundamente embaraçado. Minha mãe nunca me abraçava e me envergonhava se eu expressasse algum sentimento. Devo ter sentido muita raiva, porque tentei queimar a casa. Meu pai nunca estava por perto. Estava sempre viajando a negócios e eu desconfiava que ele tinha outros casos."

Michael tem estatura média e uma atitude intensamente presa. Seus ombros são erguidos e seu corpo rígido. Queixa-se de dor nos joelhos e anda duro como um robô, com uma qualidade mecânica nos movimentos do corpo. É óbvio que suas experiências de infância tiveram um efeito decisivo na formação das atitudes defensivas, expressas em seus hábitos de personalidade e, especialmente, em suas atitudes de corpo. Suas experiências e as reações defensivas geraram uma rigidez geral, uma expressão facial mortiça e semelhante a uma máscara. Essa expressão representa uma atitude de caráter específica. Há muitas outras, dependendo da interação da criança com os pais e com o ambiente. Conhecer essa dinâmica é muito útil no processo de restaurar o funcionamento saudável do indivíduo.

Funções agressivas das extremidades superiores

A criança tenta alcançar a mãe com os braços. Quando é aceita, abraçada e recebe amor, sente que seus braços estão ligados ao corpo. Podem expressar naturalmente os movimentos afirmativos e agressivos. Mas, quando sua agressividade é bloqueada, os braços se separam do corpo, congelam nos ombros e tornam-se destacados. Seus movimentos se tornam mecânicos e perdem a expressão emocional. A energia dos sentimentos não flui livremente do corpo, através dos braços, até as mãos. A pele da mão torna-se seca e a pessoa perde o senso do toque como carícia. Quando o fluxo de sentimento através do corpo é livre, os ombros são completamente relaxados. Não ficam erguidos, empurrados para trás ou curvados para frente.

Os braços são instrumentos de ação e expressão. São usados, basicamente, para ampliar o contato do corpo ou trazer objetos desejados para perto. São usados também para repelir ataques ou objetos não desejados e para exprimir sentimentos de raiva, batendo, rasgando ou apenas ameaçando. Os braços estendidos, com as palmas das mãos para cima, exprimem convite e abertura. O punho fechado indica uma atitude negativa ou hostil. A atitude de rezar, quando as palmas se juntam, é a atitude da pessoa que faz contato consigo mesma. Andar e balançar os braços livremente, ao longo do corpo, excita o campo de energia e dá uma sensação de prazer.

Tenho observado, durante todos estes anos de trabalho, que a maioria das pessoas que se deita de costas no divã, estende os braços e deixa as mãos moles como flores murchas. Essa postura indica uma atitude interior de desespero, um sentimento de "o que adianta?" Se lhes peço para estenderem os braços e dizerem "mamãe", geralmente começam a chorar e a soluçar. Outras, no entanto, se recusam a estender os braços e dizer "mamãe", porque sentem que a expressão é sem sentido. Quando o gesto é feito com sentimento na voz e nos braços, significa que a pessoa não perdeu a capacidade de estender os braços para a vida. O bebê ainda vive no coração de todos nós, e o sentimento por mamãe nunca desaparece completamente.

A capacidade de alcançar com os braços é uma medida da força do ego. Uma pessoa esquizóide não consegue estender os braços e alcançar. A personalidade oral estende e alcança apenas quando tem certeza de que o ambiente a apóia. A masoquista alcança com hesitação e se retrai. A pessoa rígida agarra e a personalidade agressiva bate agressivamente. A incapacidade dessas pessoas de estender e alcançar é devida a tensões musculares crônicas na parte superior das costas, ombros e braços, que se desenvolveram a partir da necessidade de suprimir movimentos violentos e agressivos em direção à mãe. Muitas vezes se diz às crianças para não levantarem as mãos para seus pais. Como resultado, não conseguem, literalmente, erguer totalmente os braços, quando adultos.

A violência reprimida, bloqueada nas tensões musculares crônicas das extremidades superiores, deve ser liberada para que os braços reconquistem suas funções naturais de alcançar, pegar e dar. Os pacientes da energética da Essência são constantemente encorajados a liberar essa violência, batendo numa cama com os punhos, com uma raquete de tênis ou um bastão de borracha. Ficam de pé para bater, jogando, o mais que possam, os braços para cima e para trás. A qualidade do golpe depende do grau de alongamento e da coordenação do movimento. A prática constante desse movimento libera os ombros e desenvolve uma sensação de alívio nas ações agressivas. Quando bem feitos, os movimentos produzem também uma recompensa imediata em sentimentos de prazer e satisfação. Essa expressão de violência reprimida não machuca ninguém e beneficia enormemente o paciente.

Os ombros geralmente ficam bloqueados em uma entre três posições. A elevação é uma expressão de medo. É comum em crianças que sentem ansiedade e pânico. Erguem os ombros tentando se manter intactas. Ombros forçados para baixo indicam uma tremenda quantidade de tensão e que os sentimentos são empurrados para baixo. Nas mulheres, trazer os ombros para a frente indica sentimentos de vergonha, uma atitude que se desenvolve muito cedo na vida, numa tentativa de esconder os seios e a feminilidade. A tensão nos ombros inibe o movimento de golpear, que é necessário para soltar a tensão, liberar a energia e restaurar a mobilidade natural. A incapacidade de realizar o movimento físico indica dificuldade para expressar os sentimentos específicos. O canal físico é bloqueado e o sentimento não pode seguir seu trajeto. O canal bloqueado é como o leito obstruído de um rio.

Expressões assertivas do rosto

O rosto é muito importante na expressão da agressividade. Quando uma emoção não irrompe na expressão facial apropriada, está, geralmente, bloqueada e não alcança a consciência. A pessoa esquizóide, por exemplo, pode estar cheia de raiva e violência, mas a rigidez e frieza de seu rosto impedem que tome consciência de sua agressão. O sorriso compulsivo do masoquista defende-o contra sentimentos de angústia e violência, aprisionados na estrutura da personalidade. Da mesma forma, o rosto de um homem passivo retrata uma pessoa benevolente e gentil que esconde de si mesma e dos outros a raiva nas camadas mais profundas de sua personalidade. Ao trabalhar com esses indivíduos, é necessário mobilizar as expressões agressivas da face para trazer à superfície, de forma terapêutica, a violência enterrada.

Em outras pessoas, o rosto e as maneiras expressam constante agressão. A mulher agressiva tem um rosto duro e cortante. Parece sempre preparada para atacar ou morder. Essa hiperagressividade pode ser reconhecida como uma defesa contra o medo de sucumbir a seus sentimentos ou de se tornar submissa aos outros.

Na personalidade agressiva observa-se, geralmente, uma intensidade extrema de expressão no rosto, principalmente nos olhos. Os olhos parecem fixar uma pessoa e mantê-la a distância. O indivíduo agressivo não consegue entrar em contato com outro ser humano através do olhar. Usa os olhos defensivamente ou para escrutinar os outros. Essa agressividade aparente é, na verdade, uma pseudo-agressividade desenvolvida para proteger a pessoa contra fortes sentimentos interiores de fraqueza e desamparo. Esses sentimentos se originam, por sua vez, da supressão de impulsos violentos e agressivos na infância. É igualmente necessário, para as pessoas agressivas, movimentar o rosto para liberar a verdadeira agressividade.

Muitos pacientes acham difícil assumir uma expressão de rosto que expresse raiva intensa. Não conseguem falar com voz zangada, mostrar os dentes ou estreitar os olhos. Alguns não conseguem jogar o maxilar para a frente; outros não conseguem retrair os lábios. Os olhos de muitas pessoas se arregalam de medo enquanto a parte inferior do rosto assume uma expressão ameaçadora. Não lhes permitiam essas expressões quando crianças, e agora são incapazes de executá-las. Geralmente, é necessário um trabalho considerável nos músculos contraídos do maxilar, dos lábios e da região sob a língua, para que o movimento se torne possível. Os pacientes podem superar as tensões praticando expressões agressivas na frente do espelho ou frente a frente com o terapeuta. Com a prática, perdem gradualmente o medo de encarar os outros com uma atitude conscientemente agressiva e hostil.

Um dos melhores exercícios para mobilizar a agressividade e a violência reprimidas envolve o uso de uma toalha enrolada. O paciente segura a toalha com as duas mãos, numa distância de uns quinze centímetros, e a torce com toda a força. Ao mesmo tempo, mostra os dentes e diz tudo que lhe vem à mente: "Eu te odeio", "Vou te estraçalhar" ou "Seu filho da puta". O paciente deve torcer a toalha por pelo menos meio minuto, para permitir que a respiração se aprofunde e os sentimentos venham à tona. Pode também sacudir a toalha enquanto exige: "Dê isso para mim." Isso ajuda a trazer a agressão à superfície. Em alguns casos, o paciente morde espontaneamente a toalha.

Quero deixar claro que movimentos ou exercícios individuais não têm sentido se não se transpuser, dinamicamente, as emoções reprimidas para os aspectos caracterológicos da personalidade. Por isso, devem ser feitos simultaneamente com a expressão dessas emoções.

Agressão na boca

Mobilizar o reflexo de sucção é uma das tarefas mais importantes e mais difíceis da terapia. As tensões que bloqueiam essa básica função pré-natal vêm das primeiras experiências da vida, e estão profundamente estruturadas no corpo. Algumas pessoas não conseguem descontrair os lábios. Suzy, uma mulher solteira de 35 anos, era incapaz de ter um relacionamento com um homem. Tinha dificuldade de relaxar os lábios e levá-los para a frente, como num beijo. Ela relatou que sentia medo de que algo ruim lhe acontecesse, se ela beijasse. Um longo trabalho com o reflexo de sucção ajudou-a a lembrar-se das surras que levava dos pais adotivos, que a insultavam e a deixavam quase morrer de fome.

Pessoas como Suzy têm o lábio superior rígido. Em outras, o lábio inferior é preso ao maxilar. Quando se pede a esses pacientes que descontraiam os lábios, o maxilar inferior se projeta para a frente, numa expressão de negatividade desdenhosa.

Mas, mesmo quando os lábios estão relativamente livres, a boca não participa do movimento por causa de tensões crônicas nos maxilares, que se recusam a amolecer. O movimento total de sucção abrange também a garganta e a parte superior dos pulmões. Esse movimento vem literalmente do coração. Assim, o movimento é interrompido pela rigidez na parte superior do peito (manifesta na projeção da primeira costela), por um anel de tensão na base do pescoço, pela constrição da região sob a língua. Pode-se perceber como são fortes as defesas contra o movimento de sucção quando se compreende que, ao realizar o movimento, o coração literalmente se abre.

Todas essas tensões contêm impulsos negativos. A projeção ou retração do maxilar inferior sugere tendências de morder inibidas. A língua retraída denota o oposto, ou seja, o desejo de sugar. Quando se pede aos pacientes que estendam a língua, num gesto terno e carinhoso, ela geralmente treme de medo. Os músculos da garganta, presos e contraídos, seguram gritos de raiva e medo; ou soluços tão profundos, que têm o som da angústia.

Os movimentos de sucção não se desenvolvem antes que os impulsos violentos e negativos sejam liberados. Mas os pacientes têm medo de morder. Têm medo de bater e, também, medo de apanhar. Uma técnica da energética da Essência consiste em colocar uma toalha dobrada na boca do paciente e do terapeuta, e dirigir o paciente para que puxe a toalha da boca do terapeuta. O terapeuta morde a toalha e a puxa para longe do paciente. Quando esse exercício é sugerido pela primeira vez, muitos pacientes dizem que têm medo de que seus dentes caiam.

Em outras ocasiões, peço ao paciente que morda de leve a parte carnuda da minha mão. Muitos têm medo de fazer isso logo de início. Mas quando conseguem morder, aprendem que a mordida pode ser controlada para não machucar ninguém. E superam a ansiedade profunda, relacionada com algo que pode machucar os outros. A pessoa que tem medo de morder hesita em pôr a mão na boca de um cachorro, porque projeta no animal seus impulsos inconscientes de morder.

Um excelente exercício para libertar a língua é o gesto infantil de colocá-la para fora o máximo possível. Asseguro aos meus pacientes que ela não vai ser cortada. O terapeuta pode também pegar a língua do cliente entre os dedos, usando uma toalha de rosto, e segurá-la em posição estendida. Isso abre a parte de trás da boca e permite que a pessoa sinta o ar que flui pela garganta.

Finalmente, pode-se encorajar o paciente a fazer o verdadeiro movimento de sucção, produzindo um som audível quando inspira. A respiração logo modifica o corpo e pode pô-lo em vibração. No entanto, o movimento de sucção não pode ser totalmente liberado até que o paciente consiga se identificar com o bebê dentro dele, e estenda os braços, a boca e o coração em direção à mãe. Quando o paciente consegue fazer isso e trabalhar o sentido dinâmico desses blocos de energia, libera seu equivalente emocional.

Respiração e voz

No começo era o Verbo e o Verbo era Deus. O Verbo não poderia ter existido se não fosse pela qualidade única da voz humana. O gato mia, o cachorro late, o leão ruge, mas o ser humano fala. E fala palavras. As palavras transmitem idéias, assim como a expressão de sentimentos. Não existem duas maneiras de falar exatamente iguais. Cada pessoa tem uma maneira muito especial de expressar ou ocultar os sentimentos. Por exemplo, uma mulher miúda, de meia-idade, que tem necessidade de se afirmar, pode falar com a voz de um sargento; ou um homem volumoso, com medo de se afirmar, pode usar uma voz fina e feminina. Em ambos os casos, a voz dá o sabor característico à impressão que temos dessas pessoas. É uma expressão de suas personalidades.

Segundo Paul Moses, em *The Voice of Neurosis*, a origem da palavra "personalidade" mostra que, originalmente, havia uma profunda compreensão da conexão entre voz e personalidade. A palavra vem do latim *persona*, que era a boca da máscara usada pelos atores. Passou, gradualmente, a significar o som da voz que passa pela máscara. Depois, o termo passou a designar o próprio ator – a pessoa e suas qualidades –, a sua personalidade. Ao longo dos séculos, perdeu sua conexão com a voz. Vamos, agora, tentar reconectar a voz à personalidade.

Apesar de a voz ter perdido sua conexão consciente com a personalidade, ela traz ainda essa conotação. Os seres humanos expressam pela voz seus sentimentos e pensamentos. Expressam-se e tornam sua vontade conhecida através da voz. Tem-se voz no Congresso, ou não se tem voz. Na verdade, a expressão vocal é um registro da história da raça humana. Existem 158 nações representadas nas Nações Unidas. Muitas delas têm centenas de dialetos, idiomas e características regionais. Existem 3.000 línguas diferentes na Terra. Cada uma delas representa uma forma única de expressão de cultura e sentimentos humanos. A vida começa com os sons e os movimentos do corpo que, ao longo de milhares de anos, foram gradualmente abstraídos em palavras e conceitos mentais que formaram a expressão cultural da linguagem falada e escrita. Artefatos encontrados junto a fósseis de homens primitivos ajudam a estabelecer a existência da linguagem há mais de um milhão de anos.

Os povos primitivos usavam canções e expressões rítmicas vocais ao cultivar a terra, nas festividades e na guerra. Os antigos egípcios usavam sons vibrantes como Arr-ou-urr para reforçar seus sentimentos, durante cerimônias de adoração. Movimentos corporais e danças acompanhavam as festividades. O grego antigo vibrava com canções e danças de amor em suas bacanais, soltava gritos de guerra e lamentava, com voz desesperada e penetrante, a morte do herói, em suas tragédias. Os romanos e bizantinos desenvolveram um código de leis baseado em palavras.

Na Idade Média, Giovana de la Porta, um médico florentino, fez uma análise sistemática da voz, em termos de emoções. Em nosso tempo, Freud, Abraham e Ferenczi estudaram os sintomas da neurose e descreveram seu significado na expressão consciente e inconsciente do discurso. Mas foi Wilhelm Reich, e a Bioenergética, quem ressaltou a importância da maneira de falar, como expressão da estrutura de caráter. Finalmente, Paul Moses afirmou que é possível, com treinamento adequado, diagnosticar um paciente apenas a partir da voz.

A voz é um instrumento da expressão assertiva. Por isso, é muito importante na formação do curso da vida de uma pessoa. É usada para expressar sentimentos positivos ou negativos. Pulsa com amor e congela com ódio frio. A agressão positiva ou negativa pode ser facilmente reconhecida na voz: a agressão positiva, pela decisão e afirmação; a negativa, pela voz monótona, retraída e veladamente hostil.

A agressão indica o distúrbio específico de caráter. Por exemplo, quando a agressão é brecada no caráter oral, a voz é neutra e diz: "Dê-me mais." A voz do caráter esquizóide torna-se mecânica ao dizer: "Não sei onde estou." O masoquista se lamuria, o que exprime: "Eu culpo você."

Voz e respiração estão intimamente relacionadas. Comumente, não se considera a respiração como uma função assertiva da vida. No entanto, a boa respiração, como a voz forte, é muito agressiva. Suga-se literalmente o ar, o que leva à inspiração ativa de energia. Os movimentos de sucção estão ausentes na má respiração, e a expiração é um processo mecânico. Falta-lhe a qualidade emocional do desejo. Neste caso, não se respira porque se quer, mas porque é necessário. Muitas pessoas respiram mecanicamente. Ou seja, não conseguem incorporar o reflexo de sucção ao movimento mecânico da respiração. O reflexo de sucção contém o movimento pulsatório interior que transforma a respiração numa experiência prazerosa. Sem o reflexo de sucção, a respiração se torna uma função mecânica de expandir e contrair os músculos do peito, garganta e boca. Falta o sentimento de prazer, fluindo no corpo. A pessoa acaba por respirar muito superficialmente, diminuindo a entrada do oxigênio, o que a esvazia da energia necessária aos processos básicos da vida.

Desenvolvimento da voz

A vida começa com o primeiro grito. No nascimento, o médico espera pelo grito. Um grito forte indica vigor. Um grito fraco prediz falta de vitalidade no bebê e o possível desencadear de complicações. O grito é, na verdade, o movimento pulsatório básico de todo o organismo do bebê. Expressa também suas necessidades vitais.

Pode-se observar a íntima relação entre respiração e voz no fato de que o primeiro grito inicia a respiração espontânea. Em nosso trabalho, observamos que quando a voz é bloqueada, a respiração é limitada; que quando a respiração é restrita, a voz é fraca. Deve-se, portanto, trabalhar tanto com a voz quanto com a respiração, para mobilizar essas duas funções agressivas.

Antes de desenvolver esse ponto, eu gostaria de examinar brevemente o desenvolvimento da voz no ser humano e algumas de suas dimensões. Isso vai ajudar a compreender melhor os distúrbios que ocorrem e os métodos necessários para lidar com eles.

No bebê, o choro é coordenado com a respiração, o que é da maior importância para o funcionamento do seu organismo como um todo. O ritmo é caracterizado pela inspiração rápida e pela expiração mais longa. Esse é o protótipo, empregado mais tarde na fala normal. No entanto, quando se está amedrontado ou ansioso, a coordenação entre voz e respiração é profundamente afetada, o que perturba o padrão rítmico da vocalização.

Lá pelo quarto mês, a voz se torna musical e o choro deliberado. Pode expressar medo, raiva ou amor. Expressa-se medo prendendo-se a respiração e franzindo-se os lábios. O som é O-AAAA. O medo é expresso num estado de contração. Expressa-se raiva prendendo-se a respiração até o rosto ficar vermelho. Isso está relacionado a possíveis reações asmáticas no correr da vida. Segurar a raiva leva a uma liberação violenta do choro. Expressa-se amor em sons suaves. O som é OOOO-A. Os órgãos da fala têm uma função de descarga. Pulsam e liberam ondas da Essência do organismo. Prender a respiração é como uma constipação intestinal que leva a erupções na pele, o que expressa o protesto do bebê contra a manipulação da mãe.

Com uns seis meses, o bebê geralmente faz o som lá-lá-lá e sente prazer em realizar movimentos rítmicos com a boca. É o início da coordenação de experiências motoras, sensoriais e auditivas, como preparação para o discurso deliberado. Crianças que são impedidas de vocalizar livremente, desenvolvem graves distúrbios no padrão respiratório. Suas vozes se tornam mecânicas, secas ou de alcance limitado.

Em torno de um ano de idade, a criança é pressionada pelos adultos para aprender. A respiração é livre, mas o discurso e a articulação das palavras são impostos. A vocalização livre e cheia de prazer subordina-se ao sentido das palavras. A voz serve apenas de pano de fundo para o discurso, como a música, em filmes mudos. A emoção se separa do sentido de palavras abstratas, porque os movimentos naturais da criança são reprimidos. A voz zangada dos pais choca a criança. No decorrer da vida, qualquer entonação vocal desagradável aciona a retirada como reflexo condicionado e estabelece o padrão neurótico. Os sons geram associações motoras. Quando a criança é emocionalmente bloqueada, tenta resolver sua dificuldade para compreender o sentido das palavras com uma excessiva atividade motora, uma característica de crianças esquizóides. Muitas vezes essas crianças encontram alívio na dança. Quando a criança se acostuma às palavras, tem o instrumento necessário para influenciar seu ambiente.

Na escola, a criança entra no mundo das palavras e aceita ou rejeita os novos padrões com irritabilidade. Às vezes cospe as palavras sobre quem a ouve, o que pode ser o início da gagueira. Ou pode regredir à fala de bebê, ou se recusar a pronunciar palavras. A voz da criança é como uma gravação complicada. Quando a expressão vocal é perturbada, a função respiratória é afetada e toda a expressão emocional se altera. O bloqueio da garganta, provocado por emoções reprimidas, como raiva, protesto e fúria, transforma-se num padrão neurótico, gravado na estrutura de caráter do indivíduo.

Na puberdade, o processo de crescimento possibilita características sexuais diferenciadas. O processo de mudança de voz, da criança para o adolescente, é chamado de mutação. A mudança começa com sinais de desorganização, rouquidão e incerteza. O aparato vocal cresce um centímetro, formando o pomo de Adão nos meninos e alterando as cordas vocais. Às vezes, a voz de um menino cai uma oitava. David, que sofreu um conflito adolescente entre a mãe e a namorada, tem uma voz masculina quando fala com a namorada, e uma voz aguda e infantil quando fala com a mãe. Uma paciente me disse que o tom sinistro e ameaçador de sua voz era uma tentativa de controlar a mãe exigente. Disse que aquela voz tinha começado na puberdade.

Distúrbios na produção da voz

Qualquer estado de tensão, crônico ou agudo, afeta a posição da laringe. Esse órgão fica suspenso numa posição equilibrada entre dois grupos de músculos, acima e abaixo do osso hióide. Ao todo, são três dúzias de músculos. Qualquer esforço desequilibrado nesses músculos distorce a voz. Se o grupo acima do osso hióide fica tenso, a laringe desloca-se para cima e a voz fica áspera e aguda. As membranas e mucosas também ficam secas, o que provoca uma sensação de aspereza na garganta. Se os músculos abaixo do osso hióide se contraem, a traquéia fica comprimida e a voz se torna baixa e profunda. Na ansiedade, o diafragma se contrai, o que resulta numa maior pressão diafragmática e num tremor na voz. A contração pode produzir, também, um discurso explosivo. No medo agudo, ocorre a afonia (perda da voz). A depressão limita o alcance vocal e produz uma expressão monótona.

Quanto maior a flexibilidade da voz, melhor a pessoa está equipada para sentir e expressar sentimentos. Quando uma pessoa é neuroticamente fixada, isso pode ser detectado na voz, que é uma expressão da estrutura do caráter. Descrevemos, a seguir, os principais distúrbios da voz:

A Voz Monótona. Isso indica que a expressão de sentimento está reprimida e mantida dentro dos limites de um alcance pequeno. Falta profundidade à voz. O ritmo é monótono, a ressonância pobre. O caráter oral pertence a essa categoria. Entrega-se a muita "conversa fiada" para ganhar afeição. Uma de minhas pacientes, no início da terapia, falava incessantemente numa voz monótona. Admitiu depois que isso era um truque para ganhar afeição e para impedir que fosse mais fundo em seu vazio.

Voz Limitada a Um Registro com Pequeno Alcance. Essa voz é predominantemente aguda por causa do medo de fazer contato com sentimentos sexuais mais profundos. É, em parte, o caso de estruturas histéricas, onde há uma abundante reserva de energia e um bloqueio de emoções. Homossexuais, que desempenham papéis femininos, também têm vozes agudas, como se afastassem a emoção do peito e do abdômen. O homossexual passivo tem uma voz aguda e suave, que parece quase feminina. Ela diz: "Eu consinto; tenho consciência de você; não me machuque."

A Voz Mecânica. Falta ressonância a essa voz, que é monótona, seca e fria. Os esquizóide falam assim. A respiração é entrecortada e o diafragma e o abdômen são muito contraídos. O alcance da voz é extremamente limitado.

A Voz Afetada. A pessoa com essa voz tenta modulá-la artificialmente para encobrir a falta de sentimento. A voz tem uma qualidade artificial. Muitas pessoas assumem conscientemente diferentes papéis para evitar a expressão de seus verdadeiros sentimentos. Um paciente me contou que começou a falar com um forte sotaque britânico para "elevar seu *status*" e impressionar as pessoas com seu "desenvolvimento cultural". O masoquista usa essa estratégia vocal para expressar queixas constantes e se lamuria para provocar uma reação e liberar emoções trancadas.

Terapia da energética da Essência para problemas da voz

Liberar a respiração natural e a expressão vocal é um elemento importante na terapia da energética da Essência. Fazendo com que a pessoa use a voz num grito constante, usando as expressões "Ah" ou "Não", observamos que a respiração se aprofunda espontaneamente, para fornecer o ar necessário. A voz deve incluir todos os alcances da expressão, do berro ao choro e à súplica. Vai de uma lamúria suave a um grito de tal intensidade que produz a sensação de uma corrente elétrica passando através do corpo inteiro.

Mais especificamente: para trabalhar a voz, pede-se que o paciente respire pesadamente, deitado com os ombros apoiados em um banco. A pressão fica no nível dos mamilos, com os braços estendidos, segurando uma cadeira. Os pés ficam apoiados no chão, os dedos voltados para dentro, os joelhos flexionados. As costas ficam caídas, para formar uma curva. Pede-se ao paciente que respire pesadamente, sorvendo o ar com um grunhido, que é sentido na base da garganta. Então, o ar é expelido poderosamente. As fases da inspiração e expiração são mais ou menos iguais. Pede-se então que grite em tom agudo e contínuo, aumentando a pressão do diafragma e liberando o pescoço. Isso é seguido de uma respiração profunda e de outro grito, e assim por diante.

Esse processo pode revelar muitos problemas. Os pacientes não acostumados a respirar profundamente logo ficam tontos e têm de repetir o processo muitas vezes. Se a garganta estiver bloqueada, engasgam e tossem. Se a pulsação que se dirige para baixo durante a fase de expiração é bloqueada, o movimento pára e a voz desaparece.

Deve-se, primeiro, trabalhar na liberação das tensões do maxilar e da base da cabeça, antes de se iniciar o trabalho específico de romper os bloqueios da voz. Pode-se tratar esses problemas diretamente, colocando o polegar da mão direita alguns centímetros abaixo do ângulo do maxilar. O dedo médio é colocado na posição correspondente, do outro lado do pescoço. Os músculos escaleno e esternocleidomastóide são pressionados firmemente, enquanto o paciente vocaliza em tom agudo e constante. O processo é repetido várias vezes, com a pressão aplicada no ponto médio e na base do pescoço, em diferentes registros de voz. Muitas vezes isso leva a um grito agonizante, que se transforma em soluços profundos. Pode-se ouvir o verdadeiro envolvimento emocional quando o bloqueio é rompido. A tristeza é expressa em movimentos convulsivos, e todo o corpo vibra de emoção. A voz torna-se viva e pulsante, e o bloqueio da garganta se desfaz.

É surpreendente descobrir o que se esconde por trás da fachada da voz estereotipada. Uma mulher jovem, com voz aguda e simulada, desempenhando o papel da menininha do papai, irrompeu numa voz melodiosa, madura e feminina. Um homem com voz seca e monótona mudou o registro, depois dessa liberação, para uma profunda voz masculina, desafiando o "pai opressor". Fiquei muito comovido com uma paciente esquizóide que se escondia atrás de uma voz ameaçadora e seca. Depois de abrir os bloqueios da garganta, começou a cantar uma canção melodiosa e pungente, como uma garotinha de seis anos.

A pessoa que bloqueia a garganta, bloqueia também a pélvis. É interessante notar que o maxilar e a pélvis se correspondem em movimento e estrutura. Quando um abre, o outro pode fechar. Um paciente me disse que, na medida em que sentia a voz e a cabeça mais claras, sentia também enrijecimento e câimbras na barriga. Muitas pessoas têm medo de soltar a voz porque temem soltar seus sentimentos sexuais.

É óbvio, então, que o problema da terapia da voz é muito complicado porque envolve o organismo inteiro. Como a voz é a expressão do sentimento da Essência da pessoa, como o som musical produzido no centro de um instrumento de sopro, o fluxo longitudinal do movimento tem que ser restabelecido pela remoção de obstruções em muitos níveis, permitindo que a onda pulsatória da respiração flua livremente. É da maior importância ancorar o sentimento nos pés para enraizar a pessoa no chão. De acordo com a experiência de muitos cantores profissionais, a terapia da energética da Essência é eficaz para modificar e ampliar a voz, porque unifica o fluxo pulsatório do organismo – rítmico e espontâneo – do qual a voz é uma expressão.

Cada pessoa é um todo orgânico unificado. Ao restaurar a agressão e a expressão natural e positiva, é importante trabalhar com todas as estruturas que foram bloqueadas na infância.

Capítulo 17

O caso do coração partido

As doenças cardíacas, nos Estados Unidos, alcançaram proporções assustadoras. Matam quatro vezes mais que em 1900 e duas vezes mais que o câncer.

Por quê?

Essa pergunta preocupa quase todos os setores da sociedade americana, do governo federal ao clínico geral de uma cidadezinha de 700 almas. Tem uma significação crucial para profissionais bem-sucedidos entre 40 e 50 anos, porque as pesquisas demonstram que essas pessoas são o alvo preferido dos acidentes coronários, conhecidos popularmente como ataques do coração.

Em 1973, dois cardiologistas do Montefiore Hospital, da Albert Einstein Medical School de Nova York, pediram-me para avaliar dez pacientes sob seus cuidados. Todos eles eram homens, com idade na faixa crítica. Oito já tinham tido um ou mais infartos e dois tinham angina. Os cardiologistas queriam que eu observasse a aura desses pacientes – os campos de energia em torno de seus corpos – para saber se apresentavam indicações específicas da doença. Apesar de serem ainda necessárias maiores avaliações para que as descobertas pudessem ser usadas com segurança, fiquei fascinado com as observações. Vou apresentá-las em detalhe no fim deste capítulo.

Para colocar essas observações em perspectiva, resumirei agora alguns dos princípios de meu trabalho na análise da energética da Essência, em relação ao coração humano e ao sistema circulatório.

A vida, como a percebemos na nossa realidade tridimensional, é movimento que se faz conhecido através da pulsação – a batida do coração. Muitos de nós já apanhamos um pássaro jogado no chão e ouvimos seu coração para saber se estava vivo. Mas o movimento da vida é composto de uma substância muito mais essencial que os elementos fisiológicos do sangue, secreções químicas, impulsos neurológicos e coisas desse tipo. O homem, como todas as criaturas, vive através do movimento de energia, recebida de dentro e de fora de si mesmo. E o coração é um órgão único para transmitir esse movimento, para regular e proteger a vida, através do organismo.

A doença no coração precisa então ser considerada não apenas como uma falha nos tecidos, uma invasão de micróbios ou como efeito de fadiga provocada por outra doença ou por abuso do corpo. Precisa ser vista como uma implicação patológica da disfunção energética.

Nas páginas que se seguem, vou desenvolver essa perspectiva através da revisão e da interpretação de vários estudos de doenças do coração, assim como da minha pequena amostragem. Ao discutir esses casos, vou apresentar aspectos da doença cardiovascular: algumas manifestações psicológicas, a estrutura física dos pacientes, e minhas observações dos campos de energia da aura, correspondendo às patologias físicas. Desejo começar com o coração e sua ação.

O coração e seu movimento pulsante

No desenvolvimento humano, ou de qualquer animal na escala evolucionária superior, algumas poucas células da massa protoplasmática, que começa a se dividir na concepção, se diferenciam. Elas assumem a função especial de manter o movimento essencial que, mais tarde, se transforma na atividade pulsante de todo o organismo. Essas células vêm do ectoderma – nossa camada exterior – da nova criatura. Mas formam aquilo que vai se transformar num órgão interior, o coração embriônico. No seu crescimento, formam uma espiral que se enrola, no sentido anti-horário, e criam duas secções subdivididas. Assim, o coração plenamente formado tem quatro câmaras que consistem numa membrana muscular de fibras. Elas se expandem e se contraem e são envolvidas pelo pericárdio. Esse órgão também é equipado com portas, ou válvulas, que abrem e fecham, pela contração e liberação dos tendões (ou *chordae*).

Um grupo especial de células, chamado feixe de His, regula a pulsação do coração. Originam-se no interior das câmaras do lado direito e se espalham pelo órgão. Têm núcleos que disparam como baterias de tiro, numa fuzilaria que permeia toda a musculatura do coração, criando seu movimento rítmico para dentro (sístole) e para fora (diástole). Quando a pulsação é registrada num eletrocardiógrafo, podemos observar que é composta de muitos ritmos diferentes, que vêm de diferentes partes do coração para formar o ritmo do órgão inteiro, de 60 batidas por minuto. E esse órgão excepcional não pára nunca esse movimento pulsatório, até a entidade a que serve deixar a realidade tridimensional.

A função fisiológica do coração é propelir a substância líquida do homem, o sangue, através das artérias, até as extremidades do corpo, retornando através das veias. Em seu percurso, através do sistema circulatório, o sangue recolhe e distribui inúmeras partículas de energia – energia biológica, elétrica e química – aos pequenos canais da rede vascular, as arteríolas. Esses pequenos vasos também pulsam, operando a partir de sinais que vêm do sistema nervoso autônomo. Esse sistema não controla apenas as funções involuntárias do corpo, mas está envolvido também na atividade emocional primal. Quando a pessoa experimenta emoção, ela é transmitida para as arteríolas e também para o coração, através do feixe de His. A rede cardiovascular tem então a função de bombear e canalizar nutrientes para todo o organismo e de fazer frente a impulsos relacionados às emoções que podem, como veremos, quebrar literalmente o coração.

O batimento cardíaco replica a pulsação que pode ser observada em toda a natureza, dos movimentos rítmicos de animais unicelulares aos padrões cíclicos de vastos fenômenos biológicos. Os ritmos de pulsação e descanso das infinitas formas de vida diferem entre si, mas o ritmo é uma característica inata da vida. Os pássaros seguem os ritmos da natureza para encontrar as rotas de migração. Existem muitas teorias sobre esse fenômeno. Uma delas é que seguem os movimentos pulsatórios das linhas magnéticas da Terra. Outra sustenta que eles reagem às mudanças rítmicas da atmosfera.

Outros relógios da natureza, repetindo perpetuamente seus ritmos, aliam-se à atividade geradora dos organismos vivos. No México, por exemplo, um pequeno animal semelhante a um esquilo é atraído à praia quando a maré está cheia. Os animais ficam ali por um dia, procriam e vão embora. Não visitam a praia em nenhuma outra época. E, naturalmente, o acontecimento rítmico mais importante na biologia humana é o ciclo menstrual da mulher.

Reich salientou que o princípio de funcionamento comum em um processo repete-se em todas as unidades, das superiores às inferiores. Uma árvore, por exemplo, repete sua forma, dos galhos maiores aos menores. Os galhos maiores têm a mesma estrutura do tronco, assim como os galhinhos mais finos. Da mesma forma, o coração, que se especializa em transmitir os movimentos pulsatórios de vida através do organismo, representa o princípio de funcionamento comum no homem. A pulsação rítmica pode ser observada, não apenas nos pequenos vasos e em todas as células, mas também nos elementos básicos da matéria orgânica, como no ácido desoxiribonucléico – DNA. Essa molécula tem a mesma forma espiral do coração. Assim, o coração é o conjunto organizado de movimentos pulsatórios que fluem através dos menores componentes do corpo físico.

Doença cardiovascular e disfunção energética

Distúrbios dos princípios assertivo e receptivo desunificam a pessoa e a saúde. Na energética da Essência, podemos ver fisiologicamente os distúrbios em blocos que indicam o local da disfunção energética. Esse desequilíbrio é visível em todas as doenças, incluindo as do coração e as do sistema circulatório.

Em termos de medicina orgânica, as doenças cardiovasculares podem ser divididas, *grosso modo*, em quatro categorias. Uma delas consiste em doenças nas portas (válvulas) e tendões (*chordae*). O sopro é uma delas. Outra forma dessa categoria, que geralmente ocorre cedo na vida, é a doença cardíaca reumática. As válvulas, assim como o pericárdio, ficam inflamadas por causa da infecção, o que danifica sua capacidade de se fechar e arruína os tendões.

A segunda categoria compreende doenças da substância do coração. Isso envolve o músculo. Devem-se a modificações degenerativas, inflamações ou acidentes vasculares agudos, como uma oclusão coronária.

As doenças da terceira categoria afetam o ritmo cardíaco. Freqüentemente acompanham as doenças da primeira e segunda classificações, principalmente as que afetam o músculo, e podem persistir depois que essas doenças são superadas.

Finalmente, existem doenças do sistema circulatório, como a hipertensão. Essa condição permeia toda a rede vascular e pode começar na infância. No início, a pressão flutua. Depois, a hipertensão torna-se crônica. A causa imediata, como é explicada nos livros de medicina, é a constrição das arteríolas, os pequenos tubos por onde escoa o fluxo sangüíneo. Às vezes as arteríolas apresentam lesões, mas não necessariamente. A hipertensão geralmente é considerada um fenômeno essencial ou idiopático. Ambos os termos significam apenas "da sua própria natureza". É uma forma bonita de dizer que as causas da doença são desconhecidas. Na verdade, as causas são conhecidas, como veremos mais adiante.

O terror que as pessoas sentem em relação às doenças cardiovasculares gira em torno da incidência das mortes repentinas que podem provocar. As doenças circulatórias e condições que podem lesar o coração, como a febre reumática, podem resultar numa crise cardíaca fatal e relativamente imprevisível, assim como um único incidente grave, como uma oclusão coronária. De acordo com o conhecimento médico, o mecanismo de um súbito ataque do coração pode operar de várias maneiras. O sistema nervoso parassimpático (uma subdivisão do autônomo), que desacelera o coração, torna-se dominante. Isso produz um estado de bradicardia, ou batimento cardíaco muito lento, que, num eletrocardiograma aparece nos grandes intervalos entre os picos. Por fim, o batimento cessa. Ou um vaso pode se romper, ou um coágulo pode atingir o coração, causando um choque e interrompendo a pulsação. Mas essas e outras explicações fisiológicas são basicamente descritivas. A questão permanece: *por que* as arteríolas se contraem, *por que* os impulsos parassimpáticos tornam-se dominantes, *por que* um coágulo se forma? As causas funcionais da maioria das doenças cardiovasculares começaram a ser compreendidas só após o advento da medicina psicossomática.

Como vimos no Capítulo 8, a ciência médica começou a descobrir a natureza psicossomática da doença humana. Os trabalhos de Osler, Cannon, Alexander e Reich estabeleceram as ligações entre doença ou bem-estar físico e emocional. Os Capítulos 19 e 20 explicam a metodologia para tratar disfunções físicas e emocionais em diferentes domínios, trabalhando com a força unificadora da Essência.

A partir desse avanço nas pesquisas, foi-se formando uma imagem do paciente cardiovascular, como uma pessoa presa entre a hostilidade premente e o medo. Cada emoção alimenta a outra, num círculo vicioso, que arma uma cilada para o organismo. Ou seja: o estresse desse conflito exaure o coração ou danifica irreparavelmente as arteríolas, através de pressão constritiva.

Em termos de energética da Essência, a origem dessas doenças é a mesma dos distúrbios uterinos nas mulheres: o aprisionamento de movimento de energia saudável no organismo. O bloqueio está na pélvis e o excesso de energia presa no torso superior infla o ego, uma faculdade conceitual baseada na cabeça. O ego inflado leva a pessoa a um comportamento agressivo, dirigido para a conquista, a realização, a elevação de *status*. O ego tenta parecer admirável, superior aos outros. Esse é o ego de um homem impelido para o sucesso, equiparado, em nossa cultura, a poder e dinheiro. E essa pessoa é o alvo principal da doença cardiovascular.

Obviamente, nem todas as patologias físicas seguem o padrão genérico que mostra homens tendo ataques do coração e mulheres sofrendo de doenças nos órgãos sexuais. Observei, por exemplo, muitos casos de patologia cardíaca, de origem reumática, entre as mulheres. Geralmente, a doença começa na puberdade, logo depois de o coração da menina receber o choque da rejeição por parte do pai. O pai corta abruptamente o tremendo movimento de amor entre ele e a filha. Provavelmente, não soube lidar com os sinais de que o fluxo da energia dela não se concentrava apenas no coração, mas também no sexo. Assim, para proteger seu próprio equilíbrio oscilante, tira da filha a afeição e a ternura, afetando-lhe o coração. O dano nem sempre se restringe ao coração. Muitas dessas pacientes sucumbem à tuberculose logo depois da febre reumática. O peito inteiro se envolve na saudade irresolvida do pai.

Outra possível exceção à regra genérica é a mulher agressiva que descrevi no Capítulo 15. É uma mulher que trabalha, geralmente com dons para as artes ou as ciências, e que entrou no domínio competitivo das carreiras profissionais. Como seu equivalente masculino, ela amplifica o princípio assertivo à custa do receptivo. É incapaz de abrir os sentimentos do coração. Seu comportamento é predominantemente agressivo. Na terapia, isso se revela como uma máscara que encobre o ricochete entre medo e raiva. Não tenho evidências suficientes para demonstrar efetivamente que essa configuração de caráter torna a mulher propensa a males cardíacos e circulatórios. Mas as pesquisas recentes são inquietantes. Está crescendo rapidamente o número de mulheres com distúrbios cardiovasculares.

Existem, naturalmente, outras exceções ao padrão genérico. Alguns homens desenvolvem câncer nos testículos ou outras doenças dos órgãos sexuais. Mas, em geral, o complexo de bloqueios que afeta o coração do homem, afeta o útero da mulher.

Perfis de casos de doenças cardiovasculares

As primeiras descobertas sobre a origem emocional das doenças cardiovasculares foram confirmadas e ampliadas pelos estudos feitos nas últimas décadas. Mas duas pesquisas recentes se destacam pela inovação na classificação. Um dos projetos foi iniciado em 1960-61 por Meyer Friedman e Ray H. Rosemann. A pesquisa, ampliada depois, compreendia, originalmente, 3.500 profissionais do sexo masculino, entre 39 e 59 anos. O segundo, coordenado por George L. Engel analisa 170 casos de morte súbita, basicamente por doenças cardiovasculares, entre pessoas de todas as idades e de ambos os sexos.

Friedman e Rosemann categorizaram os homens pesquisados em dois grandes padrões de comportamento, a que chamaram de tipo A e tipo B. O tipo A é característico do homem de ação, que luta excessivamente para obter o maior acúmulo de poder e patrimônio, no tempo mais curto possível. Ele se esforça demais. Luta com os desafios e se agarra às oportunidades. Ele raramente é introspectivo ou sensível às necessidades alheias. Em suma, ele é agressivo. O tipo B faz tudo com mais calma. É menos viciado na auto-imagem e no sucesso e vive uma vida com menos pressões.

As descobertas feitas pelos autores, a partir do estudo desses dois grupos, revelaram-se muito fecundas: os homens do tipo A são duas a cinco vezes mais propensos a moléstias cardiovasculares que os do tipo B. E uma complementação da amostragem original, feita em 1967, mostra que 22 das 25 mortes – ou 88 por cento – causadas por doenças do coração, ocorreram entre o tipo A.

O tipo A é o típico caráter agressivo. O caráter rígido também parece propenso a doenças do coração porque está emocional e energeticamente afastado do próprio coração. O masoquista, no entanto, é mais propenso ao câncer, por causa do aprisionamento maciço de energia.

Avaliações médicas dos homens do tipo A revelam um quadro bioquímico anômalo: aumento de colesterol e de insulina no sangue e um excesso de norepinefrina – uma secreção supra-renal – na urina. Além disso, é precário o equilíbrio hormonal, necessário ao bom funcionamento do coração. Assim, essas pessoas estressam seus corações no esforço contra a tremenda oscilação entre as síndromes de luta e de fuga.

Reavaliando à luz dessa classificação as pessoas com quem trabalhei, descobri que as pessoas do tipo A mostram um perfil muito semelhante na vida profissional e na posição social. Isso é contrário à falta de correlação entre *status* e tipo de comportamento, observada por Rosemann e Friedman, uma diferença que se deve, provavelmente, aos traços sociométricos específicos que definem o conjunto dos pacientes psiquiátricos. Os do tipo A, que tratei, eram pessoas realizadas, com empregos importantes. Estavam financeiramente bem e eram socialmente respeitados. Usavam o discurso como meio para dominar os outros. Não gostavam de dividir a autoridade.

Seu comportamento em relação às mulheres, no entanto, era geralmente menos agressivo. Eram maridos exemplares, pelo menos superficialmente. Se apreciavam ou não as relações sexuais com suas esposas, é um ponto questionável. Todos tinham tido casos secretos, o que provocava neles ansiedade intensa. Essa parte do padrão corresponde à constelação familiar do tipo A. Conservavam, geralmente, muita hostilidade em relação ao pai e uma atitude de medo em relação à mãe.

A mãe tinha sido uma figura autoritária e sufocante. O pai tinha demonstrado hostilidade, afastando-se ou abusando da criança. A esposa do tipo A tende a se tornar chefe da casa. Dessa forma, a relação conjugal perpetua a necessidade de dependência e a relação hostil a ela, que o homem conserva desde a infância. Há muita verdade no cartum clássico, que mostra o grande executivo no escritório, dando ordens a todo mundo, e depois entrando em casa, tímido como um ratinho. Os tipos A que tratei tinham – como a amostragem de Rosemann e Friedman – um elemento agressivo e um submisso em seu comportamento. Esses elementos revelam que o tipo A está preso entre ansiedade crônica e tremendos impulsos hostis reprimidos.

O estudo de Engel concentra-se em pessoas que morreram abruptamente sob o impacto de uma intensa experiência emocional. A divisão de faixas etárias – cobrindo dos 0 aos 60 anos – confirma o padrão geral de moléstia cardiovascular. A proporção é de 18 homens para uma mulher no grupo de 41 a 50 anos; 26 para 6, no grupo de 51 a 60; os períodos de pico ocorrem entre homens de 45 a 55 anos, e entre mulheres de 70 a 75 anos.

Abrindo seu artigo com uma longa incursão pela história da Medicina, Engel cita passagens extraídas de fontes muito diferentes, como a Bíblia e anais militares, para exemplificar as diferentes emoções, encaradas tradicionalmente como causa de morte súbita. Quando Pedro, o Apóstolo, acusou Ananias, dizendo: "Não mentiste ao homem, mas a Deus", Ananias caiu morto, assim como sua esposa Safira, ao saber da sua morte (At. 5: 3-6). Conta-se que Valenciano, o imperador romano, teve um colapso e morreu "enquanto censurava com paixão os delegados da tribo germânica". Conta-se também que Chilon, Rei de Esparta, caiu morto de alegria ao "abraçar o filho que tinha arrebatado o prêmio nos jogos olímpicos". Assim como um porteiro do Congresso, na época da América Revolucionária que, segundo o médico contemporâneo Benjamin Rush, caiu morto ao saber da derrota das tropas de Lorde Cornwallis, em Yorktown. O papa Inocêncio IV e Felipe V da Espanha estão entre muitas figuras históricas que morreram ao saber da derrota de seus exércitos.

Casos correntes da prática de Engel e de seus colegas, assim como casos descritos em reportagens, levaram-no a classificar as causas de morte súbita em oito categorias. Quatro delas estão relacionadas com a perda ou ameaça de perda de uma pessoa próxima. A relação pode ser apenas simbólica. Por exemplo, o capitão de exército de 27 anos que comandou as divisões do cerimonial no enterro do presidente John F. Kennedy, morreu dez dias depois de uma "irregularidade cardíaca e congestão aguda". Três causas dizem respeito ao perigo – presente ou passado – para a pessoa. Engel relata inúmeros casos de pessoas que saíram ilesas de acidentes de trem e carro para morrerem de um ataque fatal do coração, poucas horas depois. A ameaça pode pesar sobre o *status* e a auto-estima, e não sobre a segurança física. Isso pode explicar a morte de Wilhelm Reich, decorrente de um infarto, poucos dias antes de ser libertado da prisão.

A oitava categoria de Engel cobre o surpreendente fenômeno da morte súbita numa hora de sucesso, triunfo ou reunião com uma pessoa querida. Há, por exemplo, o caso de um homem de 55 anos que morreu ao encontrar com o pai pela primeira vez em 20 anos – sendo que o pai também caiu morto.

Em termos de energética da Essência, não é difícil compreender como uma tragédia ou perigo agudo pode partir o coração. O choque do acontecimento produz um bloqueio tão grande que a energia volta para o organismo com uma violência fatal, uma causalidade que já foi discutida no Capítulo 6. Mas por que a alegria e o prazer se igualam ao potencial letal do pesar ou do terror?

Não é a emoção expansiva ou a onda positiva de energia que mata. É o bloqueio, e um bloqueio poderoso, contra qualquer sentimento, até mesmo os bons sentimentos. Ou seja, a alegria e o prazer não são aceitos. Defrontam-se com uma negação inamovível. Essa negação pode surgir da culpa ou da convicção de que não se merece a alegria. Quem sabe, por exemplo, o que o Rei Chilon de Esparta tinha feito a seu filho, no passado?

Evidência do estudo de casos

A incapacidade de aceitar sentimentos, e especificamente sentimentos do coração, era o denominador comum dos dez pacientes que avaliei, a pedido dos dois cardiologistas do Montefiore Hospital, assim como de outros casos análogos que escolhi entre meus pacientes. Como disse no início do capítulo, minha tarefa era relatar o que suas auras indicavam sobre seu estado clínico. Depois de alguma briga interdisciplinar, os referidos médicos circunscreveram o campo da amostragem, de forma que pudesse ser estabelecida a correlação entra a sintomatologia energética e a patologia física. Aceitei a tarefa. Eis, de forma resumida, o que descobri:

O primeiro traço que notei nos dez pacientes foi uma estrutura de corpo atípica: um aspecto passivo e feminino, revelando-se numa metade inferior masoquista, carregada de energia e muito presa; e uma parte superior rígida e histérica. Alguns deles tinham configurações de peito imaturas, denotando oralidade. Todos tinham uma cabeça enérgica, fazendo muito contato com os olhos. Em segundo lugar, em relação a seu padrão psicológico, o comportamento de todos os homens era passivo-agressivo. A agressão caracterizava seu trabalho; eram pessoas altamente realizadas. No entanto, a passividade marcava seu relacionamento com as esposas.

O terceiro nível de observações abrangia a aura dos pacientes. Aqui também, assim como na estrutura corporal, havia semelhanças visíveis. Todos os dez pacientes tinham um bloqueio grave na base do pescoço, onde a energia saía numa projeção em forma de asa. Observei, nessa área, uma forte coloração marrom-avermelhada, que clinicamente denota ódio e raiva reprimidos. Quase todo mundo manifesta, periodicamente, um pouco dessa coloração na base do pescoço; o que distinguia esses pacientes era a intensidade e a continuidade. Na base das costas aparecia também um bloco acentuado.

A mais surpreendente distorção áurica saía da frente do peito, logo acima do esterno. Nessa região, em quase todos os casos coronários, observei uma emanação muito escura, mesclada a um pouco de púrpura e amarelo. Tinha forma cilíndrica, com uma e meia a duas polegadas de largura, na base. Isso é mostrado, um tanto ampliado, na Figura 18. Por outro lado, nos pacientes cujos ataques tinham ocorrido mais recentemente – menos de um ano antes da observação – aparecia o bloqueio em espiral mostrado na Figura 19. Tinha uma coloração marrom-amarelada e ia de meia polegada na parte junto ao peito até duas polegadas em sua extremidade exterior. Consistia em cordões, com formações semelhantes a cachos de uva, no meio. Ainda não sei o significado dessa diferença nas configurações. Nos pacientes com angina, aparecia uma forma semelhante a um favo e a uma estrela de muitas pontas.

Essas várias formações continham energia estagnada que não conseguia fluir normalmente, através do torso. E demonstravam claramente como o bloqueio danifica o organismo. O enorme excesso de energia dentro do peito bombardeia e sobrecarrega o coração, fazendo com que o mais vital dos órgãos humanos acabe explodindo.

Desde que existe a doença, os seres humanos têm tentado descobrir suas causas, visando sempre a cura mais definitiva e mais econômica: a prevenção. Já progredimos muito desde a época em que os homens atribuíam a doença ao egotismo de deuses quixotescos. A Medicina já definiu uma grande quantidade de doenças em termos de falha orgânica, chegando até a natureza da enzima que falta ou do vírus que invade. A epidemiologia demonstrou graficamente o impacto da cultura sobre o organismo. Demonstrou, por exemplo, que americanos de primeira geração, de certas origens étnicas, são mais suscetíveis às doenças cardiovasculares do que seus pais, em seus países de origem.

Mas os pesquisadores ainda têm imensas dificuldades para estabelecer quais os medicamentos corretos e quais os métodos de prevenção para a maioria das doenças deteriorativas ou para síndromes de falha súbita. As doenças cardiovasculares não são a única categoria que iludiu, até hoje, a descoberta das verdadeiras causas; o câncer também. A resposta não virá de um maior conhecimento técnico do organismo físico. Virá do conhecimento do significado de cada doença para o organismo como um todo.

A pessoa inteira, como Wilhelm Reich descobriu, é uma unidade energética. Já disse muitas vezes, e vou enfatizar ainda mais, que não há patologia orgânica sem distúrbio emocional; e não existe doença emocional sem conseqüências fisiológicas. A identidade psicossomática manifesta-se infalivelmente no campo de energia de todos os organismos.

Como todos os pacientes cardíacos observados mostravam a notável formação áurica na frente do esterno, pensei: chegou a hora de ampliar a investigação do campo de energia, não apenas como instrumento de diagnóstico, mas também de predição. Assim, o objetivo principal deste capítulo, assim como do estudo mais completo que se segue, é abrir um espaço de debate para praticantes, em todas as especialidades, envolvidos com a saúde humana. Porque todos nós, para citar apenas um exemplo orgânico, preferimos manter o coração intacto, a remendá-lo depois de partido.

Parte VI

O Trabalho de Integração

Capítulo 18

Da distorção à verdade de cada um

Uma macieira não pode decidir, em termos práticos, mudar o curso de sua história. O ser humano pode. Podemos ficar presos às nossas distorções ou agir para dissolvê-las. Podemos abafar nosso intercâmbio com o mundo exterior, ou dar-lhe as boas vindas. Como observa Martin Buber, podemos nos relacionar com a existência do outro como eu-para-isso ou eu-para-você. Esses dois conjuntos de antíteses formam um *continuum* na experiência individual e coletiva. Do ponto de vista psiquiátrico, o primeiro pólo é doença – alienação, dissociação, desintegração. O segundo pólo é saúde – aliança, associação, integração.

A cura é o processo pelo qual o organismo se move ao longo do *continuum*, da desunião de um pólo à união do outro. Tradicionalmente, as escolas ocidentais de cura centram-se na doença, e visam restaurar o funcionamento das partes danificadas, a fim de que o todo possa florescer. Compartilho desse objetivo, mas do ponto de vista da outra ponta do *continuum*. A energética da Essência centra-se na saúde inata da pessoa e visa restaurar o funcionamento do todo, para que as partes danificadas também possam florescer.

A orientação holística tem implicações radicais para o processo de cura, para o paciente e para o terapeuta. A energética da Essência parte da liberação de energia correta da Essência e não da correção de distorções ou doenças específicas. O paciente dirige essa energia e, na verdade, cria o trajeto de trabalho. O terapeuta leva uma lanterna à Essência do paciente para iluminar a verdade mais interior, aquele Eu Superior que o trajeto vai encontrar.

O processo de limpar o caminho para o Eu Superior é chamado de terapia porque esse é o termo mais próximo, na nomenclatura estabelecida, para descrevê-lo. Mas, na verdade, considero o método como um processo de aprendizado de realidade interna, como uma ajuda para que a pessoa perceba e aja a partir da

Essência. O curso do aprendizado leva o paciente a abrir e revigorar o centro da vida, instalando aí sua perspectiva existencial. Vou falar mais sobre isso depois. A prática da energética da Essência exige que o terapeuta funcione como professor e guia, e não como um clínico. Um educador sabe que cada pessoa possui dons únicos e utiliza os programas de aprendizado de forma única para desenvolver um plano único de vida. Não oferece nem o plano, nem os dons – estes são do aluno. O mesmo vale para a energética da Essência.

Tiramos nossa inspiração da raiz da palavra *therápōn*, o termo grego para atendente, e aderimos à doutrina hipocrática de que a natureza cura, e não o médico. A própria força vital do paciente dispersa a doença, não os atos ou antídotos do médico. Estes são importantes, mas não fundamentais. O próprio âmago da energética da Essência anula a relação tradicional médico-paciente: a relação de "superior" para "subordinado", cuja ineficácia é explicada no Capítulo 1. Essa espécie de relação origina-se na máscara. Não podemos tocar a Essência do paciente, a menos que o gesto parta de nossa própria Essência. A mutualidade entre paciente e terapeuta é tal que se torna difícil descobrir um termo que defina nosso papel. Tendemos a pensar em nós mesmos como guias ou ajudantes, baseando-nos no fato de que a pessoa conduz a busca de sua própria verdade, por seu trajeto único. Vou retornar a este assunto mais adiante, neste capítulo e no Capítulo 19.

Uma outra implicação da orientação da energética da Essência precisa ser comunicada ao paciente desde o início do tratamento para dissipar a autocondenação que ocorre em todas as formas de doença. As energias aprisionadas na máscara são consideradas energias negativas, é verdade, porque a couraça é um instrumento de negação. Mas as defesas não são tratadas como forças hostis a serem erradicadas, como uma colônia de bactérias tóxicas. A substância vital que contêm é uma boa substância, substância da Essência, apesar de estagnada. A estrutura do caráter afeta o capital de vida da pessoa, juntando-o em torno do eu interior e impondo-lhe marcas distorcidas, que sugam ainda mais energia. Mas essas condições distorcidas começam como belos movimentos na parte mais profunda da pessoa, por mais destrutivas e grosseiras que possam ser, quando emergem. Se olharmos para o rosto de um homem gordo, por exemplo, podemos ver o ser humano bonito e vibrante enjaulado na massa de carne. A obesidade é uma expressão periférica de sua tentativa de preservar um pouco do equilíbrio dinâmico. Por mais que deformem seu corpo físico, as formações energéticas que o tornam gordo têm uma excelência inata; mas suas defesas se apropriam erroneamente delas.

Por trás desses princípios está o padrão básico de movimento que é visível em todas as entidades: o ciclo recíproco de energia. A vida interior flui juntamente com a vida exterior, pois a força vital é universal; o lá-fora é igual ao aqui-dentro. Por isso, estou convencido de que a doença pode dominar não apenas quando um organismo nega ativamente o movimento interior, mas também quando negligencia passivamente o movimento exterior. A total participação na realidade objetiva pede o exercício da meditação, intuição e fé, que são as forças da alma humana. Meus pacientes me mostraram, logo no início de minha carreira, que o crescimento espiritual tem um lugar fundamental no tratamento; omiti-lo é como cortar o topo de uma pirâmide. Assim, o terapeuta acompanha a pessoa para dentro, em direção a seu centro, mas também para fora, em direção ao ambiente. Aquele que cura e aquele que sofre caminham com as expressões da Essência à medida que desenvolvem e orquestram o plano de vida da pessoa.

O processo da energética da Essência pode ser dividido conceitualmente – mas não dinamicamente – em quatro planos e quatro estágios. Os planos são o corpo, as emoções, a mente e vontade, e a alma. O trabalho leva em conta os aspectos quantitativo e qualitativo da energia da pessoa (sua massa e sua consciência) e as pulsações centrífugas e centrípetas do sistema energético (os movimentos para dentro e para fora da Essência). Os estágios começam com o nível exterior da máscara e avançam gradualmente, deslocando a ênfase para o segundo nível, o eu inferior, e para o centro do ser, o Eu Superior. O quarto estágio age para revelar o plano de vida da pessoa. Mas cada fase do trabalho envolve aspectos sucessivamente mais profundos de energia, desde que a pessoa seja capaz de abri-los, e cada um deles abrange todos os planos vibratórios do ser. Os estágios do trabalho serão descritos no Capítulo 19.

Os quatro planos do trabalho

A massa de energia, aprisionada no corpo físico, é o principal campo de trabalho no início do tratamento. Todos os padrões defensivos impõem tensões musculares crônicas que não apenas restringem a elasticidade do organismo, mas esgotam sua energia. As técnicas que usamos, para provocar o movimento, derivam basicamente dos sistemas desenvolvidos a partir de Reich e da Bioenergética. Meus colegas e eu estamos idealizando outras técnicas que possam trazer diretamente para fora as expressões fisiológicas da energética da Essência.

O trabalho de motilidade incorpora movimentos voluntários, posições de estresse e pressões externamente aplicadas. O objetivo inicial é soltar blocos de tecido enrijecido e elevar a respiração. Esses dois efeitos aumentam o nível de energia no organismo, como qualquer exercício vigoroso. Mas os movimentos são planejados para alcançar e estimular a atividade involuntária do sistema nervoso autônomo, que Reich considerava como base da identidade psicossomática. Esses impulsos espontâneos ressoam através do corpo físico para acentuar o fluxo de força vital, e a corrente de energia penetra cada vez mais nos planos mais sutis do padrão caracterológico. Assim, é o trabalho do corpo, mais que a expressão verbal, que proporciona a abertura para as distorções emocionais e psíquicas, que formam os tentáculos mais profundos da doença.

A terapia não trata das zonas encouraçadas, da ocular à pélvica, na ordem descrita por Reich, mas permite que as manifestações da pessoa, ao longo do tempo, indiquem para onde deve ir cada sessão. A abertura do peito, no entanto, começa imediatamente e continua ao longo do tratamento, porque a respiração, a primeira função semivoluntária do recém-nascido, é arruinada pela neurose e invade os blocos da cabeça e do torso.

O trabalho de motilidade geralmente segue o desenvolvimento do ser humano da infância à maturidade. Nas primeiras sessões, o paciente fica deitado de costas, na posição do recém-nascido que olha o mundo exterior. A pessoa é encorajada a fazer os movimentos de um bebê, particularmente os que expressam sentimentos negativos. Por exemplo: vibrar as pernas forçando os calcanhares para baixo, bater na cama com os braços e as mãos, chutar com os pés flexionados. O paciente prossegue com os movimentos em várias combinações, muito além do ponto comum de fadiga. A energia gerada vai penetrar os blocos, não apenas dos membros e juntas, mas também do torso. O mal-estar que resulta daí faz com que a pessoa tome consciência da localização dos bloqueios físicos, enquanto ativa o sistema nervoso autônomo.

Em nenhum momento a pessoa deve ser forçada além dos limites de força e resistência, porque isso poderia forçar os tecidos. Assim, intervimos fisicamente quando observamos restrições graves. Na verdade, muitas pessoas precisam de movimentos impostos de fora para sentir a sobrecarga, até mesmo de músculos grandes. Massageamos, às vezes, o peito e a base do pescoço, ou pressionamos as costas com o pé descalço, evitando a região pélvica, se o paciente não estiver preparado para trabalhar essa parte. Mas os esforços da pessoa são infinitamente mais importantes que os movimentos induzidos. Existem três razões para isso: energizam imediatamente o organismo; baseiam-se na percepção do eu do próprio paciente e não nas percepções do guia; e, com o tempo, alimentam um vínculo orgânico com a cura.

Quando o fluxo de energia melhora, introduzimos a vocalização. Com isso, o torso vibra da parte média da coluna para fora, e a voz é gradualmente libertada de distorções caracterológicas. Uma forma de expressão é um "ahhh" não verbal, com a boca e a garganta abertas. A pessoa começa num volume e tom médios, e aumenta para um grito, para ajudar a revelar medo ou raiva primal. Sugerimos, também, palavras para a pessoa usar: rejeições como "Não!" e "Vá embora!" e termos de ataque como "Filho da mãe!" ou "Merda!" ou "Foda-se!" As frases de ataque podem liberar mais sentimentos se o paciente ficar deitado com o rosto para baixo e bater com os punhos. A energia que é liberada por esses movimentos e vocabulário se expressa, muitas vezes, em gritos de protesto como "Por que isso aconteceu comigo?" e "Eu quero..." E, com o desejo de receber, a Essência foi tocada e aberta, pelo menos por um momento.

Para intensificar a experiência das emoções negativas, a pessoa fica de pé – a postura da juventude e da vida adulta. Essa posição permite que os braços se movam livremente, para bater numa cadeira ou num travesseiro, com os punhos, com um pequeno bastão encapado de borracha ou com uma espada de madeira. Os pés aprendem a chutar e a bater, a parte inferior do torso a investir agressivamente, o maxilar a se projetar, a voz a gritar, os olhos a olhar com raiva. Nesse trabalho veemente, o guia pode ajudar o paciente a expandir as emoções que já irrompem com espontaneidade. Administramos produtivamente a transferência e somamos nossa própria energia àquela que emerge da pessoa. Grito, faço gestos violentos e encaro firmemente a pessoa. Descobri que uma guerra de puxar, com uma toalha presa entre os dentes, pode ser muito eficaz. E os socos também. Seguro um travesseiro junto ao corpo e a pessoa me esmurra. É magnífico quando o paciente consegue integrar emoções negativas com ações negativas, mesmo que o terapeuta tenha, às vezes, que se desviar rapidamente. Mas vale mencionar que, em muitos anos usando a provocação física em terapia, nunca me machuquei, com exceção de alguns arranhões sem importância.

A atividade ou energia quantitativa aumenta a consciência e facilita o acesso a ela na periferia defensiva. O trabalho começa liberando as emoções e vai, gradualmente, ajudando a pessoa a compreendê-las, a ter consciência delas, a se mover com elas, escavando os nós inconscientes de sentimentos e pensamentos volitivos, que sabotam o potencial qualitativo do sistema de energia. Essa tendência é uma raiz muito mais profunda da atitude de caráter do que as marcas conceituais e volitivas, porque surge da camada de sentimento que se desenvolveu desde o nascimento. A primeira tarefa é liberar as emoções primárias, que fornecem energia para a atitude. A próxima tarefa é compreender como e por que as emoções são maldirigidas. Esse trabalho pertence às faculdades da autoconsciência e autodireção, ou à mente e vontade conscientes.

As operações de pensamentos e escolha começam a merecer mais atenção no trabalho à medida que o paciente consegue dirigir o fluxo de energia do organismo e parar de apenas esvaziar o barco com uma caneca. Enquanto os aspectos físico e emocional do tratamento têm duas metas – explorar o conteúdo inconsciente e expandir a consciência –, o foco conceitual da energética da Essência tem outro objetivo: substituir as intenções e conceitos negativos por outros, positivos.

Não é suficiente descobrir a ideação oculta e trabalhar através de suas manifestações na periferia defensiva. Sabemos como uma nova situação pode detonar uma reação errônea, baseada numa distorção que há muito imaginávamos eliminada. Agimos como se não compreendêssemos suas raízes. O preconceito é um exemplo da distorção mental. Podemos, filosoficamente, avaliar cada ser humano a partir de seus méritos pessoais e depois descobrir que nossa opinião está corrompida ao descobrir que alguém é um trabalhador braçal ou membro de alguma minoria social. Assim, apesar da compreensão ser um poderoso instrumento de correção, não pode, por si só, redirecionar a consciência adulterada. As raízes das percepções distorcidas são profundas e agarram como capim.

O trabalho de integração

As técnicas analíticas revelam as raízes de nossos problemas à nossa capacidade de raciocínio. No entanto, a compreensão intelectual por si só não libera o entranhamento das raízes em nosso inconsciente mais profundo. Se lidamos com o conteúdo conceitual, mas deixamos intactos os bloqueios físicos e as emoções, a pessoa permanece controlada pelas crenças e sentimentos que se cristalizaram em todos os planos de seu ser. Cada tipo de bloqueio deve ser trabalhado em seu próprio plano. Deve-se falar às couraças de cada plano, em seus próprios termos. Bater com os punhos, por exemplo, não é mais que um exercício físico, até que a pessoa chegue à raiva que o movimento representa – como a fúria por ter sido rejeitado como bebê. Quando o sentimento é alcançado, a aura, que se modifica apenas um pouco com o esforço não-emocional, acelera seu ritmo pulsatório e ganha cor e brilho à medida que a pessoa libera a emoção.

Esquematicamente, as constrições físicas são a cristalização de distorções emocionais; as distorções emocionais descarrilham a sensação física e o pensamento volitivo; e os padrões negativos na mente e na vontade organizam os desvios emocionais, como bóias que juntam partes de uma rede. A teia da disfunção penetra todos os planos do ser – o físico, o mental e o emocional, mas as disfunções emocionais podem ser consideradas a base do padrão de negação da máscara. O Capítulo 9 salientou que a máscara geralmente assume uma postura destruidora.

Um homem, por exemplo, casa com uma mulher que é alta e loira, como a mãe dele. Mas casa-se, também, com as características da mãe, que ajudaram a concretizar seus padrões de destruição. Tudo que sua esposa faz o afeta, como se sua mãe estivesse fazendo aquilo. Quando percebe diferenças entre as duas mulheres, tenta "reformar" sua esposa à imagem de sua mãe.

Talvez sua mãe tentasse controlá-lo, manipulando suas emoções. Sua defesa, na infância, era se afastar de sua mãe. Conceitualmente, esse homem vê a expressão das necessidades da esposa, assim como seus esforços reais para controlar, como a mesma coisa; e reage sempre da mesma forma. Emocionalmente, sente-se pequeno, indefeso e incapaz de lidar diretamente com o que percebe como exigências da mulher. No plano físico, sua energia vai ficar interrompida, onde a congelava quando criança. Talvez seu protesto contra a manipulação fique preso no maxilar e sua fúria imobilizada nos ombros.

Sua máscara pode ser complacente com os desejos da mulher, mas encobre a hostilidade destrutiva com que faz frente às exigências que percebe. Além de sentir a dor e a raiva originais do trauma de infância, deve ser capaz de compreender o relacionamento com a mulher. Deve desenvolver a capacidade de separar as exigências irracionais das reais necessidades da esposa. Dessa forma, pode desenvolver a capacidade de reagir apropriamente a ela como ser humano, não como imagem de sua mãe.

Ao trabalhar com esse homem, temos de começar pelo físico. Talvez o façamos chutar e bater, estimulando expressões negativas em relação à esposa. Quando chega ao material emocional, ocorre a memória das origens de seu sentimento. Vai começar a ver que sua raiva se originou em seu relacionamento com a mãe e que está erroneamente dirigida à esposa. Deve usar a mente e a vontade conscientes para enfrentar a imagem negativa que formou da mulher, como uma bruxa dominadora, e substituí-la por uma imagem realista de uma mulher que tem necessidades reais e coisas boas a lhe dar, uma pessoa com defeitos e virtudes.

No caso que estamos discutindo, o homem pode compreender conceitualmente as origens de seus problemas, mas vai reagir da mesma maneira defensiva quando uma mulher se tornar sua chefe no trabalho; ou quando se divorcia e arruma uma nova parceira. Assim, apesar da compreensão ser um poderoso instrumento de correção, não pode, por si só, redirigir a consciência tortuosa.

Voltamos aos velhos padrões de pensamento porque a vontade, o nosso princípio assertivo, participa também da couraça, acima e abaixo da linha da autoconsciência. Toda doença contém um elemento voluntário. O paciente prefere manter a estrutura defensiva, não porque as emoções primais vão se manifestar espontaneamente e provocar punição, como na infância, mas por medo de que isso aconteça. No fundo, todas as formas de bloqueio expressam uma recusa a perceber o fluxo de energia no organismo, ou seja, a sentir emoção. No plano da mente, essa recusa habitual constitui a ideação negativa da pessoa. Na vontade, pode ser definida como intencionalidade negativa, que é a tendência a se retirar do movimento da vida, de permanecer num estado restrito, por ser mais familiar. Juntos, os impedimentos mental e volitivo formam a atitude negativa sistêmica.

O papel da vontade

Grace era uma mulher agressiva, que não conseguia manter um relacionamento com um homem, nem ganhar, de uma forma estável, a vida. Dependia do pai, um rico comerciante. Durante a terapia, queixava-se constantemente da fraqueza dos homens com quem tinha se relacionado, mas dizia também que eles não cuidavam adequadamente dela. Grace tinha uma ligação muito forte com a imagem negativa que tinha dos homens, baseada em sua experiência de infância com o pai, que havia retirado sua energia quando ela tinha seis anos. Apesar de perceber intelectualmente que sua imagem dos homens era distorcida, Grace sentia vontade de acreditar no contrário.

Essa disposição e essa vontade aparecem mais visivelmente na máscara. Apóiam a fachada de comportamento que a pessoa acredita ser a mais adequada. Grace, por exemplo, acreditava que tinha todo o direito de exigir excessivamente dos homens, porque se sentia superior a eles. Contudo, a intencionalidade permeia o terceiro nível do ser, a couraça defensiva, por causa da unidade psicossomática. As várias más-formações dos centros da vontade que aparecem nos tipos de caráter podem fazer com que todo o sistema se desarranje. (Veja Capítulo 9.) O enérgico homem de negócios com características psicopáticas e com os centros da vontade superdesenvolvidos, muitas vezes iguala sua vida a seu sucesso como chefe de empresa. Está sempre jogando a energia para fora, manipula os outros para que sirvam às suas ambições e pode terminar com um ataque do coração.

Assim como a vontade age para perpetuar uma atitude negativa, também pode agir para remover bloqueios e para cultivar o funcionamento positivo. Essa operação consiste, em primeiro lugar, naquilo que as artes literárias chamam de descrença suspensa e, em segundo lugar, de crença ativa.

Mesmo quando a mente percebe as distorções que perpetua, as defesas se fecham repetidamente para reafirmar as imagens mantidas há tanto tempo. Isso é de se esperar. Um ser humano com boa saúde pode receber, por vez, uma quantidade de novas experiências que, em relação ao corpo de conhecimentos que possui, é muito pequena. Uma pessoa doente se defronta com uma dupla tarefa: desaprender concepções e aprender a realidade. Ambas precisam da vontade para que a mente ponha de lado noções estabelecidas e entre no desconhecido.

Suspender a descrença significa, então, querer receber o que antes era desconhecido e percebê-lo realisticamente. Para isso, o paciente precisa, geralmente, ser preparado e perceber novos caminhos de pensamentos. A consciência da pessoa é limitada não apenas pelos poderes humanos finitos (um fator existencial), mas também por uma história individual de negação (um fator experimental). Por um lado, estamos acostumados a certos conceitos que são, na verdade, radicalmente incompletos. Batemos na mesa e sentimos sua resistência. Por isso, nós a chamamos de objeto sólido, quando na verdade é composta de um aglomerado de moléculas que se movimentam, numa estrutura dinâmica fluida. Apesar de estar convencido de que a Essência tem um potencial ilimitado para a descoberta e a criação, acho que a maioria de nós deveria aprender um pouco de teoria atômica. Por outro lado, todos nós vemos de forma distorcida alguns aspectos da vida. Reduzimos um companheiro ou companheira a uma figura parental, ou a essência de uma pessoa a um acidente de nascimento ou circunstâncias, ou as infinitas possibilidades de crescimento a uma única carreira.

Grace, por exemplo, precisava enfrentar constantemente a crença de que os homens lhe eram inferiores e lhe deviam a honra de tomar conta dela. Tinha, em suma, que suspender, inúmeras vezes, sua descrença na realidade do que é um homem. Ao mesmo tempo, tinha de criar uma imagem do que é e do que pode ser um homem. Isso não significa substituir uma imagem idealizada por outra. Ela precisava aprender que os homens têm características positivas e características negativas, como todos os seres humanos. Precisava compreender o que os homens podiam lhe dar – amor, compreensão, companheirismo, troca de sentimentos de amor; e o que os homens não podiam lhe dar – fazer com que se sentisse bem, cuidar de suas necessidades materiais, fazê-la sentir-se superior; submeter-se a ela.

Essa nova base conceitual associa a vontade a uma nova flexibilidade, para permitir que o paciente diga: "Vou examinar minhas posições fixas. Vou abandonar minhas categorias de certo e de errado, de sim e de não. Quero ver o que mais pode acontecer." Como esse processo tira os freios do sistema de energia, prepara a pessoa para o movimento fundamental da energética da Essência: aprender a realidade.

Libertando a Essência

A ênfase do tratamento pode agora se deslocar para o plano de maior alcance das operações do organismo, o espírito ou Eu Superior – a Essência. O trabalho com essa força move-se, ao mesmo tempo, ao longo de dois vetores – para dentro e para fora – que correspondem às fases de expansão e contração do ciclo recíproco de energia. Dirigindo-se para dentro, o tratamento visa fundir o eu exterior com o interior, levando a pessoa a se identificar com o Eu Superior. Para fora, visa ampliar a comunicação entre o eu e a realidade externa. A tarefa da mente consciente é dar forma aos conceitos positivos. A parte da vontade é desenvolver a intencionalidade positiva, para que escolha a vida e não a retirada dela.

A fonte dessas reorientações é a força vital universal, que forma a Essência do indivíduo e o todo da existência. O livre fluxo de energia recíproca corrige e aprofunda o eu interior da pessoa ao longo dos dois vetores. Para colocar de uma outra forma: o processo gera autoverdade, subjetivamente, e realismo, objetivamente. A mente exterior é, sistematicamente, treinada para acatar as maravilhosas formações energéticas que surgem da Essência. A mente pode, então, soltar os produtos da imaginação criativa, fazer conexões intuitivas, procurar as vastas oportunidades nos acontecimentos exteriores, e avaliar todos esses movimentos por sua exeqüibilidade e seu valor para o eu e para os outros. A vontade vai da suspensão da descrença à crença ativa. Traduz o potencial qualitativo do centro vivo da pessoa em ações concretas: faz com que os planos sejam completamente realizados.

O aspecto mais abrangente do trabalho com a alma diz respeito à sua relação com aquilo que consideramos como impossível de conhecer. Quanto mais as pessoas aprendem sobre realidade e sobre a correspondência entre vida interior e exterior, mais claro fica que apenas as limitações existenciais restringem a escolha dos caminhos que desenvolvem nesta vida. Além disso, a pessoa amplia a compreensão de que o desejo de unificação com a realidade externa impulsiona todo o ser, em todo o tempo, em direção ao infinito. Esse é o território da mais profunda realização humana, mas dominá-lo exige uma substancial integração dos recursos físicos do organismo, do compromisso emocional e do pensamento volitivo positivo. O processo de integração desenrola-se em quatro estágios.

Capítulo 19

Os quatro estágios do trabalho

Na minha experiência, a maioria das pessoas busca a ajuda de um terapeuta com as defesas do caráter armadas. Se tem alguma intuição de seu centro de energia, não consegue mobilizar o movimento, evocá-lo, acompanhá-lo ou trabalhar com ele. Uma impenetrável carga de obstruções acumulou-se em torno da Essência, obstruções em forma de nós emaranhados de conflitos e blocos funcionais.

O paciente começa a dissolver esses blocos engajando a consciência criativa da Essência, sempre que ela puder ser tocada através da periferia. Todas as pessoas vivas, incluindo o psicótico total, retêm pontos de intersecção entre as realidades interior e exterior. A psicolingüista Carole Offir, por exemplo, fez um relato recente sobre o notável sucesso alcançado no tratamento de crianças gravemente autistas, num programa que se baseia no contato através dos olhos e na linguagem dos sinais.

Essas aberturas para dentro e para fora da Essência são pontos de relativa força. A energética da Essência trabalha com elas desde o início da terapia. A pessoa tem um fluxo de energia nessas aberturas e, portanto, algum sentimento, percepção mental e, mais importante que tudo, alguma intenção de manter o movimento. Desses centros intactos de energia, a consciência se expande simultaneamente, ao longo de dois vetores. Aprofunda-se em si mesma, para que a pessoa perceba seu funcionamento em todas as dimensões: o corpo, as emoções, o pensamento e a mente que decide, e o espírito. E ela se expande, através da concentração deliberada do paciente nessas quatro dimensões, para penetrar as áreas da couraça. Assim, o trabalho vai além da doença, em direção ao ser único e precioso que a natureza quer que funcione a partir da Essência.

Estágio 1: A penetração da máscara

O primeiro estágio é relativamente curto, porque recebe o ímpeto do desejo de aliviar a dor, que levou a pessoa a iniciar o tratamento. O trabalho enfrenta a máscara pelo que ela é: uma falsificação da realidade interior. A auto-observação, com a ajuda do terapeuta/guia, revela as distorções óbvias, perceptíveis na estrutura e funcionamento do corpo. Esse trabalho é alimentado pelo trabalho de motilidade descrito nas secções anteriores, particularmente a ativação de emoções negativas através de chutar, bater e vocalizar. Como foi descrito, o trabalho físico aumenta o nível de energia que ativa as tensões e bloqueios, tornando aparentes sua existência e localização. O terapeuta começa, então, a compreender aos poucos o sentido dos bloqueios em termos da dinâmica dos movimentos energéticos e seu papel na retenção e limitação do fluxo de sentimentos. Faz isso observando o que se expressa no corpo do paciente à medida que fala, respira e se movimenta, voluntária ou involuntariamente, durante os rigorosos exercícios.

Às vezes, é necessário muito movimento físico consciente antes que o paciente consiga abrir a consciência aos movimentos negativos, permitindo que fluam espontaneamente. Pode passar muito tempo, e uma boa parte do tratamento, antes que os movimentos sejam aceitos como parte do dom da vida. A máscara retorna continuamente para afastar o eu dos movimentos negativos.

A massa de energia aprisionada no perímetro de defesa é um aspecto importante do tratamento desde o início. Para todos os pacientes, a experiência de novos movimentos internos indica a localização dos maiores bloqueios físicos. Para alguns poucos, essa experiência logo lança luz sobre todo o complexo da máscara – obstruções nos planos psíquico e somático. A maioria das pessoas, no entanto, precisa realizar considerável trabalho físico e trabalhar a base conceitual da consciência para chegar a esse nível de compreensão.

Primeiro para o terapeuta, e depois para o paciente, cada expressão do corpo tem um significado. Conta a história de experiências passadas do indivíduo e mostra a sua forma de administrar, aqui e agora, a sua dificuldade para expressar emoções. Quase todas essas expressões são crônicas e constituem o padrão da personalidade. Por exemplo, a maneira da pessoa andar, se está sempre sorrindo, a expressão dos olhos, o tom da voz são expressões de atitudes crônicas que ficaram estruturadas no corpo e que limitam os movimentos rítmicos e unitários do organismo.

Por exemplo: uma mulher de 54 anos veio buscar ajuda. Seu andar era lento, os ombros caídos e a expressão torturada – como se estivesse derrotada ou em desespero. O maxilar era determinado e projetado para a frente. Os olhos tinham uma expressão de dor. Parecia ter sido crucificada. Quando começamos a discutir a ajuda de que necessitava, ela disse: "Estou fechada num molde de ferro. Meu corpo parece pedra. Ajude-me a senti-lo; estou tão oprimida!"

Essas expressões inconscientes são ferramentas básicas para o terapeuta. Para começar, não prestamos atenção apenas no que a pessoa diz, no conteúdo das palavras, porque o discurso transmite muita conversa fiada através da máscara endurecida. Tentamos perceber como opera o sofrimento do paciente, trabalhando para dentro, a partir da forma com que é expresso, usando todas as nuanças de expressões físicas e emocionais. Isso inclui a visualização dos bloqueios através das evidências retiradas da estrutura óssea, da rigidez ou flexibilidade dos músculos, do tom e cor da pele e, particularmente, da pulsação da aura. Essas evidências revelam, diretamente, a intensidade da função energética do paciente e, indiretamente, onde está obstruído o fluxo de energia. A aura da mulher "crucificada", por exemplo, mostrava severos bloqueios de energia nas costas e ombros.

Tonalidade vocal, gestos e posturas corporais, textura e resistência da pele, qualidade do cabelo, brilho dos olhos e outras evidências revelam a localização dos bloqueios, sua intensidade, sua inter-relação, um pouco de sua origem e sua configuração geral – o tipo de estrutura do caráter. O masoquista, por exemplo, costuma falar numa lamúria queixosa. O psicopata revela-se nos olhos agressivos e penetrantes, que encobrem insegurança e medo profundos. Pele e músculos flácidos indicam reservas de energia estagnada.

Cada pessoa é única, mas podem-se distinguir padrões na máscara do ego, como vimos no Capítulo 7. O caráter oral, por exemplo, tem uma constituição fina, como um grande balão que não foi inflado. A estrutura indica uma história de carência emocional e uma crescente sensação de privação. A pessoa predominantemente oral geralmente é subcarregada de energia e suas couraças aparecem particularmente na área occipital, na parte de trás do pescoço, nos ombros (que se projetam para cima e para dentro) e na pélvis. Blocos mais suaves são encontrados nos joelhos e tornozelos. A estrutura masoquista corresponde a um corpo volumoso e supercarregado, que retém o fluxo de energia por toda parte, mas que tem bloqueios mais graves nos ombros, na garganta, nas nádegas, na virilha e nas pernas, das coxas à barriga da perna. Os terapeutas podem descobrir regiões de couraças mais sutis através da palpitação, assim como pela aparência da aura, quando conseguem vê-la.

Um ponto crucial do processo de penetração da máscara é quando o paciente reconhece que a vontade exterior conspira para mantê-la e ao substrato da couraça do caráter. Depois de tomar conhecimento desse dado, a pessoa pode começar a assumir responsabilidade consciente por seus problemas. Esse reconhecimento é a primeira evidência confiável, na terapia, de que a Essência foi tocada e que o ego começou a agir de forma positiva.

O trabalho com o perímetro de defesa vira a pessoa ao avesso, para que olhe para dentro e não para fora. A crise que fez o paciente procurar o tratamento está localizada dentro do eu, e não no mundo exterior. É necessário, na energética da Essência, que a pessoa olhe para sua situação de vida, não em termos da culpa dos outros (embora isso possa ser verdadeiro) mas em termos da negação do ser interior pelo eu, da responsabilidade do eu na crise, do poder de decisão do eu para transformar suas energias negativas em positivas. Em suma: este primeiro estágio do tratamento avalia a máscara e prepara a pessoa para substituir a negação da vida pela afirmação da vida.

Na verdade, a pessoa que tem consciência para perguntar: "Será que tem que ser assim? Tenho que lutar tanto? Será que exagero? Por que faço isso?" – já começou o tratamento antes mesmo de consultar o terapeuta. A repetição dessas perguntas ao longo da terapia ajuda a penetrar e a dissolver a máscara, e a alcançar a Essência da sabedoria da pessoa, onde está a verdadeira resposta. Mas, na maioria das vezes, o terapeuta tem que introduzir essas perguntas para o paciente. Tento ser explícito, fazendo ao paciente, logo no início e ao longo do tratamento, perguntas que visam colocá-lo em contato com seu corpo: "Sabe que sua voz parece assustada?" "Percebe que não está sentindo o chão sob os pés?" Usando comentários assim como trampolim, o terapeuta ajuda o paciente a ir do consciente para o inconsciente e, finalmente, a chegar à Essência do seu ser.

Estágio 2: A libertação do eu inferior

Ao penetrar a máscara, revela-se a atitude subjacente de negação, o principal alvo do estágio 2. Isso se desenvolve numa série de passos, ou investigações de diferentes perspectivas, que se interpenetram, mas que podem ser esboçados como se segue:

- Em primeiro lugar, como acabei de descrever, o paciente e o terapeuta descobrem a atitude de negação que aparece no corpo físico, na aura, e na estrutura do caráter, que se revela através de situações dinâmicas, criadas nas sessões e na própria vida.
- Então – me pergunto – o que significa essa atitude? Que visão de mundo tem essa pessoa? Tem fé na vida e no universo?
- Procuro em seguida pela intenção. Por que essa pessoa usa essa atitude de negação? Como a racionaliza?
- O quarto passo é descobrir a causa da atitude de negação. Essa é uma função do exagero das defesas do caráter e do conseqüente endurecimento da máscara. Por exemplo, o masoquista mantém sempre um sorriso, mas esse sorriso encobre uma multidão de emoções negativas. Crueldade e fúria espreitam por detrás dele. E abaixo delas está o terror de ser ferido, destruído, obliterado, uma ilusão difícil de perceber.
- A quinta fase – a mais importante de todas – é transportar as conseqüências das emoções primais para a terapia. Ou seja: interajo com a pessoa para puxar para fora os sentimentos positivos e negativos e para deixar que ela os exprima em condições seguras que encorajem sua expressão, sem crítica, punição ou rejeição. Todos nós temos negatividades secretas que não exprimimos. No organismo saudável não são bloqueadas, mas voluntariamente refreadas. Na pessoa doente, estão bloqueadas pelas defesas do caráter.

O segundo estágio do tratamento enfatiza a evocação das negatividades primais não distorcidas. A máscara trinca seus dentes para mantê-las encobertas. Todo ser vivo tem experiências que evocam ódio, raiva ou medo. Se o eu está tão emparedado na máscara, que não pode deixar esses sentimentos saírem do organismo, estes têm uma única direção a seguir: voltar para o organismo. Somando suas próprias descobertas à crescente evidência dos efeitos perniciosos desse movimento de chicote, o Dr. Henry Laborit, diretor de pesquisas do Hospital

Boucicaut, em Paris, fez, recentemente, uma afirmação intransitiva: "Toda a patologia começa com a inibição."

O segundo estágio do tratamento dirige o poder analítico da mente autoconsciente para dissecar a composição dos elementos destrutivos do inconsciente. A maldade apresentada pela máscara é escavada para revelar a raiva e o ódio aprisionados na couraça. Apropriadas ou não, quando originalmente ricochetearam para o organismo, são forças aliadas à vida porque seu objetivo é o de proteger a Essência.

Para ajudar a desenterrar essas negatividades primais, oriento, por exemplo, um homem com estrutura oral de caráter a fazer vocalizações e movimentos físicos que expressem raiva. Mas o trabalho físico aumenta sua carga geral e acelera a vibração de energia nos blocos. Posso então estimular sua consciência a admitir a negatividade adormecida, levando-o a lembrar e a protestar contra as privações emocionais de sua infância. Pode-se estimular rapidamente a poderosa memória da pessoa oral, ligada ao centro de energia entre os olhos, que está sempre aberto. Com o tempo, trabalhamos juntos para ajudá-lo a manter a raiva porque, como disse, a estrutura oral do caráter tem dificuldade em manter uma corrente de força, positiva ou negativa.

Junto com a força, expande-se também a consciência de seus movimentos de energia, sua capacidade de precipitá-los, com ou sem ativação física, e a determinação de explorar mais profundamente seu eu interior. O paciente oral torna-se cada vez mais capaz de livrar-se das origens dos blocos, do "porquê" das marcas no corpo energético, e de experimentar seus sentimentos com pureza e intensidade. Ou seja: não precisa usar lembranças para evocar, por exemplo, seu ressentimento ou seu medo. Pode aprofundar essas expressões, ao longo de seu *continuum*, até suas formas básicas, raiva e terror. Simultaneamente, vai abrindo suas emoções positivas.

Com o caráter oral, a diferenciação qualitativa dos movimentos que vêm da Essência pode começar cedo no tratamento. Ao desenterrar as memórias da rejeição da infância, aparece dor e também protesto. O trabalho físico pode, assim, ser dirigido para traduzir dor em choro e depois, quando melhorar a retenção de energia do paciente, a dor poderá ser traduzida nos soluços convulsivos da infância. Nesse *continuum*, ele pode gradualmente filtrar os elementos de reação à rejeição para centrar-se na expressão pura interligada a eles: a multidão de formas de expansão e recepção que a Essência instintivamente deseja.

Com outros padrões caracterológicos, as emoções positivas, enquanto tais, podem não ser tão prontamente acessíveis à definição consciente. Assim, este segundo estágio de tratamento deve se concentrar mais no uso que na diferenciação da massa de força vital. Uma mulher masoquista, por exemplo, precisa trabalhar muito tempo no ódio congelado em seus blocos, antes que possa reconhecer e se identificar com os movimentos construtivos da Essência. Ela continua a perceber a energia positiva que entra como ameaça à sua independência, e a energia positiva que sai como um convite a essa ameaça. O paciente esquizóide vai se desenvolver num cronograma semelhante, mas por outros caminhos. O ser humano esquizóide é uma maravilha da criação, abrangendo dentro de si numerosas entidades energéticas, apesar de estarem sempre num estado de mútua contradição. Apesar do ritmo da pulsação geralmente baixo da aura, essa pessoa é capaz de episódios criativos grandiosos e diversificados, assim como é capaz de repentes destrutivos; veja, por exemplo, Van Gogh. No esquizóide, a submersão de um eu por outro separa o ser superior do inferior e fragmenta o eu inferior lateralmente, por assim dizer. Assim, no estágio 2, ele precisa aprender e treinar a irradiação de energia através das barreiras entre os eus, assim como a expressão da negatividade.

O tratamento da energética da Essência desenvolve-se de acordo com a força e a necessidade do paciente. O caráter agressivo, por exemplo, precisa se concentrar, inicialmente, em abrir e equilibrar o fluxo de energia entre as partes superior e inferior do corpo. O trabalho crucial de reativar os centros receptivos desenvolve-se lentamente, até que a pessoa tenha alguma experiência de ritmo interior. O masoquista, por outro lado, precisa ativar os tremendos reservatórios de energia presos nas áreas maciças de bloqueio.

Uma visão geral da abordagem à estrutura oral do caráter talvez ajude a ilustrar alguns dos conceitos de diagnóstico e orientações da energética da Essência. O organismo exibe uma pulsação de energia diminuída, cerca de 15 por minuto. A aura tem uma saudável coloração azul entre as áreas bloqueadas, mas uma coloração marrom, nos blocos. A baixa carga é particularmente visível na parte inferior da Figura em 8, porque a pessoa tem dificuldade de se ligar ao chão, por causa da couraça na parte inferior do torso e nas pernas. Assim, a energia disponível acumula-se na parte superior do torso e na cabeça, esvaziando ainda mais a parte inferior do corpo. Caracterologicamente, os blocos tendem a se dissolver depressa no paciente oral, em parte por causa do vasto campo de energia que se move sobre a cabeça. A pessoa oral é geralmente rápida para compreender e trabalhar com a compreensão que surge no tratamento. Os centros de energia refletem a mesma força e o mesmo desequilíbrio. O terceiro olho e o centro da vontade, nas costas, estão abertos. Todos os outros funis são muito menos inoperantes e a maior parte deles assume uma forma invertida. Em outras palavras: a boca do funil, e não a ponta, está próxima ao corpo.

A terapia começa, como disse, abordando-se o eu interior através dos centros acessíveis: neste caso, os movimentos relativamente livres do pensamento e vontade ou escolha conceitual. No entanto, esses aspectos são exagerados e desviam a atenção da pessoa do funcionamento holístico. Mas são poderosos suportes de energia para carregar e integrar a capacidade subdesenvolvida de perceber emoção (centros do sentimento), expressá-la (centros inferiores da vontade), compreender e fundir-se com a realidade externa (centros mentais entre os olhos e no topo da cabeça).

Quanto à técnica, o tratamento percorre as quatro dimensões do ser da pessoa. O trabalho de motilidade progride dos movimentos voluntários mais suaves aos mais vigorosos, e depois em direção à maior participação nas emoções espontâneas que revelam. Com o paciente oral, dou atenção especial ao aumento de carga em todo o sistema, ajudando a pessoa a se ligar ao chão e a abrir os centros do coração e do sexo.

A máscara da pessoa do tipo oral é mais permeável porque os blocos contêm menos resistência que a maioria das outras estruturas de caráter. Mas existe também uma maior tendência à apatia. Isso significa que apesar da pessoa poder ser rapidamente *levada* a reconhecer e expressar emoções positivas e negativas, a iniciativa para *manter* esses movimentos desenvolve-se muito lentamente. A máscara surge muitas vezes para negar a ligação volitiva com o fluxo total de energia. Em outras configurações de caráter, o paciente é geralmente capaz de aceitar os impulsos destrutivos antes dos construtivos. A máscara retorna como um relâmpago, depois dos gritos de raiva, que a voz tenta traduzir em soluços de dor ou saudade.

Os aspectos mental e espiritual da terapia desenvolvem-se paralelamente ao trabalho físico. Por causa de sua capacidade específica de conceitualização, a pessoa oral precisa de ajuda constante para ativar o domínio total da consciência. Com um procedimento psicanalítico como base, o eu que percebe é levado a explorar o conteúdo de experiências passadas e suas ligações causais com a doença. Mas essas descobertas são apenas a base do trabalho de ampliação da consciência.

A exploração das negatividades primais do eu inferior é um componente essencial para o estágio que se segue: alcançar a Essência. Como trabalho com um paciente durante vários anos, os conflitos se elucidam e as defesas diminuem. O paciente transcende o nível periférico do ser, movendo-se numa espiral, em direção ao centro da energia criativa. Esse movimento é, muitas vezes, doloroso e amedrontador. A maioria dos pacientes o sente, no início, como uma queda no caos, na destruição. Quando as pessoas fazem os primeiros progressos em direção à Essência começam a tirar dela energia nova, energia que talvez não experimentem desde a infância. Mas essa força nova é quase que invariavelmente encurralada, para reforçar a resistência negativa da pessoa. A tarefa do terapeuta é ajudá-la a perceber esse padrão e compreender a própria negação.

Como o ego fica mais forte com a liberação de energia do organismo, pode explorar, com mais facilidade, a relação entre as negatividades primais e as defesas periféricas. A pessoa começa a compreender que as primeiras experiências, congeladas na couraça, eram apenas detonadoras dos bloqueios, e não sua causa e substância. Sua causa era e é o conjunto negativo de componentes conscientes e inconscientes da vontade exterior, contrários ao fluxo de energia no eu real. Sua substância era e é o excesso formado de emoções negativas primais, que não puderam irromper livremente do organismo e que ficaram presas na periferia.

As defesas do caráter são tenazes. Cada negatividade não expressada age como fermento. É necessário apenas um impulso negativo para ativar novamente toda a síndrome de negação. O trabalho nessa dimensão atinge o centro de energia correta, abre-o em emoções primais e limpa os bloqueios que congelaram os sentimentos atrás da máscara.

Transição: Como chegar à Essência

O deslindamento de emoções negativas e a retirada da máscara abre canais ainda mais amplos para a Essência. Como já foi explicado, esse é um processo longo, que requer que o paciente se confronte muitas vezes com a máscara e com as violentas emoções negativas que a sustentam. Muitas e muitas vezes, experiência após experiência, o paciente precisa mergulhar, além das defesas do caráter, na corrente de energia que vem da Essência. Esse processo de vaivém ilustra a interpenetração dos níveis da entidade humana no trabalho de alcançar a pura energia criativa da Essência.

Esse movimento em espiral do ser humano, para dentro e para fora da Essência, é um processo dinâmico que segue um *continuum* através dos níveis de realidade. Mas, para que fique mais claro, às vezes trato os movimentos como se fossem divisíveis em partes. Para ilustrar isso, coloco três cadeiras enfileiradas e explico ao paciente que as usamos porque as pessoas têm emoções e expressões comuns, que podem ser melhor administradas se separadas, de acordo com o nível do ser a que pertencem. A cadeira 3 representa a realidade distorcida das defesas do caráter e a máscara do ego. A cadeira 2 representa a realidade inferior das emoções primais negativas. A cadeira 1 é a grandeza do ser humano, energia e consciência, as emoções positivas primais, os aspectos que abrangem o amor.

Na segunda, e principalmente na terceira cadeira, as várias estruturas de caráter têm atributos diferentes, apesar de algumas expressões serem comuns a todas. Quando a estrutura esquizóide se senta na cadeira 3, diz: "Eu não ligo. É tudo igual para mim." Quando se senta na cadeira 2, está cheia de fúria, raiva e impulsos assassinos. O caráter oral, na cadeira 3, diz: "Por favor, goste de mim." Na cadeira 1, sua expressão é: "Você me deve isso. Você tem que dar isso a mim. Você não me alimenta bem. É por isso que tenho problemas. Sou um saco vazio." Aqui, há amargura e acusação.

O masoquista senta-se na cadeira 3 e diz: "Sou tão bom! Pobre de mim! Sou uma vítima inocente." Na cadeira 2, ele ameaça: "Vou provocar você para provar como você é ruim. Você vai ver." O psicopata diz, da cadeira 3: "Posso fazer qualquer coisa." Mas, da cadeira 2, ameaça: "Se não me deixar fazer as coisas do meu jeito, vou destruí-lo." A estrutura rígido-histérica declara, na cadeira 3: "Sou bonito. Sou eficiente. Sou organizado." Na cadeira 2, diz: "Eu te odeio. Vou cortá-lo em pedaços. Nunca vou abrir o meu coração." Cada um dos pacientes vai dizer, da cadeira 3, que é bom, que não é responsável pelos seus sentimentos negativos. E, na cadeira 2, todos demonstram ódio e desejo de destruir.

No início, o terapeuta introduz sua própria energia centrípeta no tratamento. Introduz seu próprio movimento da Essência, ao reconhecer a beleza e o valor interiores do paciente. Qualquer terapeuta sensível faz isso, nem que seja apenas descartando os julgamentos morais. Na energética da Essência, o guia inclui totalmente a sua pessoa interior no processo, reforçando cada nuança do movimento centrífugo do paciente, com exceção de um: a fala afetada da máscara.

Na energética da Essência, assim como em todas as abordagens psiquiátricas, ocorre transferência e projeção, estimuladas pela segurança do ambiente terapêutico. Todos os profissionais bem preparados aceitam qualquer material ao qual o paciente possa se agarrar, e o alívio do paciente ao ser tão plenamente aceito leva gradualmente a um teste da aceitação em termos da idade na qual a neurose se instalou. Como a transferência também é um mecanismo de escape, terá de ser desmantelada. A energética da Essência utiliza alguns dos métodos descobertos pelas escolas de psicanálise e bioenergética para resolver esses impulsos de dependência, mas de uma perspectiva totalmente diferente. Eu me uso ativamente como um objeto adequado, mas temporário, da negatividade, para demonstrar que ela não vai me aniquilar, e nem ao paciente.

A força da Essência do paciente é o principal solvente dos aglomerados de energia negativa. O movimento centrípeto, minha energia e consciência, penetra a fonte de vida da pessoa, chama-a para fora, acompanha-a, mas não age em seu lugar. O terapeuta se dirige à Essência da pessoa através dos funis de energia que, segundo o diagnóstico, são relativamente funcionais. O alvo são as emoções do coração, sejam quais forem os canais de recepção abertos.

A interação com o paciente envolve toda a pessoa do terapeuta, e não apenas o pensamento comunicado em palavras. Como estamos trabalhando com movimentos dinâmicos, eles têm que ser expressos. À medida que o paciente tenta trazer à baila seus sentimentos, vai gradualmente dirigindo-os para o terapeuta. Isso é, naturalmente, transferência baseada em projeção. As pessoas insistem em descobrir alguém a quem possam atribuir seus complexos, seja ele um conhecido que lhes lembre o pai ou a mãe ou um médico, que representa autoridade.

O tratamento tradicional exige que o terapeuta permaneça neutro diante dessas expressões. Na energética da Essência, ao contrário, evocamos ativamente as expressões e reagimos a elas, utilizando nossas próprias energias e especificamente nossos sentimentos para ajudar a penetrar o nível exterior da realidade do paciente. Este é um processo delicado. Por exemplo, o terapeuta pode fazer o paciente chutar e gritar, com o corpo em posição tensa, gritando junto para intensificar o movimento, da raiva simulada à raiva real. Essa interação cria uma transição fluida entre médico e paciente, e os sentimentos transferidos podem se transformar em ataque físico contra o médico. O terapeuta mobiliza a energia da raiva e a redireciona construtivamente. Assim, o trabalho se desenvolve num movimento espiral que leva, gradualmente, à Essência do paciente.

Trabalhamos à beira da violência porque a projeção e a transferência, particularmente quando negativas, mantêm a pessoa num estado de desconexão entre realidade interior e exterior. De certa forma, é mais difícil reorientar esse tipo de distorção do que despertar sentimentos amortecidos, que contêm e retêm uma grande energia. Quando uma pessoa culpa os outros pela sua dor, é como se ela estivesse com um machado na mão. Mas, de qualquer forma, está funcionando. O organismo se sente melhor com esse movimento do que com a apatia emocional.

Essa introdução ativa da energia centrípeta do terapeuta no trabalho constitui a segunda razão pela qual nós nos denominamos assistentes ou guias.

Já disse várias vezes que a unicidade do ser humano pertence não ao eu exterior, com a máscara que geralmente é mostrada ao mundo, mas à essência do eu interior, que é a Essência. O *status* "superior" do terapeuta, as técnicas e o conhecimento profissional e outras supostas distinções, são aquisições do eu exterior e não têm nada a ver com valor interior. Como seres, as duas pessoas envolvidas no processo de tratamento da energética da Essência são iguais. Cada uma delas, como qualquer outra pessoa que venha à existência, tem uma tarefa insubstituível a realizar na vida, que é tão importante no desígnio universal quanto qualquer outra tarefa.

Inúmeras plantas compõem a vegetação da Terra. Seria absurdo se a árvore alegasse ser melhor que a videira porque é maior, ou que a videira se pusesse acima do repolho porque o repolho não consegue subir, ou que o repolho desprezasse a cenoura porque ela cresce debaixo da terra. É um erro, para o guia ou para o paciente, colocar qualquer peso nas distinções superficiais entre eles. Ambos são entidades únicas, ambos estão aceitando o mandato de se desenvolver a partir da Essência, e ambos estão contribuindo para o movimento unitário na corrente da existência, ao realizarem juntos sua tarefa.

Por isso, é essencial que o terapeuta seja tão real e tão envolvido no tratamento quanto o paciente. Todos nós usamos nossas máscaras a maior parte do tempo; até mesmo nós, que somos versados em energética da Essência, sentimos que a usamos. Tenho dificuldades para falar em público. Sinto-me embaraçado e autoconsciente como um garotinho: "Será que vão me aceitar? Quero agradá-los para que não me critiquem." E digo a mim mesmo: "Se me criticarem, vai ser muito doloroso. Bom, é claro que não posso me esconder deles." Com isso, estou apenas tentando evitar que certos sentimentos sejam expostos, sentimentos que têm negatividade atrás deles.

Conheço algumas de minhas emoções negativas e compreendo as suas origens. Eu tinha um pai muito sério e muito severo, que eu culpava por tudo. Mas, hoje em dia, não é o meu pai que me machuca, porque ele não está vivo. E nem sequer outra pessoa que eu coloque no seu lugar. Tenho a obrigação de trabalhar com meus sentimentos para não projetá-los sobre os outros, que não têm nada que ver com o fato de os evocar. Os outros são apenas o catalisador desses sentimentos.

Assim, tenho de sentar na cadeira 1, a cadeira da Essência, e dizer a mim mesmo: "É difícil falar em público, mas está tudo bem. Por que todos têm que concordar entre si? Há todas as espécies de plantas na floresta – árvores altas e baixas, trepadeiras e flores. Cada uma delas tem o direito de expressar a sua vida, mesmo que isso signifique oposição e luta, como a natureza muitas vezes decreta."

Se permanecer fiel à máscara do ego – ao falar em público, durante as sessões ou no descanso de minha vida –, não permito que as vidas dos outros entrem na minha. Subordino tudo a mim mesmo e fico cego à realidade dos outros e aos seus sentimentos. Importa apenas quem *eu* sou, se *eu* sou amado e aceito. Ao fazer isso, fico preso ao egoísmo, e perco contato com os outros seres humanos.

Passar da máscara ao inconsciente negativo – da cadeira 3 à cadeira 2 – é sempre uma transição dolorosa. O organismo que sofre se defende contra a nova dor. Assim, o paciente resiste à transição, e no centro da resistência está a determinação: "Não vou deixar que você descubra como estou zangado." Os pacientes se escondem em seu sofrimento, criado por suas emoções negativas sufocadas. Defendem-se contra a dor provocada pelos sentimentos que mantêm escondidos ao longo da vida, porque essa dor é, ao menos, familiar. É, então, uma dor defendida.

A dor da transição é uma dor não-defendida. Pode ser aflitivo transmutar a energia presa na negação da quietude ao movimento, da estagnação ao fluxo. Mas a recompensa por aceitar essa dor é o dom da vida.

Vida, o dom de viver, requer que os seres humanos assumam a responsabilidade pelos seus sentimentos. Na terapia, quando os pacientes se sentam em cada cadeira, têm de aceitar essa responsabilidade, expressando seus sentimentos em movimentos e vocalizando-os em palavras. Sentam-se primeiro na cadeira 3, onde encaram sua máscara e a crosta de defesas atrás dela. Aqui, rompem as racionalizações que transformam as emoções negativas do nível 2 em defesas no nível 3. Abandonam a transferência, o hábito de atribuir seus sofrimentos a causas externas, e preparam-se para aceitar o fato de que estão zangados porque estão zangados, que odeiam porque odeiam. Aprendem que não existe razão externa para sua negatividade.

Quando o paciente deixar cair a máscara, vai para a cadeira 2. Aqui, expressa os sentimentos pelo que eles são. Aceita o fluxo de sua energia através de seu inconsciente negativo. Percebe as distorções em sua vida. Essas distorções podem ser muito sutis; não precisam ser evidenciadas em grandes conflitos e acontecimentos. Por exemplo, uma pessoa que alega: "Amo a natureza, sinto os valores espirituais no todo da criação", pode sair para a rua e dizer: "Meu Deus, esses negros. Olhe aquele cara com o nariz torto." Na cadeira 2, vê a fonte de seu desprezo não no transeunte, mas em si mesmo. E começa a perceber que o que sente pelos outros, sente primeiro por si próprio.

O paciente já está pronto para fazer a transição final, porque, à medida que remove sua rejeição aos outros – a pessoas que são inocentes –, sua energia, seu amor à vida flui para o vácuo e o leva para a cadeira 1. Dessa cadeira, pode finalmente dizer: "Não quero machucar você. Não quero abusar de ninguém. Quero ter contato com todos os seres humanos." Pode abrir-se ao todo da realidade, dentro e fora dele, como uma folha se abre à sua árvore. A humanidade é essa árvore. Todos nós crescemos na árvore da vida. Suas folhas ligam-se a um galhinho, que se liga a um galho maior, que se liga a um galho maior ainda, que se liga ao tronco e às raízes. E as raízes são alimentadas pela energia universal que permeia a terra primordial: a energia do amor.

Estágio três: Centrando-se no Eu Superior

O terceiro estágio do tratamento começa quando o paciente já recuperou em boa parte o funcionamento integral. Agora o eu conhece a Essência, pode deixar que a energia flua para dentro e para fora dele, e pode interpor apropriadamente as emoções negativas e a periferia, contra perigos reais do mundo exterior, e não contra movimentos interiores. Mas a magnífica criatividade do centro humano não se esgota na fusão interna, assim como a extensão da vida não se esgota no nascimento. Por isso, a energética da Essência continua onde param outras abordagens terapêuticas: depois da resolução das disfunções. A pele da maçã ou a casca da árvore não são a Essência – são apenas o invólucro protetor que preserva a totalidade do ser para que possa continuar com seu propósito, que é a auto-realização. Assim, o terceiro e quarto estágios são destinados a desenvolver o caminho da pessoa em direção à unificação com toda a existência.

No terceiro estágio do tratamento, o ego criador, oposto ao ego limitado da vontade própria, começa a avaliar diretamente o potencial da Essência. A extensão e a direção da tarefa de vida da pessoa são geradas pela capacidade da Essência. As pessoas tendem a pensar que seu desenvolvimento pessoal é limitado pela falta de oportunidades em seu ambiente. Isso não é verdade. As oportunidades surgem em torno de nós numa profusão estonteante. O que impede que as vejamos é a intencionalidade negativa.

A intencionalidade negativa é uma tendência bastante consciente neste ponto do tratamento. Os aglomerados de negações volitivas, que produzem a doença, podem ser resumidos como intencionalidade negativa. Mesmo quando a doença já foi profundamente aliviada, e mesmo quando sabemos que o agente da cura é a força vital da Essência, algum resto de intencionalidade negativa pode nos impedir de mergulhar nos processos vitais fora de nós para levarmos a criatividade da nossa Essência à fruição. Hesitamos ainda, protelamos ainda, sentimo-nos ainda incertos quanto à reação que vamos encontrar na realidade exterior.

A consciência interior, Essência do ser humano, precisa de concentração e trabalho para ativar plenamente o seu potencial, para mover-se em força e harmonia com a realidade exterior. Uma pessoa emocionalmente doente é como um barco arrastando sua âncora, a consciência que estagna e se desvia. Quando a âncora é erguida, como navega o barco? Pode mover-se livremente, enfrentar o vento, reagir habilmente aos temporais? Pode traçar um bom curso até o seu destino? Na verdade, tendo permanecido tanto tempo preso à ancora, será que sabe a que lugares quer chegar?

A trajetória de uma vida inteira, assim como o funcionamento de uma célula de minuto a minuto, encarna o princípio de recepção e afirmação da energia. A diferença reside, não na natureza do movimento, mas nos dois outros parâmetros da existência na Terra: espaço e tempo. De acordo com as leis do movimento, quanto maior a vibração da entidade humana – ou seja, quanto maior a liberdade do centro – mais energia pode interpenetrar as realidades exteriores num dado período. Nossa realização depende de quão claramente percebemos nosso mundo interior de capacidades inatas e adquiridas, e de quão eficazmente as aplicamos no mundo exterior, infinitamente variado.

Isso é, naturalmente, um truísmo, mas é igualmente verdade que a auto-realização duradoura é uma condição ilusória. Acho que isso é assim porque não compreendemos o fato de que movimento constante significa mudança constante, qualitativa e quantitativa. Toda entrada de energia pode expandir nossa consciência. Toda saída de energia pode enriquecer nosso contexto. Não há nada de misterioso no processo de fundir os mundos interior e exterior, as pulsações assertiva e receptiva do trajeto da vida. Os estágios finais do tratamento da energética da Essência usam muitos métodos concretos de exploração e aprendizado, que fazem a pessoa centrar-se no Eu Superior e mover-se através dele. No terceiro estágio, a prática fundamental é a meditação, que ajuda a reorientar a consciência e a intencionalidade, do negativo ao positivo.

Neste ponto do tratamento, percebo que o problema essencial não é ressuscitar velhas resistências ou renovar defesas, mas uma conexão subdesenvolvida com a realidade exterior. A pessoa hesita ao se mover para fora, por causa da experiência inadequada com a fase receptiva dos sistemas concêntricos de energia que nos cercam. Em suma, há uma falta de confiança, uma falta que espelha muitos aspectos da nossa sociedade, como vou discutir logo adiante. Mas essa falta não é o objetivo principal. Esse objetivo, vale repetir, é a evolução criativa.

Essa terceira fase do trabalho, centrando-se na Essência, prepara para o objetivo final da energética da Essência, que será revelado no estágio final. Resumindo: o objetivo do trabalho é ajudar o ser humano a libertar sua Essência. Abrindo esse centro, podemos unificar as dualidades que parecem conflitantes, apareçam elas como distorções habituais, circunstânciais temporárias ou apenas aceitação passiva de idéias recebidas. A Essência pode dissolver nosso estado de alienação em relação à criação, por mais grave que ele seja.

As forças são inegavelmente separadas, pelo menos na realidade tridimensional: por exemplo, o empuxo entre esferas gravitacionais, o antagonismo entre certos parasitas e seus hospedeiros, e – mais importante que tudo para os seres humanos – a distinção entre vida interior e exterior. Quando permitimos que esses contrastes aparentes nos separem da realidade exterior, detonamos dor e doença, porque nosso ser interior e exterior são compostos da mesma força essencial.

Mas as teorias ocidentais de cura consideram a dualidade existencial como a realidade final. Basearam os métodos terapêuticos numa visão seletiva de suas causas fundamentais. Alguns pensadores acreditaram que a fonte de sofrimento é a alienação de Deus, ou deuses; daí o espiritualismo da Idade Média. Alguns culparam a privação material, o que levou a muitas formas de domínio, do ambiente e de outros seres humanos. Outros culparam um ou outro de nossos poderes inatos. Assim, o cristianismo primitivo e o pensamento vitoriano, embora por razões diferentes, ensinavam desprezo pela emoção "bestial". Cada uma dessas explicações joga força contra força. Mas, como toda a energia é uma só força, o propósito de toda abordagem de cura deve ser a fusão de força com força, a interior com a exterior. E essa é a premissa central da energética da Essência.

O estágio final: A descoberta do plano de vida

No quarto estágio do tratamento da energética da Essência, boa parte do trabalho é centrado na expansão do senso de confiança da pessoa. Fundamentalmente, isso consiste em extrapolar os sentimentos básicos desenvolvidos durante a terapia para outros espaços e tempos futuros – em outras palavras, moldar a vida em movimento de acordo com a Consciência Superior. Um mundo de possibilidades se estende diante de cada ser humano, porque nada e ninguém é imutável. O movimento do paciente, da crise à integração, comprova o dinamismo da energia correta, assim como as mudanças que já remoldaram suas relações com outras pessoas e as circunstâncias externas. A cura mostra que receber outra força vital, neste caso a do terapeuta, favorece o equilíbrio interior, mas que é a força vital da pessoa, a Essência, que unifica o eu. Reciprocamente, a asserção da força vital do terapeuta favorece as mudanças nos outros, mas são as suas Essências que geram suas modificações interiores.

O princípio da reciprocidade subjaz a toda a existência. Faz todo o universo celestial ter coerência. Faz com que os ecossistemas sustentem as vidas de seus membros. E faz com que cada espécie de seres interaja como uma família. Os seres humanos são irmãos e irmãs, como as gerações de frutas de uma velha macieira.

Pertencemos à árvore e ela pertence a nós – e ao solo, ao sol, à atmosfera e à amplidão do espaço, assim como às gerações anteriores e posteriores a nós. Quando abrimos nossa Essência a essas radiantes esferas energéticas, não iluminamos apenas nossa verdade interior, mas vitalizamos o universo.

Um tempo de vida numa geração é uma pequena partícula no fluxo de todo ser, através do tempo e do espaço. Esse panorama pode ser assustador, e pode incitar o eu a se encolher e evitar a unificação com o cosmos, que a alma deseja. Mas, se o trabalho abriu o organismo à Essência nos planos vibratórios mais lentos, sei, por experiência, que os recursos interiores podem sustentar a pessoa, mesmo através das escuras noites da alma, como foram descritas por João da Cruz.

O processo de exploração centra-se em quem é a pessoa no presente e onde pode ir no futuro. Começa com a máscara endurecida de defesas, vai em espiral, através da camada de negação, até o centro vibrante de energia correta. Em cada um dos quatro estágios, é importante que o paciente assuma a responsabilidade pela verdade do seu ser, como é percebida naquele momento. Talvez, por algum tempo, precise culpar os outros, mas deve aprender a compreender que o ato de culpar encobre um nível mais profundo de negação, o nível da raiva e ódio puros.

Dessa forma, a pessoa aprende que a forma da sua vida depende de como ela a molda. O impulso criativo da Essência move-se dinamicamente em espiral, como um cone ao longo do *continuum* de tempo e espaço, com seu próprio ápice no aqui e agora. A energia da Essência está disponível em todos os estágios do tratamento, para ajudar o paciente a transpor estágios difíceis e dolorosos de seu crescimento. Aprende que outras pessoas não podem mover sua energia: só ele pode. As outras pessoas não impõem suas emoções a ele: elas surgem de suas próprias percepções. Outras pessoas, incluindo o terapeuta, não podem integrá-lo: essa é sua tarefa.

O conceito de auto-responsabilidade junta-se ao conceito de beleza inata para formar o tema da energética da Essência. No trabalho direto com a consciência, a pessoa passa por um processo de meditação que tem quatro focos distintos, apesar de se fundirem no ato de meditar. Dois são dirigidos para dentro e dois são dirigidos para fora.

O primeiro foco tenta construir idéias claras da verdade interior. É, basicamente, o trabalho de perceber o eu, que encara a negação paralisante na máscara e avalia a pessoa que está por trás dela. Essa perspectiva ajuda o paciente a perceber quem ele pode ser, e a aceitar o esforço necessário para evoluir. O foco seguinte é mais amplo e mais profundo. Visa a própria Essência. O eu que percebe deixa que o calor e a suavidade do movimento de amor flua pela mente e leve à Essência as idéias da pessoa desenvolvida, da pessoa realizada e integrada, visualizada no primeiro foco.

No quarto estágio, a meditação e o trabalho são informados e impulsionados pelo elemento de escolha. Escolha, aqui, não significa adequar a vontade a algum padrão instintivo ou estático de comportamento. A escolha vincula a consciência à operação da intencionalidade positiva. Através dela, a pessoa prefere aceitar a rejeitar, procurar os fatores construtivos que estão por trás dos fenômenos destrutivos, buscar o melhor entre os vários bens que pode perceber. A escolha é o aspecto-chave dos quatro focos da meditação.

Olhando para frente e para fora, o terceiro foco concentra-se no local aonde a pessoa quer ir. "Qual é a minha tarefa no ser?", é a questão que sugiro para essa exploração. Ela examina a maravilha que é a Essência. Porque é aqui, e não na personalidade, que cada ser humano é único. Aqui estão os dons inatos que a natureza concede com o fato da vida, não apenas as emoções positivas primais, mas os talentos da mente, da vontade e do corpo. É aí que a policial aprende que quer ser cantora, e é aí que o homem de negócios compreende que precisa ser marceneiro.

O quarto foco, que realmente se move para dentro e para fora, pede que a pessoa confie no ambiente – no universo inteiro – como lugar para o seu desenvolvimento individual. Eu disse antes que a Essência busca o infinito. Isso não é uma metáfora. Em termos da massa de energia da pessoa, a repercussão desse movimento para fora não tem fim, de acordo com a teoria do universo em expansão, assim como a energia que o circunda não tem um ponto de exaustão, de acordo com as subdisciplinas da Física. Em termos de consciência da energia da pessoa, acredito no testemunho do meu próprio desenvolvimento, das pessoas que estiveram e estão em tratamento comigo, das mentes em evolução de todas as culturas e idades: existe um princípio criativo e unificador, para o qual caminham todas as criaturas vivas. Muitos o veneram como Deus. Eu o venero como o deus que todo ser humano é.

Capítulo 20

De Essência a Essência: Terapia de grupo

"Nenhum homem é uma ilha, completo em si", escreveu John Donne. Os seres humanos obtêm sua mais alta realização individual na relação com outros seres humanos. A pessoa se desenvolve de dentro, irradiando para fora, de acordo com o princípio da mutualidade: interação entre todas as suas partes e, depois, com as partes e o todo de outro. Essa troca mútua repete o princípio da reciprocidade, que permite que a energia se mova para fora para misturar-se com os outros, e que penetre para dentro a partir dos outros.

Mutualidade significa que os diferentes aspectos da pessoa se fundem num todo abrangente. Abrem-se uns aos outros, criando uma nova entidade na incorporação e no contato. De acordo com o princípio da mutualidade, uma idéia deve ser acompanhada pela intenção de executá-la. Essa execução requer esforço consciente e persistente. Criação e execução devem se sintetizar para que a inspiração traga frutos. Ambas têm que estar presentes para que a vida seja criativa. O equilíbrio entre esses dois fatores é a combinação mútua que existe no relacionamento humano – o equilíbrio, por exemplo, de uma troca de amor. Mutualidade é o movimento em direção à unificação.

Para que a mutualidade aconteça, deve haver um movimento expansivo de uma pessoa para outra, duas correntes positivas que se aproximam uma da outra. Deve haver também receptividade em ambos os lados para que as correntes se mesclem. A capacidade de manter o prazer crescente e uma vida mais rica deve ser obtida gradualmente através da mutualidade. A capacidade de se desenvolver, de tolerar mais prazer, de se integrar como uma pessoa total depende de dizer "sim" quando o "sim" é oferecido. Na verdade, muitas vezes dizemos "não" ao "sim" do outro, forçando a outra pessoa a se fechar, e quando nos abrimos a pessoa diz "não" a nosso "sim". Isso nos coloca num ciclo infernal de negação.

Existem razões culturais e históricas atrás de cada "não" ao prazer, à expansão e ao crescimento. A sociedade, começando com os pais, impõe restrições à pessoa. As autoridades, como os grupos organizados e algumas religiões, proíbem o que entendem como pecado ou más ações, de forma que as pessoas precisam, muitas vezes, agir contra suas necessidades. Às vezes as restrições são legítimas, mas em outras são impostas arbitrariamente, fazendo com que a pessoa flutue entre abrir-se para o prazer e afastar-se dele.

O amor é um impulso que vem da Essência e que está por trás do princípio de mutualidade entre as pessoas e no íntimo de cada uma delas.

A maioria das pessoas raramente toca o núcleo, a Essência do seu ser interior. Por quê? Porque muitas emoções são bloqueadas. O resultado é um amortecimento de sentimentos, que são as percepções que a pessoa tem de suas emoções. Quando os sentimentos não se manifestam por muitos anos, desenvolve-se uma paralisia na pessoa, uma inação, uma "preguiça". Isso é causado pelo medo, não mais o medo direto da dor sofrida pela criança, mas o medo desse medo. O medo do medo transforma-se em hábito e então em padrão, atolando a pessoa em energia lenta e grudenta.

O princípio da mutualidade não pode operar onde existe medo do medo. Como descobriram muitas das escolas de tratamento psiquiátrico, explicar as emoções que dividem não é suficiente para integrar a pessoa, dentro de si mesma ou com os outros. A terapia da Essência trabalha para extrair energia, como agente básico de cura. Vê a divisão entre a pessoa e o grupo como efeito necessário da divisão no interior do paciente, porque a pessoa que está alienada de si mesma nega a possibilidade de expansão e, portanto, a mutualidade. Vai permanecer isolada e "segura" em seu estado isolado. Quando experimenta um impulso em direção à unificação, retrai-se, mais cedo ou mais tarde, em ansiedade ou pânico. Ergue paredes internas para não perceber a emoção e paredes externas para afastar a pessoa que a ativou.

Percebemos isso continuamente na terapia individual. O paciente, logo que abre as emoções da sua Essência, entra em agitação e se esconde dos sentimentos positivos o mais depressa que pode. Um dos comentários mais típicos que os pacientes fazem é: "Estou com pressa. Quero sair daqui, quero ir embora." E, por mais estranho que pareça, foi esse sentimento – considerado de forma diferente – que me levou a decidir tentar a utilização do processo da Essência na terapia de grupo.

Alguns aspectos da dinâmica de grupo

Há mais ou menos uma década, comecei a observar as auras de grupos de pessoas, particularmente em audiências de palestras, que se relacionam, coletivamente, a uma só pessoa. No início de uma palestra, observo que os membros da audiência parecem distantes ou cansados. O campo de energia sobre a cabeça e os ombros de cada pessoa pulsa devagar e independentemente, apesar dos campos se interpenetrarem um pouco porque as pessoas estão sentadas próximas umas das outras. Quando o orador se dirige a elas, acontecem coisas notáveis às auras.

Se a voz do orador é vibrante e tem energia por detrás, se os conceitos que discute afetam a audência, inicia-se um fenômeno de ressonância. A aura de cada pessoa vibra cada vez mais depressa, indo de 15 até 35 pulsações por minuto. Nesse ritmo, todos os campos se fundem e começam a se mover para cima e para baixo, em uníssono. Inversamente, se o orador não está transmitindo suas idéias, as auras individuais ralentam e amortecem, mostrando que o nível de energia de cada membro caiu. Acontece a mesma coisa quando uma audiência ou uma parte dela é hostil ao orador.

O resultado, em ambos os casos, é palpável e visível nos campos de energia. Observei que quando falo a um grupo receptivo, as palavras praticamente voam da minha boca, porque a tremenda energia unificada se estende e me inclui. Mas quando estou me expressando mal, ou há resistência nas pessoas que me ouvem, parece que minhas palavras batem numa barreira, e é preciso muita energia para chegar a elas.

Qualquer um que tenha experiência com audiências sente isso. Fiquei impressionado com o potencial do fenômeno de ressonância como instrumento terapêutico. Se a auto-expressão de uma pessoa pode aumentar os campos de energia de um grupo inteiro num auditório, o que pode acontecer se seres humanos que sofrem se juntarem com o objetivo direto de afetar energeticamente uns aos outros? Será que o trabalho de grupo, usando a energia ressonante gerada por várias pessoas ao mesmo tempo, pode atingir a Essência de cada membro, de maneira mais intensa e mais persistente que a terapia individual? A possibilidade era tremendamente excitante.

Por volta de 1972, a terapia da Essência tinha se transformado numa abordagem diferente da sua origem, a Bioenergética. O trabalho individual com pacientes sugeria muitas orientações para o tratamento de grupo. Percebi, naturalmente, que um grupo de pessoas funcionaria numa dimensão diferente, com dinâmica diferente. Seria preciso inventar novas aplicações e novas técnicas, e algumas destas vão ser mencionadas nas páginas que se seguem. O que eu não podia prever é que a terapia da Essência poderia penetrar tão extensamente toda a estrutura do mundo exterior de cada membro do grupo.

A terapia de grupo, assim como a terapia individual, tem duas motivações principais. Uma é elevar o nível de energia, que é o aspecto quantitativo do organismo. A outra é aumentar a consciência de cada pessoa, que é a diferenciação qualitativa das emoções, a corrente de energia que se move no organismo.

Os dois processos se desenvolvem simultaneamente, de fora para dentro e de dentro para fora. Elevar o nível de energia requer não apenas a remoção dos blocos de energia da estrutura do caráter, mas puxar para fora a energia da Essência. No início, os participantes do grupo trabalham muito com o corpo, para expandir e liberar suas energias. O processo de ampliação da consciência baseia-se, no início, na análise das estruturas físicas, dos sentimentos, das emoções subjacentes e dos blocos, e das interconexões desses elementos, expressas no caráter de cada membro.

À medida que o grupo amadurece, esses processos se fundem gradualmente, porque a consciência é um atributo fundamental da energia. Assim, a consciência aumenta à medida que a energia aumenta. Muitos de nós já tivemos alguma experiência nesse sentido. Quando a pessoa se sente vibrante e descansada, pode perceber um maior número de coisas durante o dia, e suas percepções têm variações maiores e mais profundas. Quando o nível de energia está baixo, o nível de atividade é mínimo. No grupo, da mesma forma, aumentar quantitativamente a energia aumenta seus aspectos qualitativos, a especificidade e clareza das emoções.

Gerando nova energia

Quero agora dar alguns breves exemplos dos movimentos usados em terapia de grupo para energizar os participantes. São paralelos aos passos sucessivos usados com pacientes individuais, e a progressão, em ambos os contextos, espelha o crescimento do ser humano, do nascimento à vida adulta.

No trabalho individual, descrito no Capítulo 8, o paciente começa deitando-se de bruços e fazendo os movimentos de um bebê. Os movimentos negativos – como chutar e bater – são enfatizados primeiro. A expressão negativa transforma-se organicamente em desejo de receber, mesmo que, no início, seja por pouco tempo. As emoções negativas podem ser intensificadas, fazendo a pessoa ficar de pé, como faz o jovem ou o adulto. Gradualmente, as emoções negativas podem se transformar em positivas. A mesma abordagem é usada na terapia de grupo.

Logo que comecei a trabalhar com grupos, tive a idéia de pedir aos participantes que se deitassem em círculo, com os pés voltados para o centro. A idéia pode ter sido inspirada pelo movimento de energia longitudinal no corpo humano. A energia flui em forma de 8, ou na forma de um rim ou um feijão, na descrição de Reich. Corre no sentido anti-horário, da esquerda para a direita, em torno da cabeça e dos ombros, e no sentido horário, na parte inferior do torso e nas pernas. Reich define duas correntes distintas que se encontram em ângulo e sustentam o rodopio visível em cada setor. Esses movimentos individuais fundem-se e fluem num movimento geral de energia de grupo, como será descrito adiante.

Chamo a esse arranjo circular das pessoas em um grupo de posição mandala. Revelou-se um verdadeiro ciclotron, e é muito mais energizante para o grupo que qualquer outra posição. Uso três variações da mandala básica.

Na primeira, um grupo de até 14 pessoas é disposto em posição de roda, ou mandala. Os pés de cada membro voltam-se para o centro do pequeno círculo, com as cabeças radiando para fora. Essa posição estimula a libertação de muitos problemas. O terapeuta fica de pé no centro da roda, observando os membros do grupo que começam a respirar profundamente. Assim, o terapeuta pode detectar bloqueios físicos e movimentos instáveis de energia no corpo. A pessoa toca os pés e as mãos das pessoas mais próximas. A roda formada por esse contato transforma-se num ciclotron que faz a energia girar em torno do círculo, no sentido anti-horário.

A respiração profunda é regulada pelo terapeuta e inicia uma variedade de vibrações nos pés. Pode-se observar a rigidez em várias partes do corpo de cada um. O movimento da energia cria uma sobrecarga nos pontos fracos de cada indivíduo. Os blocos musculares fazem pressão, o que torna a pessoa consciente de inadequações físicas ou movimentos bloqueados. Por outro lado, a energia em movimento aumenta o nível de energia nos indivíduos mais fracos – a personalidade esquizóide, por exemplo – e possibilita que as pessoas expressem seus sentimentos de forma mais forte no grupo que em sessões individuais.

Fenômenos surpreendentes ocorrem quando as pessoas respiram em uníssono. Muitas pessoas, que estavam presas, soltam-se e choram. É a primeira vez que conseguem chorar ou liberar a raiva. Essa reação deve, naturalmente, ser cuidadosamente acompanhada e controlada, para que os participantes não entrem em pânico. Descobri que a respiração mais eficaz é uma inalação breve, seguida de uma longa exalação, que é vocalizada numa expressão de negatividade, tal como: *"Não!"* Isso possibilita uma expressão purificadora da aceitação, por parte do grupo, de sua negatividade e tendências destrutivas. Quando isso ocorre, os bons sentimentos podem fluir. A experiência da mandala é semelhante a uma orquestra, com o líder do grupo no papel de regente. Ele determina o grau, o tom e a rapidez das emoções liberadas. Pode também acelerar o processo. É importante notar que, encorajando a liberação de emoções negativas, o terapeuta pode levar o grupo à expressão de sentimentos ternos.

A segunda variação – mais útil e segura – depois que a formação em mandala foi feita e o líder está no centro do círculo, é alternar homens e mulheres. Inicia-se com períodos de respiração profunda, de dois a três minutos, acompanhada de suspiros profundos. A respiração se acelera. Instruo os membros do grupo a flexionar os tornozelos e projetar os calcanhares para a frente, o que estimula o movimento vibratório que unifica a todos. Simultaneamente, devem virar a cabeça de um lado para o outro, expressando o sentimento *"Não!"* Vários intervalos de parada e trabalho sobre blocos individuais se passam até se atingir uma explosão de raiva. Os participantes batem no chão com os pés e os punhos fechados, movendo a cabeça e gritando *"Não!"* Não se permite que esses episódios durem mais que um ou dois minutos, mas são repetidos sucessivamente. É importante que o terapeuta observe de perto cada participante. Seus corpos devem estar expostos ou meio nus para que ele possa observar a localização dos blocos. Por exemplo, se um dos membros tem um bloqueio na parte de trás do pescoço, o assistente do terapeuta, que está fora do círculo, deve desfazê-lo a fim de que o grupo possa chegar a um nível mais profundo de emoção. Ocorrem experiências surpreendentes durante a posição mandala: soluços profundos, explosões de raiva, expressões de ódio genuíno, aprisionados no corpo e na alma.

A terceira variação é também eficiente. As cabeças ficam voltadas para o centro, com os pés na direção periférica. Começo novamente com a respiração profunda. Peço aos membros que ergam as mãos em direção ao centro da roda e se toquem uns aos outros. Expressões de sentimentos ternos são estimuladas: sons de beijos, chamar a mamãe, pedir a ela que venha. Experiências profundas emanam desse estímulo: soluços profundos, gritos pedindo socorro à mãe, emoções de cortar o coração que foram guardadas por muitos anos. E as vibrações correm pelo corpo.

Quando isso acaba, pede-se aos participantes que se voltem uns para os outros. Continuam deitados na posição de roda, mas se abraçam e se olham nos olhos, sem fazer exigências e sem mostrar expectativas. Fazem, simplesmente, contato. Nessa fase, a maioria dos casais soluça mais profundamente.

A experiência da roda termina com todos os membros em pé, formando um círculo e seguindo as instruções do líder do grupo. Depois de terem experimentado as emoções da infância na posição do ataque de raiva, o "Não" e o choro, podem ficar em pé, firmando-se com a energia vital da pessoa adulta. Peço que os participantes fiquem com os pés uns trinta centímetros separados, os calcanhares para fora, mãos na cintura, respirando e permitindo que o movimento vibratório flua através do corpo. O círculo é mantido através do toque dos pés. Novamente, nessa posição, são verbalizadas expressões negativas: *"Não!" "Não vou!"* Também nessa posição e nesse estágio, eles vocalizam a negatividade com as fases expiratórias longas. Essa vocalização cresce em ressonância e sentimento, e se comunica para o grupo inteiro. Finalmente, o fenômeno da ressonância evolui para uma realidade harmoniosa, que assume a forma de canto. É extremamente difícil explicar esse acontecimento, mas ocorre tantas vezes que talvez a posição mandala o estimule. Concluí, a partir de minhas observações do campo de energia, que o campo de cada indivíduo fica muito mais ativo e se funde com os movimentos energizantes da pessoa mais próxima. Assim, é criado um movimento poderoso e dinâmico que incendeia o grupo inteiro. A luz refulgente e o movimento são formados pela corrente de energia. Evoca um efeito que faz o indivíduo sentir-se como uma pessoa e parte de um grupo. Assim, a ênfase deste trabalho de grupo está na experiência de cada participante. Porque é apenas através deste tipo de experiência que cada um pode, efetivamente, participar de um grupo. Cada um deve desenvolver seus próprios sentimentos pessoais, sua consciência de corpo e sua sensação para que, através da respiração, possa compartilhar suas energias com os outros elementos do grupo. Assim, o princípio da mutualidade, os movimentos criativos, a fusão e a unificação que aparecem no interior de cada pessoa, são estendidos a todo o grupo.

No entanto, desejo acrescentar uma palavra de cautela. Essas técnicas podem ser usadas com segurança apenas quando o terapeuta está equipado para ler as estruturas dos participantes e tem consciência dos seus próprios bloqueios. Deve, então, libertá-los com técnicas específicas desenvolvidas na Bioenergética. Essas sessões não são jogos de salão; não devem ser feitas por pessoas que não têm consciência de seus próprios corpos, de seus bloqueios, porque podem provocar reações de pânico.

A fusão ocorre quando o grupo é administrado com sucesso e se obtém, progressivamente, um senso de unidade. Isso só acontece quando a experiência do indivíduo não é negada. Quando a pessoa se sente inteira, consigo mesma e com o grupo.

Como já foi mencionado, o ciclotron criado no trabalho da mandala funde o movimento individual de energia no todo do grupo. Aparecem três formações básicas de energia.

Uma delas é a corrente longitudinal em cada pessoa, que se move para cima e para baixo, em cada raio, numa pulsação sístole-diástole. Os ritmos diferem de pessoa a pessoa. Os sistemas energéticos independentes dos membros do grupo se aceleram quando se começa a trabalhar com o corpo, geralmente através de respiração e vibrações, sem usar a voz, no início. Num ritmo acima de 25 pulsações por minuto, aparecem uma segunda e uma terceira formações de energia, uma no centro da mandala, onde estão os pés, e outra na periferia. As correntes individuais de energia começaram a se fundir e, devido aos ritmos diversos, as novas formações movem-se num fluxo contínuo. A diástole de cada pulsação individual é preenchida pela sístole dos outros. A corrente central de energia move-se na direção dos ponteiros do relógio, e a periférica move-se ao contrário.

O ciclotron é um exemplo muito mais poderoso do fenômeno de ressonância que a energia unificada de uma audiência, e carrega a vitalidade do grupo. Os membros do grupo dizem que quando a energia se acumula, sentem que se juntam quase que como uma nova entidade, uma mutualidade não de seres separados, mas de partes de um único ser.

O ciclotron parece quase adquirir vida própria, independente de suas fontes imediatas. Por exemplo, quando um ou dois membros do grupo estão criticamente bloqueados, o novo corpo de energia faz uma ponte sobre eles, ligando as pessoas de ambos os lados, que estão contribuindo para sua formação. Essa resolução é semelhante ao fluxo de um rio: se há uma depressão profunda no leito do rio, a água simplesmente a enche e corre para a frente em seu curso. A pessoa, que é a depressão, sente-se pressionada e triste, mas isso tem seu valor. As novas correntes de energia delineiam os contornos dos bloqueios e, se não rompem as resistências da pessoa, mostram ao grupo quem precisa de mais atenção nessa sessão.

Esses são apenas alguns dos movimentos de energia da mandala. Os humores, os pontos de contato e a posição do corpo dos membros do grupo criam variações tão numerosas que ainda as estou descobrindo. Mas, os efeitos da posição justificam outros comentários. A mandala, com os pés voltados para dentro, leva a energia para as pernas e alimenta a consciência de emoções negativas. O trabalho corporal, usado nessa posição, como chutar e gritar, liga as pessoas ao chão. Quando queremos trazer para fora as emoções positivas primais, o grupo deita-se com as cabeças voltadas para o eixo da mandala, e os participantes podem usar expressões de saudade ou carência, como "Mamãe, mamãe" e "Me ajuda". Pode-se criar um circuito tremendamente forte, fazendo com que cada pessoa vire de lado e coloque uma das mãos atrás do pescoço e a outra sob a pélvis de seu vizinho.

Somente quando o grupo já chegou a certo ponto de maturidade é que introduzimos a posição em pé, ou do adulto. Agora os participantes se encaram, assumindo a responsabilidade por si mesmos, como pessoas que estão frente a frente – seus olhares, suas reações às expressões e sentimentos dos outros, suas inter-relações. Dispostos novamente em círculo, os participantes trabalham, particularmente, através de movimentos que vibram o corpo, e depois passam para gestos largos com os braços, torso e pernas. A voz é usada com freqüência, nessa posição, o que faz com que o tubo interno do corpo também vibre. A combinação de vocalizações com vibrações das pernas cria ressonâncias por todo o organismo e amplifica enormemente a pulsação energética do indivíduo, que vai crescendo em intensidade, até fundir-se em outra formação energética. O aumento de energia ocorre mais depressa se os participantes tocarem a parte de fora dos pés e segurarem as mãos, como já foi indicado.

A nova formação de energia criada pelo círculo e pela posição em pé gira no sentido anti-horário e, como o ciclotron na posição mandala, curva-se em forma de monte de feno. Se o terapeuta ficar em pé no meio do círculo, pode, literalmente, sentir a energia nas mãos, como um meio elástico. Como no ciclotron – e mais ainda – a aura unificada reluz, envolvendo cada pessoa num brilho que se intensifica quando o processo de excitação irradia entre os campos individuais e a nova formação se acelera.

A infusão de energia atinge a Essência dos membros do grupo, acordando a consciência de como é, verdadeiramente, viver. Mas o trabalho de terapia da Essência apenas começou. Para que a Essência permaneça aberta, acessível à pessoa lá dentro e ao mundo lá fora, o paciente deve atravessar muitas e muitas vezes os blocos da estrutura do caráter, examinando como rompem a harmonia interior e distorcem a relação com os outros. A consciência aumentada, que é a energia aumentada, dá à mente algo com que trabalhar.

Explorando a pessoa interior

O foco analítico, na terapia da Essência, é dirigido à autopercepção da pessoa e à percepção que tem dos outros, como seres únicos e imensuravelmente maravilhosos. Seu horizonte não é: "Qual é minha doença? Como faço para parar minha dor?", mas sim: "Qual minha tarefa na vida? Onde quero ir? Como unifico a mim mesmo para chegar lá?"

Essa perspectiva pede que os membros do grupo se enxerguem no nível da Essência e não de acordo com as aparências. Ajuda a superar a tendência comum – inclusive entre os terapeutas – de classificar as pessoas por tipos. Existem, naturalmente, padrões de comportamento humano. A Psiquiatria usa termos como "masoquista", "esquizóide", "paranóico", e não sem razão. As pessoas manifestam, com certeza, traços comuns de doença e de "personalidade". Mas é uma grande injustiça igualar a pessoa a seus problemas ou à sua máscara. Os grupos percebem isso rapidamente, através da troca de energia. Sua compreensão faz com que superem até mesmo as barreiras da antipatia que os participantes talvez sintam uns pelos outros.

Os participantes aproximam-se uns dos outros analiticamente, a partir da superfície, assim como do centro. Boa parte do trabalho inicial concentra-se, basicamente, em substituir a crença universal de que as emoções negativas são "más". Elas não são. Ao contrário: são expressões da força vital. Em termos de processo da Essência, são alterações de energia causadas por constrições da Essência, como é descrito no Capítulo 14. Por exemplo, quando uma pessoa se sente inútil, por rejeição vinda de fora ou por autodesprezo interior, a raiva se acende no inconsciente negativo, como uma faísca num curto-circuito.

O mal, na verdade, deriva não das emoções negativas, mas da negação de emoções, tanto positivas quanto negativas. Todo bloco, toda doença, todo sentimento não-genuíno é uma negação. Os membros do grupo começam a exploração examinando as negações entranhadas em suas máscaras: o sorriso gentil que nega a raiva interior, a superioridade presunçosa que esconde um senso de inadequação, os ombros caídos num pedido de desculpa, que esconde o medo de cometer um assassinato. Essas indicações aparecem no corpo, não apenas nas palavras de cada pessoa.

A aparência de preguiça de algumas pessoas encobre uma inércia profunda; isso ocorre, como já descrevi anteriormente, quando os sentimentos permanecem intocados por muitos anos. Na verdade, esse estado de morte causa muito sofrimento, que a pessoa pode representar numa atitude de eu-não-ligo. Outros impedem que um movimento de energia se complete. Um empregado começa a sentir raiva do patrão mas depois a desvia, expressando uma queixa ou uma lamúria. Uma pessoa flerta sedutoramente num encontro, mas foge quando surge a perspectiva de uma relação. Uma esposa faz amor e depois volta-se com frieza para o marido, provocando uma discussão para interromper o fluxo de calor entre eles.

Esses e muitos outros casos mostram uma retirada para detrás da máscara – a periferia do ser humano. Os membros do grupo escrutinam esses mecanismos e trocam observações entre si. O objetivo é "ver a nós mesmos como os outros nos vêem", e nunca criticar. Crítica é meramente projeção.

O alvo da exploração de cada pessoa no grupo é sempre ela mesma: sua máscara, suas emoções negativas e, finalmente, sua afirmação positiva da vida. Não se permite a afirmação: "Estou certo e você está errado." Se a pessoa ataca dessa forma o caráter de alguém, está fazendo coisas destrutivas. Está rejeitando sua responsabilidade de descobrir suas próprias negações escondidas na máscara, porque todos têm a capacidade para o "erro" que atribui a outra pessoa. E está provocando o outro, num contra-ataque ou contranegação. Na pior das hipóteses, está tentando ativamente infligir crueldade.

Num grupo, ninguém precisa simular. Na verdade, isso não é permitido por muito tempo. O participante que se imagina um Don Juan tem que se confrontar com o fato de que, na verdade, odeia as mulheres e quer castigá-las. É muito melhor admitir isso abertamente do que se esconder.

A projeção e a transferência estão entre as táticas de defesa mais comuns, táticas que usamos para não lidar abertamente com as verdadeiras emoções. Quanto mais doente a pessoa está, mais culpa os outros pelo seu sofrimento. A pessoa saudável aceita os outros como são. Se lhes causam dor, tenta encarar o fato como acidente ou como uma colisão honesta de interesses. Tenta dizer: "Isso me machuca" e não: "Você fez isso de propósito!" A transferência e a representação podem assumir formas positivas, que dão prazer aos outros, mas também adulteram a realidade interior de cada um. Esses artifícios classificam as pessoas em imagens geralmente mantidas desde a infância. Assim, o adulto encontra e interage não com o ser humano que está ali, mas com um fantasma. O trabalho de grupo utiliza a transferência e a representação para penetrar a neurose, mas a substituição é sempre avaliada pelo que é, um alvo falso para os sentimentos genuínos.

A chave para a terapia de grupo é a responsabilidade pelas próprias emoções. Cada paciente concentra-se em como se sente, em como seus blocos o aprisionam, no sentido de suas reações aos outros membros. Cada um aprende a deixar cair a máscara e a lutar diretamente com seus movimentos primais. Cada um regressa à infância, por assim dizer, apoiado pela profunda mutualidade que o grupo criou. As negatividades, cada participante aprende, não destroem os outros e não os incitam a se jogarem num abismo. O terror que sofre, o medo do medo, dá-lhe a ilusão de que, ao se abandonar, vai se afogar no rio da vida. Os outros membros do grupo ajudam a pessoa a experimentar muitas vezes que isso não é assim, que aceitam suas expressões negativas, assim como as positivas. Trabalham uns com os outros, energética e analiticamente, e ganham cada vez mais acesso às suas Essências.

Como o grupo constitui uma sociedade para cada um dos participantes, o processo terapêutico não pára na libertação de emoções primais. Os participantes são adultos e não bebês que dependem dos pais para um relacionamento significativo. Têm corpos crescidos, podem agir como desejam, podem se sustentar, se casar e ter seus próprios filhos. Todas essas forças são testadas nos encontros com outros seres humanos, que pedem a reação de uma pessoa total. A responsabilidade exigida de cada participante, o intercâmbio de confiança e fé, a experiência intensiva de mutualidade, leva o grupo em seu estágio maduro a reintegrar cada pessoa, não apenas consigo mesma, mas com o mundo exterior.

Iniciação e desenvolvimento do grupo

Os processos de energização e a penetração perceptiva manifestam-se em todos os grupos com que trabalhei. Não é necessário reunir "tipos" especiais de pessoas para compor um arranjo terapêutico efetivo. Na verdade, sinto que é bom que os participantes representem uma amostragem ampla em termos de estruturas de caráter, idade e procedência e, se possível, que haja um número igual de homens e mulheres. Um grupo heterogêneo impele seus membros a interações rápidas. Considere, por exemplo, as confrontações de uma pessoa oral com um masoquista. O primeiro diz: "Dê isso para mim, faça isso para mim." E o segundo responde: "Eu não quero." Um membro mais velho pode gravitar para o papel de pai, e se o grupo tem um membro mais jovem, podem formar um par. Existem pessoas que tendem a provocar separações, e que precisam ser removidas do grupo. São, geralmente, personalidades psicopáticas que monopolizam o grupo, sugam sua energia, de forma que o trabalho não pode se centrar em mais ninguém.

O número máximo de pessoas é catorze e o mínimo, oito. Em número maior, as pessoas ficariam espremidas na mandala, e, em número menor, teriam dificuldade de se darem as mãos. Já trabalhei até com 18 pessoas em *workshops*, mas nunca num grupo contínuo. As sessões têm de duas e meia a três horas, e acontecem uma vez por semana. Geralmente, alternam as sessões de grupo com uma sessão comigo e outra com o terapeuta corporal. Esse especialista trabalha com os participantes para elevar a relação entre movimento físico e emoções, mas a análise caracterológica das interconexões é realizada apenas nos encontros com o terapeuta da Essência.

A natureza do trabalho da Essência exige que os participantes do grupo estejam fazendo também terapia individual. As emoções evocadas no grupo podem ser esmagadoras e devem ser conduzidas independentemente. Além disso, a pessoa deve começar um tratamento individual um ano antes de entrar para um grupo, para o seu bem e para o bem dos outros participantes. Meus colegas e eu observamos que uma pessoa despreparada não consegue suportar o impacto e o ritmo dos movimentos do grupo. Suas resistências se expandem geometricamente no contato, e o grupo inteiro fica bloqueado.

O conteúdo das sessões individuais é intencionalmente vinculado ao material desenterrado no grupo. O paciente pode focalizar sentimentos reprimidos apontados por outros membros do grupo. Pode trabalhar uma reação negativa a outro participante, uma reação que ainda não é capaz de expressar diretamente no grupo. Ou eu posso trazer à tona sentimentos que ele precisa trabalhar no encontro seguinte.

Há poucas regras para os membros do grupo, mas essas poucas regras são firmes. Pede-se aos participantes que se comprometam a um ano de trabalho e que participem de todas as sessões. Se uma pessoa falta duas vezes em seguida, sem uma razão muito forte, os participantes decidem, no outro encontro com ela, se deve ou não deixar o grupo. Observamos que as pessoas logo assumem a atitude de que o trabalho de grupo é vitalmente importante, e os membros raramente abandonam o grupo depois das primeiras semanas.

O sigilo é uma obrigação para os membros do grupo e para o terapeuta. As pessoas não podem discutir com ninguém de fora, nem mesmo com seus cônjuges, o que foi comunicado nas sessões. Os membros do grupo são encorajados, desde o início, a confiar uns nos outros, e a descartar a suposição de que qualquer expressão de sentimento possa ter sido gerada por uma má intenção. O trabalho requer muita paciência e liberalidade, muito mais que os limites de tolerância encontrados no mundo exterior. As convenções sociais precisam, em grande parte, ser postas de lado.

Aconselho as pessoas que entram num grupo a tomar cuidado com a representação, porque muitos de nós a usamos *ad infinitum* como válvula de escape, impedindo a exploração do impulso. Depois de o grupo ter feito algum progresso, os participantes que sentem necessidade de bater ou de lutar entre si podem fazê-lo, com a supervisão do terapeuta, como será descrito nas páginas que se seguem. Mas não é permitido, naturalmente, que se machuquem de verdade.

Peço também que os participantes evitem amizades muito íntimas fora das sessões, com um ou dois dos outros membros. Essa não é uma regra rígida, mas uma linha de conduta, para evitar que o grupo se subdivida. É por isso também que desencorajo relações sexuais entre membros do grupo. Parceiros sexuais têm dificuldades em trazer seu relacionamento para os encontros. Os esforços para esconder sua atração militam contra a abertura e a honestidade que deve unir todos os participantes. Sinto, também, que o membro de um grupo que tem relações sexuais com outro participante, logo no início do trabalho, está, freqüentemente, representando uma negação, como uma vingança contra o marido ou a mulher, ou um ressentimento, porque os sentimentos sexuais pelo terapeuta não foram correspondidos.

O líder, na terapia da Essência, não se mantém à parte do grupo, mas se torna uno com os participantes num sentido muito real, compartilhando de suas metas e de seu trabalho. Deve trazer aos membros do grupo um profundo senso de calor pela sua unicidade como pessoas, e deve impor a si mesmo a mesma abertura e honestidade exigidas de todos. Deve sempre ter em mente que os membros do grupo se juntaram para se curar, e não para serem curados por ele.

Participar não significa que o terapeuta abdica de suas responsabilidades como líder do grupo, porque isso instauraria o caos. Sua *raison d'etre* é transmitir aos membros do grupo suas descobertas e guiá-los em seu trabalho. Mas não deve impor suas explicações ou conduzir os participantes nas direções que deseja. Na medida do possível, o grupo deve dizer-lhe como e aonde deseja ir em cada sessão. Se estiver confuso e inseguro em relação ao que o grupo deve fazer, é melhor admiti-lo. O grupo vai reconduzi-lo a seu caminho.

Acima de tudo, o líder do grupo não pode nunca usar a noção de verdade como desculpa para alimentar seu próprio ego ou para liberar seus próprios impulsos inconscientes. Já aconteceu isso em alguns grupos – o terapeuta atacou um membro que o aborrecia ou levou para a cama uma paciente que o atraía. Isso é manipulação, não abertura. Abertura, para o terapeuta, significa manter a própria Essência acessível. Desde o nascimento de um grupo, e durante toda a sua vida, relaciono-me com os membros como médico, é verdade, mas sou, antes de tudo, simplesmente John, um outro ser humano.

A evolução de um grupo, como já mencionei, é como a evolução de uma pessoa. O grupo desenvolve-se da infância à vida adulta, à medida que avança o trabalho da Essência. E segue um ritmo de crescimento em termos do material que trabalha durante os sucessivos estágios.

Nas primeiras fases da vida de um grupo, as pessoas concentram-se em si mesmas, como as crianças. Sua atenção gira sobre o "mim" que cada um de nós é. Nas primeiras sessões, os membros falam livremente de seus sofrimentos e de onde acham que estão seus principais problemas. Então, chega um ponto em que recuam e esperam, olhando para o terapeuta, para que os pegue pela mão e encontre soluções para suas dificuldades. Agora, a tarefa do líder é ajudá-los a se moverem na direção da unificação como grupo, porque são sua consciência e energia unificadas que vão integrá-los individualmente.

Gradualmente, os participantes abrem seus focos de concentração para incluir uns aos outros. Sua atenção se amplia do "mim" para o "nós", e as transferências crescem inevitavelmente à medida que as pessoas revelam suas verdadeiras estruturas de caráter. As máscaras caíram e as emoções negativas vêm à superfície. Nesse estágio, trabalha-se muito para intensificar os sentimentos positivos. Como os membros crescem em confiança mútua, trazem fantasias e sonhos para serem explorados pelo grupo. O senso de responsabilidade recíproca cresce acentuadamente no processo, e o grupo caminha para seu último estágio de crescimento.

O grupo maduro combina o foco do "mim" com o foco no "nós". Os participantes examinam sua condição humana, avaliam o funcionamento de suas relações, e trabalham em direção à integração com seus mundos exteriores. Nesta fase, precisam cada vez menos da orientação do terapeuta. As emergências que surgem tendem a ser resolvidas diretamente com os outros membros, e não com o terapeuta.

O grupo fundiu-se em seu interior e, no processo, ergueu o olhar de cada pessoa da dor da vida para a promessa da vida. O grupo abriu seu rio para o mar.

Desejo agora esboçar algumas aplicações específicas da terapia da Essência durante os vários estágios do crescimento do grupo. Nenhuma técnica é reservada a uma só fase. Os métodos introduzidos no início podem ser utilizados durante toda a vida do grupo. O trabalho em cada sessão não segue um programa preestabelecido, mas desenvolve-se conforme a necessidade, para aprofundar a fonte de energia e consciência dos participantes. Nem são os estágios mutuamente exclusivos. Como a pessoa humana, o grupo oscila para frente e para trás, entre o negativo e o positivo, entre desobstruir o rio e fortalecer seu curso. Mas, falando de maneira geral, há aspectos da terapia que pertencem a cada fase, da infância à vida adulta.

Estágios de desenvolvimento: primeira e segunda infâncias

Quando um grupo se reúne para seu primeiro encontro, os participantes tendem a se sentir um tanto tímidos e nervosos. Já me chamam pelo primeiro nome, e uso os deles para apresentá-los. Isso diminui a tensão e os livra de papéis a que a sociedade atribui valores hierárquicos – como um advogado, um escriturário, um porteiro.

Geralmente não fazemos trabalhos físicos nas primeiras sessões, porque sinto que têm uma qualidade mecânica, até que exista algum conhecimento entre os membros. No início, cada pessoa diz ao grupo por que quer participar dele e o que pretende realizar através disso. É o período de trazer à tona os problemas, e o trabalho de observação e análise começa logo nas sessões seguintes.

Com esse objetivo, peço que cada participante fique na frente de um espelho, enquanto os outros membros do grupo o observam. Todos nós, incluindo ele, falamos do que vemos em seu corpo físico. O corpo vestido num *colant* não pode mentir, e os membros estão cientes de suas mensagens, graças à terapia individual. A pessoa escuta coisas assim: "Você parece um cipreste alto e fino", ou "Você parece estar dividida na cintura como uma vespa".

O grupo faz inferências sobre os bloqueios da pessoa a partir de seu físico, descobre as indicações de sua estrutura de caráter e como as defesas se relacionam com os problemas que descreveu. Posso dizer a uma mulher: "Seus quadris e pélvis são estreitos como os de um menino, como se você não reconhecesse essa parte de seu corpo." Ou um participante pode dizer a outro: "Seu pescoço parece duro. Está zangado com o mundo?"

Comentários como esses fornecem muito material a ser trabalhado porque permitem que as pessoas se conheçam e estimulam reações. O terapeuta pergunta a cada membro como se sente em relação aos outros. Algumas pessoas ficam embaraçadas. Outras ficam com medo. Outras ficam ofendidas. Todas são encorajadas, imediatamente, a descobrir porque experimentam essa reação em particular.

O trabalho de corpo introduzido nessas primeiras sessões depende da minha percepção do preparo do grupo. Se as pessoas já estiverem ativas e se movimentando, posso pedir que tomem a posição da mandala e posso iniciar alguns gestos evocativos, como chutar. Quando sinto que se retraem, como geralmente acontece, faço alguns exercícios leves de aquecimento, realizados geralmente em pé e formando um círculo. Trabalho as partes do corpo que eles sentem que se movem com a respiração, as partes que não sentem e as partes onde sentem pressão e dor. Os membros do grupo observam e comentam esses movimentos. A observação do corpo é, aliás, um instrumento que o grupo usa periodicamente através de todos os estágios de desenvolvimento.

Depois dessas primeiras sessões introdutórias, as pessoas geralmente recuam para dentro de si mesmas. Têm informações sobre os demais, mas pouco senso de coesão. Estabelece-se uma imobilidade, uma resistência que o terapeuta deve romper, modificando a atitude do grupo de dependência em relação a ele para autoconfiança. Esse estágio é complicado, e usamos muitas técnicas para que evolua.

Posso começar com um trabalho de percepção do grupo como um todo. Peço às pessoas que se sentem em círculo e falem de sensações em relação aos outros – não julgamentos racionais, mas bons sentimentos. O grupo tenta expor reações verdadeiras, mesmo que superficiais. Essa atividade pode provocar muitas emoções. Então, trabalhando com as pessoas que falaram com mais veemência, tomamos cada resposta emocional e a deslocamos do fato – o "Não gosto de você" ou "Você me enche o saco" – para o por quê. Relacionamos a projeção com o eu interior da pessoa: seus ressentimentos, seus padrões de reação a figuras de autoridade, suas predisposições em relação a homens e mulheres em geral.

Por outro lado, às vezes é melhor primeiro envolver o grupo em movimento físico. Peço aos membros que se deitem na formação de mandala, com os pés para o centro. Começam respirando e depois vibrando as pernas, continuando com uma longa série de movimentos que podem durar meia hora ou mais, para abrir a transmissão de energia do grupo. Não se pode deixar que a resistência dure muito, porque cria uma atmosfera de futilidade.

Um trabalho assim, através de várias sessões, gera alguma consciência de unificação no grupo, e os participantes chegam aos encontros seguintes com mais disposição para agir. Pode ocorrer também um retraimento coletivo e, às vezes, deixo que a monotonia e a espera se desenvolvam até que o desconforto faça que uma ou mais pessoas reajam. Esse é um instrumento útil para puxar para fora ressentimentos entre os membros. Mas, geralmente, desse ponto em diante, o grupo começa a mostrar ao líder aonde deseja ir e os participantes precisam cada vez de menos estímulos para começar a trabalhar.

O líder continua a guiar cada encontro e, principalmente, a decidir como iniciá-lo. Pego minha dica ao avaliar os membros quando a sessão começa. Várias coisas entram nessa avaliação. As auras dos membros são o índice mais seguro do seu nível de energia, mas existem muitos outros tipos de evidências. A maioria dos terapeutas aprende a sentir o "humor" dos pacientes, da mesma forma que você sente a distância a temperatura de um forno quente. As expressões corporais e faciais dizem muito. O participante pode estar conversando, mas com o rosto vazio e descolorido: está se reprimindo. Outro pode entrar na sala e deitar-se de costas:

não quer participar. E nem aquele que se senta inclinado para a frente, segurando os joelhos com os braços. Muitas posições denotam ansiedade: costas rígidas, as mãos fortemente entrelaçadas sobre o colo, ombros curvados, respiração presa ou débil. As pessoas que mostram esses estados de tensão exigem maiores atenções durante o trabalho de grupo.

Peço à pessoa que parece estar sofrendo mais para se deitar numa cama, com o resto do grupo sentado em volta dela, formando um círculo. Nesse estágio, os outros participantes conseguem perceber imediatamente que essa pessoa está tremendamente amarrada, presa em emoções bloqueadas, a negação da necessidade de extravasar. É necessário um pouco de trabalho físico para abri-la. Pede-se, primeiro, que chute e deixe a respiração se expandir; pode usar também a voz, começando com um "Ahh" de vibração e usando então um termo negativo.

Quando esses movimentos estão fluindo, ela é incentivada a pôr para fora seus sentimentos irracionais e destruidores, berrando com cada membro do grupo. Não é permitido que expresse juízos ou opiniões: deve voltar-se para seus próprios sentimentos, os movimentos que percebe no seu próprio organismo. Por exemplo, pode dizer aos outros: "Eu odeio você, eu quero matar você", mas não "Eu odeio você porque você me hostiliza". O "porque" não é necessário; é uma evasão de sua responsabilidade por essas emoções. Os outros membros do grupo, por sua vez, são orientados para aceitar essa negatividade, para deixar que a pessoa grite, sem ser interrompida.

Depois de ter atravessado seu ódio e sua raiva, a pessoa pode sentir uma onda de emoção positiva e começar a pedir ajuda ao grupo. Estende as mãos para os outros, e todos se aproximam dela e a tocam. Uma onda de sofrimento e desespero, de cortar o coração, atravessa seu organismo, uma agonia que todos temos dentro de nós, mas que negamos ou colocamos de lado. Isso explode como uma torrente, fazendo com que a pessoa seja sacudida por soluços. E essa emoção é tão profundamente tocante e enriquecedora que pode fazer com que os outros também chorem, cada um percebendo seu próprio estado de morte e seu desespero, cada um confrontando-se com seus próprios conflitos. É assim que um membro, ao se libertar de suas negações, pode abrir os corações do grupo inteiro. É o fenômeno de ressonância funcionando, criando uma enorme quantidade de energia. A experiência dá aos participantes um profundo senso de unidade entre eles e o sentimento de pertencer à raça humana. Ela os humaniza.

Se, no início da sessão, nenhum participante precisa urgentemente de atenção, posso colocar o grupo inteiro na posição de mandala para que trabalhem juntos os sentimentos primais. As pessoas se deitam de costas, os pés voltados para o centro, e começam a chutar, como uma criança pequena num acesso de raiva. Posso pedir-lhes que expressem negatividades sem um alvo, ou posso sugerir que visualizem uma figura de autoridade, da sua infância, e dirijam a raiva contra ela.

Às vezes, um participante fica tão energizado que se levanta espontaneamente para ter mais liberdade de movimento. Ele pode pegar um bastão e bater na cama, gritando para a imagem do pai ou da mãe: "Seu monstro maldito, você me desgraçou, você me machucou, você me machucou!" Ele pode despertar tanto ódio nos outros participantes que todos acabam pegando bastões para bater em seus pais.

Quando essas explosões esmorecem, as pessoas geralmente sentam em círculo e exploram seus problemas de forma destituída de racionalização e da necessidade de protestar. Sem nenhuma ajuda do líder, põem de lado as acusações contra os pais e passam a considerar as emoções negativas e suas implicações em sua vida atual. Quando isso acontece, fica claro que o grupo está amadurecendo rapidamente.

Estágio de desenvolvimento: juventude e vida adulta

Apesar da ênfase, nos primeiros estágios do desenvolvimento de um grupo, estar ainda nas negatividades, visamos as emoções positivas. Às vezes, numa sessão, as pessoas trabalham por algum tempo na posição da mandala, com os pés voltados para dentro, mas não constroem o impulso para abrir seus movimentos positivos. Então, inverto a posição, formando a mandala com as cabeças para dentro, a fim de canalizar as novas formações de energia que sobem por seus corpos e facilitam a evocação dos sentimentos do coração. As pessoas vocalizam sua dor, sua tristeza e, principalmente, seu medo do medo: "Estou sofrendo", "Vou me partir em pedaços", "Não quero morrer!" e "Socorro, me ajude!" Muitas pessoas choram e a profunda empatia em torno do círculo faz com que os participantes percebam que não estão sozinhos em sua miséria. E o que é mais importante: faz com que cada um experimente a total expressão e a total aceitação – uma total mutualidade – das emoções positivas.

A essa altura, o grupo já está profundamente coeso; transformou-se numa família e os membros estão dispostos a assumir não apenas mais da direção do trabalho, mas uma parte maior na sua realização com cada um dos outros. Eu ainda os guio, mas a intervalos, e depois de uma sugestão inicial, podem agir sozinhos durante a sessão inteira. Por exemplo, um encontro pode começar com um dos membros deitado e os outros sentados em círculo, em torno dele. À medida que a pessoa expressa seus sentimentos negativos, os outros reagem na mesma moeda. Suponha que ele diga: "Eu te odeio." Os outros respondem *"Eu te odeio!"*, acentuando seu movimento e realizando um processo de *feedback* para si mesmos. Se ele regride à negação e tenta culpar qualquer um dos outros pelo seu ódio, o grupo já é bastante rápido nesse estágio para reconduzi-lo (bem como a si próprios) imediatamente às fontes interiores da sua negatividade.

Nesse estágio, o grupo usa cada vez mais a posição em pé do adulto, fazendo movimentos amplos para estimular o fluxo de energia represado em cada organismo. Isso é útil, particularmente quando sinto que o grupo está ficando subcarregado. Posso alinhar os homens num lado da sala e as mulheres no outro, todos olhando para a parede. Faço com que se dêem as mãos e comecem a vibrar e, pouco a pouco, seus maxilares se projetam para a frente. Então, alguém diz, por exemplo: "Desgraçado!" Essas mensagens se propagam ao longo de cada parede, e logo as mulheres estão gritando coisas assim: "Você são um bando de sádicos!" E os homens reagem: "Suas putas, suas mães fajutas!" Logo alguém se volta e faz gestos ameaçadores para o subgrupo oposto. Duas pessoas podem se encarar, com o olhar cheio de raiva. Se acho que podem administrar bem a situação, deixo que se ameacem uns aos outros com os bastões.

Não é permitido que os participantes simulem fisicamente sua hostilidade uns sobre os outros, até que o grupo tenha atingido uma maturidade considerável. Não é tanto pelo perigo de se machucarem. A essa altura, as emoções da Essência já se movem livremente, fazendo com que os outros membros interfiram, antes que uma interação se transforme em briga. É antes porque o ataque físico é tão provocador que pode desintegrar emocionalmente uma pessoa que não esteja preparada para aceitar a negatividade. Considere, por exemplo, o que pode acontecer a um homem e uma mulher dentro da situação descrita, se estiverem numa condição instável.

Um homem que tem muito medo de mulheres chega em crise a uma sessão. Brigou com a mulher ou, mais provavelmente, ela lhe disse na cara que ele é um incapaz, e isso o está levando ao desespero. "A filha da puta, ela está me esmagando e eu não digo nada. Estou atolado em sentimento e não consigo me mover." Já trabalhou bastante esse problema e já encarou a negação de negatividades que o sustenta, mas não conseguiu romper o bloqueio em sua situação atual.

O grupo ouve a sua história e, então, uma das mulheres diz: "Vamos tentar trazer isso para fora. Vou ser a sua mãe, está bem?". Então ela começa a imitar uma mãe exagerada, tratando-o como um bebê, como uma criatura indefesa, humilhando-o. O homem começa a ficar zangado e ela continua a espicaçá-lo, até ele pegar fogo. Nesse ponto, peço que ela se deite embaixo da cama e dou um bastão ao homem. Ela continua a provocá-lo: "Meu menininho malvado, não lhe disse para não bater nos outros meninos?" Ela provoca e ele golpeia, até ficar transbordando de raiva.

A reação do grupo pode ser cataclísmica. À medida que o homem começa a atacar, as pessoas que se identificam com seu problema gritam com a mulher que está sob a cama, dando vazão à raiva que sentem da mãe ou de todas as mulheres. A reação do homem é uma tremenda vitória para elas. Outras – homens e mulheres – empatizam com a mulher sob a cama e lamentam com ela, enquanto ela continua a gritar: "Não me machuque, não me machuque! Eu te amo, não me abandone!" A sensação de perda e separação pode assolar os dois subgrupos, como vento num campo de trigo.

No período de juventude, a técnica é planejada para afiar a assertividade do grupo como um todo e a capacidade dos membros individuais de expressá-las. Quando sinto que não querem trabalhar uns contra os outros, eu me coloco no meio do círculo e digo que sou o pai deles, incitando-os a que me ataquem. Os movimentos, nessa situação, começam com vibrações e evoluem rapidamente para gestos e gritos agressivos. O terapeuta, naturalmente, é uma ótima figura de autoridade para propósitos de transferência, e mais de uma vez me livrei, por pouco, de um soco no nariz. Os membros do grupo sempre interferem para refrear os co-participantes que parecem seriamente inclinados a um assassinato.

Nesse estágio do desenvolvimento do grupo, o estímulo do líder quase não é necessário. Minha contribuição se limita, durante semanas, à supervisão e à análise. O grupo se move sozinho e existe muito material.

Mas pode acontecer de o grupo – como um todo – não se mover. O tempo pode estar pesado, ou várias pessoas acabaram de chegar de férias e não querem fazer nada. Talvez o grupo fique preso em divagações verbais e a atmosfera se torne caótica, sem foco, sem integração, sem nenhum trabalho sendo feito. Em situações assim, costumo dar cinco ou dez minutos para que os participantes "decolem" por si mesmos. Caso isso não ocorra, coloco o grupo numa das posições circulares – geralmente a mandala – para trabalhar, até que esteja se movendo sozinho. Um grupo maduro pode pegar a força total da mandala, e os participantes, às vezes, preferem ficar nessa posição durante a sessão inteira.

O grupo maduro geralmente percebe, no início da sessão, quem precisa de mais atenção. Os participantes, e não o terapeuta, fazem com que a pessoa trabalhe o seu sofrimento. Podem formar um círculo em torno dela e guiar seus movimentos físicos, provocando-a, incitando-a e estimulando-a a se abrir. Isso pode parecer intimidação mas não é, porque todos estão, ao mesmo tempo, trabalhando seus sentimentos.

Os participantes têm agora pouca paciência com as evasões ou os desvios. Interrompem as lamúrias e as racionalizações com uma rapidez que está próxima da brutalidade. São muito mais bruscos entre si do que o terapeuta poderia ser com qualquer um deles. Mas raramente isso ofende, porque se conhecem bem. Conhecem as estruturas de caráter e os bloqueios uns dos outros, os recursos e conflitos, os valores e os corações. Juntos, construíram um reservatório da confiança comum.

Apoiados nessa confiança, passam muito tempo, nesse estágio, discutindo seus mais inquietantes problemas, suas emoções mais profundas, suas maiores vergonhas. Comparam e exploram o sentido de suas fantasias, seus relacionamentos, suas expectativas na vida. Avaliam seu sucesso em aplicar, no mundo exterior, a força que desenvolveram no grupo. Dão, uns aos outros, coragem, motivação e amor – energia da Essência.

O movimento orgânico do grupo maduro reintegra os participantes, além do que poderia ser conseguido numa terapia individual. Isso não desvaloriza a importância central da terapia independente, mas reconhece que o trabalho de grupo transporta a terapia da Essência para novas dimensões.

Há, em primeiro lugar, o significativo diferencial de energia. As novas formações geradas pelo grupo ultrapassam a massa de energia disponível ao paciente individual. Uma implicação imediata disso é que o contato da Essência, que é a base de todo o processo terapêutico, pode ser estabelecido quase que imediatamente entre os membros do grupo, mas requer uma tremenda preparação por parte do terapeuta na relação um a um. Até que esse contato surja, não há vitalidade no tratamento: o paciente continua sofrendo e a compreensão do terapeuta é negada.

Os efeitos da transferência são tremendamente ampliados no grupo. O terapeuta aceita e utiliza as identidades com que é revestido pelo paciente individual – mãe, pai, irmão. Mas não pode representar todos esses papéis ao mesmo tempo. Em virtude de seu número e composição, um grupo permite que a pessoa reencarne sua família inteira de uma só vez. Como cada um de pelo menos oito membros está se transferindo aos outros simultaneamente, e vice-versa, as permutações são infinitas. E, naturalmente, algum membro do grupo pode se parecer realmente com o patrão de outro, ou com a esposa, ou com o vizinho chato.

A terapia individual também utiliza o efeito de espelho para ajudar a pessoa a intensificar suas emoções e sentimentos. Mas o terapeuta é impedido, pela ética profissional, de soltar as rédeas de seu inconsciente negativo. O companheiro de grupo do paciente tem a obrigação oposta – dar vazão a suas negatividades o mais irracionalmente que puder, com exceção de mutilações físicas. A aceleração cumulativa e a intensificação do fluxo de energia que realimenta cada pessoa pode destruir blocos que a terapia individual levaria meses para sequer arranhar.

A qualidade de responsabilidade pessoal que se desenvolve na terapia de grupo supera o que pode ser encontrado não só no tratamento individual, mas também nos relacionamentos da vida. O paciente individual é obrigado a dar conta de seus sentimentos pelo terapeuta, mas não vice-versa. Aqueles que se amam podem precisar, urgentemente, abrir a comunicação de suas emoções, mas as inibições culturais e a paixão excluem a negatividade. A máscara humana – o filtro que mantemos entre os outros e o nosso eu interior –, é mais facilmente derrubada num grupo. Já vi, várias vezes, membros de um grupo revelarem aos co-participantes ações vis que não tinham sequer mencionado em sessões individuais.

Levando em conta a necessidade que a sociedade tem de colocar freios em seus membros; levando em conta o direito de qualquer pessoa de dizer “não” ao “sim” de uma outra pessoa; levando em conta o conflito interior latente na humanidade, porque todos nós temos emoções primais positivas e negativas; levando em conta tudo isso, ainda me pergunto: o que poderíamos conquistar, nós, os povos da Terra, se pudéssemos ampliar a mutualidade do grupo terapêutico da Essência através de nossas sociedades?

Capítulo 21

As forças do amor, de Eros e da sexualidade

As forças que ligam a humanidade são como os raios do Sol. Estendem-se do centro do universo para construir a criação no próprio universo, na Terra e em cada criatura. A energia e a consciência são as duas grandes dimensões que dominam ou representam a essência das realidades cósmica e individual. A energia compreende o aspecto quantitativo da vida, a consciência o aspecto qualitativo. Energia e consciência são os dois lados da mesma moeda: a realidade. Muitas forças operam ao longo dessas dimensões, na realidade da espécie humana, sobre a Terra e no *continuum* espaço-tempo.

Entre essas forças, as três maiores são a força erótica, a força do amor e a força do sexo. Para compreendê-las é preciso examiná-las separadamente embora sejam, na verdade, uma só força. Parecem separadas e têm características separadas quando penetram a personalidade e as funções do ego dos seres humanos.

Essas forças poderosas operam em todos os níveis da existência, não apenas no sexual e não apenas na interação entre homens e mulheres. Sua operação e fusão são a fonte da criatividade e crescimento. O trabalho que fazemos é descobrir os bloqueios ao fluxo dessas forças, para liberá-las e libertá-las. Amor, Eros e sexualidade são parte essencial do nível interior da realidade humana, a Essência. Fluem, inexoravelmente, através de cada ser humano. A doença surge quando essas forças são barradas ou desviadas de seu movimento orgânico, natural. Como são muito poderosas, o indivíduo teme, mais que qualquer outra coisa, seu movimento livre e aberto.

A centelha de Eros

Eros é a força mais importante da existência, com tremendo ímpeto e impacto. É a ponte entre o sexo e o amor. A força erótica age como o primeiro estágio de um projétil que é lançado ao espaço para tentar vencer o campo gravitacional da Terra. Quando se apaga, Eros pode ficar preso no campo gravitacional, onde fica girando até mergulhar novamente na atmosfera e se desintegrar. Se o projétil tem um segundo estágio, escapa do campo gravitacional, sai para o espaço e estabelece um curso independente no universo. Como primeiro estágio do projétil, Eros tem vida curta. Dissolve-se, se a pessoa não sabe ou não aprende a amar. Mas tira a alma da estagnação, mesmo que seja temporariamente. Faz com que o ser humano seja capaz de se superar, por mais subdesenvolvido que seja. A pessoa egoísta torna-se altruísta, o bandido fica terno, o delinqüente, bom. A pessoa preguiçosa escapa da inércia.

Eros é como um raio *laser*, que transforma a energia estagnada em atividade e excitação. Em certo sentido, a força erótica dá às pessoas a sensação de unidade, mostra-lhes a necessidade da vida e leva à unificação. Muitas vezes, a força erótica é confundida com amor. Em nossa cultura, todas as canções de amor nascem da força de Eros, e não do amor.

Eros tem uma qualidade violenta. Bate com força, derruba as paredes de separação entre os seres humanos, junta as forças interiores e as unifica. Os seres humanos gostam da força erótica por ela mesma. No entanto, a pessoa que evita as emoções faz qualquer coisa para evitar Eros. Porque Eros liberta a energia e o movimento nos seres humanos, e a pessoa que evita a emoção procura, também, evitar a energia e o movimento.

Os diferentes tipos de caráter e personalidade lidam com Eros de diferentes formas. Mas todas as formas evitam a poderosa força unificada de Eros, do amor e do sexo. As pessoas que têm medo das emoções resistem a Eros porque não querem sentir as emoções associadas a isolamento, tristeza e solidão. Lutam para afastar a força erótica porque não querem dar. Pessoas superemotivas, por outro lado, buscam a beleza dos homens e das mulheres. Para elas, Eros se transforma na eterna busca e na grande tentação. É como pegar alguma coisa de fora, a excitação da vida. No entanto, as pessoas superemotivas querem apenas a livre excitação de Eros, mas não o trabalho penoso de atravessar a ponte para o amor. Acreditam que precisam de Eros para ir de um pico emocional a outro, sem nunca mergulhar na profundeza onde existe dor, mas também a força do amor. Pessoas rígidas, senhoras de si e orgulhosas nunca permitem que a força de Eros as penetre. São como uma parede espessa.

Mas, a personalidade e a maneira de sentir não importam muito. Cupido atira sua flecha e o homem digno se vê envolvido com uma garota. Ele se sente tolo e tem vergonha. A força erótica é tão bonita, tão excitante, tão nova que faz o coração e o corpo reviverem. Vibram como que com uma corrente elétrica, quando Eros permeia de excitação todo o ser.

Mas, quando procurado ou aceito por si só, Eros não dura. Apaga quando o ser humano não quer investir mais energia na relação erótica. E é assim porque é necessário que o ser humano inteiro se empenhe em alcançar o segundo estágio. Para se transformar e dar energia à força do amor, Eros precisa da predisposição da pessoa a se mover em direção ao amor.

Reich descreveu a espiral das nebulosas e das galáxias como massas que se fundem, se ligam, vibram e criam novas energias. O amor é igual. A força do amor é uma expressão completa e vibrante da vida no universo. É a substância e o movimento de todas as coisas. No ser humano, combina os sentimentos, a inteligência, o ser físico e o espírito. O amor se move em espiral a partir da Essência de cada ser humano, fundindo, ligando e vibrando energia e consciência. Como emoção, o amor deve ser mediado e acionado pela razão e pela vontade. Sem ação, o amor não pode ser expresso por um ser humano. Amor é também razão e inteligência puras, mas não pode se mover, se abrir ou se desenvolver, a menos que a pessoa se entregue ao amor através da vontade. Ao lhe pedirem para descrever mal e ódio, Sócrates responde: "É ignorância."

Quando falta amor, sentimos uma profunda separação dentro de nós, uma depressão, uma escuridão. Sentimo-nos como vítimas, e, portanto, sentimos também muito ressentimento. Sentimos o vazio de nossas vidas, não importando o quanto sabemos como terapeutas, como pacientes, como trabalhadores, como patrões ou companheiros. O conhecimento de homens que desenvolvem uma bomba atômica e a lançam sobre milhares de pessoas, para destruí-las, é um conhecimento sem amor.

Um ser humano não pode realmente amar sem a intenção de amar. Isso parece um paradoxo. Por um lado, sabemos que o amor é um sentimento. Por outro, parece que a intenção é indispensável para que nos entreguemos ao ato de amor. Mas temos que desejar o amor e expressar esse desejo profundo de amor. De outra forma, nossa razão diz: "Se amar, eu vou perder, vou ficar fraco." O homem diz: "Vou me submeter à mulher e ela vai ter poder sobre mim." A mulher diz: "O homem vai dominar tudo." Ambos dizem: "Vou ficar pobre. Você vai tirar vantagem de mim." Assim, é preciso entregar a vontade e a razão ao ato de amor, à planta do amor, para lhe dar a água de que precisa para crescer.

A força do amor é uma sensação em todos os níveis. Ela é tão poderosa que a pessoa que ama se mantém em estado de saúde, excitação, vibração. Os músculos ficam tonificados e a respiração, aberta. O rosto fica rosado, o coração pulsa. Todas essas reações biológicas são obviamente diferentes do rosto do ódio. O rosto da pessoa que odeia é pálido, retraído, desenergizado, cinzento, amarelo.

É importante, neste ponto, diferenciar as concepções de amor. É possível que uma pessoa ame as árvores, o universo, as florestas ou os grandes ideais, e não ame a si mesma. Se você não se ama, é muito difícil amar os outros. E se você se odeia, também odiará os outros. Existe uma ligação entre a reação individual e a reação geral. Qualquer sentimento, positivo ou negativo, de amor ou de ódio, deve revelar todos os outros sentimentos.

No entanto, a pessoa pode, talvez, amar a si mesma demais, pelo menos na aparência. Esse amor a si mesmo não está em harmonia com o amor pelos outros. A pessoa, de certa forma, se compraz e diz: "Afinal, preciso comer muito porque sou tão carente. Preciso me vestir com roupas diferentes porque sou muito carente, uma vítima." Essa indulgência não consegue reconhecer que estamos sendo negativos e odiosos em outras áreas da vida. A indulgência nos ajuda a evitar os sentimentos de carência e vitimação.

A força e o movimento do amor é caracteristicamente equilibrado. É firme e terno, honesto e sincero, autodisciplinado. No desequilíbrio, a firmeza muitas vezes se transforma em ódio por si mesmo. A ternura se transforma em fraqueza e indulgência. Homens e mulheres que odeiam a si mesmos estão numa prisão. O ódio é igual à doença; o amor é igual à saúde e à verdade.

Para experimentar o amor deve-se primeiro experimentar, compreender e dissolver a doença. Para alcançar um estado de amor, deve-se primeiro investigar a verdade da força do amor, em suas distorções de ódio e separação. Deve-se descobrir onde a pessoa se rebela contra a vida. Descobrindo e aceitando tudo que se tem dentro de si, cria-se a possibilidade para que o amor se expresse natural e organicamente.

Quando o trabalho preliminar está feito e o amor se revela, deve-se dar a ele a intenção, a vontade de agir. O coração se abre e dissolve os bloqueios ao amor, o que gera o prazer da criação. Muitas pessoas temem não poder suportar o amor. Uma voz dentro delas diz: "Eu não mereço isso." Com o medo, o coração se fecha, porque, ao se abrir para o amor, abre-se também para a realidade, incluindo o medo da morte, ou o medo de perder o que mais se quer. Como temos medo de assumir a responsabilidade pela nossa própria vida, culpamos os outros pelo nosso ódio, pelo nosso medo ou pela nossa falta de amor e realização. Assim, precisamos odiar os outros.

Pode-se explorar esse ódio, esse medo de amar sendo-se honesto consigo mesmo. Podemos chegar à nossa Essência de amor somente depois de penetrar e atravessar o nosso nível de ódio e negatividade. Na meditação, discutida no Capítulo 19, podemos perguntar: "Onde e como eu me odeio? Quais as características em mim que parecem merecer esse ódio? Como projeto esse ódio a mim mesmo nos outros? Qual é a fonte desse ódio? E como esse ódio contém amor?" Então podemos investigar como nos amamos – a nossa mente, o nosso corpo, as nossas emoções, o nosso espírito. Porque, como já aprendemos, há apenas uma força no universo, que dividimos com a nossa consciência. Depois de compreendermos profundamente onde, como e por que odiamos, podemos descobrir a força do amor que separamos, por assim dizer, da corrente principal.

Assim, o amor é uma força que pulsa. Biológica e energeticamente, é como um forno que emite raios e calor. O amor não pede nada, apenas emite e penetra. Amamos nosso irmão e nossa irmã, não porque precisamos deles ou porque nos vão dar alguma coisa, mas apenas porque os amamos. Em sua essência, o amor é um estado de existência – física, mental, emocional e espiritual.

A pessoa que pode emitir essa tremenda força do amor torna-se muito inteligente. Consegue ser paciente, esperar e escolher. A pessoa que ama não é rebelde, mas aceita o coração. O coração é feito de duas curvas que se juntam e se fundem. Ele não se compõe de duas forças contrárias que se auto-anulam. O coração é a jóia flamejante da vida, que tem belas cores, emana ondas e inunda o ser humano de mensagens. É, com efeito, um estado de criação.

O simbolismo espiritual da sexualidade

A força sexual é uma expressão única de consciência nos seres humanos, uma força que se estende em direção à fusão. As pessoas atraídas sexualmente são como os pólos positivo e negativo de um ímã. São puxadas uma para a outra. Elas querem entrar uma na outra, ligar-se uma à outra, fundir suas energias, unificar-se. A sexualidade é uma tremenda força que leva o indivíduo a um estado de unificação com outro ser humano. Sua atração é virtualmente irresistível e existe em todos os domínios e em todos os níveis de desenvolvimento. A sexualidade existe onde há consciência criativa, como no ser humano. Os humanos são os únicos seres que podem criar com suas consciências. Podem moldar a substância plástica da vida ou podem destruí-la.

Nos estágios inferiores de desenvolvimento, a força sexual pode ser observada na separação dos gametas, na fusão de protozoários, na copulação de anfíbios e vertebrados. A força sexual liga e unifica todas as criaturas que não têm a consciência desenvolvida do homem. É interessante notar que as formas primitivas de vida se fundem com a força sexual num tempo muito pequeno. À medida que se desenvolvem e se tornam maiores, esse tempo aumenta. É ainda mais longo e mais satisfatório nos seres humanos.

Quando os chimpanzés e bugios se cruzam, o macho penetra a fêmea por meio segundo, copula e sai. Isso é repetido muitas vezes. Os animais se aproximam pelas costas, formando um desenho semelhante a dois feijões, uma forma biológica que Reich chamou de *organum*. As costas de um organismo são sobrepostas pela barriga de outro.

Nos seres humanos, no entanto, a fusão sexual geralmente ocorre cara a cara. Os parceiros têm consciência um do outro e olham um para o outro, fundindo e unificando a consciência. Na consciência, a experiência sexual humana representa todos os aspectos e níveis, o corpo, a mente, as emoções e o espírito. Se todos esses níveis estiverem unificados, sem oposições, ocorrem a ligação e a unificação. A oposição resulta em desunião. O mais importante é que quando há união de todos os níveis, surge uma nova realidade, o nível espiritual.

Na fusão sexual total, os seres humanos experimentam a expansão de suas consciências e brilham como estrelas. A sexualidade unificada transcende tudo o que a pessoa possa experimentar no mundo físico. A pessoa se transforma no movimento criativo, no cosmos e no universo interior, que se liga ao universo exterior.

O nível físico representa o desejo que têm duas pessoas de se conhecerem mutuamente, de se revelarem uma à outra, de se encontrarem uma à outra. Através dessa descoberta física, podem deixar-se conhecer e descobrir a verdade da outra pessoa. O desejo de fusão é energizado por uma força involuntária, que cria o sentimento extasiante. Se a atração existe apenas no nível físico, a relação é decepcionante e logo se apaga. Sem sentimento, consciência e espírito, a atração por outra pessoa não é atração por uma pessoa real, mas uma imagem ou ilustração do que se quer. Quando a ilusão é exposta, a pessoa busca outro parceiro. A ilusão nasce com os desejos físicos da infância. O bebê é receptivo e necessita de um tremendo amor no nível físico, amor que ele recebe através da alimentação, do contato físico, dos cuidados. Nessa relação, o bebê é inteiramente passivo enquanto a mãe se limita a doar.

Na relação adulta não existe o que dá e o que recebe, mas um dar e receber mútuos. Os dois participantes devem ativamente buscar, dispensar, sustentar, alimentar, cuidar, receber, tomar e dar. Essa mutualidade expressa-se num ritmo pulsante, involuntário, orgânico. Consente-se voluntariamente na experiência, mas se permite, ao mesmo tempo, que as forças involuntárias assumam o controle.

Os bloqueios ao fluxo de energia no organismo sufocam o movimento da força sexual. Esses blocos existem porque o bebê, dentro da personalidade adulta, ainda exige realização de acordo com seus ditames passivos. A experiência sexual mútua não pode ocorrer quando um dos parceiros quer receber passivamente, sem dar ativamente. Assim, a pessoa vive numa frustração eterna, que parece justificar a cautela, o afastamento e a negatividade. O movimento em direção à fusão é dividido, criando um contramovimento que provoca um curto-circuito no sistema de energia. Esse curto-circuito é sentido como bloqueio involuntário, inação e inibição.

Outro domínio da sexualidade é o emocional. Os sentimentos são movimentos da alma, como as ondas do mar que o vento cria. As ondas se movem, fluem e descarregam sua energia na praia. No ser humano, os sentimentos fluem em direção a um estado de fusão. Para a fusão acontecer, o movimento deve se expressar numa troca de sentimentos. No amor sexual, percebe-se a realidade da outra pessoa. Deve-se ficar aberto à realidade da outra pessoa, pronto a dar e receber livremente. Para isso, é preciso esvaziar a mente. Não se pode ter ilusões e expectativas sobre quem é a outra pessoa, porque a ilusão esconde a realidade do outro. Você deve estar disposto a experimentar o que está diante de você, não a idéia do que quer, mas o que realmente existe, a verdade do momento.

Quando uma pessoa se abre para o que realmente existe, tende a passar por provações e atribulações. Para se abrir ao amor e às relações sexuais, você precisa ser capaz de suportar, por vezes, a frustração e a dor, sem sentir: "Fui tapeado. Nunca deveria ter me aberto, porque dói demais." Não se deve interpretar a dor ou as ações e motivos da outra pessoa. Deixe que as outras pessoas sejam o que realmente são. Dê espaço e aceitação ao seu parceiro. Como isso é possível? Somos impedidos por nossas imagens e experiências de vida. Talvez tenhamos tido uma mãe que nos privava do que necessitávamos. Construímos um invólucro em torno do fato de estarmos com fome, de querermos algo sem o conseguir. Isso alimenta a cobiça e todas as outras variações negativas descritas na terapia do orgônio, na Bioenergética e na energética da Essência.

Para chegar à abertura desejada, em face de nossas expectativas pré-programadas, é importante usar nossa mente e nossa vontade para visualizar a outra pessoa. Temos que dar à outra pessoa o benefício da dúvida, o amor, o respeito e a dignidade que ela expressa. Visualize essa pessoa com ternura, calor, bondade e confiança. Visualize-a inteira, e não apenas os aspectos negativos. Quando a mente está cheia de idéias e imagens negativas, você não pode ver a outra pessoa como um ser humano real. Mas se reconhecer os aspectos positivos e negativos da outra pessoa, sem exagerar os negativos, ela se torna uma realidade para você. De alguma forma, temos que nos visualizar amando a outra pessoa, com a jóia flamejante que está no meio de nosso corpo, que emite ondas, cores e inunda o espaço em torno de nós e daqueles que amamos.

Essa visualização não pode ocorrer se mantivermos a máscara de bondade. Precisamos ser capazes de expressar a verdade, mesmo que ela contenha crueldade. Mas a crueldade nunca deve ser representada. Por exemplo, quando as pessoas fazem sexo, precisam ser honestas em relação à crueldade. Podem dizer: "Não quero machucá-lo, mas tenho sentimentos cruéis por você." É importante revelar as fantasias secretas que todos nós temos. Quando os parceiros se arriscam a se revelar e a se confrontar, e falam abertamente de sua crueldade, podem assumir a responsabilidade por seus sentimentos, sem projetá-los na outra pessoa. Quando ocorre essa revelação do nível emocional, Eros é reacendido e transforma-se em ponte para o amor.

No nível mental, duas pessoas precisam ser compatíveis para ter relações sexuais profundas e trocar amor. Precisam compreender uma à outra e ter algum interesse comum na vida, o que não significa que precisem ser intelectualmente idênticas. Essa compatibilidade mental promove a compreensão do outro e a humildade em relação a si mesmo. Faz com que um seja capaz de deixar que a outra pessoa seja o que realmente é.

A proximidade mental é importante, mesmo que as relações sexuais sejam satisfatórias. De certa forma, os parceiros precisam ser semelhantes entre si. Muitas vezes, as pessoas têm boas relações sexuais, mas são separadas e não se comunicam. Esses relacionamentos acabam por esmorecer. A incompatibilidade sexual geralmente não se deve à incapacidade de ter um orgasmo, mas à incompatibilidade mental, que surge de bloqueios mentais.

Por exemplo, a mulher pode pensar: "Não vou lhe dar prazer. Não vou nunca ter um orgasmo com você dentro de mim, me violentando." Essa atitude pode surgir de uma imagem de que o homem quer dominá-la e subjugá-la. Pode haver verdade nessa imagem, mas não a verdade completa. Ela pensa: "Quero que você me dê o orgasmo pelo estímulo esperando por mim, mas não vou me submeter a você." Sua imagem mental de satisfação torna impossível para ela chegar à mutualidade, aceitando o homem como é. Os bloqueios mentais impedem a fusão e devem ser reexaminados.

Chegamos agora ao nível espiritual. O aspecto mais importante da sexualidade é buscar a fusão que está além dos níveis físico, emocional e mental. Buscamos o eu espiritual, à pessoa cuja consciência quer se expandir e preencher o universo interior e exterior. O objetivo principal da vida é nos descobrirmos totalmente, descobrir essas conexões profundas de que tanto necessitamos. Essa fusão é a experiência de unidade com a consciência e o ser de outra pessoa.

A experiência sexual representa tudo o que está na psique humana. A forma da psique é revelada na experiência sexual. O homem psicopata faz uma representação de seu impulso de dominação na relação sexual, assim como em todas as outras áreas da vida. Se entra numa relação com uma mulher passiva, ela vai gostar da dominação, pelo menos no nível inconsciente. Se ela é passiva, na vida em geral, vai ser passiva na relação sexual. Na verdade, essas pessoas são atraídas para uma relação, como fios de metal são atraídos por um ímã.

Assim, a experiência sexual é um indicador exato da personalidade e da estrutura de caráter de cada ser humano. Sejam quais forem os problemas, atitudes e tendências do ego, vão aparecer na relação sexual. Da mesma forma, os problemas sexuais vão se refletir nas outras áreas da vida da pessoa. Se a pessoa é, por exemplo, retraída e mesquinha no trabalho, vai ser retraída em sua sexualidade. Um patrão que é cruel com seus empregados vai ser cruel na relação sexual. Uma mulher que é maldosa com seus amigos vai desprezar também a capacidade sexual de seu parceiro. Essas tendências são muitas vezes inconscientes, o que não diminui seu poder e efeito. Quando a personalidade está desunificada, todos os problemas se expressam na sexualidade e em todas as outras áreas da vida. É importante reconhecer, no entanto, que não é só a sexualidade negativa que reflete a verdade da pessoa. A sexualidade exprime também a beleza que existe em cada ser humano e que vem da profundeza da Essência. A ternura, a gentileza e a consideração, que são expressas sexualmente, vão também se expressar no trabalho, no lazer e em outras relações humanas.

Quando as pessoas têm desejos sexuais e não os ligam a sentimentos, a relação se desintegra e o sexo torna-se monótono. Essa separação entre desejos sexuais e sentimentos produz culpa, que pode ser negada. Mas afeta a relação sexual. Quaisquer pensamentos ou sentimentos negativos levarão a resultados específicos na relação sexual. Essas causas negativas vão ter um efeito negativo na experiência sexual. Na verdade, as emoções e atitudes negativas criam uma relação negativa na sexualidade, como em qualquer outra área da vida humana.

Um homem, por exemplo, que, por causa de experiências da infância, adotou uma postura de crueldade em relação à mulher, vai representar sexualmente essa crueldade. Pode ser impotente, e acreditar que precisa da crueldade e da brutalidade para se excitar. Ele vai expressar a crueldade através da manipulação emocional ou da imposição de estímulos artificiais à mulher. A menos que use a mulher, não consegue chegar à ereção e mantê-la. A crueldade lhe dá a excitação negativa que não consegue criar positivamente. Mas se pudesse trabalhar com a mulher para construir a relação em bases positivas, a excitação não viria da sua cabeça, mas de todo o seu ser. Viria do seu coração, do seu amor, de um sentimento de que sua parceira está aberta e quer fundir-se com ele. Numa relação aberta e compartilhada, a excitação, o Eros, surge do amor, da troca de sentimentos, da vibração, da música que existe entre os dois parceiros.

Para que exista uma troca livre e aberta entre dois parceiros sexuais, é necessário que cada um examine o que há de negativo em si mesmo, sem projetar a negatividade no outro ou culpar o outro pela falta de realização. Esse é o trabalho da energética da Essência e, particularmente, da meditação descrita no Capítulo 8. À medida que a pessoa fica totalmente consciente dos elementos negativos – crueldade, medo, desconfiança, superioridade –, é essencial que os revele ao parceiro. É só assim que os processos involuntários podem assumir o controle. As pessoas temem o involuntário porque temem que traga à tona suas tendências negativas. Mas se os parceiros sexuais estão predispostos a revelar suas fantasias secretas, sem representá-las na relação, a energia vital é liberada para criar uma bela mutualidade. Em vez de representar a crueldade, sob o disfarce de amor, os parceiros podem dizer: "Quero te machucar; quero te subjugar." Se cada um reconhece que essa fantasia negativa é apenas uma parte da outra pessoa, a relação pode se abrir e se desenvolver. É até possível representar a negatividade se isso é feito com ternura, de brincadeira, sem machucar de verdade a outra pessoa. A energia assim liberada pode levar a experiência sexual ao ápice do prazer.

O resultado será a fusão total de dois seres, de duas almas, em todos os níveis – físico, emocional, mental e espiritual. A honestidade de dizer: "Quero te machucar", ou: "Não vou te dar esse prazer", por exemplo, permite que a pessoa dissolva a máscara e abandone as defesas do ego. Os parceiros podem aceitar e se entregar aos processos involuntários para uma fusão total. Podem abandonar suas distorções de masculinidade e feminilidade e serem totalmente eles mesmos na experiência sexual.

A parceria ideal do amor

Em vez da fusão descrita acima, o que acontece com mais freqüência no relacionamento sexual é uma separação das forças do amor, Eros e sexualidade. É provável que apenas uma ou duas das forças estejam presentes no relacionamento – Eros e sexo, Eros e amor, ou sexo e amor. A maioria das pessoas faz apenas uma coisa por vez. E assim é com a sexualidade. Às vezes, o relacionamento expressa muita sexualidade e nenhum sentimento. Ou o relacionamento pode conter muitos sentimentos e nenhuma sexualidade. Outras pessoas tendem a ser românticas, a se agarrar a Eros, mas não querem ir além. Tais relacionamentos tendem a ser platônicos. Às vezes, o relacionamento começa com muito sentimento, mas o sentimento acaba e resta amizade e sexo, mas não a verdadeira excitação. Os parceiros não olham mais um para o outro para aprender mais. Eles pensam que já sabem tudo e não querem nada mais. O relacionamento perde a energia, e um ou ambos os parceiros vão procurar a excitação em outro lugar.

A chave para Eros é o senso de aventura e descoberta. Você precisa querer conhecer a totalidade da outra pessoa. Muitas pessoas mantêm Eros algum tempo, porque continuam a descobrir e a revelar os aspectos angelicais e positivos da alma. Mas geralmente recuam quando se trata de revelar e explorar os aspectos negativos. Então, o medo penetra e a energia começa a desvanecer e a morrer. Muitas vezes, as pessoas interrompem a descoberta muito antes desse ponto, com medo do que pode ser descoberto ou revelado depois.

Eros requer uma curiosidade contínua por parte dos dois parceiros, para viver e florescer. No instante em que você acha que descobriu tudo que há para saber sobre seu parceiro, Eros sai e a sexualidade entra em colapso. Vocês podem continuar a viver juntos como parceiros, mas a vida fica plácida e monótona, sem excitação. Para manter acesa a centelha de Eros e para manter vivo o amor, é preciso que a vontade interior continue o processo de revelação. Essa revelação deve ser voluntária e não algo extraído da alma da outra pessoa através da manipulação ou indução de culpa. Mas se você permanecer aberto e continuar explorando, a força de Eros continua com você. Na parceria ideal, amor e sexo estão presentes e Eros serve de ponte, ao invés de tomar conta de tudo, como no amor romântico. Eros mantém o relacionamento vivo e vibrante.

Como é possível construir e manter a ponte de Eros? O principal elemento para manter Eros é o espírito de aventura, curiosidade e revelação do eu. Nesse espírito, aprende-se constantemente sobre a outra pessoa e sobre si mesmo. Essa profunda exploração de dois seres humanos é alimentada pela curiosidade e pela vontade de busca dos dois parceiros.

Os parceiros descobrem a aventura na busca pelo conhecimento da alma do outro. O desejo está presente em todos os seres humanos, mas muitas vezes está enterrado sob a máscara e sob a estrutura defensiva. É preciso um ato contínuo de vontade para persistir na aventura. Porque se descobre não apenas as lindas regiões do prazer e do amor, mas também as florestas escuras da hostilidade e os desertos do vazio. Mas até mesmo as paisagens ameaçadoras escondem belezas e tesouros que podem ser descobertos pela busca persistente.

A curiosidade intencional leva a pessoa à aventura. Essa curiosidade busca, constantemente, descobrir o que é novo na outra pessoa. Que paisagem estará além desse precipício, aparentemente perigoso? Que vista se estende além da próxima curva da personalidade? Enquanto se acredita que há sempre algo novo e se procura por isso, Eros vive. Assim, a ponte de Eros é mantida. Mas, no momento em que se achar que se descobriu tudo o que há na outra pessoa, Eros desaparece.

Mas as forças de Eros vão ficar com você, se você tiver a mente aberta e continuar explorando. Eros é como um anjo que vem até você, quando você tem a energia certa. Amor, Eros e o sexo são angélicos, no mesmo sentido em que as negatividades são demoníacas. O dualismo que existe na esfera da Terra, o *continuum* espaço-tempo, separa as emoções em positivas e negativas, mas a força é uma só. Estão separadas por nossa experiência de vida, e a tarefa é reuni-las, no casamento e em todos os outros aspectos da vida.

Revelar a alma a outra pessoa é uma viagem maravilhosa. Nessa viagem, Eros não é substituído, mas alimentado e transformado constantemente em amor. Um casamento profundamente mútuo requer que cada parceiro revele voluntariamente sua própria alma. A coragem para essa revelação vem da vontade de amar. Esse ato não substitui Eros, mas o incorpora no amor.

Na relação amorosa ideal, você olha nos olhos de seu parceiro e pensa: "De onde você veio? Quem é você? Seus olhos são tão maravilhosos, a respiração, o calor do peito, o toque tão doce, a eletricidade, a vibração." Você não conhece a outra pessoa. E, na próxima vez, a pessoa está diferente. Se quiser procurar pelo negativo, pode fechar os olhos e dizer: "Eu a conheço. Eu a conheço. Ela quer sexo." A curiosidade morre e Eros vai embora. Mas, onde há mutualidade, você pode salvaguardar a relação dizendo "Sim" a um "Não". Você diz: "Não importa o quanto você me machuque. Estou aberto e não estou julgando você. Sei que você me ama."

A outra pessoa pode ficar temporariamente zangada, mas você lembra que ela o ama. Isso cria a mutualidade. Por exemplo: eu discutia muito com a minha esposa, Eva, quando ela me criticava a respeito de alguma coisa. No início, eu ficava furioso, mas depois pensava: "Mas ela me ama." E, logo em seguida, ela mostrava que não tinha nada contra mim. Era da sua natureza se expressar e dizer o que acreditava ser verdade. É importante lembrar que a outra pessoa o ama, não importando a dor que possa gerar, e é importante amar o Eu Superior da outra pessoa. Não há limite para a alma de qualquer pessoa. Ela é eterna e sem fim, e você pode usar a vida inteira e não chegar a compreender a alma. A alma não é estática; é viva e se transforma constantemente. A idéia, na parceria ideal do amor, é revelar constantemente a alma, buscar constantemente.

As distorções na nossa percepção de Eros, do amor e da sexualidade levam à infidelidade e à poligamia. Busca-se, constantemente, a excitação de Eros. Quando esta esmorece, parte-se para uma nova aventura. Mas há um aspecto de torturador e vítima quando se abandona um parceiro por outro, seja no divórcio, na separação ou na infidelidade. A estagnação se instala quando a traição toma o lugar da exploração mútua e do compartilhar. Trai-se para evitar a dor, para não se pôr em risco o relacionamento. A verdade é abandonada em favor de uma falsa segurança. Para punir o outro e reacender Eros, busca-se outro parceiro. Até que as distorções sejam dissolvidas, vai-se de parceiro em parceiro, em busca do amor, não se percebendo nunca que o amor é um ato de vontade. A constante busca de Eros revela imaturidade da alma, uma falta de predisposição para encarar a verdade, que é revelada em todo o ser da outra pessoa.

Quando os parceiros se conformam apenas com a familiaridade e a amizade, o casamento está com problemas, porque ambos abandonaram a busca pelo outro, e ambos se conformaram com a paz, sem excitação. A vontade e a coragem para explorar o outro e revelar o eu são criadas pela vontade de conhecer totalmente o eu, de descobrir e purificar as negatividades que existem. O casamento é mantido vivo pelo desejo profundo de conhecer o outro e ser conhecido pelo outro. A alma busca a completa mutualidade com outra pessoa. Ninguém, no nível mais profundo, quer ficar sozinho. A vontade de ficar sozinho revela a falta de predisposição para compartilhar a vida no seu sentido mais profundo.

Os índices de divórcio e separação, os casamentos infelizes que não resultam em separação física revelam a falta de predisposição para atravessar as barreiras com outra pessoa. Ao atravessar essas barreiras, a pessoa se torna capaz de dar amor e de se encontrar. É difícil amar a humanidade quando você não consegue amar uma outra pessoa. Os acontecimentos mundiais demonstram que a humanidade está longe de seu ideal de comunhão e conhecimento. A falta de vontade nasce do medo e da ignorância.

Assim, o casamento ideal é um casamento de mútua revelação. É levado pelo senso de aventura, pela curiosidade e pela revelação. Eros dá a centelha e forma a ponte entre sexualidade e amor. Mas, por si só, não é suficiente. O verdadeiro amor exige mais. O verdadeiro amor exige a intenção e a vontade de encarar a realidade da outra pessoa em sua totalidade magnífica, e de continuar explorando.

Conclusão

A relação amorosa ideal é um modelo para a vida em geral. A necessidade de uma verdadeira mutualidade com outra pessoa e o trabalho de conquistá-la, refletem os passos necessários para a realização em toda a vida. Porque não é conquistando e subjugando os outros que se chega à realização, mas aceitando a própria realidade interior e a realidade no mundo exterior. O desejo de unificação com outra pessoa é o primeiro passo em direção à unificação com toda a humanidade, com o universo e com Deus, seja qual for a definição de Deus de cada um.

A crise na vida pessoal e a crise no mundo são idênticas – em termos de dinâmica humana – à crise no casamento. Surgem do triunvirato negativo de medo, orgulho e vontade própria. Tememos o outro e projetamos nossos próprios sentimentos negativos naqueles que nos confrontam mais imediatamente, sejam eles colegas, patrões, partidos políticos, ideologias ou nações. Recusamo-nos a reconhecer as legítimas aspirações dos outros, por medo que nos privem de nossa própria realização. Aprisionamos nossas energias positivas na excitação negativa de nossas defesas caracterológicas.

Assim, a paz em nós mesmos, nos nossos relacionamentos, na nossa sociedade e no nosso mundo virá, não de regras, de leis, de tratados e de armas de defesa, mas da vontade de criar uma paz vibrante em nós mesmos. As restrições exteriores podem ser temporariamente necessárias, mas são apenas expedientes temporários que não podem funcionar a longo prazo, a menos que tenhamos a intenção da paz em todos os níveis e em todos os domínios. O trabalho essencial que está diante de nós, o trabalho que é mediado pela energética da Essência, é nos abrirmos às realidades e infinitas possibilidades que nos confrontam. Compreendendo e aceitando, e depois transformando os aspectos negativos de nossas personalidades, criamos a possibilidade magnífica de um mundo onde a compreensão mútua e a cooperação são metas possíveis.

Parte VII

Síntese e Unidade

Capítulo 22

O nascimento de uma nova era

No início dos anos 60, cristalizou-se uma idéia na sociedade e na política americanas, uma idéia que se manifestou primeiro no movimento pelos direitos civis. Se cada pessoa se recusasse a obedecer a leis injustas, se assumisse a responsabilidade pela sua própria vida e pela vida dos outros e trabalhasse para mudar essas leis injustas, então uma mudança positiva ocorreria. Essa idéia cativou a imaginação de milhões de pessoas que trabalharam para pôr fim a um sistema cruel de segregação que sustentava que algumas pessoas eram inferiores às outras, pela lei e pela natureza. Sua ética de compromisso pessoal realizou grandes mudanças na nossa sociedade, para os membros das minorias, embora reste muito a fazer.

A idéia alastrou-se a outros grupos e a outras questões – direitos da mulher, reforma educacional, proteção do meio ambiente e protesto contra a guerra, considerada injusta. Em todas essas áreas foram registrados progressos na atitude e no comportamento, e conquistas importantes foram feitas. Isso não quer dizer que tais movimentos não contivessem suas próprias distorções. Seria surpreendente se não fosse assim, porque as idéias e estratégias desse movimento, na sociedade americana, surgiram da cultura existente.

No entanto, todas essas ações, acredito, são arautos de uma nova era. Essa consciência, cada vez mais difundida, honra a responsabilidade pessoal e indica uma dependência cada vez menor em relação a convenções estabelecidas, instituições e autoridades. O desafio à autoridade e à política do governo é paralelo a um questionamento de padrões da vida familiar, do comportamento das grandes empresas, dos métodos de educação e da ética de entidades e servidores públicos. Ao mesmo tempo, milhões de pessoas começaram a buscar maneiras efetivas de alcançar e realizar seu potencial interno. Em suma, as pessoas estão sentindo uma crise de valores em suas próprias vidas. Ao mesmo tempo, estão lutando contra as distorções que percebem na ordem social e dirigindo suas verdades interiores para corrigi-las. Esses movimentos coletivos e individuais crescem e se reforçam uns aos outros.

Mais ou menos conscientemente, muitas pessoas sentem e buscam ativar os três princípios que constituem a base deste livro. Elas percebem e querem corrigir a unidade fragmentada de energia, consciência e experiência dentro de si mesmas. Querem preencher as brechas que existem entre elas próprias e o seu meio físico e social. E sua crescente vontade de assumir responsabilidade pelas suas próprias vidas implica a compreensão de que a fonte de cura para suas imperfeições e para as da sociedade está dentro delas mesmas, e não em algum agente ou poder exterior.

Esse ressurgimento da consciência do todo e da unidade da vida reflete uma compreensão renovada da criação e confiança na evolução.

A evolução da consciência

Biologicamente, a vida evolui da ameba ao desenvolvimento mamífero. Os primeiros organismos formam grupos como meio de realizar suas funções. Cada coisa viva realiza uma tarefa específica, estejamos falando de células, órgãos ou sistemas. Os organismos maiores desenvolvem-se em padrões individuais de movimento, mas retêm sua identidade como estruturas individuais independentes, dentro da estrutura unificadora da coesão do grupo. Cada parte coopera com as outras para o objetivo prático da sobrevivência. Em suma, as partes servem ao todo que, por sua vez, serve a cada uma das partes.

O mesmo movimento evolucionário pode ser observado na humanidade, onde a cultura tribal se formou em torno de um líder que representava os interesses do grupo. Obviamente, a própria civilização é uma progressão da primitiva vida grupal ao desenvolvimento do indivíduo. As grandes religiões enfatizam esse desenvolvimento individual. Aderem ao princípio de que cada pessoa é inerentemente responsável por suas ações, pensamentos e decisões. Cada ser humano é responsável pela perfeição de sua alma.

A sociedade primitiva, com seu espírito tribal, evoluiu para a individuação cultural, que culminou na brilhante civilização ateniense. Essa cultura superior cristalizou-se na filosofia da democracia. Todos os cidadãos possuíam o direito inalienável de expressar livremente suas idéias. Podiam assumir igual responsabilidade na condução de assuntos pessoais, políticos e religiosos da cidade-estado. Mas a civilização ateniense tinha as suas falhas. Era negado o direito da cidadania aos escravos e às mulheres. Mas, seja como for, já se havia percorrido um longo caminho desde a época em que rei e o sacerdote, muitas vezes a mesma pessoa, determinavam o que era bom para a sociedade e para o indivíduo.

Quando o ideal ateniense começou a declinar, a ética judeu-cristã transformou-se numa força poderosa. Essa ética, com seu foco moral e espiritual, enfatizava o desenvolvimento do ser interior da humanidade. A Idade das Trevas, no entanto, mergulhou o indivíduo no domínio das superstições, de influências religiosas e místicas. As pessoas ficaram sujeitas à tirania da sociedade feudal, da qual a humanidade saiu quando derrotou os falsos ideais religiosos, expressos nas Cruzadas.

O conceito de excelência pessoal através do aprendizado e da conquista intelectual nas artes e nas ciências surgiu durante a Renascença. Esse período da História produziu notáveis expressões artísticas, filosóficas e científicas. Esse "renascimento" resultou nos cinco séculos de revolução industrial, com sua influência no desenvolvimento do indivíduo massificado.

Os Estados Unidos usaram, no último século, sua precocidade técnica, seu *know-how* industrial para conquistar o virtuosismo na produção de massa. Com outras nações ocidentais, a sociedade americana criou o indivíduo massificado, que não pode nem participar da vida de grupo e nem ser um ser humano total. Como Alexander Lowen observou em sua palestra *"O Indivíduo e a Sociedade"*, as pessoas foram arrancadas de suas raízes. Sucumbiram à sociedade que lhes foi imposta.

O movimento de reunificação

Arrancados de sua herança emocional, intelectual e espiritual, os indivíduos começaram a buscar a recuperação da relação perdida consigo mesmos, através do movimento pelo potencial humano, nos Estados Unidos. O movimento opera em grupos limitados. Estimulando o contato de grupo, o movimento abre áreas de novas experiências e sentimentos para as pessoas. Em vez de impôr idéias, essa forma de vida em grupo dá às pessoas a oportunidade de descobrir sua própria experiência interior e exterior, por si mesmas e dentro de si mesmas.

Wilhelm Reich, que foi o primeiro a formular os conceitos de antítese e unidade psicossomática, expressou essas idéias e explorou o relacionamento que existe entre corpo e mente. Essas idéias evoluíram para a compreensão da auto-regulação natural e de toda a área das funções biológicas. Reich integrou essas idéias de movimentos energéticos que ocorrem no interior do organismo humano. Argumentava que tais movimentos devem ser deixados em paz durante a infância: "Deixe a substância viva se expressar da maneira que é natural à vida."

Essa frase expressa o princípio de Reich de que todos os impulsos naturais devem ser auto-regulados. Durante os anos de formação, deve-se deixar que a criança se desenvolva em direção a seus ritmos naturais. Esse desenvolvimento ocorre organicamente se a criança for amamentada, tiver liberdade de movimento, aceitação e amor. Reich acreditava que esses princípios iriam, por fim, construir uma estrutura social saudável, baseada no tipo de vida em grupo que estimula a preservação da personalidade individual.

Lowen desenvolveu o trabalho de Reich. Enfatizou a importância do indivíduo em oposição à vida de massa, à produção de massa e à filosofia de massa. Quando um grupo de pessoas se forma, acidental ou deliberadamente, elas tendem a um contato próximo. O campo de energia de cada pessoa afeta o campo do grupo inteiro, e é afetado pela energia do grupo.

A mutualidade da vida

Todos nós somos independentes. O espaço em que uma pessoa vive e respira é, também, das outras. Mas, de acordo com o princípio da reciprocidade, o desenvolvimento do indivíduo caminha de dentro para a realidade exterior, que inclui os outros. Na medida em que se abrem para os outros, as pessoas cooperam e criam uma nova unidade, um fluxo de sentimento rítmico, uma nova expressão.

A espontaneidade inerente ao conceito de mutualidade deve ser acompanhada por e fundida com uma atitude de execução, de ação. A mutualidade implica uma experiência de duas faces. A criatividade é sintetizada. Ocorre então a execução, para nutrir a inspiração e realizá-la totalmente. Por exemplo: um cientista, partindo de seu trabalho e do trabalho de outros, pode sintetizar seu conhecimento numa nova hipótese. Mas precisa executar experiências para estabelecer a hipótese. A execução requer esforço intenso e trabalho árduo. Tanto o sentimento espontâneo (a criatividade) quanto a execução são necessários para se chegar à realização e à alegria da vida.

O equilíbrio entre criação e execução é particularmente notável nas relações humanas, como foi descrito no Capítulo 21. A atração entre duas pessoas surge espontaneamente. Mas depois que esmorece a atração erótica, elas devem trabalhar para criar uma mutualidade verdadeira e duradoura. Seus movimentos expansivos se encontram e se fundem. Mas os movimentos vão, com certeza, bater nos obstáculos, em cada pessoa, que devem ser explorados e compreendidos para se chegar à mutualidade e ao amor.

O princípio de reciprocidade age entre as duas pessoas e no interior de cada uma delas. A energia de cada parceiro se estende na direção do outro e, ao mesmo tempo, para dentro, para desenterrar a negatividade inconsciente que, examinada, torna possível a mutualidade. É essencial que a pessoa tenha consciência não apenas das correntes negativas, mas também dos princípios envolvidos. Sem essa consciência, a pessoa se sente jogada de lá para cá, por correntes que não são suas, culpa os outros pela falta de prazer pessoal e se torna incapaz de manter um relacionamento mútuo.

Ao rejeitar a negatividade que se tem dentro de si, atrofia-se a consciência e a pulsação de energia. Essa rejeição dos aspectos negativos do eu interior retém enormes quantidades de energia, que acabam por se congelar. Para se chegar à totalidade, deve-se, como já vimos, fazer contato com a energia estagnada e liberá-la. Somente depois de liberada, essa energia pode ser unificada e utilizada. Só então o ciclo rítmico de expansão e contração pode criar um relacionamento harmonioso com outras pessoas.

Esse princípio de reciprocidade permeia toda a criação. Opera no interior dos indivíduos, entre eles, na sociedade e na civilização como um todo. Já observamos que o pêndulo da História oscila entre a consciência de grupo e a consciência individual. Esse movimento de pêndulo pode ser acionado por uma decisão comum de buscar novos conhecimentos intuídos, de fazer frente a um perigo ao bem-estar geral ou de reafirmar idéias verdadeiras. A primeira decisão é uma expressão direta da energia da Essência na criatividade; a segunda e a terceira são impulsos de proteção. São baseadas nas capacidades unificadoras da Essência, de modificar ou defender a integridade da sociedade.

O movimento coletivo é positivo, quando atualiza de forma equilibrada o nosso potencial, nos quatro domínios da existência humana: o corpo, a mente, as emoções e o espírito. Mas quando um movimento alcança proporções tais que dificulta um ou mais dos quatro aspectos de funcionamento holístico, degenera num "ismo" ávido de energia: materialismo ou espiritualismo, racionalismo, emocionalismo ou radicalismo, individualismo ou coletivismo. O movimento, então, coloca o grupo – ou a sociedade – em desacordo consigo mesmo ou com o que o cerca.

O preço da desunião

O impacto que uma rede de valores que levam à fragmentação tem sobre os membros de um grupo é pernicioso. O bem-estar psicológico, se não mesmo o físico, depende de uma concordância, pelo menos exterior, com o pensamento dominante, como demonstram estudos em Sociologia, Antropologia Cultural e Psiquiatria. A adesão aos valores públicos pode negar a verdade interior da pessoa. Assim, a energia é canalizada para manter a constrição interna e a atitude defensiva externa – a máscara ou auto-imagem idealizada.

Para o grupo, a perda de criatividade é muito grave. A pulsação unitária de vida é sufocada e o ímpeto sinérgico se extingue. Já mencionei que as pessoas geram novas formas de energia quando estão em comunicação aberta e forte. Inversamente, suas auras individuais escurecem e se desaceleram quando se sentem desvinculadas, hostis ou com medo. Eu consideraria a hipótese de que distorções culturais, como a suposta subcriatividade de algumas minorias, são causadas por barreiras de energia entre elas e as maiorias com que vivem. A responsabilidade, aqui, tem duas faces, como qualquer díade desequilibrada. O grupo mais poderoso impõe sua vontade ao menos poderoso, que então se afasta da ordem estabelecida, perpetuando a negação de sua participação no processo de receber e contribuir para o bem-estar da sociedade.

Com a exceção dos seres humanos, a natureza vai contra expressões de energia positiva apenas como prelúdio à evolução. Só os seres humanos parecem ser capazes de romper a tendência natural. Através das eras, e ainda agora, nossa máscara nos leva a extremos sufocantes, quando perdemos a perspectiva da mutualidade necessária no interior e entre os sistemas energéticos. Nesses casos, nós nos comprometemos com um determinado conjunto de valores. Essa tentativa de corrigir a situação vigente embota a nossa receptividade a outros planos da vida, até que uma crise estimule uma nova mudança. Quero dar aqui alguns poucos exemplos.

A humanidade transformou a África do Norte e o meio-oeste americano em celeiros do mundo antigo e moderno, respectivamente. Então, depois de um uso exaustivo, os homens transformaram essas terras férteis em desertos e latas de lixo. A vontade exagerada de possuir, combinada com o orgulho das formas políticas, transformou a Roma de César e a Rússia de Stálin em impérios militares. As mesmas forças transformaram os Estados Unidos, e antes a Grã-Bretanha, num polvo econômico.

O hinduísmo exagerou a vida espiritual a tal ponto que santificava o *suttee*.* E os ideais de amor e justiça eram defendidos por cruzadas contra os "infiéis", pela autoflagelação, perseguição de cientistas pesquisadores e queima e banimento de livros e pessoas. A ciência e a tecnologia, encorajadas pelo progresso industrial, reduziram o conceito de ser humano a uma máquina biológica. Não é de se espantar que o conformismo social tenha abafado a política pessoal na China de Mao. Os valores mentais e físicos ainda nos dominam neste final de século. No entanto, o pêndulo está oscilando novamente para trazer o equilíbrio entre valores aparentemente conflitantes. Continuamos a medir o valor humano pelo "sucesso" material ou intelectual, pela aquisição de fortuna, pelo controle ou conhecimento exterior, negligenciando a vida interior: a mente e o espírito humanos.

A pirâmide do crescimento

No entanto, cada era é construída a partir dos avanços das eras passadas. Cada uma enfatiza um ou outro caminho da descoberta. A partir do espiritualismo da Idade Média, desenvolveu-se a Renascença, que resgatou do esquecimento as contribuições da antigüidade clássica e inaugurou também a época dos grandes impérios, quando os homens seguiram o poderoso impulso de explorar outras terras, de aprender, mas também de conquistar e subjugar. A Idade da Razão, o Iluminismo, enfatizou a mente pensante – em detrimento dos sentimentos – para produzir gigantes da ciência pura e aplicada. A Revolução Industrial enfatizou o progresso material e a acumulação viabilizados pelas ciências, mas acabou mergulhando no impasse e na desintegração das duas grandes guerras.

Através desses movimentos cíclicos, a humanidade moldou o enorme tesouro que está à disposição das gerações futuras. A expectativa média de vida triplicou em quatro séculos, apesar das doenças e das guerras. As associações internacionais atuam em inúmeros campos especializados, que vão da microcirurgia à metafísica, apesar das hostilidades entre culturas e países, em outros domínios. A pesquisa cognitiva desenvolveu métodos para ensinar muitas pessoas isoladas por acidentes do destino – a criança com lesão cerebral e a vítima de derrame, por exemplo – apesar dos preconceitos sociais contra esses *handicaps*. A tecnologia da propulsão enviou artefatos espaciais a Marte, apesar das discrepâncias entre as físicas de Newton e de Einstein. O catálogo das realizações humanas demonstra continuamente que o *monumentum* da energia correta, da energia desimpedida, supera até mesmo nossa submissão deliberada a um *status quo* estultificante.

* Antigo costume, na Índia, de a viúva sacrificar-se na pira funerária do marido. (N.T.)

A evidência de uma nova era

Estou convencido de que alcançamos, como espécie, um estágio de desenvolvimento em que podemos introduzir um equilíbrio duradouro nas questões humanas. Não precisamos mais ser as vítimas da oscilação do pêndulo. Temos agora os meios para reorientar nossos movimentos coletivos, para que mudem de foco antes de degenerarem num formalismo inflexível. Se fizermos isso, poderemos, progressivamente, transferir a energia da atividade restauradora para a criativa. É por isso que acredito profundamente que estamos à beira de uma nova era. Minha posição se apóia em quatro bases.

A base da informação

Em primeiro lugar, acumulamos um tesouro de informações sobre nosso desenvolvimento interior, sobre nossas relações uns com os outros e com nosso meio. Nessa multidão de sistemas energéticos, podemos ver que o que bloqueia nossa vida não é a força negativa, mas a negação do eu criativo – o Eu Superior. Ou seja, a estagnação se instala, não a partir da rejeição de uma pulsação específica de energia, mas a partir da negação do reconhecimento de energias positivas. Todos os avanços nas questões humanas se originaram de nosso movimento, quando dirigimos força contra força ou força com força. Não progredimos ficando parados. Conseguimos dar passos tremendos quando, intencionalmente, juntamos forças para explorar integralmente a realidade, como aconteceu nas épocas de ouro: a Grécia de Péricles, a Renascença e o Iluminismo europeus.

A base de nossas intenções

Temos hoje uma incalculável vantagem sobre esses períodos férteis do passado. Ela vem não apenas do conhecimento imensamente maior, mas da intenção de pensar e de agir positivamente por parte de populações cada vez maiores. Essa é minha segunda razão para antever uma nova era. As incapacidades sociais – legais, políticas, econômicas – afligiam ainda as nações desenvolvidas até virtualmente a atualidade. Essas iniqüidades ajudaram a detonar revoluções, desde os fins do Iluminismo até as duas guerras mundiais do século XX. Ainda não curamos essas doenças, mas aprendemos uma dupla lição, depois de termos sucumbido à violência coletiva. Em termos negativos, estamos aprendendo que o progresso humano e o afastamento do sistema social são condições mutuamente exclusivas. Em termos afirmativos, estamos aprendendo que nossa intenção de agir positivamente pode nos modificar individualmente e coletivamente afetar o mundo.

Essa lição gerou amplos esforços para igualar os direitos sociais de grupos e pessoas, e representa uma onda restauradora que vem da nossa Essência. Mas, estão em ação também processos diretos para ativar a intencionalidade positiva. Na produção de alimentos, por exemplo, a China e Israel realizaram milagres de engenharia. A China juntou comunidades agrícolas e aproveitou a força do Rio Yangtze; Israel criou os *kibutz* e reconquistou o deserto. Essas conquistas extraordinárias rivalizam com o modelo do Japão, que mantém a maior população sobre o menor território arável da história da humanidade.

Por detrás do termo "engenharia agronômica", há um fenômeno que explica muita coisa sobre a expansão geométrica do conhecimento no último meio século – pesquisa e desenvolvimento interdisciplinares. As ciências mostram uma receptividade crescente aos outros campos, antes considerados irrelevantes ou antagônicos a seus objetivos. Imagine, por exemplo, o conjunto de conhecimentos que necessitaríamos para nos apresentar à vida extraterrena, se a encontrássemos. Precisaríamos de médicos, cientistas sociais, advogados, matemáticos e éticos teóricos, educadores e artistas, para mencionar apenas alguns dos especialistas que poderiam viabilizar a comunicação.

A crescente mutualidade entre valores e modos de pensamento cresceu à medida que contribuições de diversos domínios do conhecimento se aproximaram e, em muitos casos, se sobrepuseram. Ao mesmo tempo, os sistemas de pensamento ocidentais mantiveram os desequilíbrios do materialismo e do formalismo, em detrimento das necessidades humanas interiores, e da necessidade dos seres humanos de se colocar organicamente no universo. Essa aparente dicotomia desafia a humanidade, por um lado, a extrair sentido do imenso acúmulo de dados. Por outro lado, indica uma necessidade crucial de reintegração da pessoa dentro de si mesma e com as forças cósmicas que a cercam. Fundamentalmente, essas duas tarefas representam dois aspectos do problema da síntese.

Todo aquele que contribui para a sabedoria humana incorpora, em algum grau, o pensamento anterior. Mas, quanto mais um corpo teórico atravessa campos do conhecimento e explora o desconhecido, seu potencial de síntese vai se tornando maior. Em *Study of History*, Arnold J. Toynbee argumenta que o curso dos acontecimentos humanos é dirigido por forças psíquicas. Essa sua intuição reflete a percepção de Carl Jung acerca do inconsciente coletivo, que, por sua vez, amplia a noção de Leibnitz acerca do simbolismo universal do pensamento.

O fundamento da responsabilidade pessoal

A terceira base da minha fé no advento de uma nova era está intimamente relacionada com a segunda: a responsabilidade pessoal está sendo cada vez mais incorporada à nossa rede de valores públicos. Somos geralmente céticos, hoje em dia, em relação a salvadores que propõem uma verdadeira fé religiosa para todos, um seguro estabilizador econômico, o mais justo dos programas políticos – uma melhor qualquer coisa. Muitos de nós, acredito, resolvemos seguir nossos próprios destinos e nos livrar de estruturas rígidas de idéias e práticas em nossa vida individual e coletiva. Eis um exemplo dessa tendência e de suas implicações, extraída de textos elementares de administração.

Suponha que somos todos habitantes de uma cidadezinha cuja principal indústria é uma empresa manufatureira, aparentemente próspera. Mas a nossa comunidade continua pobre. Fazemos uma reunião para descobrir por quê. Nossos lojistas fazem um relato dos aluguéis que pagam à companhia para usar seus prédios. Um contador descobre que a quantia paga em aluguéis explica por que os vendedores estão tendo pouco lucro. Um médico descreve o índice de acidentes entre os trabalhadores da fábrica, e um agente de seguros explica que é por isso que os seguros contra acidentes são tão caros. O dono da quitanda reclama da qualidade dos produtos que está recebendo dos fazendeiros locais, que alegam que os poluentes da fábrica estão prejudicando suas colheitas. E assim por diante.

Começamos a nos perguntar: "O que podemos fazer? É o sistema." Mas várias pessoas discordam: "Talvez possamos mudar as coisas." Uma delas sugere eleger um comitê para estudar as más condições que podem ser atribuídas à fábrica e levar o resultado à direção da companhia. Vários cidadãos se oferecem para ajudar. Um funcionário da fábrica se oferece para relatar o plano aos patrões e pedir-lhes que preparem uma prestação de contas de suas operações. Um dos fazendeiros vai pedir orientação na Secretaria da Agricultura para descobrir como enfrentar o problema da poluição. No fim da reunião, todos os moradores da cidade assumiram alguma tarefa, na tentativa de mudar algum aspecto do "sistema".

O sistema, neste caso, é uma estrutura inflexível que se expressa no uso insidioso de "fatores razoáveis" para dominar a sociedade e continuar um *status quo* negativo. Provoca dúvida e apatia em todos os que ficam presos na "maneira como as coisas são", mesmo nos que estão lucrando ostensivamente. É difícil expor e resolver esse problema. Mas os sistemas que não fornecem soluções são apenas formações de energia estagnada, como as formações de caráter de uma pessoa encouraçada. O corpo social pode derrubar essas paredes de obstrução e negatividade, trabalhando a partir de seu centro de movimento. Atualmente, mais e mais pessoas, conscientes de serem parte do corpo social, estão assumindo responsabilidade individual e grupal por sua vitalidade.

A Essência: Fundamento primordial

O quarto esteio da minha fé numa nova era é o poder criativo do centro humano, quando está aberto. Já senti esse poder na minha própria vida e no meu trabalho com pessoas que estão sempre na defesa, encouraçadas, através da energética da Essência. Mas existem muitas maneiras comprovadas de se libertar o coração humano, e muitas outras – desenvolvidas individualmente – que podem ser inferidas a partir da vida de seus descobridores. Toda a abordagem que leva a pessoa à sua Essência tem valor, porque leva à semente da evolução criativa.

Os últimos 50 anos oferecem uma evidência clara de que o presente ciclo evolucionário da humanidade tende a corrigir a ênfase desproporcionada na mente exterior e nas conquistas materiais. Os valores baseados no intelecto e no materialismo estão se esfacelando diante da reafirmação dos domínios interiores da emoção e da intuição. Na última década e meia, no entanto, testemunhou-se mais que um ímpeto restaurador. Uma nova dimensão passou a fazer parte do nosso entendimento do processo da vida como um todo. Estamos aprendendo que abrir o coração e o espírito abre também a razão e a vontade interiores à mente exterior. Essa abertura une a nossa verdade pessoal a todas as verdades, pois nossa Essência conhece apenas distinções – e não separações – na energia que emite e absorve.

Mover-se a partir da Essência, a partir do Eu Superior, significa mover-se na direção da realização do nosso maior potencial. Esse movimento nos torna capazes de reagir, com flexibilidade, aos novos obstáculos e a novas oportunidades em nossa existência, particular ou coletiva. Ele nos dirige para que percebamos a ignorância ou os erros não-intencionais, para que sejamos capazes de corrigi-los. Ela nos dá a confiança para admitir e corrigir erros deliberados.

Esse movimento faz com que eu diga a você, que busca a minha ajuda, que me criticou, que eu ainda não conheço: entre você e eu existe um processo que nos humaniza, que consiste em dar um ao outro o que podemos dar. Tenho um eu inferior e uma máscara, e às vezes uso você e o subjugo, ou me afasto de você e rejeito o que você tem para me dar. Mas não é por isso que estamos aqui, no mesmo universo e na nossa relação específica. A afirmação da sua Essência é a minha recepção na minha Essência, e então você é, literalmente, substância para a minha vida, e eu sou substância para a sua – se evocarmos e aceitarmos com prazer, na nossa força vital, a força vital um do outro.

Capítulo 23

Rumo a uma síntese holística: a fusão de energia e consciência

A evolução humana está completando um círculo. Está se aproximando da fusão de energia e consciência, no sentido dos três temas que orientam este livro e que foram enunciados no início do Capítulo 1. O movimento rumo à fusão guiou a evolução humana desde o início até o presente. O movimento vai continuar a ser o impulso da humanidade no futuro.

A fragmentação de energia e consciência na entidade humana começou no primeiro estágio de desenvolvimento do homem. Através das eras, os seres humanos não se viram como unidades psicossomáticas ou, o que é mais provável, nem mesmo consideraram a questão. Energia e consciência estavam divididas na percepção humana e, assim, a divisão transformou-se na realidade que os seres humanos experimentam. A cura, seja do indivíduo, da tribo, da nação ou do mundo, tem sido vista como terreno exclusivo de um agente externo – espíritos, xamãs, Deus, governo, médicos, ministros ou terapeutas. Os seres humanos acreditavam e agiam como se a criação fosse fragmentada. Viam a si mesmos como alguém distinto de tudo o mais, buscando aplacar, compreender, manipular ou controlar tudo o que parecia ser diferente de nós.

Atualmente, vemos nascer um processo de fusão. Muitos indivíduos e grupos procuram unir energia e consciência em várias espécies de práticas espirituais e terapêuticas. Muitos seres humanos estão tentando descobrir a cura para suas doenças e descontentamentos no interior de si mesmos, apesar de muitos procurarem alguém que os ajude. Esse alguém não é visto como guru, salvador ou médico, mas como guia, professor e companheiro de busca.

Finalmente, como é exemplificado nos movimentos pelo meio ambiente, há uma percepção crescente de que cada pessoa é una com tudo o mais, incluindo outros seres humanos. A força dos acontecimentos é paralela e faz parte das mudanças na consciência humana. A comunicação internacional e as interações econômicas reforçam a compreensão de que vivemos num planeta e somos parte de uma humanidade. Pelo lado negativo, a ameaça e possibilidade de extinção termonuclear nos faz compreender que precisamos trabalhar juntos, porque senão morreremos juntos.

A fusão espiritual

Vimos, nos Capítulos 11 e 23, que a consciência humana oscila, em sua evolução, entre energia e consciência, enfatizando um ou outro dos quatro domínios do funcionamento humano – o corpo, a mente, as emoções e o espírito. Nos tempos modernos, a fusão avançou através do trabalho de Freud com o inconsciente, da síntese de Reich de corpo e mente, e da incorporação, pela Bioenergética, da vontade no trabalho de integração humana.

Depois de muitos anos de trabalho em Bioenergética, comecei a sentir que estava faltando alguma coisa. Apesar da Bioenergética oferecer uma bela abordagem clínica para resolver bloqueios, dificuldades e sintomas neuróticos, faltava-lhe uma filosofia básica, porque não incorporava a natureza espiritual dos seres humanos.

Nessa época, conheci minha primeira esposa, Eva Broch Pierrakos, já falecida, que estava fazendo um trabalho muito específico chamado *Pathwork*. Esse trabalho baseava-se em 258 conferências, transmitidas através de Eva por um Guia espiritual. As palestras apresentam uma visão cósmica da Psicologia, da Medicina e da Religião. São, por si só, uma fusão conceitual de energia e consciência, incorporando e unificando todos os aspectos da consciência e energia da vida tão profundamente quanto é possível aos seres humanos neste estágio da evolução.

As conferências levaram-me a anos de trabalho para unificar, não apenas energia e consciência, mas também práticas psicológicas e espirituais. A partir dessa fusão, desenvolvi o conceito de energética da Essência. Na verdade, este livro foi escrito a partir das percepções conquistadas através do estudo das conferências, do conhecimento que adquiri com meu treinamento médico, do meu trabalho com Reich e de minha experiência de vida como um todo. Eis um resumo do processo de trabalho apresentado nas conferências.

Formou-se uma comunidade de pessoas em torno das conferências para tentar viver os princípios do *Pathwork* em suas ocupações diárias e em suas relações umas com as outras. O principal foco do trabalho, como expliquei nos Capítulos 18 e 19, é superar a motivação que o pequeno ego tem para dominar e distorcer a verdade, para criar intencionalmente uma negatividade e para alimentar uma fragmentação na percepção e experiência da vida.

Mesmo alguém treinado e especializado em ramos específicos da ciência, da arte ou da política tem, provavelmente, aspectos da personalidade divididos e incompletos. Cada um de nós tem algum canto escondido onde abrigamos nosso egoísmo ou imaturidade. Essas tendências geram motivações ocultas, que buscam realizar os objetivos egoístas do ego negativo.

Cada pessoa tem essas características, em maior ou menor grau. A psicanálise se refere a elas como mente inconsciente ou impulsos do *id*. Como este livro tenta explicar, os princípios do *Pathwork* e da energética da Essência são efetuados numa busca de consciência no interior da pessoa e entre a pessoa e os outros, para descobrir a intenção negativa que se expressa em pequenas ações individuais ou nas decisões mais importantes da vida. Um desprezo por outra pessoa, um julgamento negativo ou um pensamento danoso podem ser tão férteis à exploração como uma ação que visivelmente machuca os outros ou a própria pessoa.

O foco dessa abordagem holística está tanto nos processos involuntários inconscientes como nos aspectos voluntários conscientes. Os processos involuntários são expressos na vida através de pulsações do movimento da energia que flui através do corpo. Essas pulsações são percebidas como sensações, calor ou talvez como alfinetadas. Quando se permite que a corrente continue, a pessoa experimenta vibração e ressonância no organismo inteiro, o que ajuda a integrar o consciente ao inconsciente. O movimento interior de energia alcança todos os níveis do organismo humano.

Exploramos a psique humana, não apenas através do que é dito, mas de como é dito. Essa exploração busca descobrir os blocos emocionais e físicos que se manifestam nas expressões exteriores da pessoa. Por exemplo, a expressão do rosto e a posição dos maxilares podem indicar raiva ou sentimentos reprimidos. A cor e o tom da pele, a rigidez das juntas e a flexibilidade dos músculos proporcionam a um olhar experiente as chaves para o estado interior da pessoa. E, o que é mais importante, a observação e diagnóstico da pulsação da energia da aura indica o tipo e vitalidade dos movimentos de energia da personalidade. A habilidade para ver essas pulsações requer um treino especial.

A evidência das intenções

No segundo maior caminho do trabalho, buscamos e descobrimos as intenções da pessoa. Essas escolhas negativas e positivas são feitas em situações da vida real e em termos da postura, que a pessoa assume, em face da realidade. Recapitulo aqui os níveis de realidade em que operam os seres humanos. O diagrama apresentado no Capítulo 2 mostra quatro níveis da realidade que envolvem uns aos outros, em camadas concêntricas.

No centro, no nível um, a Essência expressa os sentimentos primais positivos – amor, a força criativa da vida. Esse nível de energia é imenso e idêntico à consciência cósmica. A Essência representa a energia vital, a mais alta inteligência do indivíduo e o lugar onde o ser humano tem a conexão mais profunda com o universo interior. A Essência é, na verdade, o sol da vida, que expressa uma percepção unitária da realidade. Pode descobrir a solução certa para os problemas e lidar eficientemente com as distorções da máscara, unificando os opostos. Em suma, a Essência é o objetivo da cura e também seu instrumento mais eficaz.

O nível dois, que circunda a Essência, expressa os sentimentos negativos primais – o inconsciente negativo da teoria psicanalítica ou o eu inferior dos ensinamentos espirituais. Esses sentimentos primais incluem ódio, raiva, fúria, terror e crueldade.

O terceiro nível contém as defesas do caráter. Por exemplo, as defesas podem ser expressas como hostilidade, superioridade, retirada ou agressão. A mistura e predominância dessas principais posturas defensivas criam os tipos de caráter que descrevemos no Capítulo 9.

Na periferia, cercando a estrutura energética, está a máscara do ego. Essa máscara contém as racionalizações e intelectualizações da personalidade. Busca apropriar-se da expressão da Essência para encobrir a negatividade do segundo nível e as defesas do caráter. As expressões da máscara, no entanto, não são sempre positivas. Incluem arrogância, vontade de controlar, fraqueza e desamparo simulados, assim como aparência de bondade, cooperação e outras características positivas.

A direção do trabalho

Ao trabalhar com esses níveis de energia, o foco principal não é perguntar "Qual a minha doença?", mas "Qual a minha tarefa na vida? Aonde quero ir? Como me unifico para chegar lá?" Dessa perspectiva, todas as disfunções emocionais e físicas são sintomas de uma profunda alienação em relação à Essência. Como repositório da mais alta inteligência e capacidade da pessoa, a Essência sintetiza todos os aspectos e fornece soluções intuitivas.

A energia, no organismo humano, vai da Essência à periferia e se expressa no movimento pulsante da aura. A energia também se move da periferia para a Essência, através dos centros de energia ou *chakras*, que o Capítulo 7 analisou. Nos seres humanos, o contato com a Essência é impedido por sentimentos como medo, pânico e atitudes que negam a vida, como críticas e julgamentos negativos.

No entanto, é crucial lembrar que as emoções positivas e negativas fluem na mesma corrente de energia. Elas diferem apenas na maneira pela qual a corrente é acelerada ou desacelerada – na sua carga energética. Os sentimentos negativos geralmente fluem de forma mais lenta, com um certo grau de inércia e estagnação. As emoções positivas, pelo contrário, fluem numa corrente viva e dinamicamente carregada. A pessoa sente as emoções positivas no corpo, como expansões e sentimentos de prazer. É importante reconhecer que essas emoções são expressas e experimentadas no presente.

Para alcançar a dinâmica das emoções, o trabalho começa na periferia da estrutura e move-se através dela, camada por camada, para alcançar o centro. Esse procedimento implica trabalhar com as distorções no pensamento e sentimentos e com os bloqueios físicos, que aparecem como rigidez ou falta de energia. O trabalho vai em direção à Essência, o nível mais profundo que ancora o ser inteiro. A pessoa que perde contato com a Essência, perde contato com a realidade e se sente deficiente.

As interações entre os indivíduos criam um intercâmbio mútuo de emoções, energias e experiências. Essa interação expressa mutualidade, que é um movimento que unifica diferentes partes num todo. Leva à capacidade de manter o prazer e de produzir maior movimento de energia no corpo. A energética da Essência enfatiza a importância de assumir total responsabilidade pela própria realidade física e principalmente de compreender a falta de conexão com o fluxo de energia no corpo, ou a falta de fluxo que aparece nos blocos de energia.

O trabalho holístico busca a fusão da realidade emocional e do pensamento conceitual, porque os conceitos errôneos e as distorções mentais da realidade devem ser trabalhadas de forma detalhada. Não adianta nada, por exemplo, liberar o fluxo de energia de uma mulher que não consegue manter um relacionamento maduro porque não compreende que acredita que os homens são por natureza hostis e dominadores. A meta final da abordagem holística é a expressão e a experiência do prazer, que vem da total pulsação do fluxo de energia.

O movimento energético

Todos os organismos existem através dos grandes movimentos pulsantes de expansão e contração. Esses movimentos representam a função comum da pulsação, que é a qualidade de todas as coisas vivas. A maioria dos indivíduos experimenta a expansão como prazer e a contração como desconforto. Num grau maior, a contração é sentida como dor. No entanto, a contração é um movimento natural. A dor é produzida pela luta do organismo para eliminar a contração e manter a expansão, que produz prazer. Mas a expansão contínua leva à fragmentação, porque o organismo precisa da contração para consolidar as aquisições e aprendizados da expansão.

Depois de se conectar os movimentos das emoções através do corpo, a realidade interior pode ser restabelecida. A liberação de emoções percebidas como negativas – raiva, fúria, hostilidade – resulta em choro e dor. A dor em particular deve ser liberada para restabelecer o movimento pulsatório da força vital. Enquanto existe dor, a pessoa está em contração crônica. No final, chorar e liberar a dor leva à expansão.

Para estar na realidade, é necessário explorar o estado interior do próprio ser e criar uma visão realista da vida, que consiste na Essência de cada indivíduo em relação aos outros. As pessoas podem aprender a ver sua própria profundidade, assim como a natureza de suas idéias e de suas relações com os outros. A realidade da vida deve ser expressa através da total unificação da vida interior e exterior de cada indivíduo, o que leva ao prazer. Assim, a abordagem holística promove, de várias maneiras, a unificação que leva ao prazer.

O trabalho de fusão

O ser humano possui uma capacidade ilimitada para expandir a consciência, que é sua principal característica. A condição real e natural da vida é alegria e realização. À medida que não conseguimos chegar à realização, precisamos compreender que bloqueamos o fluxo de consciência e energia positiva, que é o âmago da Essência.

Na verdade, a Essência exprime e é a espiritualidade do ser humano. Cada pessoa tem a capacidade de mobilizar essa poderosa força criativa, tomando consciência das forças psicológicas e emocionais que criam os bloqueios inibidores do movimento da vida. Quando aumentamos a consciência que temos dessas forças interiores, aumentamos também nossa capacidade de compreender a vida e de controlar nossas forças interiores.

Assim, começamos a mudar a qualidade da nossa vida e a preenchê-la com a alegria e os sentimentos de amor que desejamos. É essencial, portanto, estabelecer um método, uma maneira, uma disciplina que possa levar a pessoa além dos objetivos da terapia. O método deve ajudar a pessoa a se ajustar à realidade interna e externa, à percepção da nova realidade da Essência. Isso não é mais terapia, mas um processo unificado e holístico que liga a mente, as emoções, o corpo e o Eu Espiritual num todo unificado, que expressa a realidade total da pessoa.

Isso significa que o trabalho dura uma vida inteira. Não é preciso trabalhar sempre com um guia, mas o trabalho sempre vai descobrir novas resistências, bloqueios e áreas de negatividade. Assim, cada pessoa tem a responsabilidade de continuar a exploração, ora com assistência, ora sozinha. O trabalho não termina nunca, porque a tarefa que assumimos na vida tem muitas gradações e expressões positivas e negativas.

Dada a natureza universal dos seres humanos, ser bem-sucedido ou falhar na tarefa que assumimos é extremamente importante, não apenas para o indivíduo, mas para toda a criação. Acredito que os problemas e a crise que afligem o mundo – pobreza, fome, guerra, repressão política, depredação do meio ambiente – surgem da fragmentação da unidade essencial da criação, da separação entre energia e consciência. Assim, o trabalho de cada indivíduo assume importância universal e representa a única maneira de resolver os problemas que nos atormentam a todos.

A unidade da vida faz com que muitas coisas dependam de escolhas corretas, de se compreender como o negativo é escolhido intencionalmente (mesmo que inconscientemente), de se perceber como bloqueamos o eu criativo e perdemos nosso caminho. Essa espiral negativa, se ficar sem controle, pode nos levar ao desespero e à crise profunda, como indivíduos ou coletivamente.

A ligação com nossa própria verdade interior é o único caminho para a criação de uma vida unificada, para o prazer e a abundância para todos. É preciso fazer a conexão com a consciência e o amor de Cristo, que dirige as pessoas em direção a um caminho de verdade e iluminação. Mas não existem atalhos. É ilusório acreditar que se pode agir diretamente da Essência, através de um ato de vontade, sem primeiro penetrar a máscara e as defesas do caráter para redirigir as energias negativas. Quando purificadas, essas energias contêm muita beleza, verdade e criatividade.

Depois de 30 anos de experiência, trabalhando profundamente com seres humanos, fiquei convencido de que o velho formato médico/paciente não preenche mais as necessidades da nova consciência que surge. Meu próprio desenvolvimento pessoal conduziu-me a uma viagem, que me possibilitou resolver problemas arraigados, que antes não poderia resolver. Recentemente, comecei a usar novas abordagens, que produziram resultados semelhantes em pessoas que se entregaram a uma busca profunda no interior de si mesmas.

A dimensão espiritual

Ao trabalhar com as conferências do *Pathwork*, percebi que esses novos métodos podem ser transmitidos a outros terapeutas – psiquiatras, psicólogos e todos os que ajudam outros seres humanos. Percebi que o trabalho que incorpora, mas transcende, a psicoterapia abre a possibilidade de descobrir os mais altos potenciais de cada ser humano, e não apenas "curar neuroses" ou ajudar as pessoas a resolverem seus problemas.

Pathwork – um trabalho que se desenvolve em centros nos Estados Unidos e na Europa – representa, acredito, uma poderosa disciplina para alcançar a Essência humana. Esse trabalho não é apenas teoria e filosofia, mas um processo vivo e dinâmico que capacita qualquer ser humano, que esteja disposto a trabalhar duro, a explorar o eu mais profundo, centrando-se no processo evolucionário do indivíduo e em seus bloqueios. Se as pessoas persistirem diligentemente nesse trabalho, serão capazes de abrir uma nova consciência no interior de si mesmas, e de ajudar os outros a seguirem a mesma direção.

O casamento entre práticas psicológicas e espirituais pode ser usado também em terapia, como a energética da Essência. Como já disse, a energética da Essência revela novos níveis de realidade interior que comumente a psicoterapia não leva em conta. A energética da Essência não é, em certo sentido, uma terapia, porque trata os processos neuróticos como questões colaterais. Esses processos constituem as obstruções, confusões, defesas e emoções negativas – o foco principal da terapia. Na terapia, as neuroses são vistas como estágios a serem ultrapassados, e o ato de ultrapassar se transforma no objetivo básico da psicoterapia.

Na energética da Essência, a "ultrapassagem" é apenas um estágio preliminar à meta final do trabalho. Essa meta é aprender como ativar a Essência, o Eu Espiritual, de cada ser humano. Assim, trabalhar com as defesas assume um significado diferente.

Apenas quando o Eu Espiritual é cultivado e mobilizado é que a energética da Essência trata das reações de defesa. A Essência é o alvo e a principal ferramenta da abordagem holística. Muita coisa, naturalmente, depende das personalidades das pessoas que procuramos guiar. Quais são as suas disposições, as suas defesas? Mas, quanto mais profundamente a pessoa ativar o seu Eu Espiritual, melhor conseguirá lidar com suas obstruções e negatividades. Assim, é particularmente neste aspecto que a energética da Essência difere da psicoterapia.

Todos os seres humanos sentem um profundo anseio de alcançar o seu eu mais profundo. Eles sentem que existe um estado mais completo de consciência e que uma maior capacidade de experimentar a vida vive dentro deles. Muitas vezes ficamos confusos pela dúvida que diz que esse estado não é realista, e que para sermos realistas precisamos abandonar essa necessidade profunda. Por outro lado, nessa dúvida está a exigência por uma vida perfeita e sem frustrações. Essa exigência constitui uma defesa que esconde raiva e inveja e implica o fato de que alegria profunda e realização são irreais. No entanto, a voz de nosso anseio nos diz, constantemente, que há muito mais na vida além daquilo que agora experimentamos. Essa necessidade pode ser preenchida quando a pessoa está em contato com a sua Essência.

A falsa crença de que o anseio não é real surge porque ele é defensivamente colocado no domínio da magia e da fantasia, e a realização buscada evita as realidades da vida. Assim, quando nos defrontamos com a verdade, ficamos na defesa e com raiva. Para alcançar a fonte da nossa necessidade, precisamos encarar a dor e fazer conexões mais profundas. Precisamos aprender a não ter medo de que a dor dure para sempre. Precisamos também lembrar constantemente que, através da abordagem holística, podemos liberar poderosas energias criativas e nos abrir para o contato mais profundo possível com a realidade, a nossa e a dos outros. E precisamos examinar como atraímos a dor através de nossas crenças negativas.

Não precisamos abandonar o anseio, mas examinar por que queremos evitá-lo. Se existirem muitos problemas externos, eles provavelmente não vão desaparecer através do processo profundo da energética da Essência. Mas o trabalho abre um fluxo que leva à liberação da consciência da Essência, com a qual podemos resolver problemas, não de uma só vez, mas com o tempo.

Na verdade, a crise é uma arma da vida. O problema real não é o grau e a gravidade da crise, mas o fato de nosso corpo e de nossa alma não conseguirem suportar o prazer nos domínios mental, emocional e espiritual. O prazer espiritual não pode ser separado dos outros domínios, porque resulta do trabalho que esclarece problemas do corpo, da mente e das emoções. Temos de aprender a suportar o estado de felicidade, depois de termos atravessado o estado de dor e as emoções negativas do sofrimento, culpa, medo e terror. É isso que significa o processo da vida.

Assim, esse anseio é uma mensagem muito importante, que nos diz que precisamos tomar um novo caminho no nosso desenvolvimento. Se realmente queremos a verdade, esse processo se torna harmonioso; nem exagera o lado positivo e nem enfatiza o lado negativo dos nossos problemas. Precisamos lembrar sempre que positivo e negativo são unos. À medida que o negativo é trabalhado, leva ao positivo e transforma-se nele. O ódio se transforma em amor, o medo se transforma em coragem, a fraqueza em força, e assim por diante.

Uma das principais dificuldades é que a personalidade se empenha em evitar certos aspectos do eu, que constituem as defesas. No entanto, se a pessoa se compromete profundamente a viver e a se perceber verdadeiramente, torna-se mais fácil lidar com as resistências e as situações difíceis, e a crise se transforma num desafio excitante.

A verdade para com o eu é o ponto mais alto da abordagem holística ao desenvolvimento e ao crescimento. A realidade presente é muito importante se nos propusermos a eliminar as defesas exteriores, as atitudes e simulações da máscara, para experimentarmos a nossa vulnerabilidade. Podemos começar a chegar à verdade sobre nós mesmos, perguntando: "Como me sinto sobre a vida? Será que ela é rica e significativa? Como me sinto em relação a mim mesmo e aos outros? Estou seguro? Sinto alegria em dar e em receber? Estou preocupado com ressentimentos e tensões? Preciso de superatividade para neutralizar minha ansiedade? Estou alegre e entusiasmado?

As respostas a essas perguntas – positivas ou negativas, conforme o caso – podem significar que há um anseio em algum lugar, talvez escondido, da consciência. Além disso, a insatisfação com qualquer aspecto da vida revela uma fragmentação, dentro de nós, de energia e consciência. Colocar a culpa pela insatisfação em forças externas a nós, meramente perpetua o problema. É apenas aceitando a total responsabilidade por nossas vidas, que podemos explorar o território interior, para descobrir o ponto alto da Essência, do qual podemos ver a vida de uma perspectiva que produz soluções duradouras.

Essa abordagem é a verdadeira espiritualidade, baseada na realidade de todos os dias. Porque a verdadeira espiritualidade não contradiz os aspectos práticos da vida. E nem implica autoprivação. É o oposto. Sacrifício e provação são diametralmente opostos à realidade espiritual.

O universo está cheio de alegria.

Glossário

Análise bioenergética. O método de tratamento desenvolvido por John Pierrakos e Alexander Lowen, que combina trabalho físico, emocional e conceitual, incluindo o elemento da vontade.

Aura. O campo de energia que pulsa em torno do corpo de um ser humano e que pode ser visto com o auxílio de filtros especiais ou, com treino apropriado, a olho nu. As distorções da aura são um importante indicador para o diagnóstico no tratamento da energética da Essência.

Campo de energia. A configuração de energia que pulsa em torno do corpo humano e de todas as outras entidades, vivas ou inertes. Cada entidade tem sua própria vibração energética característica, sob dadas condições. Veja **aura**.

Caráter agressivo. A pessoa cuja estratégia defensiva é a superagressão, intimidação, manipulação. Também conhecido como estrutura psicopática. Essa estrutura origina-se na sedução e rejeição da criança pela figura parental do sexo oposto.

Corpo energético. A configuração de energia que vibra numa freqüência mais alta de pulsação que o corpo físico e que duplica o corpo humano em todos os detalhes. Há uma série de corpos energéticos que – acredita-se – contêm as faculdades de sentir, pensar e da experiência espiritual.

Defesas. O sistema de estratégias conscientes e inconscientes que os seres humanos estabelecem, geralmente na primeira infância, para defender-se de situações que ameaçam ser dolorosas ou perigosas. Na vida adulta, essas defesas são a fonte das disfunções e doenças humanas, pois não estão de acordo com a realidade, mas são reflexivas.

Ego. A faculdade humana que medeia o fluxo de energia que entra e sai da Essência do ser humano. É a faculdade que escolhe, discrimina, analisa e regula o fluxo de energia e experiências.

Encouraçar. A condição de incorporar os bloqueios emocionais e distorções mentais à estrutura física, particularmente os músculos.

Essência. A realidade mais interior dos seres humanos, a fonte de energia positiva que, se não for distorcida, serve como fonte de funcionamento harmonioso.

Estrutura de caráter. A configuração de distorções mentais, emocionais e físicas, que abrangem a defesa da pessoa contra uma realidade, que é percebida como dolorosa ou perigosa.

Estrutura esquizóide. A estrutura defensiva que é fragmentada, geralmente por causa da hostilidade dos pais na infância, ou até mesmo no útero.

Estrutura masoquista. A pessoa que desenvolveu uma estrutura emocional e física maciça e coesa, destinada a anular o movimento de energia, interno ou externo, que é percebido como ameaça à integridade da pessoa.

Estrutura oral. A pessoa cuja estratégia defensiva é simular fraqueza e necessidade. Essa estrutura alongada não pode manter por muito tempo nenhum movimento natural de energia.

Estrutura psicopática. Também conhecida como estrutura agressiva.

Estrutura rígida. A estrutura de caráter caracterizada pela capacidade de organizar e controlar seu meio, de parecer bem-sucedida, mas que se afasta dos sentimentos do coração.

Eu inferior. A fonte das emoções negativas primais, ou o inconsciente negativo descrito por Sigmund Freud. O eu inferior contém as emoções que reagem se o organismo for ferido ou estiver em perigo.

Eu superior. O nível da realidade humana que conhece a verdade, que opera harmoniosamente e que dirige a entidade humana de acordo com a realidade. Veja **Essência.**

Força vital. O movimento de energia no universo e nos seres humanos que, se não distorcido, gera a unidade e a harmonia de todas as coisas.

Máscara. A casca externa da estrutura defensiva humana, que apresenta ao mundo um rosto falso, uma auto-imagem idealizada. A máscara busca ocultar o eu inferior, apropriando-se de energia do eu superior.

Orgone. Termo de Wilhelm Reich para a energia universal, a força vital.

Princípio comum de funcionamento. O termo que Wilhelm Reich aplicou à unidade subjacente aos fenômenos aparentemente diversos e não-relacionados.

Princípio de reciprocidade. O princípio que descreve o intercâmbio de energia entre um organismo e seu ambiente. Todos os organismos e entidades experimentam uma troca recíproca ou mútua de energia entre seu interior e seu exterior.

Apêndice A

Os efeitos dos filtros no espectro visível da luz

O dr. S. A. Silbey, do Departamento de Física da Universidade de Princeton, testou os efeitos dos filtros que desenvolvi e preparou o gráfico mostrado na Figura

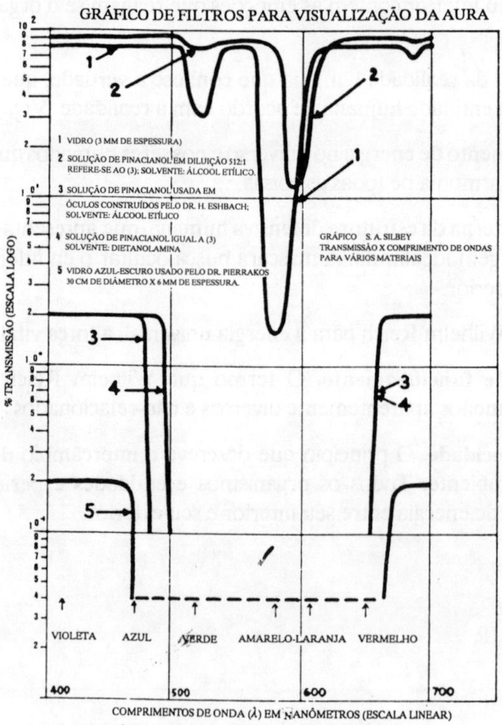

Figura A 1

1. A figura representa graficamente os comprimentos de onda em nanômetros, *versus* porcentagem de transmissão de luz (escala logo).

Como as curvas indicam, os filtros 1 e 2 suprimem secções de luz visível, do verde ao laranja. Os tons de azul-esverdeado ao vermelho são anulados pelos números 3 e 4. O filtro 5, de cor azul-cobalto, tem o mais amplo efeito de bloqueio, anulando os comprimentos de onda de 480 a 680 nanômetros, do azul à parte vermelha do espectro.

Apêndice B

Integração dos campos de energia do ar, da terra e da água

O gráfico da página 64 resume a progressão dos movimentos de energia num período de 24 horas, de pôr-do-sol a pôr-do-sol, num dia médio de alta energia, de acordo com comparações com outras medidas tomadas durante um estudo de dois anos. As observações representadas na figura foram feitas a cada duas horas, durante três a cinco minutos.

Para simplificar, caracterizo as pulsações como P_a (ar), P_i (terra), e P_w (água). A harmonia de ritmo entre os três campos torna as curvas do gráfico qualitativamente semelhantes. O ritmo de pulsação dos três decrescem, das 8:00 hs da noite às 4:00 hs da manhã. Durante essas horas, P_a e P_i ficaram mais longas e decresceram para dois e quatro segundos, e sua luminosidade enfraqueceu, de forma correspondente. P_w contraiu-se numa linha paralela, com as ondas alcançando uma altura de apenas dois a quatro pés e desaparecendo na praia.

Os três campos começaram a se amplificar novamente às 4:00 hs da manhã, e P_a e P_i subiram muito rapidamente, chegando a 42 pulsações por minuto em torno do meio-dia. À medida que a freqüência aumentava, as ondas individuais de energia ficavam mais fortes e intensamente iluminadas. Na freqüência máxima, o intervalo entre as pulsações diminuía para menos de um segundo, o que tornava difícil distinguir a fase I do ciclo de energia da fase II. A fase III era extremamente breve. P_w expandiu-se num perfil semelhante, mas mais plano, nesse período de maré baixa. Ao meio-dia, as ondas alcançavam de cinco a seis pés de altura e batiam na praia com uma descarga muito mais forte de energia, numa freqüência de onze por minuto.

Do meio-dia às 8:00 hs da noite, P_a e P_i sofreram um declínio geral, que incluiu uma queda brusca entre 1:00 h e 2:00 hs da tarde. Para mim, isso indica que depois de uma entidade alcançar sua freqüência máxima de pulsações, o ritmo não é mantido. A subida temporária no período do pôr-do-sol, mencionada antes, fez as pulsações irem de 16 a 18 por minuto. Então, o ritmo continuou a cair ao longo da noite, exceto por uma leve expansão, por volta das 10:00 hs da noite. Os movimentos da fase I, imediatamente depois do pôr-do-sol, eram lentos e prolongados, durando de dois a cinco segundos. Vinham em conjuntos de três ou quatro, e eram separados por intervalos de três a quatro segundos. Mais uma vez P_W descreveu uma curva sincronizada, aquietando-se depois do meio-dia, num ritmo progressivamente mais lento, que continuou ao longo da noite, com exceção de dois breves intervalos de reativação. É como se o invólucro da Terra, cansado depois de um dia de interação com a atmosfera inundada de sol, fosse dormir.

A integração no interior do campo de três zonas da Terra é visivelmente duplicado pela sua integração com suas duas massas energéticas contíguas – o próprio globo e a atmosfera além dele. As emanações que pulsam da Essência do planeta e do espaço exterior afetam sua forma de várias maneiras de acordo com as longitudes e latitudes assim como de acordo com as estações e períodos do dia, mas os padrões de ritmo, a dinâmica dos movimentos e a direção do fluxo nas fases I e II mantêm suas características essenciais.

Os vetores de forças que interagem explicam a grande concavidade que aparece nas zonas A e C em todos os lugares em que estudei P_a. A Figura 1 mostra a formação dessa concavidade. Para um observador, localizado no ponto K, o campo da Terra oscila de X para Y na linha das flechas que levam a letra *a* – ou seja, de oeste para leste, como disse antes. A energia da Essência da Terra flui para fora em pulsações verticais, ilustradas pelas flechas *b*. Esses vetores cruzam o fluxo *a* em inúmeros lugares, exemplificados na figura pelos pontos 1, 2, 3 e 4, e os movimentos misturados desviam-se para cima nas correntes de energia marcados com C1, C2, C3 e C4. Devido à direção oeste-leste do invólucro da Terra, na fase I, ondas de P_a acendem sucessivamente de X a Y, como um cortejo de foguetes subindo um depois do outro no horizonte. A iluminação em ondas, provocada pela direção do movimento, produz a concavidade no oeste-noroeste, ilustrada nas Figuras 2 e 3. Na fase II, quando o movimento de energia se inverte, a concavidade aparece no leste-sudeste.

A velocidade da iluminação de X a Y pode ser tomada como base para medir a velocidade relativa do invólucro energético da Terra, na região observada. Somando a velocidade da rotação da Terra a essa figura, teríamos a velocidade absoluta do campo.

Acredito também, revendo minhas descobertas à luz das pesquisas meteorológicas de Reich, que o fenômeno do campo de energia poderia ser usado para previsão do tempo, se sua observação fosse sistematizada. Existe, definitivamente, uma estreita correlação entre fenômenos do campo e condições climáticas. Quando o dia está bonito e a umidade é baixa, como na bacia do Mediterrâneo em dias quentes, o invólucro de energia é luminoso e claro, e o ritmo pulsatório é muito alto. Em dias opressivamente úmidos, a freqüência pode cair à metade da média. A queda da pressão barométrica e a aproximação de uma tempestade também deprimem o campo. O fenômeno de Foehn, na Suíça, segue o mesmo padrão. A condição é acompanhada pela formação de concentrações de energia com um baixo ritmo pulsatório. Aparecem como manchas amarelo-avermelhadas sobre as montanhas e a paisagem, e as pessoas as sentem palpavelmente. A influência do clima sobre outras entidades energéticas é, na verdade, uma das manifestações universalmente observadas das dimensões cósmicas do ciclo recíproco de energia.

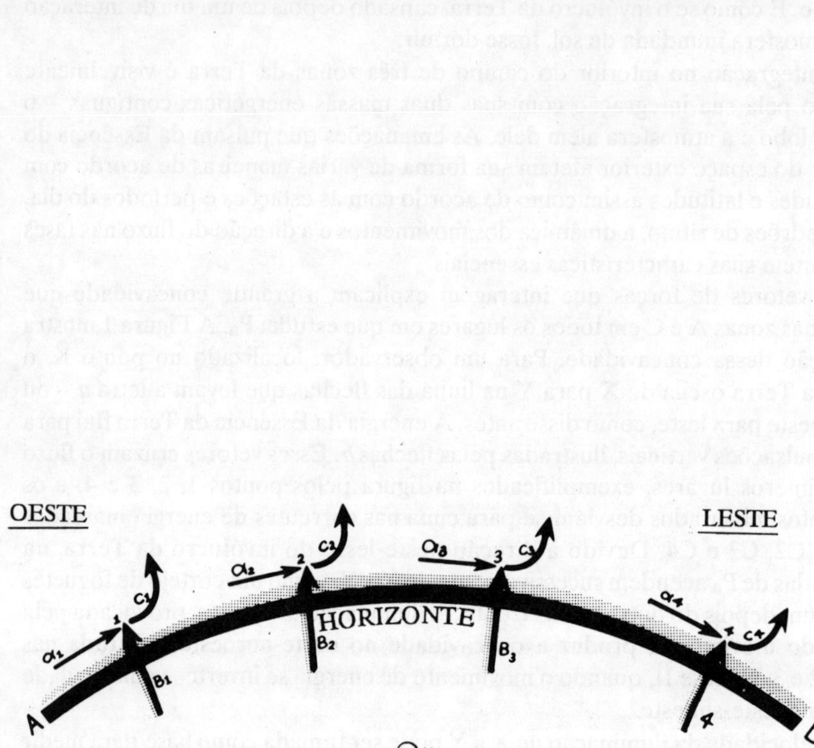

Figura B 1. A formação do campo de energia da Terra .

Apêndice C

Análise de registros gráficos da aura do crisântemo

Pelo dr. Serge Silbey

O dr. Pierrakos me entregou um registro gráfico da aura de um crisântemo. Pediu-me para analisá-lo o melhor que pudesse. A análise técnica que resultou daí descrevia os resultados em detalhes, com tabelas, mapas e gráficos. O que se segue é uma descrição simplificada desse relatório.

O que ele viu?

Ele olhou primeiro para a folha, depois para a flor e, então, para o caule da planta. Viu uma aura colorida com diferentes cores nas diversas partes da planta. A aura em si era formada de diferentes componentes, que pareciam raios, arabescos e ziguezagues.

Como a registrou?

Se a aura fosse um fenômeno elétrico, nós poderíamos simplesmente ligar um voltímetro e acompanhar as flutuações do ponteiro. No entanto, um transdutor assim não existe, e o próprio dr. Pierrakos foi o "voltímetro". Ou seja, preparou uma tira de papel com cinco pés de comprimento, arrumou um aparato que fizesse o papel passar por ele a uma velocidade constante de cem polegadas por minuto, e ficou numa posição que lhe permitia simultaneamente registrar suas impressões no papel com uma caneta hidrográfica e olhar para a planta.

O que foi registrado?

Para cada parte da planta, o dr. Pierrakos juntava a intensidade de todos os componentes e todas as cores da aura e registrava as mudanças de amplitude que via nesse conjunto. Assim, quando a flor "respirava", a intensidade de sua aura aumentava, e a caneta traçava uma linha ascendente à medida que o papel passava. Da mesma forma, uma aura decrescente resultaria numa linha descendente. As Figuras C1, C2 e C3 contêm amostras do que foi visto pelo dr. Pierrakos. É importante compreender que são apenas *amostras*, e isso por várias razões:

1. A freqüência da "respiração" não é constante; assim, a pulsação fica mais ampla ou mais estreita, como uma função do tempo.
2. O formato da onda não é constante, mas muda levemente de pulsação a pulsação. Essas diferenças são pequenas, se comparadas às diferenças em formas de ondas entre as várias partes da planta.
3. Cada teste durava apenas 1 minuto. Um teste de cinco a dez minutos traria melhores resultados estatísticos.

Quais foram os resultados?

Em primeiro lugar, o fato de cada parte da planta ter sua própria "assinatura" ou forma de onda, como é indicado nas Figuras C1, C2 e C3. O ritmo de pulsação da folha e da flor são semelhantes, mas o do caule é consideravelmente mais lento. O último é de nove por minuto, enquanto os dois primeiros são de 12,5 por minuto.

Em segundo lugar, o fato de as pulsações não serem constantes, mas mostrarem um ritmo que aumenta e diminui. Isso é análogo ao batimento cardíaco, que pode ser de 70 batidas por minuto, aumentar para cem batidas por minuto e depois voltar a 70. As mudanças no ritmo de pulsação da folha e da flor também são semelhantes, indo de 12 a 16. A mudança no ritmo de pulsação do caule vai de 9 a 12 pulsações por minuto. Observe que as mudanças no ritmo de pulsação de todas as partes da planta são semelhantes, cerca de 30%. Isso equivale a dizer que quaisquer mudanças no batimento cardíaco podem ser medidas em qualquer parte do corpo humano.

Em terceiro lugar, o fato de a "assinatura" de cada planta ter um formato único, o que possibilita informações adicionais sobre a *capacidade* de freqüência de pulsação de cada parte da planta. Isso é mais ou menos análogo à interpretação do ECG, que avalia a saúde do coração e a *capacidade* de bombear.

Para compreender as técnicas envolvidas, vamos rever um pouco de ciência elementar. A eletricidade de nossas casas é, como se sabe, uma onda senoidal que pulsa 60 vezes por segundo. Essa onda foi escolhida – e não uma onda quadrada, ou triangular (ou um formato de onda semelhante à aura do crisântemo) – porque tem apenas uma freqüência fundamental que, no caso da eletricidade doméstica dos Estados Unidos, é de 60 pulsações, ou ciclos, por segundo. Qualquer outro formato de onda tem outras freqüências, misturadas a essa freqüência básica ou fundamental, e seria um transmissor menos eficiente de energia elétrica.

O zumbido de um amplificador de alta fidelidade é um exemplo do fenômeno harmônico no campo da eletricidade. Depois de retificar a eletricidade que entra no suprimento de força, o formato de onda tem, às vezes, em 120 ciclos, um componente de ruído, que produz um zumbido irritante no alto-falante.

Figura C1. Pulsação da folha do crisântemo.

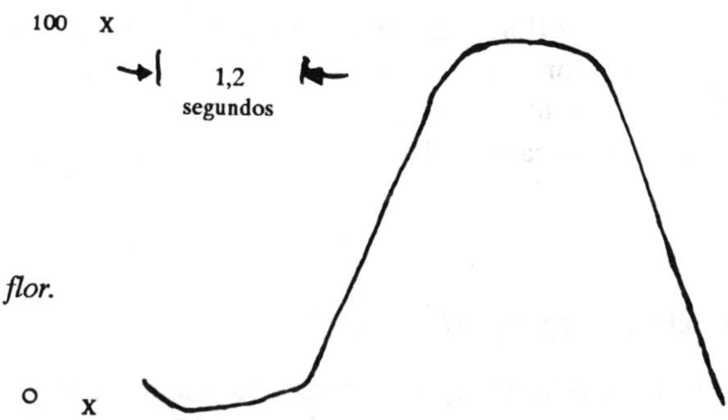

Figura C2. Pulsação da flor.

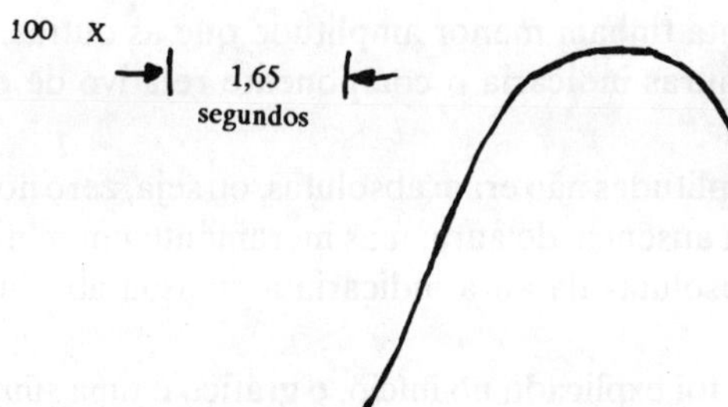

Figura C3. Pulsação do caule.

Voltando à "assinatura" das partes das plantas: se a "assinatura" fosse uma onda senoidal, a aura irradiada teria apenas uma freqüência, a mencionada no parágrafo anterior. No entanto, não é esse o caso. As três assinaturas são diferentes, são não-senoidais, e portanto devem produzir fenômenos harmônicos. Como os formatos das ondas foram determinados, ou seja, como o Dr. Pierrakos fez o gráfico e as várias pulsações foram registradas de forma legível, é possível avaliar tecnicamente esses harmônicos. Isso foi feito para a folha, a flor e o caule.

Quais os harmônicos mais altos?

No caso da folha existem traços de segundo, terceiro e quarto harmônicos – sendo o último de 48 pulsações por minuto. Observe que é a soma desses três harmônicos com a freqüência fundamental (cerca de 12 pulsações por minuto) que forma a "assinatura" observada. Ou seja: o formato de onda da folha é *formado* pela freqüência fundamental e pelos totais dos três harmônicos.

No caso da flor, existem traços de terceiro e quinto harmônicos – o último de 62 pulsações por minuto. Isso é um resultado espetacular – que a planta possa irradiar mais de uma pulsação por segundo!

No caso do caule, existem traços de terceiro harmônico, cerca de 27 pulsações por minuto.

O que ele não registrou?

1. As amplitudes, que em cada caso vão de zero a cem numa escala arbitrária, não são relativas; ou seja: segundo os gráficos, as três auras iam de zero a cem, indicando uma igual amplitude de intensidades. Mas não era esse o caso. Algumas partes da planta tinham menor amplitude que as outras. Conhecer as amplitudes relativas das auras indicaria o componente relativo de energia de cada parte da planta.

2. As amplitudes não eram absolutas, ou seja, zero no gráfico não representava uma completa ausência de aura, mas meramente um mínimo de aura. Conhecer as amplitudes absolutas da aura indicaria a energia absoluta, ou força, contida nos vários raios.

3. Como foi explicado no início, o gráfico é uma súmula de duas ou três cores diferentes e de dois ou três componentes diferentes (arabescos, raios, etc.). Para extrair total informação sobre a aura do crisântemo, seria necessário fazer um gráfico em separado para cada uma dessas variáveis. E isso deveria, de preferência, ser feito simultaneamente, para comparar as interações.

Naturalmente, é impossível registrar toda essa informação com a presente técnica – é demais para uma pessoa talentosa fazer de uma vez só. No entanto, estão abertos os caminhos para futuras explorações. Alguns progressos são imediatamente possíveis, como usar um aparato de registro, disponível no mercado, que possibilite uma velocidade adequada de papel e caneta. Mas, até que seja desenvolvido um transdutor diretamente sensível à aura, teremos de esperar...

O dr. *John C. Pierrakos* é um antigo aluno e colega de Wilhelm Reich e co-fundador, com o dr. Alexander Lowen, da Terapia Bioenergética. Desenvolveu, depois, a Energética da Essência e fundou o Instituto de Energética da Essência na cidade de Nova York. O dr. Pierrakos trabalha em Nova York, dá aulas, palestras e *workshops* nos Estados Unidos e na Europa.

Desejando mais informações referentes a *workshops*, conferências, treinamentos e pesquisas, por favor escreva para:

Institute of Core Energetics	ou	Core Energetic Evolution
115 East 23rd Street		P.O. Box 806
New York, NY 10010		Mendocino, CA 95460
USA		USA

Bibliografia selecionada

Alexander, Franz G., e Selesnick, Sheldton T., *The History of Psychiatry: An Evaluation of Psychiatric Thought and Practice from Prehistoric Times to the Present*, Nova York: Harper & Row, 1966.

Bayly, M.B., *et. al.*, *The Mystery of Healing*, Wheaton, Illinois; Theosophical Publishing House, 1958.

Behanan, Kovoor T., *Yoga: A Scientific Evaluation*, Londres: Martin Secker & Warburg, 1937.

Boadella, David, *Wilhelm Reich: The Evolution of His Work*, Londres: Vision Press, 1973.

Burr, H.S., *Electrometrics of Atypical Growth*, Yale Journal of Biology and Medicine, Vol. XXV (1952-1953), pp. 67-75.

_____, e Northrop, F.S.C., *Evidence for the Existence of an Electrodynamic Field in Living Organisms*, da National Academy of Science, Vol. XXV, Nº 8 (abril de 1939), pp. 284-288.

Cannon, Walter B., *The Wisdom of the Body*, Nova York: Norton, 1932.

Cayce, Edgar, *Auras*, Virginia Beach, Virginia: ARE Press, 1945.

Corte, Leonard P., *Radionics, Fact or Fiction?*, Delaware Laboratories News Letter, Oxford, Inglaterra (Primavera 1974), pp. 14-22.

Day, Langston, e de La Warr, George, *New Worlds Beyond the Atom*, Londres: Vincent Stuart, 1956.

Drew, Rue Faris, *The Truth of Your Art in your Imagination*, artigo sobre Stella Adler, *The New York Times*, 15 de agosto de 1976, sec. 2, pp. 1, 17.

Eeman, L.E., *Cooperative Healing: The Curative Properties of Human Radiations*, Londres: Frederick Muller, 1947.

Energy and Character; David Boadella, Org. (Abbotsbury, Dorset, Inglaterra) 1970 .

Engel, George L., *Sudden and Rapid Death During Psychological Stress*, Annals of Internal Medicine, Vol. 74, Nº 5 (maio de 1971), pp. 771-782.

Filliozat, J., *The Classical Doctrine of Indian Medicine*, Dev Raj Chanana, tradutor; Delhi, Índia: Munshi Ram Manohar Lal, 1964.

Freud, Sigmund, *A General Introduction to Psychoanalysis*, Nova York: Liveright, 1935.

Friedman, Meyer, e Rosenman, Ray H., *Type A Behavior and Your Heart*, Nova York; Alfred A. Knopf, Inc. 1974.

Garrett, Eileen, Org., de *Four Conferences of Parapsychological Studies*, Nova York: Parapsychology Foundation, 1957.

Hartmann, Franz, *The Life and Doctrines of Philippus Theophrastus, Bombast of Hohenheim, Known by the Name Paracelsus*, reedição, Mokelumne Hill, Califórnia: Health Research, 1963.

Herron, Caroline Rand, *The Cosmos: From Where to Where?*, *The New York Times*, 12 de setembro de 1976, p. E6.

Jung, Carl G., *Symbols of Transformation*, Nova York: Harper & Row, Torchbook, 1962.

Hippocrates, *Ancient Medicine and Other Treatises*, Francis Adams, Tradutor. Chicago: Henry Regnery (para Great Books Foundation), 1949.

Karagulla, Shafica, *Breakthrough to Creativity*, Los Angeles: De Vorss, 1967.

Kilner, Walter J., *The Human Aura*, New Hyde Park, Nova York: University Books, 1965. [*A Aura Humana*, Editora Pensamento, São Paulo, 1987.]

Krishna, Gopi, *The Biological Base of Religion and Genius*, Nova York: NC Press (para Kundalini Research Foundation, New York e Research Institute for Kundalini, Kashmir), 1971.

Laborit, Henri, *The Roots of Frustration*, *Atlas World Press Review*, Vol. XXIII, Nº 10 (outubro de 1976), pp. 24-26.

Legge, James, Org. e tradutor, e Suzuki, D.T., Org., *The Texts of Taoism*, Nova York: Julian Press, 1959.

Leibnitz, Gottfried, *Monadology and Other Philosophical Essays*, Paul Schreckler e Anne Schreckler, tradutores, Indianapolis: Bobbs-Merrill, 1965.

Lowen, Alexander, *The Betrayal of the Body*, Nova York: Macmillan, Collier Books, 1967.

_____, *Pleasure: A Criative Approach to Life*, Nova York: Coward-McCann, 1970.

_____, *Love and Orgasm*, Nova York: Macmillan, Collier Books, 1975.

_____, and Pierrakos, John C., *A Case of Broncho-genic Cancer*, Energy and Character, Vol. I, Nº 2 (maio de 1970), pp. 26-33.

Mann, W. Edward, *Orgone, Reich and Eros*, Nova York: Simon and Schuster, 1973.

Marquès-Rivière, J., *Tantrik Yoga: Hindu and Tibetan*, H.E. Kennedy, tradutor, reedição. Nova York: Samuel Weiser, 1973.

Mesmer, F.A., *Mesmerism*, V.R. Myers, tradutor, Londres: Macdonald, 1948.

Metzner, Ralph, *Maps of Consciousness*, Nova York: Macmillan, Collier Books, 1971.

Motoyama, Hiroshi, *Do Meridians ('Keiraku') Exist, and What Are They?*, pesquisa de Religião e Parapsicologia (International Association for Religion and Parapsychology, Tóquio), Vol. I, Nº 1 (fevereiro de 1975), pp. 1-48.

Neumann, Erich, *The Origins and History of Consciousness*, Princeton; Princeton University Press, 1954. [*História da Origem da Consciência*, Editora Cultrix, São Paulo, 1990.]

Offir, Carole Wade, *Visual Speech: Their Fingers Do the Talking*, *Psychology Today*, Vol. X, Nº 1 (junho de 1976), pp. 72-78.

Ostrander, Sheila, e Schroeder, Lynn, *Psychic Discoveries Behind The Iron Curtain*, Englewood Cliffs, Nova Jersey: Prentice-Hall, 1970. [*Descobertas Psíquicas além da Cortina de Ferro*, Editora Cultrix, São Paulo.]

Pachter, Henry M., *Paracelsus: Magic into Science*, Nova York: Henry Schuman, 1951.

Palós, Stephen, *The Chinese Art of Healing*, Translagency, Inc., tradutor, New Yorks Herder and Herder, 1971.

Pierrakos, Eva Broch, *Guide Lectures for Self-Transformation*, Nova York: Center for the Living Force, 1984.

_____, *The Pathwork Lectures*, 258 conferências, Nova York: Center for the Living Force, Inc., 1957-1979.

Pierrakos, John C., *The Aggressive Functions in the Upper Half of the Body*, Nova York: Institute for the New Age of Man, 1975. (Monografia)

_____, *Anatomy of Evil*, Nova York: Institute for the New Age of Man, 1974. (Monografia)

_____, *The Core-Energetic Process in Group Therapy*, Nova York: Institute for the New Age of Man, 1975. (Monografia)

_____, *The Core of Man*, Nova York: Institute for the New Age of Man, 1974. (Monografia)

_____, *The Energy Field in Man and Nature*, Nova York: Institute for The New Age of Man, 1973. (Monografia)

_____, *Human Energy Systems Theory*, Nova York: Institute for the New Age of Man, 1976. (Monografia)

_____, *Life Functions of the Energy Centers of Man*, Nova York: Institute for the New Age of Man, 1975. (Monografia)

_____, *Observations of Group Phenomena and Group Therapy*, Nova York: Institute for the New Age of Man, 1975. (Monografia)

_____, *Rhythm and Pulsation, The Rhythm of Life*, Nova York: Institute for Bioenergetic Analysis, 1966. (Monografia)

_____, *The Voice and Feeling, Self-Expression*, Nova York: Institute for Bioenergetic Analysis, 1968.

Pringle-Pattison, Andrew S., e Allman, George J., *Pythagoras*, in *The Encyclopaedia Britannica*, 11ª ed., Nova York: 1911, Vol. XXII, pp. 698-703.

Rahn, Otto, *Invisible Radiations of Organisms*, Berlim: Gebrüder Borntraeger, 1936.

The Rationalists: Five Basic Works on Rationalism, Garden City, Nova York: Doubleday, Anchor Books, 1975.

Ravitz, Leonard J., *Application of the Electrodynamic Field Theory in Biology, Psychiatry, Medicine and Hypnosis*, American Journal of Clinical Hypnosis, Vol. I, Nº 4 (abril de 1959), pp. 135-150.

_____, *History, Measurement, and Applicability of Periodic Changes in the Electromagnetic Field in Health and Illness*, in William Wolf, Org., *Rhythmic Functions in the Living System*, Annals of the New York Academy of Sciences, Vol. XCVIII, Art. 4 (outubro de 1962), pp. 1144-1201.

Reich, Wilhelm, *The Discovery of the Orgone*, Vol. I, *The Function of the Orgasm*, Theodore P. Wolfe, tradutor, Nova York: Orgone Institute Press, 1942: 2ª ed., Nova York: Farrar, Straus & Giroux, 1961.

_____, *The Discovery of the Orgone*, Vol. II, *The Cancer Biopathy*, Theodore P. Wolfe, tradutor, Nova York: Orgone Institute Press, 1948.

_____, *Character-Analysis: Principles and Techniques*, Theodore P. Wolfe, tradutor, 3ª ed., Nova York: Orgone Institute Press, 1949.

_____, *Cosmic Orgone Energy and Ether*, Orgone Energy Bulletin, Vol. I, Nº 4 (1949).

Reichenbach, Karl von, *Abstract on Researches on Magnetism and Certain Allied Subjects, Including a Supposed New Imponderable*, William Gregory, Org. e tradutor, Londres: Taylor & Walton, 1846.

Rosenman, Ray H., e Friedman, Meyer, *Neurotic Factors in Parthogenesis of Coronary Heart Disease*, São Francisco, 1972. (Monografia inédita)

Spinoza, Benedict de (Baruch), *The Chief Works of Benedict de Spinoza*, R.H. Elwes, tradutor, Nova York: Dover, 1975, 2 vols.

Teilhard de Chardin, Pierre, S.J., *The Phenomenon of Man*, Bernard Wall, tradutor, Nova York: Harper & Row, Torchbooks, 1961. [*O Fenômeno Humano*, Editora Cultrix, São Paulo, 1989.]

White, George Starr, *The Story of the Human Aura*, Los Angeles: edição do autor (Phillips Printing Co.), 1928.

Wilson, Margaret D., Org., *The Essential Descartes*, Nova York: New American Library, 1969.

Worrall, Ambrose, e Worrall, Olga, *Explore Your Psychic World*, Nova York: Harper & Row, 1970.

MÃOS DE LUZ

Barbara Ann Brennan

Este livro é de leitura obrigatória para todos os que pretendem dedicar-se à cura ou que trabalham na área da saúde. É uma inspiração para todos os que desejam compreender a verdadeira essência da natureza humana.
ELISABETH KUBLER-ROSS

Com a clareza de estilo de uma doutora em medicina e a compaixão de uma pessoa que se dedica à cura, com quinze anos de prática profissional observando 5000 clientes e estudantes, Barbara Ann Brennan apresenta este estudo profundo sobre o campo energético do homem.

Este livro se dirige aos que estão procurando a autocompreensão dos seus processos físicos e emocionais, que extrapolam a estrutura da medicina clássica. Concentra-se na arte de curar por meios físicos e metafísicos.

Segundo a autora, nosso corpo físico existe dentro de um "corpo" mais amplo, um campo de energia humana ou aura, através do qual criamos nossa experiência da realidade, inclusive a saúde e a doença. É através desse campo que temos o poder de curar a nós mesmos.

Esse corpo energético – pelo qual a ciência só ultimamente vem se interessando, mas que há muito é do conhecimento de curadores e místicos – é o ponto inicial de qualquer doença. Nele ocorrem as nossas mais fortes e profundas interações, nas quais podemos localizar o início e o fim de nossos distúrbios psicológicos e emocionais.

O trabalho de Barbara Ann Brennan é único porque liga a psicodinâmica ao campo da energia humana e descreve as variações do campo de energia na medida em que ele se relaciona com as funções da personalidade.

Este livro, recomendado a todos aqueles que se emocionam com o fenômeno da vida nos níveis físicos e metafísicos, oferece um material riquíssimo que pode ser explorado com vistas ao desenvolvimento da personalidade como um todo.

Mãos de Luz é uma inspiração para todos os que desejam compreender a verdadeira essência da natureza humana. Lendo-o, você estará ingressando num domínio fascinante, repleto de maravilhas.

EDITORA PENSAMENTO

O PONTO DE MUTAÇÃO

Fritjof Capra

Em *O Tao da Física*, Fritjof Capra desafiou a sabedoria convencional ao demonstrar os surpreendentes paralelos existentes entre as mais antigas tradições místicas e as descobertas da Física do século XX. Agora, em *O Ponto de Mutação,* ele mostra como a revolução da Física moderna prenuncia uma revolução iminente em todas as ciências e uma transformação da nossa visão do mundo e dos nossos valores.

Com uma aguda crítica ao pensamento cartesiano na Biologia, na Medicina, na Psicologia e na Economia, Capra explica como a nossa abordagem, limitada aos problemas orgânicos, nos levou a um impasse perigoso, ao mesmo tempo em que antevê boas perspectivas para o futuro e traz uma nova visão da realidade, que envolve mudanças radicais em nossos pensamentos, percepções e valores.

Essa nova visão inclui novos conceitos de espaço, de tempo e de matéria, desenvolvidos pela Física subatômica; a visão de sistemas emergentes de vida, de mente, de consciência e de evolução; a correspondente abordagem holística da Saúde e da Medicina; a integração entre as abordagens ocidental e oriental da Psicologia e da Psicoterapia; uma nova estrutura conceitual para a Economia e a Tecnologia; e uma perspectiva ecológica e feminista.

Citando o *I Ching* — "*Depois de uma época de decadência chega o ponto de mutação*" — Capra argumenta que os movimentos sociais dos anos 60 e 70 representam uma nova cultura em ascensão, destinada a substituir nossas rígidas instituições e suas tecnologias obsoletas. Ao delinear pormenorizadamente, pela primeira vez, uma nova visão da realidade, ele espera dotar os vários movimentos com uma estrutura conceitual comum, de modo a permitir que eles fluam conjuntamente para formar uma força poderosa de mudança social.

EDITORA CULTRIX

A ESPIRITUALIDADE DO CORPO

Bioenergética para a Beleza e a Harmonia

Alexander Lowen, M.D.

Em *A Espiritualidade do Corpo*, Alexander Lowen lança uma nova luz sobre a ligação entre corpo e mente e expande essa equação humana para incluir o significado espiritual de saúde.

Fundamentando-se na concepção de Carl Jung de que "O espírito é a experiência interior do corpo", o autor desenvolve sua tese extraindo, do Ocidente, a idéia da relação humana com um Ser Supremo; do Oriente, a tradição mística que liga espírito e respiração; e da bioenergética, a ligação entre a paz psíquica e o fluxo livre da energia corporal/física. Segundo o autor, a saúde manifesta-se objetivamente na graciosidade dos movimentos, num certo fulgor ou radiância corporal, no calor e na maciez do corpo. Espiritualidade significa um estado de harmonia entre corpo, mente e emoções, que o autor chama de "estado de graça".

Este livro contém estudos de casos, testes e exercícios físicos e mentais que o leitor poderá experimentar para alcançar a harmonia física, emocional e mental, imprescindível à paz interior.

A Espiritualidade do Corpo é um livro que busca descrever o processo do espírito divino manifestando-se graciosamente do corpo e na amabilidade das atitudes da pessoa para com as criaturas de Deus.

O autor é psicanalista e médico, fundador do Institute for Bioenergetic Analysis, de Nova York. É também conferencista conhecido mundialmente e autor de vários livros. Dele a Editora Cultrix já publicou *Narcisismo*.

EDITORA CULTRIX